Selbstkonzept-Forschung

Probleme, Befunde, Perspektiven

Herausgegeben von Sigrun-Heide Filipp
Mit Beiträgen von Daryl J. Bem, Jürgen Butzkamm,
Seymour Epstein, Otto Ewert, Sigrun-Heide Filipp,
Manfred Fischer, Kenneth J. Gergen, Frank Halisch,
Friedrich E. Heil, Wulf-Uwe Meyer, Hans-Dieter Mummendey,
Fritz-Otto Plöger, Norbert Posse, Falko Rheinberg,
Reinhold Scheller, Hanns Martin Trautner und Robert A. Wicklund

Klett-Cotta

Klett-Cotta
© J. G. Cotta'sche Buchhandlung Nachfolger GmbH, gegr. 1659,
Stuttgart 1979
Alle Rechte vorbehalten
Fotomechanische Wiedergabe nur mit
Genehmigung des Verlags
Printed in Germany
Umschlag: Klett-Cotta-Design
Auf säure- und holzfreiem Werkdruckpapier gedruckt
und gebunden von Röck, Weinsberg
Dritte Auflage, 1993

Die Deutsche Bibliothek – CIP-Einheitsaufnahme
Selbstkonzept-Forschung: Probleme, Befunde,
Perspektiven / hrsg. von Sigrun-Heide Filipp.
Mit Beitr. von Daryl J. Bem ... – 3. Aufl. –
Stuttgart: Klett-Cotta, 1993.
ISBN 3-608-91225-8
NE: Filipp, Sigrun-Heide [Hrsg.]; Bem, Daryl J.

Inhaltsverzeichnis

Vorwort und Einführung in diesen Band

Die Selbstkonzept-Forschung hat zwar eine vergleichsweise lange Tradition, jedoch erlebte sie in den letzten Jahren — möglicherweise auch im Zuge der „kognitiven Wende" in der Psychologie — einen deutlichen Aufschwung; „Selbstkonzepte" wurden immer häufiger und unter ganz unterschiedlichen Fragestellungen als Forschungsgegenstand thematisiert. Um so eher schien es geboten, diesen Forschungsbereich in einem breiteren Rahmen zu dokumentieren und so die im deutschen Sprachraum entstandene Lücke zu schließen. Mit der Edition des vorliegenden Sammelbandes soll dies erreicht werden.

Zwangsläufig finden bei der Vielfalt von Forschungsthemen und Problemstellungen nicht alle interessierenden Aspekte Eingang in einen Sammelband. So habe ich mich bei der Zusammenstellung der Beiträge vor allem von meiner (oft nicht sehr ermutigenden) Diagnose des gegenwärtigen Forschungsstandes leiten lassen: Zwar gibt es eine mittlerweile unüberschaubare Anzahl empirischer Einzelarbeiten, innerhalb derer „Selbstkonzepte" untersucht wurden, doch sind Versuche einer theoretischen Fundierung und Aufarbeitung der gewonnenen Vielfalt von Befunden eher rar. Im vorliegenden Band wird daher der Darstellung theoretischer Grundpositionen in der Selbstkonzept-Forschung (Kapitel 1 bis 6) einschließlich ihrer Methodenprobleme (Kapitel 7 und 8) ein relativ breiter Raum zugewiesen. Im letzten Teil (Kapitel 9 bis 13) wird jeweils an einem ausgewählten Verhaltensbereich exemplarisch aufgezeigt, inwieweit die Berücksichtigung von „Selbstkonzepten" zur Erklärung der untersuchten Phänomene beiträgt.

Die dargestellten theoretischen Grundpositionen verdeutlichen in ihrer Heterogenität, daß man von einer einheitlichen, integrativen Theorie zu Aufbau, Struktur und Funktion von Selbstkonzepten noch sehr weit entfernt ist. Diese Heterogenität dokumentiert aber zugleich, daß sich die Selbstkonzept-Forschung aus der Prädominanz der frühen, einflußreichen soziologisch orientierten Forschungstradition befreit hat, ohne jedoch deren wichtige Erkenntnisse vernachlässigt zu haben. Insofern kann die Ausdifferenzierung in unterschiedliche Theorieansätze eher als wissenschaftlicher Fortschritt denn Rückschritt gewertet werden.

In Kapitel 1 stellt Seymor EPSTEIN (anknüpfend an die Auffassung vom „man as scientist") eine integrative Persönlichkeitstheorie vor, deren zentrale Bestimmungsstücke die subjektiven Umwelt- und Selbsttheorien von Menschen sind. Sein Ansatz beansprucht den größtmöglichen Geltungsbereich, indem über Art und Qualität dieser subjektiven Theorien eine Vielzahl von Verhaltens- und Erlebnisweisen beschrieben werden soll. Emotionen, unbewußte und andere psychodynamische Vorgänge wie auch Formen der sozialen Anpassung werden vor diesem Hintergrund erklärt und Möglichkeiten der therapeutischen Modifikation von Selbsttheorien erörtert. EPSTEIN greift weiter einige in der Selbstkonzept-Forschung kontrovers diskutierte Punkte auf und verdeutlicht, daß sein Ansatz zu einer Überwindung dieser Kontroversen beitragen kann. Schließlich macht er unter Verweis auf erste Forschungsarbeiten sichtbar, in welcher Form seine Theorie einer empirischen Prüfung zugänglich ist.

In Kapitel 2 versucht Manfred FISCHER, die „Umweltvergessenheit" der Selbstkonzept-Forschung aus der ökopsychologischen Sicht zu kritisieren und in ersten Ansätzen konstruktiv zu überwinden. Wie auch bei EPSTEIN (wenngleich dort weniger expliziert) wird hier gezeigt, daß die Person-Umwelt-Beziehung auch auf der phänomenal-erlebnismäßigen Ebene nichts von ihrem transaktionalen Charakter verliert. Somit stellt jegliche isolierte Betrachtung von „Selbst" und „Umwelt" zwangsläufig eine enge Perspektive dar. In welcher Weise über eine phänomenologische Orientierung die Integration von ökopsychologischen Ansätzen mit solchen der Selbstkonzept-Forschung möglich ist, zeigt FISCHER ausführlich an der Interdependenz von Selbst- und Umwelterleben. Er zeigt anhand einer Reihe von Befunden auch, inwieweit ökopsychologische Konzepte (Territorialität, Dichte usw.) für den Aufbau von Selbstkonzepten wesentliche Randbedingungen darstellen.

In Kapitel 3 knüpft Kenneth J. GERGEN an die soziologisch bzw. sozialpsychologisch begründete Forschungstradition an, indem er die soziale Determination jeglicher Selbstwahrnehmung und Selbsterkenntnis postuliert. Grundthema seines Beitrages ist die Frage nach der zeitlichen und situationalen Stabilität von Selbstkognitionen (und damit letztlich nach dem Wesen der menschlichen Identität). Stabilität von Selbstkonzepten betrachtet er eher als wissenschaftshistorisch begründete „Artefakte" denn als empirischen Sachverhalt. Indem er Selbsterkenntnis und wissenschaftliche Erkenntnis als identische Prozesse begreift, führt seine Analyse ihn zu dem Schluß, daß in beiden Fällen das Resultat dieser Erkenntnisprozesse durch soziale Relativität und Subjektivität ausgezeichnet sei. Da in beiden Fällen innerhalb des sozialen bzw. Wissenschaftssystems über Erkenntnis verhandelt werden könne und müsse, zeigen sich auch die Grenzen einer positivistischen Wissenschaftsauffassung. Die Suche nach „objektiven Entitäten" müsse sowohl der Laie in der Selbsterkenntnis wie der Forscher in der wissenschaftlichen Erkenntnis aufgeben. Vielmehr sollten Wertüberzeugungen in subjektiven und wissenschaftlichen Theorien einen angemessenen Raum einnehmen.

In Kapitel 4 wird die von Daryl J. BEM erstmals 1972 vorgestellte Theorie der Selbstwahrnehmung in deutscher Übersetzung und verkürzt wiedergegeben. Dieser Beitrag ist der einzige nicht als Originalarbeit übernommene Beitrag. Er zeigt den Versuch, im Rahmen des behavioristischen Forschungsparadigmas Prozesse der Selbstwahrnehmung darzustellen. Dieser Orientierung folgend spricht Bem nicht von „Selbstkonzepten", sondern setzt Selbstattributionen identisch mit „first-person-statements". Wie kommt eine Person dazu, über sich selbst (innere Vorgänge, Zustände, Gefühle, Einstellungen usw.) Aussagen zu machen? Indem sie ihr Verhalten und dessen „kontrollierende Bedingungen" beobachtet, und somit ist sie funktional in der gleichen Position wie ein außenstehender Beobachter. Einige Unterschiede zwischen Selbst- und interpersoneller Wahrnehmung werden jedoch von Bem erörtert. Unter Hinzuziehung einer Vielzahl von Befunden und deren Reinterpretation versucht Bem, seine Theorie empirisch zu untermauern, und er verweist im letzten Abschnitt auf bislang noch ungelöste Probleme in der Erforschung der Selbstwahrnehmung.

In Kapitel 5 stellt Sigrun-Heide Filipp einen theoretischen Bezugsrahmen dar, welcher über seinen heuristischen Wert hinaus auch eine Integration unterschiedlicher Partialtheorien in der Selbstkonzept-Forschung leisten kann. Grundlegendes Postulat ist, daß Aufbau und Wandel von Selbstkonzepten nur unter Berücksichtigung der Prozesse menschlicher Informationsverarbeitung hinreichend erklärt werden können: über eine systematische Analyse der selbstbezogenen Informationen, die einer Person verfügbar sind, und unter Beachtung ihrer individuellen Strategien der Informationsverarbeitung werden interne Selbstmodelle in thematisch-inhaltlicher wie in struktureller Hinsicht beschreibbar und erklärbar. Der instrumentelle Wert von internen Selbstmodellen für die betreffende Person wird im Rahmen einer handlungstheoretischen Analyse aufgezeigt. In dem Maße, in dem die über die eigene Person gespeicherten Informationen in konkreten Handlungssituationen abgerufen und der Person bewußt werden, tragen sie zur Planung, Vorhersage, Kontrolle, evtl. Korrektur und Erklärung von Handlungen bzw. Handlungsausgängen bei. Diese Erörterungen münden in den resümierenden Versuch einer Rekonzeptualisierung von Selbstkonzepten, welcher in zehn Punkten thesenartig abgehandelt wird.

In Kapitel 6 stellt Robert A. Wicklund dar, in welcher Form das als dynamisches System konzipierte „Selbst" für Erleben und Verhalten bedeutsam ist. Auf der Grundlage der „Theorie der objektiven Selbstaufmerksamkeit" verdeutlicht er, daß die auf die eigene Person gerichtete Aufmerksamkeit die Aktualisierung dieses Selbst bewirkt: Einzelne Komponenten dieses Systems, die von besonderer Bedeutsamkeit oder Prägnanz für die Person sind, rücken in das Blickfeld und bestimmen individuelles Handeln. Nach der Darstellung jener Bedingungen, die selbstzentrierte Aufmerksamkeit erzeugen, zeigt Wicklund anhand einer Vielzahl empirischer Befunde auf, welche Konsequenzen diese besitzt: Selbstzentrierte Aufmerksamkeit erhöht die Intensität momentan erlebter Affekte, sie beeinflußt die Selbstregulation des Verhaltens, sie erhöht die Übereinstimmung zwischen Selbstberichten und tatsächlichem Verhalten und internalisierten Normen. WICKLUND diskutiert abschließend kurz das Problem der „Zentralität" von Selbstkomponenten und verweist auf mögliche Lösungen dieser alten Frage.

In Kapitel 7 greift Hans Dieter MUMMENDEY das Problem der Erfassung von Selbstkonzepten auf. Er erörtert zunächst Methodenprobleme im engeren und weiteren Sinne und stellt sodann die in der Selbstkonzept-Forschung bislang gebräuchlichen Erhebungsmethoden dar und unterzieht sie einer kritischen Würdigung. Im letzten Abschnitt geht MUMMENDEY auf das theoretisch fundamentale, für die Selbstkonzept-Messung somit zentrale Problem der Generalität vs. Spezifität von Selbstkonzepten ein, dessen Lösung er — was die Ebene der operationalen Bestimmung von Selbstkonzepten betrifft — von der Fragestellung bzw. dem spezifischen Untersuchungsziel abhängig machen möchte.

In Kapitel 8 wird von Otto EWERT das Problem der Messung von Selbstkonzepten exemplarisch für eine bestimmte Population bzw. einen bestimmten Untersuchungszweck, nämlich für den Bereich der Schule, erörtert. Nach Darstellung des Wertes von Selbstkonzepten für die Erklärung von Schulleistungen und der Möglichkeiten ihrer pädagogischen Modifikation stellt EWERT seine deutsche Version der Self-Concept Inventory Scale (SSCI) von SEARS dar. Er berichtet über testtheoretische Qualitäten sowie über die faktorielle Dimensionalität dieser Skala. Die Erörterung des letzten Punktes führt auch EWERT zur Frage der globalen vs. nach Dimensionen gegliederten Erfassung von Selbstkonzepten.

In Kapitel 9 wird von Jürgen BUTZKAMM, Frank HALISCH und Norbert POSSE das empirisch bislang noch unzureichend gelöste Problem der Bedeutung von Selbstkonzepten im Rahmen der Selbstregulation des Verhaltens bearbeitet. Die Autoren stellen zunächst die Erforschung selbstregulativer Prozesse innerhalb des streng behavioristischen und des eher kognitionstheoretisch orientierten Forschungsparadigmas dar. In einer empirischen Analyse am Beispiel des Leistungshandelns weisen die Autoren auf, daß Selbstkonzepte (hier: die aufgabenspezifische Wahrnehmung der eigenen Begabung) entscheidende Moderatorvariablen selbstregulatorischer Prozesse sind.

In Kapitel 10 und 11 wird die Thematisierung von Selbstkonzepten im Sinne inhaltlich spezifizierter Selbstkognitionen (als Selbstwahrnehmung der Begabung bzw. der Tüchtigkeit) weitergeführt. Wulf-Uwe MEYER und Fritz-Otto PLÖGER (Kapitel 10) greifen aus der Vielzahl von Bedingungen, welche für Entstehung und Veränderung von Selbstkonzepten der Begabung denkbar sind, einen Aspekt heraus: Sie analysieren, welche Bedeutung Sanktionen (bzw. deren Ausbleiben) nach Erfolg und Mißerfolg in unterschiedlich schwierigen Aufgaben für die Selbstwahrnehmung der Begabung besitzen. Anhand von drei Experimenten legen die Autoren dar, (1) welche Prozeßvariablen und -schritte zwischen Fremdeinschätzung der Begabung und nachfolgender Sanktion vermitteln, (2) inwieweit aus der Kenntnis des Sanktionsverhaltens Rückschlüsse auf Fremdeinschätzungen der Begabung möglich sind und (3) unter welchen Bedingungen Sanktionen die Wahrnehmung der eigenen Begabung beeinflussen.

Der Beitrag von Falko RHEINBERG (Kapitel 11) führt die Behandlung dieser Problematik weiter, indem dort die Rolle von Bezugssystemen für die Wahrnehmung eigener Tüchtigkeit untersucht wird. Neben einfachen Bezugsgruppen-Effekten, wonach Selbsteinschätzung der Tüchtigkeit in leistungsschwächeren Gruppen höher ist, verweist der Autor auf die Bedeutung individueller Bezugsnormen für die Selbstwahrnehmung der Tüchtigkeit. Anhand erster empirischer Befunde wird gezeigt, daß die retrospektive Betrachtung eigener Leistungen unterschiedlich bedeutsam für die Wahrnehmung eigener Tüchtigkeit ist, und zwar abhängig davon, welches Maß für selbsteingeschätzte Tüchtigkeit herangezogen wird.

In Kapitel 12 wird von Reinhold SCHELLER und Friedrich E. HEIL untersucht, inwieweit sich Beziehungen zwischen beruflicher Entwicklung und Selbstkonzept-Merkmalen nachweisen lassen und in welcher Weise diese Zusammenhänge theoretisch begründet werden können. Die Autoren erörtern diese Fragen zunächst unter Rückgriff auf zwei unterschiedliche Theorieansätze (SUPER und KORMAN) und unternehmen sodann einen systematischen Vergleich beider Theorien, in dessen Verlauf sie sich gegen jede (wie auch immer theoretisch formulierte) Determination der beruflichen Entwicklung durch Selbstkonzepte wenden. Vielmehr machen sie durch Verweis auf interaktionistische Konzeptionen deutlich, daß Selbstkonzepte ihrerseits durch berufliches Verhalten und berufliche Leistung bestimmt sein können, so daß eine abschließende Begründung der empirisch ermittelten Zusammenhänge noch aussteht.

In Kapitel 13 wird von Hanns Martin TRAUTNER untersucht, inwieweit die Berücksichtigung von „Selbstkonzepten" die Vorhersage und Erklärung sozial abweichenden Verhaltens verbessern kann. In einer ausführlichen Literaturübersicht zeigt der Autor zunächst die Beziehungen zwischen Delinquenz und Selbstkonzept-Merkmalen (meist „Selbstwertgefühl") auf, wobei diese Zusammenhänge ein dichotomes Befundmuster darstellen: einer Vielzahl von Studien, welche bei Delinquenten eine geringere Selbstwertschätzung als bei Nicht-Delinquenten nachweisen, steht eine ebensolche Zahl von Studien mit gegenteiligen Befunden gegenüber. Der Autor kommt in seiner kritischen Würdigung dieser Studien zu dem Schluß, daß die zur Erfassung von Selbstkonzepten eingesetzten Meßverfahren diese Befundvielfalt zumindest teilweise aufklären können. In seiner Erörterung der Forschungsdefizite und -perspektiven kommt TRAUTNER zu dem Schluß, daß die Theorielosigkeit im empirischen Vorgehen überwunden werden muß, wenn Selbstkonzept-Forschung zur Erklärung sozial abweichenden Verhaltens etwas beitragen will. Mit dieser den Sammelband beschließenden Bemerkung schließt sich auch der Kreis zu der eingangs skizzierten Diagnose des Forschungsstandes. So bleibt für die Zukunft zu hoffen, daß die in der Selbstkonzept-Forschung bislang vorliegenden Theorieansätze eine Weiterentwicklung erfahren und daß durch das permanente Wechselspiel zwischen theoretischer Setzung und empirischer Prüfung Theoriekonstruktion und -revision möglich werden. Mit der Edition dieses Sammelbandes verbindet sich aber auch die Hoffnung, daß die hier vorgelegten Beiträge künftige Forschungsarbeiten anregen und befruchten und so ein — wie ich meine — spannendes Forschungsgebiet bereichern mögen.

Ich möchte abschließend den Autoren für ihre Kooperationsbereitschaft danken. Für die Übersetzung der amerikanischen Beiträge zeichne ich verantwortlich; ich danke Frau Maria HAAS, Universität Trier, für ihre hierbei geleistete Hilfe. Für die psychologisch-technische Assistenz und für ihre freundschaftliche Hilfe danke ich auch Frau Gisela MONTADA, Universität Trier. Frau Dagmar LINDEMANN, Universität Oldenburg, bin ich für die sorgfältige Betreuung der Manuskripte zu Dank verpflichtet.

Oldenburg, im Frühjahr 1979   *Sigrun-Heide Filipp*

1 Entwurf einer Integrativen Persönlichkeitstheorie

SEYMOUR EPSTEIN, University of Massachusetts at Amherst

Anläßlich einer ausführlichen Einzelfallstudie stellte ALLPORT (1965) fest, daß keine bislang vorliegende Theorie angemessen die Persönlichkeit eines Individuums repräsentiere. Er beendete sein Buch mit der Bemerkung: „. . . ist es eine künftige Aufgabe, theoretische Ansätze so miteinander zu verbinden, daß sich daraus ein systematischer Eklektizismus und eine echte Theoriensynthese ergibt" (ALLPORT 1965, p. 211). Die im folgenden darzustellende Theorie stellt einen Versuch exakt in dieser Richtung dar. Es ist ein Ansatz, welcher mit lerntheoretischen und psychoanalytischen Ansätzen, mit der Theorie persönlicher Konstrukte, vor allem aber mit andernorts dargestellten Selbsttheorien (vgl. EPSTEIN 1978 a) kompatibel ist. Als dieser Ansatz bei wissenschaftlichen Tagungen vorgestellt wurde, fand er eine seltsame Beachtung. Psychoanalytiker bestanden darauf, daß er kaum von ihrer eigenen Theorie zu unterscheiden sei, Selbsttheoretiker und Nachfolger der KELLYschen Position nahmen für sich das gleiche in Anspruch. In dem Ausmaß, indem sie alle recht haben, stellt die hier vorgelegte Theorie offenbar eine Integration bedeutsamer Einsichten aus einer Vielzahl wesentlicher Theorieansätze dar.

1.1 Theoretische Grundannahmen

Eine wesentliche Prämisse ist, daß der Mensch seine Erfahrungen in konzeptuellen Systemen organisiert. Das menschliche Gehirn leistet Verknüpfungen zwischen Ereignissen, verknüpft diese Verknüpfungen wiederum untereinander und so fort, bis ein organisiertes, differenziertes und integriertes Konstruktsystem aufgebaut ist. Jeder von uns — willentlich oder unwillentlich — konstruiert seine Theorie von der Wirklichkeit und ordnet somit, was ohne eine solche Theorie chaotische Erfahrungswelt bliebe. Wir brauchen eine solche Theorie, um unserer Welt Sinn zu verleihen, genau wie der Wissenschaftler seine Theorie braucht, um seinen begrenzten Informationsschatz interpretieren und verstehen zu können. Das menschliche Gehirn kodiert aber nicht nur Ereignisse, es besitzt auch Zentren für das Erlebnis von Schmerz und Freude. Die gesamte lernpsychologische Forschungstradition beweist, daß Menschen und andere Organismen höherer Ordnung bestrebt sind, durch ihr Verhalten Positives zu erleben und Schmerz zu vermeiden. Der Mensch hat so lebenslang

15

eine interessante Aufgabe zu erfüllen — schlicht wegen seiner biologischen Struktur. Sie besteht in der Konstruktion eines konzeptuellen Systems in der Weise, daß über vorhersehbare Zeitspannen eine optimale Lust-Unlust-Balance gewährleistet ist. Offenbar ist dies gar nicht so leicht, da Streben nach positiver Erfahrung und Einsicht in die Realität häufig miteinander unvereinbar scheinen. Wie die Welt tatsächlich ist und wie wir sie gerne haben möchten, sind darüber hinaus augenscheinlich ganz unterschiedliche Dinge. Das Leben wird insofern noch interessanter, als die Jagd nach kurzfristigem und das Streben nach langfristigem Glück häufig gleichermaßen unvereinbar sein können.

Die Theorie eines Individuums von der Wirklichkeit umfaßt Subtheorien über die eigene Person (eine Selbsttheorie), über die Außenwelt (eine Umwelttheorie) und über die Wechselwirkung zwischen beiden Subtheorien. Wie das Individuum sich selbst sieht, ist natürlich nicht unabhängig von der Wahrnehmung seiner Umwelt. Wie es seine Umwelt konzeptualisiert, ist in hohem Maße eine Reflektion seiner Selbstkognitionen und umgekehrt. In dem vorliegenden Beitrag werden wir uns hauptsächlich mit den Selbsttheorien von Individuen beschäftigen, welche den Kern ihrer übergreifenden Wirklichkeitstheorien darstellen.

Wie jede Theorie besteht auch eine Selbsttheorie aus der hierarchischen Anordnung von Postulaten unterschiedlicher Ordnung. Ein Postulat unterster Ordnung ist die relativ enge Generalisierung einer unmittelbaren Erfahrung. Solche Postulate werden zu übergeordneten Postulaten zusammengefaßt und diese wiederum zu noch weiter übergeordneten. Ein Beispiel für ein Postulat unterster Stufe ist „Ich bin ein guter Tischtennisspieler", ein Beispiel für ein Postulat höherer Ordnung ist „Ich bin ein guter Athlet". Offensichtlich können Postulate unterer Ordnung ohne ernsthafte Konsequenzen für die Selbsttheorie widerlegt werden, da sie kaum andere Aspekte einschließen. Die Widerlegung eines höherstufigen Postulates ist hingegen von deutlicheren Konsequenzen, da eine Reihe anderer Postulate mitbetroffen ist. Glücklicherweise stellen Postulate höherer Ordnung so breite Generalisierungen dar, daß sie einer unmittelbaren Testung an der Realität nicht unterworfen und deshalb nicht so leicht entkräftet werden können. Sie sind vielmehr von entscheidendem Einfluß darauf, welche Erfahrungen ein Individuum aufsucht und wie es diese interpretiert. Insofern scheinen Postulate höherer Ordnung häufig die Funktion von „sich selbst erfüllenden Prophezeiungen" zu besitzen.

Es muß betont werden, daß die Theorie eines Individuums nichts ist, dessen sich das Individuum normalerweise bewußt ist und die zu beschreiben es in der Lage wäre. Selbsttheorien werden „unabsichtlich" aus der Interaktion mit der Umwelt konstruiert. Individuen konzeptualisieren emotional bedeutsame Ereignisse, und diese Konzepte organisieren und lenken ihr Verhalten. Je weniger sich eine Person ihrer impliziten Annahmen bewußt ist, um so eher erscheinen für sie emotionale Erfahrungen von außen schicksalhaft kontrolliert, die zu beeinflussen sie nicht in der Lage scheint. Die „Schicksalhaftigkeit" wird natürlich von dem Bedürfnis nach Aufrechterhaltung einer vertrauten Umwelt bestimmt, die in Einklang mit den eigenen impliziten Annahmen steht.

Die Konstruktion von Selbsttheorien stellt keinen Zweck an sich dar, sondern liefert ein konzeptuelles Gerüst mit den Funktionen, Erfahrungsdaten zu assimilieren, die Lust-Unlust-Balance über vorhersehbare Zeiträume zu maximieren und das Selbstwertgefühl aufrechtzuerhalten. Dies wird in den folgenden Abschnitten auszuführen sein.

1.1.1 Die Entwicklung des Selbstsystems und ihre Störungen

Der Aufbau des Selbstsystems wird sich so lange vollziehen, wie Hinweise auf die Unterscheidung zwischen Ich und Außenwelt verfügbar sind und diese Differenzierung Belohnungswert hat. Daß solche Hinweise vorhanden sind, ist offensichtlich. Der eigene Körper ist für ein Kind ständig präsent. Wenn das Kind Teile an sich selbst berührt, werden Empfindungen an beiden Teilen, dem aktiv berührenden und dem passiv berührten, entstehen. Berührt es hingegen etwas, was nicht Teil seiner selbst ist, entstehen solche Empfindungen nur an einer Stelle. Das Kind besitzt Kontrolle über seine Gliedmaßen in einer Weise, die es über andere Objekte oder die Gliedmaßen anderer Leute nicht besitzt. Es besitzt selbst ein spezielles Etikett, welches nur ihm zugeordnet ist, nämlich einen Namen. Dieses signalisiert ihm, daß es anderen Personen, die auch Namen haben, ähnlich ist und dennoch ein von diesen verschiedenes Individuum. Die Unterscheidung von Ich und Außenwelt ist für das Kind offensichtlich mit Belohnungswert versehen. Die Empfindungen, wenn es sich selbst einen Bonbon in den Mund steckt, sind positiver, als wenn es dies bei einer anderen Person tut. Wenn es einen heißen Ofen berührt, verringert der Rückzug seiner Hand unmittelbar die Schmerzintensität. Es gibt also offenbar eine Reihe guter Gründe, daß das Kind ein Schema seines Körpers oder ein „Körper-Selbst" entwickelt.

Was den Aufbau eines konzeptuellen Selbstsystems anbelangt, welches Erfahrungen organisiert und lenkt, scheint individuelles Funktionieren ohne ein solches System nicht möglich. Die Ansätze von SULLIVAN (1953), COOLEY (1902) und MEAD (1934) belegen deutlich, wie die Entwicklung eines solchen Systems im Zuge sozialer Interaktion belohnt wird. Nach SULLIVAN stellt das Selbstsystem ein brauchbares konzeptuelles Werkzeug dar, um von der Mutter Zuneigung zu erhalten und ihre Ablehnung zu vermeiden. Nach COOLEY und MEAD liefert es dem Individuum vorgefertigte Programme und Strategien, mit Hilfe derer es mit seinem Verhalten soziale Anerkennung erreichen kann. Geht man also davon aus, daß es genügend Hinweisreize für die Differenzierung zwischen Ich und Außenwelt gibt und daß der Aufbau eines integrativen konzeptuellen Systems über die eigene Person und die Umwelt eine Reihe von Vorteilen bringt, ist es nur schwer vorstellbar, daß der Aufbau eines solchen Systems mißlingt. Sind die Entwicklungsbedingungen eines Kindes so gestaltet, daß Vorgänge des Sich-Gewahrwerdens mehr negative als positive Folgen haben, so gibt es keinen Grund für den Aufbau einer Selbsttheorie, wohl aber eine Reihe von Gründen, ihn zu vermeiden. Nehmen wir als Beispiel ein Kind, das sich selbst hassen müßte, wenn es die Bewertungen seiner Eltern über sich internalisieren würde. In diesem Fall würde die Selbsttheorie ausschließlich zu niedrigem Selbstwertgefühl und einer ungünstigen Lust-Unlust-Balance beitragen, und ihr Aufbau wäre durch nichts begründet. Solche Bedingungen mögen für einige Fälle von kindlichem Autismus eine Rolle spielen, indem das Kind vor Erlernung des Personalpronomens „ich" in seiner Sprachentwicklung stehenbleibt, auf diesem Niveau fixiert bleibt oder den Gebrauch des bislang gelernten Wortschatzes verweigert. Unter anderen Bedingungen mag sich ein sehr instabiles Selbstsystem entwickeln, welches später angesichts bestimmter Belastungssituationen sehr schnell kollabieren kann.

Der Aufbau einer Theorie von der Wirklichkeit vollzieht sich nur, wenn diese einen Nettogewinn an positiven emotionalen Erfahrungen liefern kann. Für Kinder stellt die Beziehung zur Mutter die wesentliche Quelle positiver und negativer emotionaler Erfahrungen dar. Es ist daher zu erwarten, daß das Gefühl, geliebt zu werden, und seine spätere Internalisierung als „Selbst-Liebe" eng verknüpft ist mit dem Aufbau und der Stabilisierung einer Wirklichkeitstheorie und daher mit Realitätskontakt. Hinweise hierfür liefern die Fallgeschichten von Schizophrenen, welche die enge Beziehung zwischen Realitätskontakt und dem Gefühl, geliebt zu werden, zeigen (z. B. SECHEHAYE 1970).

1.1.2 Selbstwertgefühl und Selbsttheorie

Sobald die Selbsttheorie rudimentär geformt ist, erhält das Selbstwertgefühl den größten Einfluß auf die individuelle Lust-Unlust-Balance. Man könnte argumentieren, daß die Aufrechterhaltung des Selbstwertgefühls nicht eine der *grundlegenden Funktionen* des Selbstsystems ist, sondern vielmehr der Optimierung der Lust-Unlust-Balance subsumiert werden sollte. Das Selbstwertgefühl ist jedoch so bedeutsam für das Funktionieren des Selbstsystems, daß man ihm ohne weiteres den Status einer unabhängigen Kategorie zuweisen kann. Die Aufrechterhaltung des Selbstwertgefühls beim Kind und später beim Erwachsenen ist von ebenso fundamentaler Bedeutung, wie für das Kind die Aufrechterhaltung einer positiven emotionalen Beziehung zu seiner Mutter ist. Sobald es die positiven Bewertungen internalisiert hat, kann es gleichermaßen

— wie vormals seine Eltern — spontan mit Zuneigung und Liebesentzug gegen sich selbst reagieren. Es ist bekannt, daß ein Kind, welches die Beziehung zu einer geliebten Person aufgeben muß, mit schweren depressiven Symptomen, ja sogar dem Verlust des Lebens reagiert (vgl. Bowlby 1973). In vergleichbarer Weise wird eine Person, deren Selbstwertgefühl tiefgreifend beeinträchtigt ist, depressiv und suizidgefährdet werden. In Konzentrationslagern, wo Menschen unbeschreiblich erniedrigt wurden, konnte man bei einigen beobachten, wie sie das Interesse am Leben verloren und sehr schnell starben (Krystal 1968). Verletzungen des Selbstwertgefühls können einen psychischen Tod für das Individuum bedeuten, sichtbar etwa im totalen Zusammenbruch des konzeptuellen Systems der Person bei akuten psychotischen Desorganisationen (vgl. Grinker & Holzmann 1973; Perry 1976). Eine Person mit hohem Selbstwertgefühl hat einen liebenden Elternteil internalisiert, der stolz auf ihre Erfolge und bezüglich ihrer Mißerfolge tolerant ist. Eine solche Person.hat eine optimistische Lebenseinstellung und ist fähig, äußeren Druck ohne größere Angst auszuhalten. Obwohl eine solche Person auch enttäuscht und durch spezifische Erfahrungen deprimiert sein kann, ist sie zu sehr schneller Erholung fähig. Im Gegensatz dazu hat ein Individuum mit niedrigem Selbstwertgefühl feindselige Eltern internalisiert, die extrem kritisch auf seine Mißerfolge reagieren und bei seinen Erfolgen nur kurzfristig Freude zeigen. Eine solche Person ist unangemessen sensitiv für Mißerfolg und Zurückweisung, sie neigt zu geringer Frustrationstoleranz, zu längeren Erholungsphasen nach Enttäuschungen und zu einer pessimistischen Lebenseinstellung. Dieses Bild ähnelt sehr stark dem eines Kindes, das sich der Zuneigung seiner Eltern unsicher ist.

Die global positive Tönung der Selbstwertschätzungen einer Person stellt eines der Postulate höchster Ordnung in ihrer Selbsttheorie dar. Als solches ist die Selbstwertschätzung sehr änderungsresistent. Wenn sie sich aber ändert, hat dies weitreichende Folgen für das gesamte Selbstsystem. Die Änderungsresistenz läßt sich am Beispiel solcher Personen illustrieren, die trotz ungewöhnlich hoher Leistungen eine geringe Einschätzung ihrer eigenen Begabung aufrechterhalten. Es bedarf einer Unzahl emotional bedeutsamer Erfahrungen im Erwachsenenalter, um die frühen Erfahrungen, aufgrund derer sich die geringe Selbstwertschätzung entwickelt hat, zu widerlegen. Ein weiterer Grund für die hohe Änderungsresistenz des Selbstwertgefühls ist, daß einmal formulierte Postulate höherer Ordnung als sich selbst erfüllende Prophezeiung wirken (siehe oben). Wenn eine Person mit hoher Selbstwertschätzung in einer Aufgabe versagt, wird sie diese Leistung eher als wenig repräsentativ für ihre Fähigkeiten ansehen und annehmen, daß sie beim nächsten Mal mehr Erfolg haben wird. Wenn sie gute Leistungen erbringt, wird sie dies als Beleg für ihre Fähigkeiten verbuchen. Hat aber eine Person mit geringer Selbstwertschätzung Mißerfolg, stellt dies für sie eine Bestätigung ihrer Wertlosigkeit dar; hat sie Erfolg, so wird sie die Validität der Aufgabe in Frage stellen oder das Glück verantwortlich machen. Zudem wird eine Person mit hoher Selbstwertschätzung im Vertrauen auf ihre eigenen Fähigkeiten effizienter und mit geringerer Anspannung arbeiten und demzufolge mit höherer Wahrscheinlichkeit Erfolg haben als eine Person mit niedrigem Selbstwertgefühl.

Um zu verstehen, warum manche Personen eine unrealistisch niedrige Selbstwertschätzung beibehalten, müssen schließlich jene Fälle betrachtet werden, in denen eine plötzliche Reduktion ihrer Selbstwertschätzung eintritt. Da solche Ereignisse besonders aversiv sind, muß jede Person ihr Selbstwertgefühl zwar so hoch wie möglich halten, ohne es jedoch so hoch anzusetzen, daß die negativen Gefühle die positiven Aspekte hoher Selbstwertschätzung überwiegen. Je sensitiver ein Individuum mit Selbstwert-Reduktionen reagiert, um so niedriger wird es vermutlich sein allgemeines Selbstwert-Niveau ansetzen. Die Feststellung, daß manche Personen niedrige Selbstwertschätzungen aufrechterhalten, besagt nicht, daß ihr Selbstwertgefühl nicht angehoben werden könnte, sondern nur, daß sie gegen solche Änderungen aus guten motivationalen Gründen Widerstand zeigen. Unrealistisch niedrige Selbstwerteinschätzungen können nicht nur als Abwehr bei Mißerfolgs- und Versagungserlebnissen fungieren, unrealistisch hohe Selbstwerteinschätzungen können vielmehr dem gleichen Zweck dienen. Im letzteren Falle darf jedoch die Selbstbewertung nicht einer Testung an der Realität ausgesetzt werden. Wenn eine Person insistiert, sie sei Napoleon, mag sie sich deshalb als sehr wichtig fühlen, sie ist aber auch zu einer Dissoziation von der Realität gezwungen, um diese Täuschung aufrechtzuerhalten. Daß solche extremen Reaktionen überhaupt beobachtbar sind, belegt die Bedeutung des Bedürfnisses von Menschen nach Aufrechterhaltung ihrer Selbstwertschätzung.

1.1.3 Die Erhaltung des Selbstsystems

Im allgemeinen ist es besser, irgendeine Theorie zu haben als gar keine, da ohne die Möglichkeit zur Einordnung von Erfahrungsdaten in ein theoretisches Gefüge nur Chaos erlebt würde. Die Wirklichkeitstheorie eines Individuums muß daher nicht nur die Assimilation von Erfahrungsdaten gewährleisten, zur Aufrechterhaltung einer günstigen Lust-Unlust-Balance und einer angemessenen Selbstwertschätzung beitragen, sondern auch sich selbst vor Zerstörung bewahren. Sobald ein theoretisches Gebäude nicht aufrechterhalten werden kann, kann es offensichtlich seine Funktionen nicht mehr erfüllen. Im Gegensatz zu anderen Autoren, welche die Aufrechterhaltung bzw. Erhöhung des Selbstwertes als ein zentrales Bedürfnis postulieren, werden im Rahmen der vorliegenden Theorie drei Grundbedürfnisse postuliert und angenommen, daß das Streben nach Erhöhung der Selbstwertschätzung und nach Aufrechterhaltung eines konzeptuellen Selbstsystems unterschiedliche Bedürfnisse sind.

In dem Maße, in dem eine Selbsttheorie ihre Funktionen nicht mehr erfüllen kann, gerät sie unter Druck, was von der Person als Angst erlebt wird. Ist dieser Druck groß genug und kann er nicht abgewehrt werden, so stellt sich eine Desorganisation der Selbsttheorie ein (vgl. ROGERS 1951; 1959). Desorganisation wird als ein natürlicher Adaptationsprozeß angenommen, der sich in der Evolutionsgeschichte herausgebildet hat, um schwach und mangelhaft organisierte konzeptuelle Systeme zu korrigieren (vgl. EPSTEIN 1973; 1976; 1978 a). Während die Korrektur spezifischer Elemente einer Selbsttheorie über Lernprozesse erfolgen kann, lassen sich strukturelle Veränderungen in dem konzeptuellen System über Lernvorgänge kaum bewirken, da das konzeptuelle System qua Assimilation bestimmt, was gelernt wird. Bevor ein unzureichend organisiertes System grundlegend reorganisiert werden kann, muß es notwendigerweise zusammenbrechen. Akute Desorganisationen bei Schizophrenen repräsentieren exakt diesen Prozeß. An dieser Stelle soll das Anpassungspotential schizophrener Desorganisationen nicht im Detail erörtert werden. Der interessierte Leser sei hierzu auf andere Quellen verwiesen (z. B. BOWERS 1974; EPSTEIN 1973; 1976; 1978 a; SILVERMAN 1970). Es ist jedoch hier zu bemerken, daß Desorganisationen nicht immer und notwendigerweise positive Folgen haben, sondern oft von noch primitiveren Organisationsformen gefolgt sind. Offensichtlich fehlen Forschungsarbeiten, die Hinweise darauf liefern, wann Desorganisation zu konstruktiven und wann zu destruktiven Folgen führt (vgl. EPSTEIN 1978 a).

Die Stabilität der Selbsttheorie gerät in Gefahr durch jede Erfahrung, welche ihre funktionalen Aufgaben herausfordert. Sobald das Selbstsystem bedroht wird, kann die Person das bedrohliche Ereignis entweder assimilieren und dadurch das Selbstsystem um den Preis momentaner Angstzustände erweitern; sie kann aber auch Abwehrmechanismen entwickeln, das Selbstsystem schützen und so Angst vermeiden. Die allgemeinste Form der Verteidigung gegen Desorganisation ist eine Einengung des Selbstsystems. Die Person verschließt sich neuen Informationen, klammert sich in rigider Weise an vorgeschriebene Verhaltens- und Denkstrategien, verliert emotionale Spontaneität und versucht, Forderungen an das Selbstsystem zur Assimilation neuer Daten auf jede mögliche Weise zu reduzieren. Andere Abwehrreaktionen sind jene, wie sie von den Psychoanalytikern beschrieben werden, wie etwa Verleugnung, Projektion und Rationalisierung. Wie die Bedrohung der Selbsttheorie zu einer defensiven Einengung führt, so bewirkt ihre Bestätigung (welche sich immer dann einstellt, wenn sie eine ihrer Funktionen erfüllt) eine vermehrte Offenheit gegenüber neuen Erfahrungen, positive Affekte und vermehrte Spontaneität.

1.1.4 Selbsttheorie und Emotionen

Obwohl die Selbsttheorie eines Individuums ein konzeptuelles System darstellt, ist sie unmittelbar mit Emotionen verknüpft. Es muß hier erinnert werden, daß ihre elementarste Funktion die Aufrechterhaltung einer günstigen Lust-Unlust-Balance darstellt und daß sie ursprünglich eben wegen dieser Funktion aufgebaut wurde. Zu Beginn der Entwicklung, in der biologische Bedürfnisse dominieren, ist die Selbsttheorie emotionalen Vorgängen untergeordnet. Im Laufe der Entwicklung kehrt sich dies jedoch um, und emotionale Erfahrungen werden zunehmend über das konzeptuelle System der Person vermittelt. Wenn die Selbsttheorie im Zuge der Assimilation neuer Informationen ausgeweitet wird oder wenn sie zur Lösung innerer Konflikte beiträgt, hat dies positive Gefühlszustände zur Folge. Solche positiven emotionalen Reaktionen tragen zur Anpassung bei, indem sie Prozesse zunehmender Integration und Differenzierung des konzeptuellen Systems in Gang setzen. In vergleichbarer, wenn auch gegensätzlicher Weise entstehen Gefühle der Angst, wenn die Selbsttheorie die Assimilation neuer Information oder den Erhalt interner Konsistenz nicht leistet. Auch dies sind adaptive Vorgänge, da hier die motivationale Grundlage für eine Korrektur der Selbsttheorie oder für die Mobilisierung von Defensiv-Reaktionen gelegt wird.

Da die Fähigkeit und Unfähigkeit zur Assimilation jeweils von gegensätzlichen Emotionen begleitet wird, ist das Individuum zwangsläufig einem Wachstumskonflikt ausgesetzt. Öffnet es sich neuen Erfahrungen oder erkennt es neue Aspekte an sich selbst, so mögen Bedrohung und Angst erlebt werden. Sobald jedoch die Assimilation dieser neuen Informationen gelingt, wird es mit Angstreduktion und Gefühlen der Heiterkeit belohnt. Zugleich wird das Selbstsystem weniger anfällig für Bedrohung, da dadurch eine potentielle Bedrohungsquelle eliminiert wurde. Auf diese Weise ist das Individuum gefangen in einem Konflikt zwischen der Vermeidung von Angst und damit Null-Wachstum einerseits und der Tolerierung von Angst und damit fortschreitendem Wachstum andererseits. Die Dinge werden noch dadurch kompliziert, daß — wenn die erlebte Bedrohung besonders hoch ist — so starke Angst erzeugt wird, die eher inneren Rückzug denn Wachstum bewirkt. Somit erschwert das Erleben von Angst unter bestimmten Bedingungen psychisches Wachstum.

Zwei Aspekte müssen in diesem Zusammenhang beachtet werden. Zum ersten ist es für eine Person notwendig, bedrohliche Ereignisse so „zu dosieren", daß das Ausmaß an Angst nicht zu hoch wird. Zum anderen wird eine Person — je stärker sie sich bedroht fühlt — um so eher weitere Hinweisreize finden, die diese Bedrohung signalisieren. Mit anderen Worten: Je stärker ein Individuum Sicherheit erlebt, um so höher ist die Wahrscheinlichkeit, daß seine Selbsttheorie sich weiterentwickelt und neue Erfahrungen als willkommene Herausforderung verkraftet werden. Aus diesem Grunde betonen die meisten Therapeuten, wie wichtig es sei, in der Therapie eine Atmosphäre der Sicherheit und Akzeptanz herzustellen. Emotionen werden mit dem Selbstsystem aber noch in anderer Weise gekoppelt, indem sie immer dann evoziert werden, wenn irgendein für die individuelle Selbsttheorie bedeutsames Ereignis eintritt. Insofern erhält man wichtige Hinweise auf die impliziten Postulate einer Person, wenn man jene Ereignisse registriert, auf die die Person in emotionaler Weise reagiert. Ist beispielsweise eine Person sehr ungehalten, wenn jemand ihre Intelligenz in Zweifel zieht, ist es offensichtlich für diese Person sehr wichtig, für intelligent gehalten zu werden. Während dieses Beispiel selbstevident erscheint, mag die Person selbst durchaus leugnen, daß es für sie von Wichtigkeit sei, andere Personen durch ihre Intelligenz beeindrucken zu können. Die Beobachtung emotionaler Reaktionen liefert wichtige Informationen über die Postulate einer Person, deren sie sich selbst nicht bewußt ist. Emotionen sind so die via regia zu den impliziten Postulaten.

Emotionen sind in noch anderer Weise mit dem Selbstsystem verbunden, indem hinter nahezu jeder Emotion eine versteckte Kognition steht. Wenn wir etwa glauben, daß eine Giftschlange nicht giftig sei, haben wir keine Angst vor ihr, obwohl sie uns folgen könnte. Umgekehrt erleben wir größte Angst, wenn wir von einer ungiftigen Schlange glauben, sie sei giftig, obwohl sie uns faktisch nicht gefährlich werden kann. Offenbar werden Emotionen nicht durch die Ereignisse selbst bestimmt, sondern dadurch, wie wir die Dinge interpretieren. Wir sind ärgerlich, wenn wir glauben, jemand habe uns ungerecht behandelt. Wir sind deprimiert, wenn wir glauben, eine geliebte Person oder Sache könnte uns verlorengehen. Wenn wir uns fürchten, rührt dies aus unserem Glauben, etwas könnte uns schaden. Akzeptiert man also, daß emotionale Zustände über Kognitionen vermittelt werden, dann ist es klar, daß Personen, die häufig deprimiert, ängstlich oder ärgerlich sind, bestimmte verfestigte Kognitionen haben müssen, die ein unproportional häufiges Auftreten dieser Gefühlszustände bewirken (vgl. BECK 1976). Diese Annahme hat zum Aufbau kognitiver Therapieansätze geführt durch Autoren wie BECK (1976), ELLIS (1962) oder MEICHENBAUM (1974), in welchen über die Modifikation von Kognitionen unangepaßte emotionale Zustände verändert werden sollen.

1.1.5 Selbsttheorie und Anpassung

Aus der Annahme, daß alle Menschen Theorien zur Strukturierung ihrer Erfahrungen und zur Lenkung ihrer Handlungen brauchen, folgt, daß der Grad ihrer Anpassung bestimmt wird durch die Angemessenheit ihrer Theorien. Subjektive Wirklichkeitstheorien können genau wie wissenschaftliche Theorien nach folgenden Kriterien bewertet werden: nach ihrem Geltungsbereich, ihrer Sparsamkeit, empirischen Validität, internen Konsistenz, Überprüfbarkeit und Brauchbarkeit.

Geltungsbereich. Der Geltungsbereich bezieht sich auf die Tiefe oder Weite einer Theorie. Je größer er ist, um so besser ist unter sonst gleichen Bedingungen eine Theorie. Ein Individuum mit einer eng umgrenzten Selbsttheorie kann nur eine geringe Anzahl von Erfahrungen bewältigen. Es wird leicht Bedrohung erleben, wenn es mit Ereignissen konfrontiert wird, die nicht an seine Theorie zu assimilieren sind. Demzufolge wird es dazu neigen, rigide, defensiv und intolerant auf andere Formen der Weltsicht zu reagieren. Die Existenz anderer Standpunkte wird eine Angstquelle darstellen, da sie darauf hinweisen mögen, daß die eigenen Ansichten nicht die besten sind. Nur in einer eng umgrenzten und vertrauten Umgebung wird sich eine solche Person sicher fühlen können. Hingegen wird ein Individuum mit einer weiten Selbsttheorie sich in vielen unterschiedlichen Settings sicher fühlen können. Es wird aktiv neue Erfahrungen aufsuchen und neue Standpunkte interessant und herausfordernd finden. Als Folge davon wird seine Theorie zunehmend differenzierter und integrierter werden. Aus dieser Perspektive läßt sich kein „Endpunkt" für Anpassungsprozesse definieren, wie es ebensowenig in den Wissenschaften auf der Suche nach Wahrheit einen Endpunkt gibt. Anpassung ist ein Prozeß, in welchem fortlaufende Expansion und Differenzierung der naiven Theorien im Zuge der Konfrontation mit neuen Lebenserfahrungen stattfindet. Ein Gütemerkmal einer naiven Theorie ist, daß sie ihre eigene Weiterentwicklung zuläßt.

Sparsamkeit. Die Sparsamkeit einer Theorie bezieht sich auf die Relation der Zahl theoretischer Konzepte zur Breite des Phänomenbereichs. Unter sonst gleichen Bedingungen ist eine Theorie um so besser, je weniger Konzepte sie benötigt, um eine bestimmte Anzahl von Phänomenen erklären zu können. Sparsamkeit erfordert somit Postulate mit einem hohen Generalisierungsgrad. Sind diese jedoch zu weit, so sind sie nicht hinreichend spezifisch, um auf einzelne Ereignisse bezogen werden zu können. Insofern müssen sie verknüpft sein mit einem Netz engerer Postulate. Zu den weiteren Postulaten in einer persönlichen Theorie gehören nicht nur generalisierte Beschreibungen über die eigene Person und die Umwelt, wie etwa „Ich bin eine fähige Person" oder „Man darf Menschen nicht trauen", sondern auch Werthaltungen und motivationale Postulate, von denen viele aus frühkindlichen Erfahrungen abgeleitet werden. Ein sehr generalisiertes Postulat ist nicht so leicht zu bestätigen oder zu widerlegen, da fast jede Erfahrung entweder als Ausnahme betrachtet oder so interpretiert werden kann, daß sie mit dem Postulat übereinstimmt. Postulate höherer Ordnung vermitteln persönliche Stabilität. Das Verhalten einer Person ohne solche weiten Postulate würde nahezu ausschließlich durch Situationsfaktoren bestimmt werden, sie würde keine stabile Persönlichkeitsstruktur besitzen. Auf der anderen Seite wäre das Verhalten einer Person, die sich ausschließlich auf weite Postulate stützt, gleichermaßen unangepaßt, da es wenig flexibel ist und auf Veränderungen der situationalen Anforderungen nicht angemessen abgestimmt werden kann. Eine solche Person wäre in extremem Maße prinzipiengeleitet und würde oft „über den Wolken schweben".

Zusammenfassend läßt sich also sagen, daß eine gut angepaßte Person Grundwerte internalisiert hat, die ihrem Verhalten Stabilität verleihen, und zugleich in ihrer Theorie engere Postulate aufgenommen hat, die sie flexibel und angemessen auf Situationsanforderungen reagieren lassen.

Empirische Validität und Überprüfbarkeit. Menschen erleben Angst, wenn Erfahrungen nicht in Übereinstimmung mit ihrer Realitätstheorie gebracht werden können. Um sich vor solchen Angstzuständen zu schützen, lernen Menschen, ihre wesentlichen Hypothesen von einer unmittelbaren Testung an der Realität abzuschirmen. Dies kann entweder durch Vermeidung oder Verzerrung in der Wahrnehmung geschehen oder durch die Formulierung von Postulaten in der Weise, daß sie sich nicht überprüfen lassen. Der Preis für solche Abwehrmanöver ist der Verlust der Möglichkeit, unzutreffende Postulate zu korrigieren und zur Verbesserung der Selbsttheorie beizutragen. Ein Postulat wie „Ich bin eine sensitive Person, welche Dinge wahrnimmt, die andere Leute übersehen" läßt sich beispielsweise kaum widerlegen. Personen, die sich in hohem Maße bedroht fühlen, haben mit höherer Wahrscheinlichkeit eine Vielzahl solcher unprüfbarer Postulate, da diese eine sichere Möglichkeit bieten, ihr Selbstwertgefühl und die Stabilität ihrer Selbsttheorie zu schützen. Effektive Anpassung erfordert das ständige Wechselspiel zwischen Postulaten und Erfahrungen. Die Postulate einer gut angepaßten Person sind durch Erfahrungen determiniert und beeinflussen umgekehrt wiederum Erfahrungen. Dieser reziproke Prozeß entspricht in gleicher Weise der Wechselbeziehung zwischen Theorie und Beobachtung in empirischen Wissenschaften.

Interne Konsistenz. Wie jede gute Theorie besitzt auch eine gute Realitätstheorie interne Konsistenz. In dem Ausmaß, in dem sie interne Konsistenz vermissen läßt, wird die Person Angst und Anspannung erleben und zu Konfusion und Desorganisation neigen. Während für diese Person die Vermeidung solcher Zustände dadurch möglich ist, daß bestimmte Elemente aus ihrem konzeptuellen System abgespalten werden, macht ein solcher Vorgang sie zugleich verwundbar für Erfahrungen, welche die dissoziierten Elemente aktivieren; Dissoziation ist insofern schwer aufrechtzuerhalten. Eine Person mit einer Realitätstheorie, die relativ wenig inkonsistente Postulate enthält, befindet sich in Harmonie mit sich selbst. Es gibt keine Widersprüche zwischen einzelnen Postulaten, und — in Worten von ROGERS (1955) — das sprachliche System dieser Person kann angemessen ihre organismischen Erfahrungen abbilden.

25

Eine Person mit einer Realitätstheorie, die bedeutsame Inkonsistenzen aufweist, erlebt gegensätzliche Gefühle. Um die Belastung zu reduzieren, die durch solche inneren Konflikte erzeugt wird, wird sie zusätzlich zu Mechanismen der Verleugnung und Dissoziation ihren Erfahrungsbereich einschränken und sich selbst und ihre Umwelt in einer sehr einseitigen Weise wahrnehmen. Dadurch vermeidet sie, daß ihr diese Inkonsistenzen bewußt werden. Inkonsistenzen in einer Realitätstheorie entstehen aus unterschiedlichen Gründen. Wie ROGERS und andere betont haben, stellt die Diskrepanz zwischen dem, was man direkt aus Erfahrung gelernt hat, und dem, was man durch den Einfluß signifikanter anderer akzeptiert, eine wesentliche Quelle für Inkonsistenzen dar. Dadurch wird eine Spannung zwischen zwei konfligierenden Informationsquellen erzeugt. Eine andere Ursache für Inkonsistenzen liegt in bedeutsamen emotionalen Erfahrungen, welche sehr stark generalisiert werden, sich aber in unvereinbarer Weise überlappen. Nimmt man beispielsweise eine Person, die in ihrer Kindheit emotional warme und positive Beziehungen erlebt hat und später exakt die gegensätzlichen Erfahrungen in einem Konzentrationslager macht. Solche Erfahrungen produzieren mit großer Wahrscheinlichkeit einen tiefliegenden Konflikt zwischen motivationalen Postulaten höherer Ordnung im Hinblick darauf, ob man anderen Personen trauen kann oder nicht. Um in diesem Falle interne Konsistenz zu erreichen, müßte die Person ihre Konzepte so ausdifferenzieren, daß sie sich nicht länger überlagern. Dies würde dann auf einem tiefen emotionalen Niveau zu der Überzeugung führen, daß man manchen Menschen trauen und anderen nicht trauen kann. Unglücklicherweise ist das leichter gesagt als getan, da Konzepte, die von starken emotionalen Erfahrungen abgeleitet wurden, nicht nur sehr hoch generalisiert, sondern auch stark „eingepflanzt" und resistent gegen Differenzierungen sind.

Brauchbarkeit. Die persönliche Theorie eines Individuums besitzt keinen Selbstzweck, sondern stellt ein konzeptuelles Instrument für die Lösung von Problemen dar. In dem Maß, in dem sie diesem Zweck dient, wird die Theorie robust und resistent gegen Zerstörung sein. Folglich kann die Angemessenheit einer Selbsttheorie danach beurteilt werden, wie gut sie ihre Funktionen erfüllt, nämlich die Assimilation von Erfahrungsdaten, die Beibehaltung einer günstigeren Lust-Unlust-Balance und die Aufrechterhaltung des Selbstwertgefühls. Alle diese Funktionen müssen natürlich in Abhängigkeit von Umweltgegebenheiten gesehen werden. Man kann keine positive Freude-Schmerz-Bilanz unmittelbar nach dem Tod einer nahestehenden Person erwarten. Auf der anderen Seite würde es auf Fehlanpassung hinweisen, wenn dieses Ereignis eine lange andauernde Depression zur Folge hätte.

1.1.6 Selbsttheorie und psychodynamische Prozesse

Selbsttheorien werden von manchen Autoren als unvereinbar mit psychoanalytischen Annahmen gesehen (vgl. z. B. LECKY 1969). ROGERS (1951), der zwar die Existenz unbewußter Vorgänge anerkennt, mißt ihnen eine vergleichsweise geringe Bedeutung zu und betont ausschließlich jene Aspekte des Selbst, über die direkt berichtet werden kann. Es ist einsichtig, daß phänomenologisch orientierte Autoren die Bedeutung unbewußter Faktoren abwerten, da ihr Zugang alles dem Individuum Bewußte betont. Unsere Position beinhaltet keine grundlegende Ablehnung psychoanalytischer Formulierungen über unbewußte oder psychodynamische Prozesse. Vielmehr hat sie sehr viel mit ihnen gemeinsam — einschließlich der Akzeptierung des Unbewußten. Psychoanalytische Konzepte innerhalb eines kognitiven Ansatzes zu reformulieren, ermöglicht es, wichtige Einsichten der Psychoanalyse beizubehalten, ohne sich gleichzeitig einigen ihrer fragwürdigen Annahmen anschließen zu müssen (wie etwa der Behauptung, daß Verhalten nur als Umverteilung psychischer Energie verstanden werden könne, daß es eine invariante, biologisch determinierte Entwicklungssequenz gebe, daß der Ödipuskomplex ein universelles Phänomen sei usw.).

Die Psychoanalyse betont die Bedeutung innerer, aus unakzeptablen Impulsen entstandener Konflikte und übersieht die Bedeutung, welche die Aufrechterhaltung eines in sich geschlossenen konzeptuellen Systems hat. Selbstkonzept-Theorien betonen demgegenüber das Bedürfnis nach Aufrechterhaltung dieses konzeptuellen Systems zu Lasten der Bedeutung unbewußter Konflikte und psychodynamischer Prozesse. Die Unzulänglichkeiten beider Ansätze können dadurch aufgehoben werden, daß man beide Ansätze in einer Theorie vereint. Wir haben zuvor betont, daß Individuen ihre persönliche Theorie von der Realität nahezu um jeden Preis verteidigen, da sie für ihr Leben unabdingbar ist. Abwehrmechanismen werden also nicht nur eingesetzt, um unakzeptable Triebimpulse zu bewältigen oder Selbstwertschätzungen aufrechtzuerhalten, sondern auch um die Geschlossenheit des konzeptuellen Systems zu schützen. Gelegentlich wird das Bestreben einer Person, ihre Theorie beizubehalten, im Konflikt stehen mit ihrem Bedürfnis nach Aufrechterhaltung des Selbstwertgefühls oder nach einer günstigen Lust-Unlust-Balance. In diesem Fall mag ihr Verhalten so erscheinen, als sei es zu ihrem eigenen Schaden. Beispiele sind etwa masochistische Tendenzen, fortlaufend negative Selbstbewertungen, die oft mit Depressivität einhergehen, und der „Wiederholungszwang", der sich bei der Verfolgung eines selbstzerstörerischen Zieles zeigt. Das Phänomen des Wiederholungszwanges hat FREUD so beeindruckt, daß er seine Persönlichkeitstheorie drastisch revidierte. Er sah keine andere Möglichkeit zur Erklärung dieses Phänomens, als einen „Todestrieb" zu postulieren, der stärker als das Lustprinzip sein sollte. Ohne die Annahme des Bedürfnisses von Personen nach Stabilisierung ihrer Realitätstheorien war er gezwungen, eine theoretische Setzung vorzunehmen, die von den meisten Psychoanalytikern abgelehnt wurde. Aus kognitionstheoretischer Sicht, wie sie hier vorgestellt wird, kann dieses Phänomen ohne die eine oder andere Mystifizierung erklärt werden:

Das Individuum formuliert weite, sich selbst erfüllende Hypothesen oder Postulate als Ergebnis bedeutsamer emotionaler Erfahrungen. Je weiter eine Hypothese ist, um so größer ist das Bedürfnis, ihre Gültigkeit zu demonstrieren, um dadurch die Stabilität des Selbstsystems aufrechtzuerhalten. Die Aufrechterhaltung sogar destruktiver Annahmen über die eigene Person oder die Welt ist für die Person besser, als die Stabilität ihrer Realitätstheorie zu gefährden.

Es gibt Ähnlichkeiten wie Unterschiede zwischen kognitiven Theorien und der Psychoanalyse in der Behandlung des Unbewußten. Die Psychoanalyse postuliert die Existenz eines dynamischen Unterbewußtseins in dem Sinne, daß dort gelagerte Elemente fortwährend mit einer ihnen eigenen psychischen Energie nach Ausdruck verlangen. Diese werden durch Verdrängung zurückgehalten, die ihrerseits Energie verbraucht. Insofern muß eine Person mit unbewußten Konflikten Energie verschwenden, die sonst für andere Zwecke verfügbar wäre. FREUD hat nie klare Aussagen über die Natur der psychischen Energie abgegeben, die eines seiner am meisten kritisierten Konzepte ist. Die Vorstellung von einer psychischen Energie legt den Vergleich mit einem Dampfkochtopf nahe, wonach die Person entweder einen Impuls ausleben kann oder unterdrücken muß, und im letzteren Falle sich die Energie durch indirekte Kanäle Luft verschafft. FREUD kam deshalb zu der pessimistischen Schlußfolgerung, daß die Menschen nur die Wahl hätten, entweder ihre Impulse auszuleben und somit antisozial zu sein oder andererseits ihre Impulse zu unterdrücken und neurotisch zu werden.

Glücklicherweise läßt sich die Annahme des Unbewußten von einem kognitiven Standpunkt reformulieren in einer Weise, die keine Annahmen über psychische Energie erfordert. Es lassen sich zwei Möglichkeiten denken, wie mentale Inhalte unbewußt sein können. Zum ersten können höherstufige Postulate wegen ihres hohen Generalisierungsgrades das Verhalten in einer Weise beeinflussen, daß sie der Person selbst nicht offenbar werden. Im Gegensatz zu den Postulaten, die wir später erörtern, sind höherstufige Postulate nicht mit Spannungszuständen oder Unterdrückung verknüpft. Das Verhalten einer Person in irgendeiner Situation ist vorzugsweise durch die Situationscharakteristika determiniert, und der subtile Einfluß höherstufiger Postulate wird so gewöhnlich in keiner Situation evident; dennoch läßt er sich über eine hinreichend große Anzahl von Situationen hinweg beobachten. Die zweite Art, wie mentale Inhalte unbewußt werden können, vollzieht sich über Dissoziation. Weist eine Selbsttheorie Inkonsistenzen auf, so besteht eine Möglichkeit zur Aufrechterhaltung eines harmonischen Selbstsystems darin, daß diskrepante Elemente isoliert oder abgespalten werden. Diese Elemente mögen aus einzelnen Erinnerungen oder einem gesamten Komplex bestehen. Da das Selbstsystem aber zwangsläufig integrativ wirkt, wird versucht werden, das dissoziierte Material zu assimilieren. Dadurch mag der Anschein erweckt werden, als besäße dieses Material eine ihm eigene Energie. Sind aber bestimmte Elemente erfolgreich abgespalten, so werden sie keine ernsthafte Bedrohung darstellen, eben weil sie keine eigene Energie besitzen. Sobald jedoch Ereignisse eintreten, die dissoziierte Elemente aktivieren, wird es schwer sein, diese Abspaltungen aufrechtzuerhalten, und das Selbstsystem wird unter beträchtlichen Druck geraten.

1.1.7 Implikationen für psychotherapeutische Intervention

Eine vertiefte Darstellung der Implikationen unserer kognitiven Theorie für psychotherapeutische Intervention ist aus Platzgründen hier nicht möglich. Jedoch sind einige kurze Anmerkungen nötig. Wie kann eine persönliche Theorie von der Realität, die unzureichend funktioniert, verändert werden? Psychoanalytiker glauben, daß bedeutsame Persönlichkeitsveränderungen am ehesten erreicht werden, wenn man an höherstufigen Postulaten ansetzt, während Verhaltenstherapeuten annehmen, daß Veränderungen am effizientesten dadurch erreicht werden, daß man auf der Ebene spezifischer Verhaltensweisen ansetzt. Von unserem Standpunkt aus vermögen beide Ansätze bedeutsame Veränderungen zu bewirken. Werden Veränderungen auf der Ebene fundamentaler Postulate einer Person erzeugt, so können diese sich auf der Verhaltensebene fortsetzen. Werden Modifikationen auf der Verhaltensebene durchgeführt, so können diese sich bis zu höherwertigen Postulaten durchsetzen. Unter der Prämisse einer hierarchischen Gliederung des konzeptuellen Systems ist es evident, daß Veränderungen deduktiv von der Spitze bis zur Basis fortwirken, genau wie sie induktiv von unten nach oben wirksam sein können. Es hängt von der Art des Problems ab, welcher Zugang der effizientere ist. Vermutlich müssen Probleme, die mit der Persönlichkeitsstruktur verknüpft sind, in der Regel so behandelt werden, daß man auf dem generalisierten Niveau von Postulaten ansetzt, während die Probleme, die sich auf spezifische Verhaltensweisen beziehen, über Verhaltenstraining behandelt werden können.

Therapeutische Ansätze, die unmittelbar aus unserer Position abzuleiten sind, sind jene kognitiven Ansätze, wie sie von BECK (1976), ELLIS (1962) und MEICHENBAUM (1974) beschrieben wurden. Therapeutische Intervention dieser Art zielt ab auf jene kognitiven Prozesse, mit Hilfe derer ein Individuum seine Umwelt interpretiert und sein Verhalten lenkt. Dabei werden die Interpretationen von Ereignissen und nicht die Ereignisse an sich als Basis emotionaler Zustände betrachtet. Indem sie unlogische und selbstdestruktive kognitive Vorgänge interpretieren, hoffen kognitive Therapeuten, dem Individuum jene Kognitionsmuster bewußtmachen zu können, die zu negativen Emotionen und Lebensproblemen führen. In dem Ausmaß, in dem ein Individuum diese erkennt und seine einseitigen Hypothesen und unangepaßten Kognitionen korrigieren kann, wird es zunehmend von neuen Erfahrungen profitieren können.

Erfahrene Kliniker waren sich lange darüber im klaren, wie wichtig die Beachtung subtiler Gefühlsäußerungen ist. Wir haben ein Verfahren entwickelt, mit Hilfe dessen Personen lernen sollen, zu erkennen, welche Wahrnehmungs- und Interpretationsmuster sie anwenden. Hierbei müssen sie täglich Berichte über jene Ereignisse abgeben, auf die sie in emotionaler Weise reagiert haben. Studenten, die an dem Projekt als Probanden beteiligt sind, sind oft überrascht davon, wie deutlich Emotionen nicht einfach die Realität widerspiegeln, sondern eine Folge ihrer eigenen Gedanken sind.

So erstaunlich es erscheinen mag, ist es dennoch für manche Menschen wie eine Offenbarung, daß ihre Kognitionen, welche ihre subjektive Weitsicht bestimmen, ihre Gefühle beeinflussen und daß diese Kognitionen direkt ihrer eigenen Kontrolle zugänglich sind. Sobald eine Person dies erkannt hat, kann sie ihre eigenen Gedanken als destruktiv oder konstruktiv bewerten, ohne sie passiv als unumgängliches Abbild der Realität akzeptieren zu müssen.

Eine der Schwächen der gegenwärtigen kognitiven Therapieansätze ist, daß sie Kognitionen zu isoliert behandeln. In diesem Sinne gleichen sie der Verhaltenstherapie, die einzelne Verhaltensweisen zu isoliert behandelt. Wie Psychoanalytiker und Behavioristen haben auch sie nicht hinreichend die Bedeutung beachtet, welche die Aufrechterhaltung eines geschlossenen, internen konzeptuellen Systems für das Individuum besitzt. Solange sie dies nicht tun, wird die Effizienz ihrer therapeutischen Veränderung von Kognitionen nicht allzugroß sein oder manchmal sogar in gegensätzlicher Richtung liegen. Dennoch ist nicht zu leugnen, daß sie in vielen Fällen sehr effektiv sind. Es kann angenommen werden, daß bestimmte Kognitionen wesentlich für die Aufrechterhaltung der jeweiligen Selbsttheorie und insofern besonders änderungsresistent sind. Ihre Veränderung könnte unerwünschte Nebeneffekte haben, wenn dabei ihre Bedeutung für das konzeptuelle System der Person nicht angemessen beachtet wird.

Die Behandlung der Depression durch kognitive Therapeuten (wie BECK 1976) bestand häufig in dem Versuch, spezifische Gedanken zu verändern, wie etwa die Überzeugung eines Patienten, daß er morgens nicht aus dem Bett gehen könne. Während solche Überzeugungen in der Therapie verändert werden können, stellt die Modifikation oberflächlicher Gedanken nur eine Seite dar. Ein anderes Problem ist es, grundlegendere Probleme der Person anzugehen, wie etwa ihr niedriges Selbstwertgefühl oder ihre Tendenz, auf Enttäuschungen immer wieder mit langen depressiven Phasen zu reagieren. Eine tiefgreifende Veränderung von Kognitionen besteht nicht schlicht darin, daß die Person zu sich selbst in einer anderen Weise spricht. Vielmehr muß man dabei auf tief verwurzelte Postulate der Person abzielen, die frühzeitig mit emotional bedeutsamen Erfahrungen gebildet wurden. Wenn sich eine Person früher beim Berühren eines heißen Ofens sehr verbrannt hat, wird sie die Berührung jedes Ofens künftig zu vermeiden trachten, egal was sie sich selbst einredet. Das einzige Heilmittel sind hier andere emotional bedeutsame Erfahrungen, die überzeugender sind als Worte. Dennoch mag hier auch die Fähigkeit zu konstruktiven Selbstverbalisationen eine – wenn auch indirekte – Rolle spielen, da die Veränderung peripherer Gedanken den Weg ebnet für die Korrektur emotioneller Erfahrungen. Kognitive Therapieansätze scheinen alles in allem sehr vielversprechend, nur bedürfen sie der Berücksichtigung des konzeptuellen Systems der Person und seiner Integration und müssen die isolierte Behandlung von Gedanken aufgeben.

1.2 Vorschläge zur Lösung kontroverser Fragen der Selbstkonzept-Forschung

Selbst als Erkenntnisobjekt vs. Selbst als erkennendes Subjekt. Es ist zu fragen, wie hilfreich es ist, das Selbst einerseits als erkennendes Subjekt und andererseits als Objekt der Erkenntnis zu betrachten. Das Problem, ob man von einem Selbst als erkennender Instanz mit Exekutivfunktionen sprechen sollte, ist dann schnell gelöst, wenn man akzeptiert, daß Individuen Realitätstheorien als Hilfe für ihr eigenes Leben konstruieren. Diese enthalten nicht nur Wissensbestände, sondern lenken auch die Aufmerksamkeit und bestimmen, was assimiliert wird. Indem den Erfahrungen der Person Bedeutung verliehen wird, sind sie auch aktiv Erkennende. Selbsttheorien sind also Erkenntnisgegenstände, indem sie Wissen um die eigene Person enthalten; sie fungieren aber auch als erkennende Subjekte, indem sie Prozesse der Wahrnehmung und Erkenntnisgewinnung steuern.

Das Wachstumsprinzip. Eine Anzahl von Psychologen, wie etwa GOLDSTEIN (1939), JUNG (1953), ROGERS (1961) und MASLOW (1962) haben ein Bedürfnis nach Selbstverwirklichung postuliert. Ihre Annahme ist, daß eine Person sich so lange weiterentwickelt, wie sie keine Behinderung auf dem Weg zur Selbstverwirklichung erfährt. Als Analogie wird oft ein Samenkorn beschrieben, in dessen Struktur bereits eine wunderschöne Blume angelegt und zu deren Entfaltung es nur der richtigen Umwelt bedarf. Niemand hat das Samenkorn zu lehren, wie es zu wachsen habe, und Eingriffe würden höchstens den Wachstumsprozeß stören. Die Schwierigkeit mit dieser Analogie, so anschaulich sie auch ist, liegt in dem fundamentalen Unterschied zwischen Kindern und Samenkörnern. Menschliche Individuen wachsen nicht einfach, wenn man sie ungehindert läßt. Neben einer liebevollen Umgebung bedürfen sie der Stimulation und der Unterweisung. Die Annahme einer latenten Struktur, die sich ohne äußere Einflüsse entfalten kann, ist unhaltbar. Jede Kultur hat ihre Nachkommen zu erziehen und ein Sanktionssystem zu entwickeln, welches Verhalten in soziale Bahnen lenkt. Die Idee von einem dem Organismus inhärenten Wachstumsprinzip, die von der Humanistischen Psychologie propagiert wurde, ist eben aus diesen Gründen nicht ernstgenommen worden.

Das Wachstumsprinzip kann jedoch in einer wissenschaftlich akzeptablen Weise analysiert werden, wenn man auf die impliziten Selbsttheorien von Menschen abhebt. Eine Selbsttheorie wird so lange aufgebaut und weiterentwickelt werden, wie sie mit angemessenen Erfahrungsdaten gespeist wird und wie das Individuum nicht so bedroht ist, daß es neue Erfahrungen meidet. Insofern ist sie von einer wissenschaftlichen Theorie nicht zu unterscheiden. Wie erwähnt, besteht eine Tendenz, daß unter starkem äußeren Druck Selbsttheorien eingeengt, unter geringem Druck jedoch permanent erweitert werden. Wachstum meint somit nicht, daß alles schon wie in einem Samenkorn angelegt war. Vielmehr ist es das Ergebnis der vielfältigen Wechselbeziehungen zwischen Umwelt und Individuum, wobei es eine unzulässige Vereinfachung wäre, hierbei nur eine Seite zu betrachten.

Ein Selbstkonzept oder viele Selbstkonzepte? Einige Autoren, wie z. B. LECKY (1969), SNYGG & COMBS (1949) und ROGERS (1961), unterstreichen die Geschlossenheit eines Selbstkonzepts. Andere Autoren wie z. B. COOLEY (1902), MEAD (1934), GERGEN (1971) betonen die Vielzahl und Mannigfaltigkeit von Selbstkonzepten. GERGEN (1971) formuliert etwa, daß die Art, wie wir im Singular von *dem* Selbstkonzept oder *dem* Selbstbild einer Person sprechen, irreführend sei, da sie über viele Konzepte über sich verfügt, die wenig oder nichts miteinander zu tun haben. Das Problem, ob man von einem oder mehreren Selbstkonzepten zu sprechen habe, wird dann gelöst, wenn man akzeptiert, daß Selbsttheorien zugleich integriert und differenziert sind. So sind sehr viele einzelne Selbstkognitionen einem umfassenden, übergreifenden Selbstsystem eingegliedert. Da sich eine Person ihres Selbstsystems nicht bewußt ist, ist es unsinnig zu fragen, ob sie ein in sich geschlossenes Selbstkonzept besitzt. Dieses muß erschlossen werden, beispielsweise aus den gleichen affektiven Reaktionen bei Bedrohung jedes beliebigen Aspekts der eigenen Person oder aus der Desorganisation des gesamten Selbstsystems im Falle akuter Schizophrenien.

Das Selbstkonzept als in sich geschlossenes System zu akzeptieren, schließt nicht aus, daß es differenziert ist und sogar Inkonsistenzen aufweist. Zwar werden diese, wie erwähnt, als belastend erlebt, so daß das Selbstsystem immer nach innerer Harmonie zu streben scheint, ohne dieses Ziel jemals voll zu erreichen. Die Frage, ob es ein oder mehrere Selbstkonzepte gäbe, erinnert an die frühere Auseinandersetzung, ob Intelligenz als ein globales Konzept oder im Sinne spezifischer Fähigkeiten aufzufassen sei. Als Antwort zeigte sich, daß beide Auffassungen zutreffend sind.

Kontinuität im Selbstsystem. Wie stabil ist das Selbstsystem, kann es zugleich stabil und veränderbar sein? Es ist offensichtlich, daß eine Theorie hohe Stabilität zeigt und dennoch neue Daten integrieren kann, sich also zumindest peripher verändert. Dies gilt gleichermaßen für Selbsttheorien wie für wissenschaftliche Theorien. Periphere Veränderungen können natürlich letztlich zu tiefgreifenden Veränderungen führen; solange sie sich jedoch allmählich vollziehen, werden sie die Stabilität des Selbstsystems zu einem Zeitpunkt nicht verletzen. Plötzliche Veränderungen in fundamentalen Postulaten der Selbsttheorie treten auf im Zuge der Bewältigung kritischer Lebensereignisse, seien diese positiver (wie etwa eine neue positive Liebesbeziehung) oder negativer (wie etwa traumatische Kriegserfahrungen) Natur. In diesen Fällen werden sich dramatische Persönlichkeitsveränderungen vollziehen. Normalerweise jedoch werden Veränderungen in der Selbsttheorie nur durch die Kumulation von Erfahrungen geringerer Dramatik erfolgen und das Selbstsystem deshalb seine Geschlossenheit bewahren. Wie läßt sich jedoch das Gefühl der eigenen Kontinuität erklären, das Personen trotz offensichtlicher Veränderungen über lange Zeiträume, etwa von der Kindheit bis ins Erwachsenenalter, erleben? In der Regel wird jede einzelne Erfahrung an die bestehende Selbsttheorie eines Individuums assimiliert, es sei denn, es handelt sich um ein besonders traumatisches Erlebnis. Durch jede einzelne Erfahrung wird zu einem Zeitpunkt nur eine geringe Erweiterung der Selbsttheorie vorgenommen und insofern im Vergleich zur gesamten Theorie kaum wahrgenommen. Es ist, als beobachte man ein Kind, wie es wächst. Nur jemand, der dieses Kind lange Zeit nicht gesehen hat, wird von den Veränderungen überrascht sein. Es ist weiter zu berücksichtigen, daß die in frühen Jahren aufgebauten Postulate solche höherer Ordnung sind, die spätere Erfahrungen assimilieren und insofern als integrative Postulate großer Reichweite erhalten bleiben. Während sich also das offene Verhalten von der Kindheit bis ins Erwachsenenalter deutlich und radikal ändert, behalten viele der frühen Postulate ihren Einfluß bis ins Erwachsenenalter bei, wenngleich modifiziert durch Postulate niederer Ordnung.

Die Determination des Verhaltens durch Vergangenheit oder Zukunft. Behavioristen und Freudianer wurden gleichermaßen wegen ihres fatalistischen Menschenbildes angegriffen, welches den Menschen als passive Kreatur, als

Opfer vergangener Lernerfahrungen darstellt. Humanistische Psychologen und Anhänger von JUNG haben auf der anderen Seite dafür plädiert, die Zukunftsorientierung im Verhalten stärker zu beachten. Danach sei menschliches Handeln stärker durch die Zukunftsperspektiven der Person als durch ihre Erinnerungen an Vergangenes bestimmt. Von unserem theoretischen Standpunkt sind beide Positionen haltbar. Viele handlungsleitenden Kognitionen wurden in der Kindheit gebildet mit dem Ziel, die Bewältigung augenblicklicher Umstände und den Aufbau von Zukunftsannahmen zu erleichtern. Es ist daran zu erinnern, daß das konzeptuelle System einer Person das kognitive Werkzeug ist, welches eine bestmögliche Anpassung an Lebensumstände gewährleisten soll. Ein Grund, warum Kindheitserfahrungen hier von besonderer Bedeutung sind, liegt darin, daß Kinder unangemessene Generalisierungen vornehmen, da sie starken emotionalen Erfahrungen ausgesetzt sind, jedoch nur eingeschränkte Kodierungsmöglichkeiten für diese Erfahrungen haben. In der Kindheit vorgenommene Generalisierungen werden so zu grundlegenden Postulaten der Selbsttheorie, welche die weitere Entwicklung des Selbstsystems beeinflussen. Viele dieser Postulate sind präskriptiver Natur, d. h., sie stellen eine Generalisierung emotionaler bedeutsamer Erlebnisse dar, die stark mit dem Erlernen „angemessenen Verhaltens" verknüpft sind.

Die Qualität von Reizen. Phänomenologisch orientierten Theoretikern zufolge kann Verhalten nur aus der Perspektive der handelnden Person verstanden und erklärt werden. Bekanntlich stellt dies ein Problem für die psychologische Forschung dar, da die Reaktion jedes Individuums von seiner persönlichen Interpretation und Bewertung der Reize abhängt. Wie können diese dann nach objektiven Kriterien klassifiziert werden? Welchen Wert besitzt dann die experimentelle Methode, in welcher Reize variiert und ihre Effekte auf das Verhalten bei einer Population überprüft werden? Den Phänomenologen zufolge sollte auf solche Experimente verzichtet werden, da wegen der Subjektivität in der Wahrnehmung eine objektive Beschreibung von Reizen sinnlos ist. Zweifelsohne ist es richtig, daß Menschen auf *wahrgenommene* Stimuli reagieren und nicht auf Stimuli, die durch jemanden anderen „objektiv" gesetzt wurden. Leugnet man jedoch, daß ein Reiz durch interpersonellen Konsens objektiviert werden kann, dann läßt sich auch die Annahme einer objektiv vorfindbaren Realität nicht halten. Hat man also zu wählen zwischen der Erforschung subjektiver Realitäten durch die Phänomenologen und der objektiver Realitäten durch die Behavioristen? Es ist offensichtlich notwendig, einen objektiven wie subjektiven Begriff von der Realität gleichzeitig zu berücksichtigen. Will man im menschlichen Verhalten Regelhaftigkeit demonstrieren, muß man den vermittelnden Prozeß verstehen, mit Hilfe dessen Menschen Informationen aus der „objektiven Welt" in eine „subjektive Erlebniswelt" transformieren. Dies ist ein zentrales Problem der Persönlichkeitstheorien und vermutlich der gesamten Psychologie. Menschen reagieren in ihrem Alltag nicht auf Reize, die — wie im Experimentallabor — von anderen Personen ausgesucht wurden, sondern sie suchen selbst aktiv nach Reizen, auf welche sie reagieren. Insofern reicht die Analyse von Reiz-Reaktions-Folgen im Labor nicht aus. Sie muß ergänzt werden durch Studien, in welchen Menschen Reizkonstellationen frei wählen können.

Schließlich ist noch ein Wort dazu zu sagen, ob Menschen entlang universeller Dimensionen reagieren oder ob diese selbst interindividuell variieren. Trifft die letzte Möglichkeit zu, so werden Persönlichkeitsanalysen beträchtlich komplizierter, da kaum eine Person mit der anderen verglichen werden könnte. KELLY (1955) hat die Einmaligkeit der Dimensionen für jedes Individuum betont und eine geniale Methode entwickelt, mit Hilfe derer die persönlichen Dimensionen oder Konstrukte erfaßt werden können. ALLPORT (1961) postulierte sowohl universelle Merkmale, die allen Menschen eigen sind, wie auch einzigartige, die jeweils für eine Person spezifisch sind. Ähnlich gilt dies für die Analyse der Dimensionalität von Reizen. Es ist schwer vorstellbar, wie Menschen ähnliche Verhaltensweisen oder Traits entwickeln, ohne daß sie ihre Umwelt mittels ähnlicher Dimensionen konstruieren. Welche Dimensionen nun von höherer oder geringerer Universalität sind, ist eine empirische Frage. Abhängig davon, wie eng eine Stimulusdimension definiert ist, mag sie einmal für eine Person einzigartig sein oder nicht. So sind z. B. nicht alle Menschen in gleicher Weise am Tennisspiel interessiert, jedoch alle mit hoher Wahrscheinlichkeit motiviert, in irgendeinem Bereich kompetent zu sein. Tennisspielen könnte so bei einigen Menschen ein Indikator für Leistungsmotivation sein, bei anderen hingegen nicht. Es wäre interessant zu bestimmen, welche Dimensionen, die für einzelne Menschen auf einem bestimmten Niveau spezifisch sind, sich in erweiterte Dimensionsklassen so einfügen lassen, daß sie auf einem höheren Niveau eine vielen Menschen gemeinsame Dimension darstellen.

1.3 Die empirische Analyse einiger zentraler Probleme der Selbstkonzept-Forschung

Die Geschlossenheit des Selbstsystems. Einigen Autoren folgend besteht eine Tendenz zur internen Konsistenz und Geschlossenheit des Selbstsystems (vgl. ROGERS 1951). Ein Mangel an interner Konsistenz im konzeptuellen System erzeugt Angst und motiviert zur Reduktion von Diskrepanzen. Nach ROGERS sind die Unterschiede zwischen idealer und realer Selbsteinschätzung einer Person wesentliche Diskrepanzquellen. Diese wurden verschiedentlich untersucht und in Beziehung zu Anpassung und Therapieerfolg gesetzt. BUTLER & HAIGH (1954) berichten einen signifikanten Anstieg in der Übereinstimmung zwischen realer und idealer Selbstbeschreibung als Folge psychotherapeutischer Intervention. In einigen Studien wurde dieser Befund repliziert, in anderen nicht. Offensichtlich moderieren eine Reihe zusätzlicher Faktoren diese Beziehung. FRIEDMAN (1953) kam aus dem Vergleich zwischen normalen, neurotischen und psychotischen Personen zu dem Schluß, daß eine wesentliche Moderatorvariable die Stärke von Abwehrreaktionen ist. Er stellte fest, daß Psychotiker in ihren Real-Ideal-Diskrepanzen normalen Versuchspersonen ähnlicher waren als Neurotikern. Er interpretiert diesen Befund dahingehend, daß Psychotiker interne Konsistenz in ihrem Selbstsystem auf Kosten eines angemessenen Realitätsbezugs aufrechterhalten. CHODORKOFF (1954) fand, daß die Übereinstimmung zwischen der Selbstbeschreibung und der Beschreibung durch andere Personen um so größer ist, je höher die Anpassung der Person ist und je weniger Wahrnehmungsabwehr sie zeigt. Diese Befunde stützen die Annahme, daß Abwehrreaktionen (Verleugnung oder Verzerrung der Realität) immer dann wahrscheinlich sind, wenn Erfahrungsdaten nicht in das konzeptuelle System integriert werden können.

Die Bedeutung interner Konsistenzen wird auch durch Arbeiten aus der Sozialpsychologie bestätigt. FESTINGER (1957) und BREHM & COHEN (1962) sammelten hinreichend empirische Evidenz für die Annahme, daß ein Bedürfnis nach Reduktion bzw. Vermeidung kognitiver Dissonanzen besteht. In einer Reihe von Studien, die im Gegensatz zu vielen anderen auch langfristige Effekte prüften, konnte ROKEACH (1973) nachweisen, daß Personen angesichts von Diskrepanzen in ihren selbstbezogenen Wertvorstellungen zu Diskrepanzreduktionen neigen und in deren Folge eher periphere Einstellungen ändern. Seine Befunde liefern Evidenz für den hierarchischen Aufbau des Selbstsystems. In einer Studie über die Beibehaltung falscher Annahmen über Psychologie fand VAUGHN (1977), daß jene Überzeugungen, die an wichtige individuelle Werte gebunden sind, höhere Änderungsresistenz haben und gegenteilige Evidenz ignoriert oder als irrelevant behandelt wird. Betrachtet man alle Befunde zusammenfassend, so gibt es deutliche Hinweise darauf, daß Personen in ihren konzeptuellen Systemen interne Konsistenz aufrechtzuerhalten trachten.

Das Bedürfnis nach Selbstwert-Erhöhung. LECKY (1969), SNYGG & COMBS (1949) und ROGERS (1951, 1959) postulieren ein einziges zentrales Bedürfnis des Organismus. Für LECKY besteht dieses in der Bewahrung der Geschlossenheit des Selbstsystems, während von ROGERS und SNYGG & COMBS das Streben nach Aufrechterhaltung oder Erhöhung der Selbstwertschätzung betont wird. Nach EPSTEIN (1973) sind dies zwei voneinander unabhängige Bedürfnisse.

In der Sozialpsychologie gibt es zwei konfligierende theoretische Positionen zu diesem Problem, nämlich Konsistenztheorien und Selbstwerttheorien. Vertreter jeder theoretischen Richtung argumentieren, daß die jeweils andere

Position ihrem Ansatz subsumierbar sei. In einer Literaturübersicht kommt JONES (1973) zu dem Schluß, daß beide Positionen empirische Stützung erfahren haben. In einer Studie, in welcher die Höhe der Selbstwertschätzung im Zusammenhang mit Reaktionen auf positive bzw. negative Bewertungen im Alltagsleben untersucht wurde, stellte LOSCO-SZPILLER (1977) fest, daß keiner der beiden theoretischen Ansätze alleine ihre Befunde erklären könne. Nach ihren Ergebnissen reagieren Personen mit hoher Selbstwerteinschätzung sehr positiv auf günstige und sehr negativ auf ungünstige Bewertungen ihrer eigenen Person, während Personen mit niedrigerer Selbstwerteinschätzung sowohl auf günstige wie ungünstige Bewertungen weit weniger heftige Reaktionen zeigen. Diese Befunde werden erklärbar, wenn man annimmt, daß das Bedürfnis nach Konsistenz wie nach Selbstwerterhöhung gleichzeitig wirksam ist. Für Personen mit hoher Selbstwertschätzung stellen günstige Bewertungen eine Befriedigung beider Bedürfnisse dar, und sie zeigen sehr starke positiv-emotionale Reaktionen. Ungünstige Bewertungen stellen eine Frustration beider Bedürfnisse dar, daher zeigen sie stark negative emotionale Reaktionen. Für Personen mit geringer Selbstwertschätzung hingegen stehen günstige Bewertungen ihrer Person im Gegensatz zu ihrem Bedürfnis nach konsistenter Selbstwahrnehmung, befriedigen jedoch ihr Bedürfnis nach Selbstwerterhöhung. Insofern zeigen sie „kompromißähnliche" Reaktionen. Gleiches gilt für ihre Reaktionen auf ungünstige Bewertungen, wobei diese ihr Konsistenzbedürfnis befriedigen, ihr Bedürfnis nach Selbstwerterhöhung jedoch frustrieren. Aus allen Befunden läßt sich zusammenfassend folgern, daß Individuen sowohl ein Bedürfnis nach Aufrechterhaltung eines stabilen Selbstsystems wie auch ein Bedürfnis nach Selbstwerterhöhung haben und daß die Wirksamkeit beider Motive bei der Verhaltensvorhersage einbezogen werden muß.

Unkonditionale Akzeptierung als Wachstumsbedingung. Nach ROGERS (1951; 1959; 1961) stellt die bedingungslose Akzeptierung durch andere Personen eine optimale Voraussetzung für persönliches Wachstum und Weiterentwicklung dar. Diese Annahme gewann ROGERS aus der Beobachtung von Klienten, die sehr stark von der unkonditionalen Akzeptierung durch den Therapeuten profitierten. Als Folge zeigten sie bedeutsame Fortschritte in der Psychotherapie ohne Lenkung oder Interpretation durch den Therapeuten. Es ist natürlich möglich, daß die Bedingungen für die Behandlung von Klienten nicht notwendigerweise die gleichen sind wie für die von Personen ohne psychische Störungen. In einer umfangreichen Arbeit über das Selbstwertgefühl bei Jungen und Mädchen im frühen Jugendalter fand COOPERSMITH (1967), daß die Eltern der Kinder mit hoher Selbstwertschätzung weniger permissiv waren als die Eltern der Kinder mit geringer Selbstwertschätzung. Erstere setzten für ihre Kinder auch höhere Standards als die Vergleichsgruppe. Sie respektierten divergente Meinungen, waren nicht permissiv, sondern definierten Privilegien wie Verantwortlichkeiten ihrer Kinder klar. Sie zeigten für sie großes Interesse, respektierten sie und stellten eher lenkende als gleichwertige Partner dar. Die Befunde von COOPERSMITH scheinen im direkten Gegensatz zu ROGERS' Ansicht zu stehen, wonach Permissivität in Verbindung mit unkonditionaler Akzeptierung optimale Bedingungen für den Aufbau eines hohen Selbstwertgefühls und Persönlichkeitswachstum sind. MUSSEN & EISENBERG (1977) untersuchten die Bedeutung von Erziehungsstilen für den Aufbau einer hilfreichen und kooperativen Orientierung gegenüber Anderen. Nach ROGERS müßten solche Verhaltenstendenzen zwangsläufig entstehen, wenn ein Kind unkonditionale positive Akzeptierung erhält. Die Befunde dieser Arbeit zeigen dies jedoch nicht. Große Fürsorge seitens der Eltern zeitigte danach sowohl sehr egozentrische wie auch kooperativ-hilfreiche Verhaltenstendenzen bei den Kindern. Um bei den Kindern Verantwortlichkeit für das Wohlergehen anderer Personen zu erzeugen, hatten die Eltern nicht nur einen fürsorglichen Erziehungsstil zu praktizieren, sondern auch mit ihrem eigenen Verhalten als Modell zu wirken.

Empirische Evidenz wie die eben genannte läßt Zweifel aufkommen an der Annahme von ROGERS, daß es eine automatische Folge ist, gut angepaßt und sozial orientiert zu werden, wenn Kinder eine angemessene positiv-emotionale Beziehung zu einer anderen Person haben. Es scheint, daß spezielles Training und Möglichkeiten zur Beobachtung des erwünschten Verhaltens gleichermaßen nötig sind. In der Psychotherapie beobachtet der Klient das Verhalten des Therapeuten. Es ist möglich, daß eine zunehmend positive Wahrnehmung anderer Menschen, welche seine Klienten im Therapieverlauf zeigten, eine Reaktion auf ROGERS' „Modellverhalten" war und keine direkte Konsequenz seiner unkonditionalen positiven Akzeptierung.

Selbstwertschätzung als fundamentales Postulat mit weitreichenden Implikationen. Autoren wie LECKY (1969), SNYGG & COMBS (1949), ROGERS (1951) und EPSTEIN (1973) folgend stellt Selbstwertschätzung die zentrale Komponente im Selbstsystem einer Person dar. Selbstwertschätzung wird als besonders änderungsresistent und als eng verknüpft mit einem breiten Spektrum von Einstellungen und Verhaltensweisen angesehen. Daher ist anzunehmen, daß weitreichende Konsequenzen für das gesamte Persönlichkeitssystem eintreten, wenn das Selbstwertgefühl angegriffen wird.

Es gibt Hinweise darauf, daß hohe Selbstwertschätzung verbunden ist mit einer Reihe positiver Merkmale. So wurde z. B. häufig vermerkt, daß Selbstakzeptierung in direkter Verbindung steht mit der Akzeptierung anderer Personen (z. B. BERGER 1952; MEDINNUS & CURTIS 1963; PHILIPPS 1951; SUINN 1961). Aus zahlreichen Arbeiten wird berichtet, daß Selbstwertschätzung positiv korreliert ist mit dem Sozialverhalten in Gruppen unterschiedlichen Alters und Geschlechts (siehe z. B. ANNASTASLIOW 1964; COOPERSMITH 1964; DAVIS

1962; Rosenberg 1965). In Wylies (1974) ausführlicher Übersicht erweist sich hohe Selbstwertschätzung als eng verknüpft mit erfolgreicher sozialer Anpassung. In der genannten Studie von Losco-Szpiler (1977) zeigte sich, daß nach dem Erhalt positiver Bewertungen über die eigene Person, welche eine momentane Erhöhung der Selbstwertschätzung erzeugen, die Versuchspersonen auch einen Anstieg im Erleben eigener Sicherheit, Freundlichkeit, Heiterkeit, Spontaneität, Gedankenklarheit, Macht und Aktivierung berichteten. Nach negativen Bewertungen ihrer Person gaben sie einen Anstieg in entgegengesetzten Gefühlszuständen an. Ähnliche Ergebnisse zeigten sich in der Arbeit von O'Brien & Epstein (1974). Die Versuchspersonen hatten über einen Zeitraum von sechs Wochen ihre Reaktionen auf eine Reihe von Alltagserlebnissen niederzuschreiben, welche ihre Selbstwertschätzung verringerten oder ansteigen ließen. Es zeigte sich, daß ein Anstieg in der Selbstwertschätzung verbunden war mit einem Anstieg in allen positiven Gefühlszuständen, im Erleben von innerer Harmonie, im Aktivitätsniveau und in einer Zunahme der Offenheit für neue Erfahrungen. Demgegenüber war ein Absinken der Selbstwertschätzung verbunden mit der Zunahme dysphorischer Gefühlszustände einschließlich Angst und mit dem Empfinden, eingeschränkt und behindert zu sein. In einer Studie von Epstein (berichtet in 1977) schrieben die Versuchspersonen über den Zeitraum von einem Monat täglich Berichte über angenehme und unangenehme Gefühlszustände auf. Bei der faktorenanalytischen Auswertung der negativen Emotionen wurde ein Faktor extrahiert, welcher durch die Variablen „wertlos", „furchtsam", „gespannt" und „desorganisiert" markiert wird. Unabhängig von augenblicklichen Fluktuationen in der Selbstbewertung scheint die Höhe der Selbstwertschätzung relativ stabil zu sein. Empirische Evidenz hierfür wird berichtet von Brehm & Cohen (1962) und Rokeach (1973). In Arbeiten von Epstein (1977; 1978b) wurden relativ hohe Stabilitätsquotienten gefunden für Selbstwertschätzungen, wenn die Daten über eine angemessene Stichprobe von Beobachtungen gemittelt wurden.

1.4 Ein Forschungsprogramm für die Analyse kognitiver Selbsttheorien

In einem Forschungsprogramm zur Überprüfung der vorgestellten Theorie müßten emotionale und kognitive Variablen aufgenommen werden sowie jene Merkmale, die in Verbindung mit der Kapazität zur Erweiterung und Assimilation des individuellen konzeptuellen Systems stehen. Die Analyse von Veränderungen, welche für das Individuum emotional bedeutsam sind und langfristiger wirken, wären der Prüfung nur kurzfristiger und oft trivialer Effekte, wie sie in Laborexperimenten nachgewiesen werden, vorzuziehen.

Eine Reihe von Studien, von denen einige im vorangegangenen Kapitel erwähnt wurden, wurden unter Beachtung der eben genannten Anforderungen durchgeführt. Aus Platzgründen ist ihre detailliertere Beschreibung nicht möglich. Ausführlichere Darstellungen finden sich bei Epstein (1976; 1977; 1978 a; 1978 b; 1978 c), Losco-Szpiler (1977) und O'Brien & Epstein (1974). In einer dieser Arbeiten (berichtet in Epstein 1976) hatten die Versuchspersonen täglich ihre angenehmsten und unangenehmsten Erfahrungen über den Zeitraum von einem Monat niederzuschreiben. Sie registrierten ihr Verhalten auf speziell vorbereiteten Blättern, auf welchen sie auch die begleitenden Affekte, den Grad ihrer Verwirrtheit vs. Klarheit, die Höhe ihrer Selbstwertschätzung (einschließlich Kompetenz, Beliebtheit, Macht und generellem Selbstwertgefühl) einstuften. Registriert wurden auch die Situationen, welche jeweils ihre Emotionen erzeugten, und die Frage beantwortet, ob sie ihre emotionalen Impulse in ihrem Verhalten ausgedrückt haben oder nicht. Nach den Befunden zeigt sich, daß Persönlichkeitsmerkmale hohe Stabilität aufweisen, wenn sie über einen hinreichenden großen Beobachtungszeitraum ermittelt werden, nicht aber, wenn sie auf wenige Beobachtungen gestützt sind. So läßt sich die Annahme von der Situationsspezifität des Verhaltens bei gleichzeitig vergleichsweise stabiler Persönlichkeitsstruktur belegen. Besonders interessant sind die Hinweise auf ein vergleichsweise hohes Maß an Stabilität in der Organisation intrapersonaler Variablen. Wie erwähnt, erbrachte die faktorenanalytische Auswertung ein Syndrom von geringer Selbstwertschätzung, hohem Angstniveau und der Furcht vor Desintegration. Das Merkmal der Selbstwertschätzung zeigt weit verzweigte Beziehungen mit anderen Variablen (kognitiven wie emotionalen), was im Einklang mit der Annahme steht, daß die globale Selbstwertschätzung ein Postulat von fundamentaler Bedeutung in der individuellen Selbsttheorie ist.

In einer anderen Arbeit (berichtet in Epstein 1976, 1978 c) wurde ein Fragebogen zur Erfassung der Selbstwertschätzung konstruiert mit den Skalen „allgemeiner Selbstwert", „Kompetenz", „Beliebtheit", „Macht", „Willensstärke", „Körperwahrnehmung" und „moralische Selbstbewertung". Die Annahme stützend, daß das Selbstsystem sowohl integriert wie differenziert ist, zeigten die Ergebnisse der Faktorenanalyse einen Faktor „globale Selbstwertschätzung", welcher durch alle Skalen geladen wurde, wie auch eine Reihe spezifischer Faktoren. Es konnte ferner gezeigt werden, daß die globale Selbstwertschätzung stabil über die Zeit ist.

In anderen Arbeiten hatten die Versuchspersonen spezifische Erfahrungen aus ihrem Alltag zu berichten. In einer dieser Arbeiten (Losco-Szpiler 1977) registrierten Studenten ihre Reaktionen auf günstige bzw. ungünstige Bewertungen ihrer Person. In einer anderen (O'Brien & Epstein 1974) hatten Studenten ihre Reaktionen auf Erlebnisse, welche ihr Selbstwertgefühl anhoben oder reduzierten, festzuhalten. Die Ergebnisse dieser Studien wurden im vorangegangenen Abschnitt berichtet. OFRIA & EPSTEIN (berichtet in EPSTEIN 1978c) erhoben an einer Stichprobe von 200 Studenten jene zwei Lebensereignisse, welche nach ihrer Meinung die stärksten Veränderungen in ihrem Selbstkonzept, sowohl positiver wie negativer Art, bewirkt hatten. Die Befunde stehen im Einklang mit den zentralen Aussagen der meisten Selbstkonzept-Theorien, wie sie hier berichtet wurden — mit einer Ausnahme. Nicht alle positiven Veränderungen in Selbstkonzepten werden erzeugt durch ein hohes Maß an Akzeptierung und positiver Wertschätzung durch andere. Manche Veränderungen werden bewirkt durch Erlebnisse, die zum Zeitpunkt ihres Auftretens als ausgesprochen negativ erlebt wurden, wie etwa negative Rückmeldungen durch Andere oder Umstände, welche die Entwicklung neuer Fertigkeiten forderten.

Der Zusammenhang zwischen Emotionen und Kognitionen wurde untersucht, indem man das Auftreten von Emotionen als Funktion des Zuwachses selbstzogener Informationen analysierte. In einer solchen Arbeit (berichtet in EPSTEIN 1978c) hatten Studenten ihre Gefühlszustände zu drei Zeitpunkten einzustufen; einmal nach der Ankündigung, daß ihnen eine Examensarbeit zurückgegeben werde, dann einige Minuten nach Erhalt der Examensarbeit und ihrer entsprechenden Bewertung (einschließlich der Begründung dafür) und schließlich zu einem Kontrollzeitpunkt. Es zeigte sich, daß die Ankündigung der Rückgabe der Arbeit einen deutlichen Zuwachs an Angst und eine leichte Zunahme negativer Selbstbewertungen und Unwohlseins bewirkte. Dies deutet darauf hin, daß die Versuchspersonen sich selbst auf mögliche schlechte Nachrichten vorbereiteten. Nach Erhalt der Examensarbeit nahm das Angstniveau generell ab, während — abhängig von der Bewertung der Arbeit — ein Zuwachs an Glücks- oder Unglücksgefühlen und ein Anstieg des Ärgers beobachtbar war. Angst ist also offensichtlich assoziiert mit der Unsicherheit bezüglich potentiell bedrohlicher Ereignisse, während dysphorische Emotionen wie Ärger und Traurigkeit auf spezifische Bewertungen folgen.

Schließlich stammen einige Forschungsergebnisse aus der Analyse von Fallgeschichten der Desorganisation bei akuten Schizophrenien (EPSTEIN 1976; 1978a). Zweck dieser Arbeiten war es, aus der Analyse von Desorganisationen eines konzeptuellen Systems etwas über die Natur des konzeptuellen Systems zu erfahren, über den Prozeß der Desorganisation an sich und über die Prozesse, mit Hilfe derer Personen ein neues System zu konstruieren versuchen. Die Befunde stützen die These, daß Personen gezwungen erscheinen, ein konzeptuelles System aufzubauen, welches die Assimilation von Erfahrungsdaten gewährleistet, positive Selbstwertschätzung aufrechterhält und zu einer günstigen Lust-Unlust-Balance über vorhersehbare Zeitspannen hinweg beiträgt. Da diese drei Bedürfnisse oft miteinander im Konflikt stehen, ist die

Wiederherstellung eines konzeptuellen Systems eine komplizierte Aufgabe, die nicht immer erfolgreich gelöst werden kann.

1.5 Zusammenfassung

Es wurde eine integrative kognitive Theorie vorgestellt, welche kompatibel ist mit Selbstkonzept-Theorien, psychoanalytischen Theorien, anderen kognitiven Theorien und verhaltenstheoretischen Ansätzen. Wie in den Theorien von LECKY (1969) und KELLY (1955) wird auch hier postuliert, daß Menschen in der Bewältigung ihres Alltags wie Wissenschaftler tätig sind, indem sie unabläßlich Hypothesen formulieren und überprüfen, wenngleich nicht notwendigerweise auf einem bewußten Niveau. Es wird angenommen, daß das Selbstkonzept in der Tat eine Selbst*theorie* darstellt, welche Menschen zwangsläufig entwickeln müssen, weil sie für die Steuerung ihres Lebens notwendig ist. Die Selbsttheorie stellt zusammen mit der Umwelttheorie die Realitätstheorie einer Person dar, welche dem gesamten konzeptuellen System der Person entspricht. Diese Theorie wird nicht um ihrer selbst willen konstruiert, sondern sie dient drei grundlegenden Funktionen. Diese sind (1) die Assimilation von Erfahrungsdaten, (2) die Erlangung einer günstigen Lust-Unlust-Balance und (3) die Aufrechterhaltung der Selbstwertschätzung. Zum Zweck der Assimilation von Erfahrungsdaten ist es offensichtlich notwendig, daß die Realitätstheorie selbst erhalten bleibt. Im Gegensatz zu anderen Selbstkonzept-Theorien, welche das Streben nach interner Konsistenz im Selbstkonzept und nach Erhöhung des Selbstwertgefühls als ein einziges Bedürfnis postulieren, werden beide im Rahmen der vorgelegten Theorie als voneinander unabhängige und miteinander konfligierende Bedürfnisse betrachtet. Normalerweise wird ein Individuum seine Realitätstheorie um jeden Preis verteidigen, da es ohne sie lebensunfähig wäre. Deshalb werden Mechanismen nicht nur zur Verteidigung des Selbstwertes (wie etwa die Leugnung unakzeptabler Impulse im Sinne der Psychoanalyse), sondern auch Mechanismen zur Erhaltung der Geschlossenheit des konzeptuellen Systems eingesetzt. Oft dominiert das Bedürfnis nach Erhaltung des konzeptuellen Systems gegenüber dem Bedürfnis nach Lustgewinn oder nach Erhaltung des Selbstwertgefühls. Wenn dies geschieht, mag es scheinen, als handle die Person selbstzerstörerisch, oder sie zeigt andere nur schwer verständliche Verhaltensweisen.

Emotionen sind eng verknüpft mit der Realitätstheorie einer Person, weil die Theorie ursprünglich als konzeptuelles Werkzeug zur Maximierung von Lust und Minimierung von Unlust entwickelt wurde. Sobald das konzeptuelle System entwickelt ist, determiniert es Emotionen: hinter jeder Emotion verbirgt sich eine Kognition. Dementsprechend stellen Emotionen die via regia zu den impliziten Postulaten einer Person dar. Die Beachtung dieses Aspektes ist von Vorteil für Selbsterkenntnis wie auch für klinisch-psychologische Intervention. Wenn man akzeptiert, daß Individuen über implizite Theorien von der Realität verfügen, können einige klassische Probleme der Psychologie gelöst werden. Eingeschlossen sind Fragen wie die nach dem Selbst als „Exekutive" und nach der Existenz eines Wachstumsprinzips; ferner die Frage, ob ein oder mehrere Selbstkonzepte zu postulieren seien, und die nach dem Einfluß vergangener und künftiger Ereignisse auf menschliches Verhalten; die Frage, ob Verhalten stabil oder situationsvariabel ist, und die Frage nach den Merkmalen gelungener Anpassung. Einige Forschungsarbeiten zu Kernfragen der Theorie wurden dargestellt und ein Forschungsprogramm zu ihrer Überprüfung skizziert.

ALLPORT, G. 1961. Pattern and growth in personality. New York: Holt, Rinehart & Winston.
ALLPORT, G. (Ed.) 1965. Letters from Jenny. New York: Harcourt, Brace & World.
ANISTASLIOW, N. J. 1964. A report of the self-concept of the very gifted. Gifted Child Quarterly 8, 177–178.
BECK, A. T. 1976. Cognitive therapy and the emotional disorders. New York: International Universities Press.
BENDER, L. 1950. Anxiety in disturbed children. In: HOCH, P. H. & ZUBIN, J. (Ed.) Anxiety. New York: Grune & Stratton.
BERGER, E. M. 1952. The relation between expressed acceptance of self and expressed acceptance of others. Journal of Abnormal and Social Psychology 47, 778–782.
BOWERS, M. B., Jr. 1974. Retreat from sanity. New York: Human Sciences Press.
BOWLBY, J. 1973. Attachment and loss. Vol. 2: Separation anxiety and anger. New York: Basic Books.
BREHM, J. W. & COHEN, A. R. 1962. Explorations in cognitive dissonance. New York: Wiley.
BUTLER, J. M. & HAIGH, G. V. 1954. Changes in the relation between self-concepts and ideal consequent upon client-centered counseling. In: ROGERS, C. R. & DYMOND, R. F. (Ed.) Psychotherapy and personality change: co-ordinated studies in the client-centered approach. Chicago: University of Chicago Press. p. 55–76.
CASTENADA, D. 1974. Tales of power. New York: Simon & Shuster.
CHODORKOFF, B. 1954. Self-perception, perceptual defense, and adjustment. Journal of Abnormal and Social Psychology 49, 508–512.
COOLEY, C. H. 1902. Human nature and the social order. New York: Scribner's.
COOPERSMITH, S. 1964. Relation between self-esteem and sensory (perceptual) constancy. Journal of Abnormal and Social Psychology 68, 217–221.
COOPERSMITH, S. 1967. The antecedents of self-esteem. San Francisco: Freeman.
DAVIS, R. W. 1962. The relationship of social preferability to self-concept in an aged population. Journal of Gerentology 17, 431–436.
ELLIS, A. 1962. Reason and emotion in psychotherapy. New York: Lyle Stuart.
EPSTEIN, S. 1973. The self-concept revisited, or a theory of a theory. American Psychologist 28, 404–416.

EPSTEIN, S. 1976. Anxiety, arousal, and the self-concept. In: SARASON, I. G. & SPIEL-
BERGER, C. D. (Ed.) Stress and Anxiety, Vol 3. Washington, D. C.: Hemisphere Pu-
blishing Corporation. p. 183–224.
EPSTEIN, S. 1977. Traits are alive and well. In: MAGNUSSON, D. & ENDLER, N. S. (Ed.)
Personality at the crossroads. Hillsdahle, New Jersey: Lawrence Erlbaum Associa-
tes. p. 83–98.
EPSTEIN, S. 1978 (a). Natural healing processes of the mind. Amherst: University of
Massachusetts (Unveröffentlichtes Manuskript).
EPSTEIN, S. 1978 (b). The stability of behavior: I. On predicting most of the people much
of the time. Amherst: University of Massachusetts (Unveröffentlichtes Manuskript).
EPSTEIN, S. 1978 (c). The ecological study of emotions in humans. In: BLANKSTEIN, K.
(Ed.) Advances in the Study of Communication and Affect. New York: Plenum (im
Druck).
FESTINGER, L. 1957. A theory of cognitive dissonance. Evanston, Illinois: Row & Peter-
son.
FRIEDMAN, I. 1953. Phenomenal, ideal and projected conceptions of self, and their inter-
relationships in normal, neurotic and paranoid schizophrenic subjects. Cleveland,
Ohio: Western Reserve University (Unveröffentlichte Dissertation). (Siehe auch
FRIEDMAN, I. 1955. Phenomenal, ideal, and projected conceptions of self. Journal of
Abnormal and Social Psychology 51, 611–615.)
GERGEN, K. J. 1971. The concept of self. New York: Holt, Rinehart & Winston.
GOLDSTEIN, K. 1939. The organism. New York: American Book Co.
GREEN, H. 1964. I never promised you a rose garden. New York: New American Libra-
ry.
GRINKER, R. R. & HOLZMAN, P. S. 1973. Schizophrenic pathology in young adults. Ar-
chives of General Psychiatry 28, 168–175.
JONES, S. C. 1973. Self and interpersonal evaluations: Esteem theories versus consistency
theories. Psychological Bulletin 79, 185–199.
JUNG, C. G. 1953. Collected works Vol. 7. Two essays on analytical psychology. New
York: Pantheon Press. (Deutsch: Gesammelte Werke Band 7. Zwei Schriften über
Analytische Psychologie. Rascher: Zürich 1964; jetzt Walter: Olten.)
KELLY, G. A. 1955. The psychology of personal constructs. New York: Norton.
KRYSTAL, H. (Ed.) 1968. Massive psychic trauma. New York: International Universities
Press.
LECKY, P. 1969. Self-consistency: A theory of personality. New York: Doubleday.
LOSCO-SZPILER, J. 1977. The relative influence of favorable and unfavorable evaluations
on emotional, behavioral and cognitive reactions as a function of level of self-esteem
and level of depression. Amherst: University of Massachusetts (Unveröffentlichte
Diplomarbeit).
MASLOW, A. H. 1962. Toward a psychology of being. Princeton: Van Nostrand.
MEAD, G. H. 1932. Mind, self, and society. Chicago: University of Chicago Press.
MEDINNUS, G. & CURTIS, F. 1963. The relation between maternal self-acceptance and
child acceptance. Journal of Counseling Psychology 27, 542–544.
MEICHENBAUM, D. H. 1974. Cognitive behavior modification. Morristown, N. J.: Ge-
neral Learning Press.
MUSSEN, P. & EISENBERG, N. 1977. The roots of caring, sharing and helping. San Fran-
cisco: Freeman. (Deutsch in Vorb. bei Klett-Cotta.)
O'BRIEN, E. J. & EPSTEIN, S. 1974. Naturally occurring changes in self-esteem. Publica-
tion of Division-8 Papers. Washington, D. C.: American Psychological Association
Convention.

PERRY, J. W. 1976. Roots of renewal in myth and madness. San Francisco: Jossy Bass.

PHILLIPS, E. I. 1951. Attitude toward self and others: A brief questionnaire report. Journal of Consulting Psychology 15, 79–81.

ROGERS, C. 1951. Client-centered therapy: Its current practice, implications, and theory. Boston: Houghton Mifflin.

ROGERS, C. 1959. A theory of therapy, personality, and interpersonal relationships, as developed in the client-centered framework. In: KOCH, S. (Ed.) Psychology: A study of a science. Vol. 3. New York: McGraw-Hill. p. 184–256.

ROGERS, C. 1961. On becoming a person: A therapist's view of psychotherapy. Boston: Houghton Mifflin.

ROKEACH, M. 1973. The nature of human values. New York: Free Press.

ROSENBERG, M. 1965. Society and the adolescent self-image. Princeton, N. J.: Princeton University Press.

SECHEHAYE, M. 1970. Autobiography of a schizophrenic girl. New York: New American Library.

SILVERMAN, J. 1970. When schizophrenia helps. Psychology Today 4, 63–65.

SNYGG, D. & COMBS, A. W. 1949. Individual behavior. New York: Harper & Row.

SUINN, R. 1961. The relationship between self-acceptance and acceptance of others: A learning theory analysis. Journal of Abnormal and Social Psychology 63, 37–42.

SULLIVAN, H. S. 1953. The interpersonal theory of psychiatry. New York: Norton.

VAUGHN, E. D. 1977. Teaching of Psychology. Vol. 4. Washington, D. C.: American Psychological Association.

WYLIE, R. 1974. The self-concept. Vol. 1. Lincoln: University of Nebraska Press.

2 Phänomenologische Analysen der Person-Umwelt-Beziehung

MANFRED FISCHER, Universität Trier

2.1 Phänomenologisch orientierte Psychologie als Brücke zwischen Selbstkonzept-Forschung und Umweltpsychologie

Die mit der „ökologischen Krise" unserer Tage einhergehende wachsende Umweltbewußtheit des Menschen hat der traditionellen Psychologie den Vorwurf der „Umweltvergessenheit" (KRUSE 1974) eingetragen. Dieser Vorwurf kann auch gegenüber der Selbstkonzept-Forschung erhoben werden. Daß auch dieser Zweig psychologischer Theorienbildung keine befriedigende Konzeption der Umwelt geleistet hat, sollte nicht verwundern, denn zum einen ist Selbstkonzept-Forschung stark in der differentiellen Psychologie verwurzelt, in der über Jahrzehnte hinweg eine eigenschaftstheoretische Auffassung vom Menschen vorherrschte und innerhalb derer Umwelt – wenn überhaupt – nur als globaler Begriff Berücksichtigung fand. Zum anderen wurde zur Erklärung von Entstehung und Veränderung von Selbstbildern in erster Linie auf die Sozialpsychologie – etwa auf die Theorie sozialer Vergleichsprozesse (FESTINGER 1954) – zurückgegriffen, innerhalb der Umwelt bisher in enger behavioristischer Sicht lediglich interpersonal oder als sozialer Reiz konzipiert wurde (GRAUMANN 1976). Auch eine in ähnlicher Erklärungsabsicht vorgenommene entwicklungspsychologische Analyse (z. B. FILIPP 1978) vermag wenig zur Überwindung der „Umweltlosigkeit" der Selbstkonzept-Forschung beizutragen, solange „Umwelt" in der Entwicklungspsychologie weiterhin undifferenziert als Gesamt der nicht genetisch bedingten Einflüsse gefaßt wird (vgl. KRUSE 1974; zur ökologischen Neuorientierung TRUDEWIND 1978).

Selbstkonzept-Forschung entwickelt sich – auch wenn ihr in den Augen mancher Psychologen etwas Esoterisches anhaften mag – natürlich nicht isoliert von der Psychologie im allgemeinen weiter. Die oben geäußerte Kritik könnte sich schon bald als obsolet erweisen, wenn gegenwärtige Bemühungen um eine Neukonzeption des Mensch-Umwelt-Verhältnisses aus ökologischer Perspektive (vgl. GRAUMANN 1978) zu einer befriedigenden Integration von Umweltkomponenten gerade in jenen Teildisziplinen führen, die – wie angedeutet – den Rahmen für Selbstkonzept-Forschung bilden. Diese Erwartung läßt sich beispielsweise mit einigen neueren Forschungsarbeiten belegen, in de-

nen vor dem Hintergrund der „Interaktionismusdiskussion" in der Persönlichkeitspsychologie (siehe hierzu ENDLER & MAGNUSSON 1976; MAGNUSSON
& ENDLER 1977) gezielt die Situationsgebundenheit von Selbstkonzeptionen
analysiert wurde (GECAS 1972; RIM 1973/74; FILIPP & BRANDTSTÄDTER 1975).
Einer Neigung zu Analogieschlüssen nachgebend, könnte im folgenden
versucht werden, gegen jene Disziplin, die die Umwelt zum zentralen Thema
erkoren hat, nämlich die Ökologische oder Umweltpsychologie[1] ins Feld zu
führen, sie habe in ihrer Theorien- und Konzeptbildung das Individuum bzw.
das Selbst vernachlässigt. Diese Behauptung ließe sich unschwer unterstreichen, würde man exemplarisch auf die Behavior setting-Theorie von BARKER
(1968) verweisen, die u. a. die Annahme beinhaltet, die personellen Mitglieder
eines Settings ließen sich ohne Folge für dessen Zustand austauschen. Es ließe
sich auch an das Reizüberlastungskonzept von MILGRAM (1970) erinnern, der
eine direkte Beziehung zwischen hoher Personendichte in der Stadt und mangelnder sozialer Engagiertheit des Städters postuliert, ohne individuumgebun-
dene Erlebnisunterschiede in Betracht zu ziehen. So zu argumentieren, hieße
jedoch, beim derzeitigen Stand der sich gerade entwickelnden Umweltpsychologie den Hebel am falschen Ende ansetzen. Denn unter der Vielfalt ihrer ersten theoretischen Ansätze finden sich durchaus solche, die explizit auf Begriffe wie „Selbst", „Selbst-Identität", „Selbst-Definition" oder „Selbst-Per-
zeption" zurückgreifen (siehe hierzu beispielsweise PERVIN 1967; ALTMAN
1976; EDNEY 1976). Die Problematik der Umweltpsychologie scheint vielmehr
darin zu liegen, daß sie bisher keine eigenständigen Konzeptionen entwickelt,
sondern in eklektizistischer Weise Begriffe aus außerpsychologischen Bereichen, vor allem aus der Ethologie (z. B. das Territorialitätskonzept) und An-
thropologie (z. B. das Proxemik-Konzept) übernimmt. PROSHANSKYS (1974)
an die Umweltpsychologie gerichteter Appell, diese neu eingeführten Begriffe
auf ihren mit empirisch als fruchtbar erwiesenen Begriffen der traditionellen
Psychologie gemeinsamen Bedeutungsgehalt hin zu analysieren und nach
Möglichkeit in ihrem nomologischen Netzwerk zu verankern, liefert die Basis,
auf der sich der Selbstkonzept-Forscher kritisch mit der Umweltpsychologie
auseinandersetzen könnte: Auch jene ökologisch orientierten Autoren, die den
Phänomenen der Selbstperzeption und Selbstkognition in ihren theoretischen
oder empirischen Bemühungen Beachtung schenken, greifen dabei kaum einmal auf die Ergebnisse der Selbstkonzept-Forschung zurück.
  Man mag sich hier vielleicht die Frage stellen, welche Nachteile es haben
könnte, wenn sich die auf den ersten Blick doch recht verschiedenen Bereiche

---

[1] Die verschiedentlich vorgeschlagene Unterscheidung zwischen „Umweltpsychologie" als angewandte und „Ökologische Psychologie" als Grundlagendisziplin (z. B. KAMINSKI 1976) wird hier
vernachlässigt.

Umweltpsychologie und Selbstkonzept-Forschung weiterhin isoliert voneinander entwickelten bzw. womit sich die Forderung nach ihrer Integration begründen läßt. Hierfür bieten sich mehrere Möglichkeiten an. Aus handlungstheoretischer Sicht (siehe hierzu Thomas 1976) könnte man zunächst einmal die triviale Feststellung treffen, daß das menschliche Individuum nicht überleben könnte, würde es in Kontemplation verharren. Es ist gezwungen zu handeln, und das impliziert in aller Regel eine Lokomotion im Raum. Effizientes Handeln im Sinne einer Verwirklichung von Handlungszielen erfordert nun nicht nur Selbstperzeption und -kognition, eine Abschätzung der eigenen Handlungsmöglichkeiten, sondern auch eine zieladäquate Wahrnehmung und kognitive Verarbeitung der immer mitgegebenen Situation, also der jeweiligen Handlungsmöglichkeiten und -begrenzungen. Auf dem Hintergrund dieser ganz grundsätzlichen Annahmen muß jede theoretische Analyse, die sich einseitig auf die eine oder andere Komponente des Mensch-Umwelt-Verhältnisses konzentriert, als unzureichend erscheinen.

In der Annahme, daß Handlungstheorien in ihrer Betonung zweckorientierten Verhaltens und kognitiv-rationaler Zwischenprozesse des Abwägens von Entscheidungsmöglichkeiten und -folgen der Vielfalt menschlicher Beziehungen zur Umwelt (die – wie zu zeigen sein wird – häufig den Charakter „emotionaler Bezogenheit" annehmen) nicht gerecht werden können, wird für den vorliegenden Beitrag eine phänomenologische Perspektive als Bezugsrahmen gewählt. Was ist das Besondere dieser Sichtweise? Was vermag sie angesichts der erörterten Problematik der jeweils einseitigen Betrachtung von Selbst oder Umwelt für die Theorienbildung zu leisten?

Ganz allgemein läßt sich das Forschungsthema einer phänomenologisch orientierten Psychologie als „die in menschlichen Subjekten verankerte Beziehung zu anderen und anderem" (Graumann & Métraux 1977) kennzeichnen. Sie teilt dabei mit der Umweltpsychologie das Interesse an der alltäglichen Umgebung des Menschen und berücksichtigt wie diese die Räumlichkeit und Dinghaftigkeit der Umwelt sowie die Leiblichkeit des auf sie bezogenen Subjekts. Phänomenologisch orientierte Psychologie geht aber über die meisten Ansätze der Umweltpsychologie insofern hinaus, als sie die Sinnhaftigkeit, Sozialität und Historizität aller Mensch-Umwelt-Beziehungen in den Vordergrund ihrer Betrachtungen stellt. Die Konstitution von Sinn, die von manchen Autoren (z. B. Maddi 1970) als das zentrale Motiv menschlichen Handelns gesehen wird, sowie die Tatsache, daß sich das Individuum, gleich ob es zielorientiert handelt oder passiv erlebt, perspektivisch auf die Umwelt bezieht und sich selbst gegenüber dieser Umwelt in einer je bestimmten Weise erfährt, ist für Graumann & Métraux (1977; vgl. auch Kruse 1974), die in diesem Zusammenhang den Begriff „Intentionalität" einführen, ein wesentliches Merkmal jedweden Person-Umwelt-Verhältnisses. Mit „Sozialität" ist gedacht, daß das

Individuum seinen Interaktionspartner nicht nur in dessen Leiblichkeit, sondern auch sich selbst in seiner Leiblichkeit als für andere sichtbar erlebt (sozusagen als „leibliches Selbst"), und darüber hinaus seine Individualität nur gegenüber anderen gewinnen kann. Mit „Historizität" ist gemeint, daß jede Situation als aktuelle Konkretisierung einer Person-Umwelt-Beziehung nicht nur in ihrer augenblicklichen Beschaffenheit, sondern auch als gewordene und sich künftig ändernde erfahren wird, die zeitliche Perspektive also in jeder Situationsdefinition mitgedacht ist (vgl. hierzu auch NUTTIN 1977).

Es dürfte deutlich geworden sein, daß diese von GRAUMANN & MÉTRAUX in Anlehnung an VAN DEN BERG (1955) und LINSCHOTEN (1961) entwickelte Konzeption von Psychologie „Selbst" und „Umwelt" in angemessener Weise berücksichtigt und so einen Bezugsrahmen abwirft, welcher eine Integration von Persönlichkeitspsychologie, insbesondere Selbstkonzept-Forschung, und Umweltpsychologie gestatten könnte. Die zentrale Rolle, die dabei dem „Selbst" zuzukommen scheint, wird in der jüngsten Arbeit eines der führenden Vertreter der Umweltpsychologie überzeugend herausgearbeitet. PROSHANSKY (1978), der besonders die Bedeutung der physischen Umwelt unterstreicht, trifft folgende Grundannahme: Beim Individuum bilden sich Dispositionen gegenüber jenen Merkmalen von Situationen heraus, die das Wirksamwerden seiner Persönlichkeitsstruktur erleichtern oder erschweren. Jede Konzeption von Person-Umwelt-Beziehungen, die diese Struktur vernachlässigt, muß daher als kurzsichtig betrachtet werden. Um der im Falle einer angemessenen Berücksichtigung des Persönlichkeitskonstrukts in Betracht kommenden Vielfalt individueller Umweltbeziehungen gerecht zu werden, schlägt PROSHANSKY (1978, p. 154) vor, „Selbst-Identität" als jene kritische Komponente zu fassen, über die jedwedes Individuum mit jedweder Situation verbunden ist:

„The organizing nexus of this structure is, of course, the self-identity of the person, which is that critical component of personality structure that relates the behavior and experience of the person, on the one hand, and the continuing demands of his or her social and cultural setting, on the other, to an awareness of self." Daß Identität als essentielle Komponente des Selbst aufgefaßt werden muß (vgl. HEWITT 1976), bedarf keiner weiteren Erörterung. In welcher Weise auch die typischerweise von der Selbstkonzept-Forschung vernachlässigte physische Umwelt als Komponente des Selbstkonzepts gesehen werden kann, versucht PROSHANSKY zu zeigen, indem er Orts-Identität („„place-identity") als integrativen Teil von Selbst-Identität konzipiert (vgl. hierzu 2.4.3).

In den folgenden Kapiteln wird als Ziel eine inhaltliche Füllung und Konkretisierung des dargestellten Bezugsrahmens verfolgt. Dem Selbstverständnis und Kenntnisstand des Verfassers entsprechend werden dazu überwiegend Konzepte und theoretische Ansätze zur Diskussion gestellt, die im Bereich der

Umweltpsychologie entwickelt worden sind. Ein Teil dieser Beiträge versteht sich als explizit phänomenologisch orientiert und fügt sich somit problemlos in den Bezugsrahmen. Ein anderer Teil geht von nicht-phänomenologischen Prämissen aus; in diesem Fall soll versucht werden, phänomenologisches Gedankengut – wenn es implizit verwendet wird – aufzuspüren bzw. neu einzubringen.

2.2 Erlebnisdeskriptive Kategorien von Person-Umwelt-Beziehungen

Die Grundkomponenten des Reiz-Reaktion-Paradigmas der traditionellen Psychologie werden in einer phänomenologisch orientierten Psychologie durch die Einheiten „Umwelt" bzw. „Erfahrung" ersetzt. Theorienbildung, die an derart umfassenden und in sich heterogenen Analyseeinheiten ansetzt, ist in stärkerem Maße als ein partialtheoretischer Stimulus-Response-Ansatz auf deskriptive Vorarbeit – sprich eine sorgfältige Beschreibung ihres Gegenstandsbereiches – angewiesen. Im folgenden soll daher zunächst der Frage nachgegangen werden, in welche Kategorien sich die Vielfalt von Person-Umwelt-Beziehungen einordnen läßt. Taxonomische Zielsetzungen dieser Art sind bisher nur vereinzelt verfolgt worden. Im deutschsprachigen Bereich hat lediglich KRUSE (1974) aufgrund einer phänomenologischen Analyse der räumlichen Umwelt eine Klassifikation in die Erlebnisqualitäten des gestimmten Raums, des Wahrnehmungs- und Handlungsraums vorgeschlagen. Um eine erlebnisdeskriptive Kategorisierung von Person-Umwelt-Beziehungen allgemein hat sich ITTELSON (1978; siehe auch ITTELSON, FRANCK & O'HANLON 1976) bemüht, an dessen Arbeiten hier angeknüpft wird.

2.2.1 Grundkategorien des Umwelterlebens

Umwelt als externer Ort versus als Selbst. Die Aufhebung der anfänglichen Undifferenziertheit von Selbst und Umwelt im kindlichen Erleben wird von Entwicklungspsychologen (z. B. PIAGET 1938) als unumgängliche Voraussetzung für effizientes Handeln im späteren Leben gesehen. Die Differenzierung des Selbst von der Umwelt schafft die Grundlage, auf der es als autonom und die Umwelt entsprechend als von ihm unabhängig erlebt werden kann. Die Umgebung – wie ITTELSON (1978) spezifiziert – als „externen Ort" erfahren zu können, dürfte nicht nur für die Orientierung des Individuums im Raum und für die veridikale Erfassung dort angesiedelter Ereigniskontingenzen von Bedeutung sein, sondern auch – parallel zum Erleben eines autonomen Selbst – den Aufbau des Selbstkonzepts nachdrücklich beeinflussen. Die theoretische Relevanz dieser Erlebniskategorie resultiert aus der Beobachtung, daß sie einen personspezifischen Modus der erlebnismäßigen Auseinandersetzung mit der Umwelt repräsentiert. Diese Annahme wird durch eine Reihe von Studien nahegelegt, über die ITTELSON et al. (1976) berichten, sowie durch eine Untersuchung von NAHEMOW (1971). Die genannten Autoren analysierten u. a. die Erlebnisse von Personen, die sich für einige Zeit in einem „novel environment" aufgehalten hatten. Konkret handelte es sich dabei um einen mit diversen Spiegeln unterschiedlicher Oberflächenkrümmung und mit Licht- und Schallquellen ausgestatteten Raum – eine komplexe Stimuluskonstellation, die nach einem vorprogrammierten Plan oder in Abhängigkeit vom Verhalten der jeweiligen Versuchsperson variierte. Anhand der Antworten auf die Frage „Wie würden Sie einem Ihrer Freunde den Raum beschreiben?" ließen sich die Versuchspersonen jeweils einem von zwei „Erlebnistypen" zuordnen: Eine Gruppe beschrieb den Raum ausschließlich nach physikalischen Merkmalen, sie erlebte ihn – in der Diktion der Autoren – als externe physische Struktur. Bei der anderen Gruppe dominierten Feststellungen über eigene Eindrücke, Stimmungen und Gefühle als Reaktion auf die Stimuluskonstellation. Personen des zweiten Typs erlebten „Umwelt als Selbst". Veränderungen in ihrer Selbstwahrnehmung gingen eng mit Umgebungsveränderungen einher.

In bezug auf die Alltagswirklichkeit wurde dieser Modus des Umwelterlebens besonders eindrucksvoll von FRIED (1972) beschrieben. Typische Reaktionen der von ihm interviewten ehemaligen Bewohner eines Slums auf die Frage, was sie beim Niederreißen des Viertels und speziell des Hauses, in dem sie gelebt hatten, empfanden, waren Aussagen wie „Something of me went with the West End" oder „I felt like my heart was taken out of me" (p. 230).

Das Erleben der Umwelt als Selbst bzw. Teil des Selbst läßt sich mit BOESCH (1978) auf einen Prozeß der *„sekundären Subjektivierung"* zurückführen, der sich gegenläufig zu dem besonders von PIAGET beschriebenen Vorgang der Objektivierung (des getrennten Aufbaus von Objektschemata und Selbstschemata) vollzieht und in dessen Verlauf die emotionalen Beziehungen des Individuums zur Außenwelt aufgebaut und die internen Repräsentationen der Elemente und Strukturen dieser Außenwelt in subjektive Handlungsschemata integriert werden.

Für eine theoretische Analyse von Person-Umwelt-Beziehungen könnte die Unterscheidung der erörterten erlebnisdeskriptiven Kategorien in zweierlei Hinsicht bedeutsam werden. Zum einen scheinen Personen, welche die Umwelt eher als „Außen" denn als Selbst erleben, besser in der Lage zu sein, dort vorfindbare Ereigniskontingenzen und Veränderungen als Folgen eigenen Verhaltens zu erfassen und zu speichern (vgl. ITTELSON et al. 1976). Zum anderen lassen sich bezüglich des Umfangs, in dem die alltägliche Umwelt als Teil des Selbst erlebt wird, erhebliche interindividuelle Unterschiede vermuten. In einer Untersuchung von PRELINGER (1959) variierte die Anzahl von Personenmerkmalen (Körperteile, demographische Merkmale wie Alter, psychische Prozesse wie Gefühl des Stolzes) und von Umweltmerkmalen (Besitztümer, Merkmale der proximalen und distalen Umgebung), die jeweils als Teil des Selbst kategorisiert wurden, zwischen 25 und 129. Die Befunde sprechen im übrigen dafür, daß der allgemein beobachtbare Prozeß der mit wachsendem Alter zunehmenden „Selbst-Extension" (vgl. Dixon & Street 1975) zu personspezifischen Verfestigungen bezüglich des Ausmaßes führt, in dem die Umwelt als Selbst erlebt wird.

Die „Realitätstheorie", mit Epstein (in diesem Band) als Verknüpfung von „Selbsttheorie" und „Außenwelttheorie" bestimmbar, die eine Person in ihrer Lerngeschichte entwickelt, dürfte dabei, zumindest was ihre inhaltlichen Komponenten angeht, in hohem Maße idiosynkratischen Charakter haben. Darüber hinaus kann angenommen werden, daß sich die Realitätstheorien erlebnismäßig selbst- oder umweltorientierter Individuen auch in ihrer prädiktiven Nützlichkeit unterscheiden dürften. Die Ergebnisse einer Untersuchung von Edelman, Rierdan & Wapner (1977) lassen den Schluß zu, daß im Falle selbstzentrierter gegenüber umweltzentrierter Orientierung die Umwelt nicht nur eher in termini eigener Bedürfnisse, Wünsche und Reaktionen erlebt, sondern auch im Gedächtnis eher in idiosynkratischer statt normativer, assoziativer statt informativer, emotionaler statt emotionsfreier und ambivalenter statt eindeutiger Weise repräsentiert wird. Die Umwelt bevorzugt als Selbst zu erleben, könnte daher mit dem Aufbau einer hochkomplexen Selbsttheorie einhergehen auf Kosten einer Außenwelttheorie, die ausreichend differenziert und veridikal ist, um Handlungseffizienz zu gewährleisten.

Umwelt als Quelle von Emotionen. In der Beobachtung, daß dieselben Begriffe (besonders wenn sie affektiv getönt sind) auf die Beschreibung von Situationen wie auch von Selbsterleben und -verhalten in diesen Situationen angewandt werden, sieht Pervin (1977) einen Indikator für die bedeutsame Rolle, die Emotionen in der Wahrnehmung und Konstruktion von Umwelten spielen. Wichtig ist hierbei die Annahme, daß für bestimmte Personen die Umwelt als Quelle von Emotionen die vorherrschende Art ihrer situativen Bezogenheit ist. Will man hierin einen eigenständigen Erlebnismodus hypostasieren, erfordert dies eine Abgrenzung gegenüber der Erlebnisqualität „Umwelt als Selbst". Ittelsons (1978) Grundannahme, beide Erlebensmodi überlappten einander, könnte wie folgt präzisiert werden: Umwelten, die als Selbst erlebt werden, haben immer auch emotionale Erlebnisqualität, aber nicht jede Emotionen auslösende Umwelt wird als Selbst erlebt. Ein entscheidender Unterschied zwischen beiden Modi könnte darin liegen, daß die Aufmerksamkeit auf die Umwelt gerichtet bleibt, wenn sie als Emotionsquelle erfahren wird. (Die besonderen Merkmale eines emotional gesteuerten Umweltbezugs werden dem Leser vielleicht intuitiv klar, wenn er sich in die Welt von Künstlern oder

Poeten versetzt, die Ittelson et al. (1976) als Prototypen für diese Orientierungsweise gelten.)

Für phänomenologisch orientierte Theorienbildung könnte sich die von Mehrabian & Russell (1974; vgl. auch Russell & Mehrabian 1976) vorgeschlagene Differenzierung und Operationalisierung des Konzepts „emotionaler Erlebnismodus" als nützlich erweisen. In einer Reihe von Untersuchungen fanden die Autoren wiederholt empirische Evidenz dafür, daß die emotionale Bedeutsamkeit von Umwelten sich auf drei bipolaren, voneinander unabhängigen Dimensionen beschreiben läßt, deren Pole mit „Lust–Unlust", „hohe Aktivation–niedrige Aktivation" und „Dominanz–Unterwürfigkeit" gekennzeichnet sind. Situationen können danach unterschieden werden, wie lustvoll, aktivierend und kontrollierbar sie erlebt werden. Methodisch gehen Mehrabian & Russell so vor, daß sie Personen bitten, sich in sprachlich oder bildlich präsentierte Situationen zu versetzen und anhand vorgegebener bipolarer Skalen nach Art des Semantischen Differentials (vgl. Osgood, Suci & Tannenbaum 1957) zum Ausdruck zu bringen, was sie in diesen Situationen empfinden. Indem sie der Frage nachgehen, ob durch unterschiedliche „Emotionsprofile" (Durchschnittswerte auf den genannten drei Dimensionen) gekennzeichnete Alltagsumgebungen zu unterschiedlichen Verhaltenstendenzen führen (Wunsch, in der Situation zu verbleiben, sie zu explorieren, in ihr Sozialkontakt aufzunehmen), verfolgen die Autoren zunächst einmal einen allgemeinpsychologisch orientierten Zugang zur Umweltpsychologie. Da sie ihre Skalen aber nicht nur zur State-, sondern auch zur Trait-Messung verwenden, eignet sich der Ansatz prinzipiell auch für eine phänomenologische Analyse von Person-Umwelt-Beziehungen. Das Verfahren zur Erfassung „habitualisierter" Tendenzen des Lust-, Aktivations- und Dominanzerlebens weist dabei keine prinzipiellen Unterschiede zu Meßinstrumenten auf, wie sie auch in der Selbstkonzept-Forschung üblich sind (siehe hierzu Mummendey in diesem Band). Es ist aber in einen Forschungskontext eingebettet, innerhalb dessen Fragen formuliert werden können wie: „An welche objektiven Merkmalskonstellationen sind Situationen eines bestimmten emotionalen Musters gebunden?" — „Welche Verhaltenstendenzen werden in Personen mit situationsinkongruentem bzw. -kongruentem Emotionsmuster aktiviert?" oder — um eine Zusammenhangsvermutung von Prelinger (1959) aufzugreifen — „Werden Umwelten, in denen sich eine Person in erster Linie als kontrollierend oder kontrolliert erlebt, gegenüber anderen Umwelten bevorzugt im Selbstkonzept repräsentiert bzw. als Teil des Selbst aufgefaßt?".

Umwelt als soziales System. „Umweltvergessenheit", eingangs als kritischer Einwand gegen sozialpsychologische Theorienbildung ins Feld geführt, kennzeichnet auch eine bestimmte Kategorie von „Alltagsmenschen". Gemeint sind jene Personen, die ihre Umwelt unter Vernachlässigung raum-, ding- oder selbstbezogener Erlebniskategorien habituell als autonomes soziales System konzipieren. Hingegen mag bei anderen Personen dieser Modus des Umwelterlebens, den ITTELSON et al. (1976, p. 203) mit dem Satz „his environment would seem to be other people" illustrieren, nur in bestimmten Krisensituationen (etwa bei Wohnungswechsel oder im Falle von Personenverlusten) temporär gegenüber anderen Modi in den Vordergrund treten.

Wer sich in der Auseinandersetzung mit der Umgebung in erster Linie von sozialen Schemata leiten läßt, dürfte nicht nur in bezug auf Selbstkonzeption bestimmte Kategorien bevorzugen, sondern in seiner „Blindheit" gegenüber räumlich-dinglichen Verteilungen und Strukturen, die SOMMER (1972) als „design unawareness" umschrieben hat, eine Vielzahl von Handlungsmöglichkeiten nicht erkennen und in seinem Kompetenzerleben in spezifischer Weise eingeschränkt sein. Selbst in der sozialen Interaktion müßte eine Person, die sich nicht auch der physischen Umwelt bedient, um persönliche Identität und Kontinuität zu gewährleisten, sich als weniger flexibel erweisen. In einer Reihe sogenannter Isolationsstudien (zusammenfassend ALTMAN & TAYLOR 1973) zeigte sich, daß eine befriedigende Aufnahme und Entwicklung neuer Sozialbeziehungen über die bewußte und systematische Nutzung der räumlich-dinglichen Merkmale der Situation gesteuert wird. In die gleiche Richtung verweisen Untersuchungsergebnisse von LITTLE (1976), nach denen „Personenorientierung" sich nur in kongruentem prosozialem Verhalten niederschlägt, wenn simultan ein Mindestmaß an „Dingorientierung" gegeben ist. Diese Forschungsresultate sprechen dafür, daß die Tendenz, Umwelt bevorzugt als soziales System zu sehen, nicht notwendig mit dem Erleben eigener sozialer Kompetenz einhergehen muß, ja sie legen vielleicht sogar die Annahme einer negativen Beziehung zwischen diesen Merkmalen nahe.

„Umwelt als soziales System" stellt eine erlebnisdeskriptive Grobkategorie dar, die — soll sie in künftiger Theoriebildung und speziell Forschung Berücksichtigung finden — der Präzisierung und Differenzierung bedarf. Als nützlich könnten sich dabei Ansätze erweisen, die sich um eine Erfassung des „sozialen Klimas" von Institutionen und Organisationen, der „Persönlichkeit" sozialer Umwelten (MOOS 1975) bemühen. Die Erlebniskorrelate so unterschiedlicher Organisationen wie der Familie, der studentischen Wohngruppe, der Arbeitsgruppe im Betrieb usw. lassen sich nach MOOS drei Grunddimensionen zuordnen. Auf der „Beziehungsdimension" läßt sich das Ausmaß abbilden, in dem Personen sich in ihrer Umwelt engagieren, einander unterstützen und helfen, ihre Gefühle frei zum Ausdruck bringen. Die Dimension „Personal Development" charakterisiert den Grad, in dem eine Umwelt als förderlich für Persönlichkeitsentwicklung und Selbstverwirklichung erlebt wird. Der Nachdruck, mit dem eine soziale Umwelt im Erleben ihrer Mitglieder auf Systemerhaltung, Ordnung und Klarheit drängt, bzw. die Ausprägung,

55

mit der sie als kontrollierbar und veränderbar wahrgenommen wird, stehen für Unterkategorien der Dimension „System maintenance und system change".

Der Nutzen, den eine phänomenologische Analyse von Person-Umwelt-Beziehungen aus der Berücksichtigung der „Klimaforschung" ziehen könnte, dürfte in der Entwicklung neuer Fragestellungen liegen. Als überprüfenswerte Hypothese bietet sich etwa an, ob Personen, die ihre Umwelt bevorzugt als soziales Gefüge erleben, stärker als andere durch das soziale Klima einer Organisation beeinflußt werden. Für den Selbstkonzept-Forscher könnte die Frage von Interesse sein, unter welchen Bedingungen und bei welchen Personen sich beispielsweise eine — in Übereinstimmung mit oder in Abweichung von der Mehrzahl der Mitglieder eines sozialen Systems — als beziehungslos, unterdrückend und kontrollierend perzipierte Umwelt im Selbstkonzept niederschlägt. Erste Untersuchungen zu diesem Themenkomplex liegen bereits vor. So fanden MOOS & HOUTS (1970) speziell für psychiatrische Anstalten, daß Patienten, welche das Klima ihrer Anstalt als unterstützend (Beziehungsdimension) wahrnehmen, sich selbst als offener gegenüber anderen (was die Kommunikation persönlicher Probleme angeht) und weniger unterwürfig gegenüber dem Anstaltspersonal erlebten.

Für eine präzisere Erfassung des Erlebnismodus „Umwelt als soziales System" könnte dabei, wenn man ihn als relativ überdauernde Tendenz auffaßt, eine revidierte Fassung des „Locus of Control"-Fragebogens von ROTTER (1954) herangezogen werden. REID & WARE (1973; 1974) fanden bei einer faktorenanalytischen Untersuchung dieses Instruments eine „Social system control"-Dimension, mit der sich das Ausmaß bestimmen läßt, in dem eine Person sich von ihrer sozialen Umwelt (z. B. durch die Entscheidung von Politikern) gesteuert erlebt.

Umwelt als Handlungsraum. Der pragmatischen Konzeption des Mensch-Umwelt-Verhältnisses, die manche Architekten und Städteplaner kennzeichnet, entspricht auf seiten eines bestimmten Typs von Alltagsmenschen die Tendenz, Umwelt bevorzugt als Vereinigung von Handlungsmöglichkeiten und -begrenzungen zu erleben (ITTELSON 1978). Unter bestimmten Bedingungen scheint dieser Erlebnismodus bei allen Menschen in den Vordergrund zu treten, etwa dann, wenn die Umwelt als bedrohlich wahrgenommen wird. So fiel in Untersuchungen zur Anpassung an das Großstadtleben (FRANCK, UNSELD & WENTWORTH 1974) als Nebenprodukt die Beobachtung ab, daß die meisten der nach New York umgezogenen Personen die Stadt lange vor ihrer Ankunft als relativ gefährlichen Ort gesehen hatten und sich, dort angekommen, drastisch in ihrer Handlungsfreiheit eingeschränkt fühlten. Welche Selbstwahrnehmungen dieser Art der Umweltwahrnehmung entsprechen mögen, läßt sich aus den Ergebnissen von FRANCK et al. nur indirekt erschließen. Nach acht Monaten Wohndauer in New York erneut befragt, gaben drei

Viertel der Versuchspersonen an, ihr Selbstbild habe sich deutlich verändert, wobei fast alle glaubten, durch die neue Erfahrung persönlich gewachsen, unabhängiger und selbstsicherer geworden zu sein. Nach ITTELSON (1978) sind diese Wandlungen in der Selbstwahrnehmung weniger darauf zurückzuführen, daß die Umwelt im Zuge des Erprobens und Kennenlernens als weniger gefährlich erlebt wurde, sondern vielmehr auf eine modifizierte Einschätzung der eigenen Fähigkeit, spezifische Verhaltensweisen zur Reduktion des persönlichen Risikos in einer ansonsten als feindselig erlebten Welt zu entwickeln.

Forschungsergebnisse zu dem Problem, ob mit der Präferenz, die Umwelt als Handlungsraum aufzufassen, bestimmte Modi der Selbstkonstruktion einhergehen, sind dem Verfasser dieses Beitrags nicht bekannt. Da die beschriebene Kategorie bisher auch in der Theorienbildung nicht berücksichtigt worden zu sein scheint, läßt sich nur spekulieren, der vorrangigen Selektion „instrumenteller" Aspekte der Umgebung korrespondiere offenes zielgerichtetes Verhalten als eine bevorzugte Quelle von Informationen, derer sich die Person im Zuge des Aufbaus und Wandels des Selbstkonzepts bedient (hierzu in diesem Band FILIPP).

2.3 Person-Umwelt-Beziehungen als Kongruenzerleben

Die Idee, die Umwelt müsse zum Individuum „passen", soll es sich in ihr wohl fühlen und effizient handeln können, liegt mehr oder minder deutlich einer ganzen Reihe der Umweltpsychologie zuzurechnender Theorien zugrunde (vgl. hierzu etwa HOLLAND 1966; BARKER 1968; KELLY 1970). An einem Passungskonzept orientiert sich auch die „Transactional Analysis of Personality and Environment (TAPE)" von PERVIN (1967b; 1968). Indem er Person-Umwelt-Beziehungen als vom Individuum wahrgenommene untersucht, fügt sich dieser Ansatz unmittelbar in einen phänomenologischen Bezugsrahmen. Von „transactional" spricht PERVIN in dem Sinne, daß Individuum und Umwelt einander als Teile eines Feldes oder Systems beeinflussen.

Seine Grundannahme besagt, daß ein positiver Zusammenhang zwischen der Zufriedenheit mit der Umwelt und der wahrgenommenen Ähnlichkeit zwischen Selbst und Umwelt besteht. Wie sich die Merkmale des Selbst und der Umwelt in der Kognition des Individuums aufeinander abstimmen lassen, erweist sich im Hinblick auf das Zufriedenheitserleben als weitaus bedeutsamer als die jeweiligen faktischen oder erlebten Merkmale als solche. Diese transaktionale Annahme konnte empirisch untermauert werden (PERVIN 1967a): An einer Universität nahmen unzufriedene Studenten ihre Umwelt als konservativer, weniger egalitär und weniger intellektuell, sich selbst hingegen als liberaler, egalitärer und intellektueller wahr als zufriedene Studenten. An einer anderen Universität war es umgekehrt: Unzufriedene Studenten schrieben der Universitätsumwelt allgemein positive (liberal, egalitär, intellektuell), sich selbst allgemein negative Attribute zu und standen damit wiederum im Gegensatz zu den zufriedenen Studenten.

Pervin (1976b) differenziert seinen Ansatz, indem er Hypothesen zur unterschiedlichen Auswirkung verschiedenartiger Wahrnehmungsinkongruenzen aufstellt. Wird die Umwelt – meist die Universität – auf seinen dem Semantischen Differential vergleichbaren TAPE-Skalen zwischen Real-Selbst und Ideal-Selbst eingestuft, so erscheint dem Individuum die wahrgenommene Diskrepanz zwischen Selbst und Umwelt als wünschenswert. Die Umwelt kann nämlich in diesem Falle als Instanz gesehen werden, die das Individuum in seinem Bestreben, sein Selbstbild dem Idealbild von der eigenen Person anzunähern, fördert. Liegt hingegen das Bewertungsprofil für das Real-Selbst zwischen den Profilen für Umwelt und Ideal-Selbst, so hat man es mit einem Individuum zu tun, das die wahrgenommene Selbst-Umwelt-Diskrepanz als unerwünscht, weil die Angleichung von Selbst- und Idealbild blockierend, auffaßt.

Auch was den Zusammenhang zwischen Umweltzufriedenheit und Wahrnehmungskongruenz betrifft, nimmt Pervin (1967b) Differenzierungen vor — hier in Anlehnung an frühere Arbeiten (Lundy, Katkovsky, Cromwell & Shoemaker 1955; Oppenheimer 1966).

Diese enthalten die Annahme, das Individuum bewerte Ähnlichkeit nur dann positiv, wenn sie subjektiv bedeutsame Merkmale der eigenen Person betrifft, also solche, die geringe Unterschiede zwischen Selbst- und Idealbild reflektieren. Unter dieser Prämisse bietet sich die Hypothese an, Selbst-Umwelt-Ähnlichkeit korreliere stärker mit Umweltzufriedenheit bei Personen mit niedriger gegenüber Personen mit hoher Diskrepanz zwischen Selbst- und Idealbild. Wird die Korrelation zwischen Idealselbst-Umwelt-Ähnlichkeit und Umweltzufriedenheit als Vergleichsbasis gewählt, so müßte sich nach Pervin das Verhältnis zwischen den beiden Gruppen umkehren, d.h. hier wären für Personen mit starkem Unterschied zwischen Selbst- und Idealbild die höheren Korrelationen zu erwarten.

Während Pervins Grundannahme in bezug auf verschiedene Umwelten (Universität, Sportclub, Gefängnis) durch Untersuchungen (vgl. Pervin & Smith 1968; Trickett & Moos 1972; Bauer 1976; Ellison & Trickett 1978) wiederholt untermauert werden konnte, ist die empirische Basis für die differenzierteren Zusammenhangsvermutungen bisher noch schwach. Für eine phänomenologische Betrachtungsweise bedeutsam erscheint der Befund, daß Umweltzufriedenheit – gemessen über den Wunsch, die Umwelt zu verlassen, die Häufigkeit des „Sich-deplaziert-Fühlens" u.a. — weitaus stärker mit der wahrgenommenen als der „tatsächlichen" Selbst-Umwelt-Ähnlichkeit zusammenzuhängen scheint, wobei letztere als Zusammenhang zwischen Selbstwahrnehmung und kollektiver Umweltwahrnehmung bestimmt wird (PERVIN 1967b).

Von PERVINS Vorstellungen angeregte Forschungsarbeiten erwecken den Eindruck, sein Ansatz könne einmal zu einer integrativen, Persönlichkeit und Umwelt angemessen berücksichtigenden Theorienbildung führen. Für die Personkomponente des Mensch-Umwelt-Verhältnisses legen Untersuchungsergebnisse von COHEN & SCAIFE (1973) Elaborationen nahe: Zufriedenheit mit der universitären Umwelt steht danach lediglich für Extravertierte in einer positiven Beziehung zur wahrgenommenen Selbst-Umwelt-Ähnlichkeit, nicht jedoch für Introvertierte. Kongruenzwahrnehmung erweist sich andererseits nur bei Introvertierten als Korrelat der Zufriedenheit und der Überzeugung, ähnliche Werte hochzuhalten wie das Lehrpersonal. Darüber hinaus zeigte sich eine viel stärkere Abhängigkeit des Zufriedenheitserlebens von perzipierter Selbst-Umwelt-Ähnlichkeit bei neurotischen als bei emotional stabilen Studenten.

Eine differenzierte Konzeption der Umwelt wird durch die Arbeit von EL-LISON &TRICKETT (1978) angeregt. Die Autoren verglichen traditionelle mit alternativen Schulen („schools without walls") im Hinblick auf die beschriebene Ähnlichkeits-Zufriedenheits-Beziehung. Sie gaben sich jedoch nicht wie andere Autoren (z. B. HEFFERNAN 1971) mit objektiver Umweltbeschreibung zufrieden, sondern erfaßten darüber hinaus mit Hilfe der MOOS-Skalen (vgl. 2.2.1) Unterschiede im Umwelt-Erleben. Hierbei zeigte sich, daß die alternativen Schulen in der Wahrnehmung der Schüler durch größeres Schülerengagement, stärkere Unterstützungsbereitschaft der Lehrer, weniger strikte Verhaltensregeln usw. charakterisiert waren. Aus referenzgruppentheoretischen Erwägungen heraus nahmen ELLISON & TRICKETT z. B. an, in der schülerzentrierten Alternativschule müsse sich im Vergleich mit der eher organisationszentrierten traditionellen Schule ein deutlicher Zusammenhang zwischen perzipierter Selbst-Peergruppe-Ähnlichkeit und Umweltzufriedenheit ergeben. Die Ergebnisse stützen diese Hypothese durchgängig für alle Zufriedenheitsindikatoren.

Diese beiden beispielhaft skizzierten Untersuchungen veranschaulichen, daß sich PERVINS Ansatz als fruchtbar für die Anregung von Forschungsarbeiten erwiesen hat. Es soll jedoch nicht versäumt werden, abschließend auf zwei problematische Aspekte zu verweisen. PERVIN spricht von Ähnlichkeitswahrnehmung und mag damit die Vorstellung erwecken, er analysiere Erleben in der konkreten Situation. In Wirklichkeit vergleicht er aber die separat voneinander bewerteten Konzepte „Selbst" und z. B. „College". Zu fragen bliebe, ob der Ähnlichkeit dieser Bewertungen, die vom Forscher erst statistisch erschlossen wird, ein Ähnlichkeitserlebnis auf seiten der Person korrespondiert. Auch in einer zweiten Hinsicht scheint die transaktionale Analyse ergänzungsbedürftig zu sein. PERVIN bezieht sein Passungskonzept ausschließlich auf die Ähnlichkeitsdimension. Ob Ähnlichkeit oder aber *Kompatibilität* das relevante Zufriedenheitskorrelat abgibt, dürfte merkmalsspezifisch sein. Ein Individuum, das z. B. zu Unterwürfigkeit neigt und sich auch so sieht, müßte sich — zumindest aus der Perspektive anderer theoretischer Ansätze (z. B. SCHUTZ 1958) — in einer Umgebung am wohlsten fühlen, die es als dominant bzw. kontrollierend wahrnimmt.

2.4 Die Bedeutung der Umgebung als sinnlicher und symbolischer Merkmalsträger für das Selbsterleben

Die eingangs geübte Kritik an der Umweltvergessenheit erweist sich als um so berechtigter, je stärker das Augenmerk auf die physischen Merkmale der Umgebung gerichtet wird. Diese Akzentuierung sollte nicht mit der Vorstellung einhergehen, man habe es mit zweierlei Umwelten — einer physischen und sozialen — zu tun, die jeweils unabhängig voneinander wahrgenommen und verhaltenswirksam werden. PROSHANSKY, ITTELSON & RIVLIN (1970) betonen, sinnvollerweise könne man nur von der totalen Umwelt sprechen, und man müsse sich darüber im klaren sein, daß eine Dichotomie Mensch-Umwelt nur zu Analysezwecken aufgemacht und auch die physische Umwelt theoretisch nur in Relation zu den anderen Komponenten des Umweltganzen adäquat erfaßt werden könne. Über diesen Grundannahmen, die als theoretische Rahmenvorstellungen durchaus überzeugen mögen, sollte man jedoch den empirischen Sachverhalt nicht aus dem Auge verlieren, daß der Mensch in der konkreten Situation, Wahrnehmung und Erleben selektiv auf je bestimmte Ausschnitte fokussieren kann, ja zur Selektion gezwungen ist. Über globale Aussagen dieser Art hinausführen und zur Differenzierung künftiger Analysen von Person-Umwelt-Beziehungen beitragen könnte eine in anderem Zusammenhang (vgl. FISCHER & WIEDL 1978b) entwickelte Annahme. Danach kann eine von einem externen Betrachter als „sozial" definierte Umwelt in Abhängigkeit von habituellen Umweltorientierungen einer Person als eher „personalistisch" (z. B. soziale Motive weckend) oder „physikalistisch" (z. B. als Zuviel oder Zuwenig an Stimulation) erlebt werden. Analog dazu kann physische Umwelt erlebnismäßig bevorzugt reizadäquat oder personalistisch, z. B. in ihrer sozial-symbolischen Bedeutung, wahrgenommen werden. Sollten sich diese Annahmen als stichhaltig erweisen, ließen sich den von PROSHANSKY und Mitarbeitern (als künstliche Akzentuierung des Theoretikers apostrophierten) Ausgliederungen von Umweltkomponenten durchaus Erlebniskorrelate zuordnen, womit sie als empirische Sachverhalte zum Gegenstand von Forschung gemacht werden könnten.

Gegenüber selektiver Bezogenheit auf Umwelt dürfte allerdings deren multiple Kategorisierung im Kontext komplexer „Person-Welt-Einheiten" (NUTTIN 1977), die auch das Selbstkonzept im engeren Sinne enthalten, vorrangig werden, wenn Personen in wiederkehrenden Situationen analysiert werden. In dieser erweiterten zeitlichen Perspektive gewinnt auch das von PROSHANSKY et al. hervorgehobene „Totalitätskonzept" seine volle Bedeutung. Die folgenden Ausführungen, die dem physischen Aspekt der Umwelt einen besonderen Stellenwert einräumen, sind auf dem Hintergrund dieser Überlegungen zu sehen.

2.4.1 Räumliche Struktur und materielle Beschaffenheit der Umwelt als Randbedingungen des Selbsterlebens

Es steht außer Zweifel, daß die räumlich-materielle Beschaffenheit einer Umgebung die Aufnahme von Informationen und Ausführung von Handlungen hemmen oder fördern kann. Insofern die Verwirklichung von Handlungszielen immer auch ein Stück „Selbstverwirklichung" darstellt (vgl. KÖNIG & SCHMITTMANN 1976) und Informationsaufnahme potentiell mit dem Erwerb von Wissen über die eigene Person einhergeht, kann die physische Umwelt zumindest als Randbedingung der Selbstkonzeption betrachtet werden. Diese vielleicht trivial erscheinende Feststellung gewinnt an Aussagekraft, wenn sie auf konkrete Sachverhalte bezogen wird. An unterschiedlichen Schulen und Schülergruppen konnte ADAMS (1970; vgl. hierzu auch FISCHER 1978) folgende Zusammenhänge zwischen dem räumlichen Arrangement des Klassenzimmers und dem Kommunikationsgeschehen in der Klasse nachweisen: Ein Schüler wird mit um so geringerer Wahrscheinlichkeit in die Kommunikationsabläufe in der Klasse einbezogen, je weiter sein Sitzplatz von der Mittellinie und der Mitte der Frontseite des Klassenraums entfernt ist. Für den Lehrer gilt, daß er sich mit um so geringerer Wahrscheinlichkeit in die Nähe eines Sitzplatzes begibt, je größer dessen Distanz zur Mitte der Frontseite des Klassenzimmers ist. Unter der Annahme einer Beziehung zwischen situationsbezogenem Selbstbild und Kommunikationsbeteiligung müßte man zumindest in Schulklassen mit relativ fester Sitzordnung eine systematische Variation des Selbstkonzepts der Schüler über die Sitzplatzverteilung hinweg erwarten. Eine Studie von SCHWEBEL & CHERLIN (1972) unterstützt diese Hypothese. Schüler, die in den vorderen Reihen saßen, wurden im Vergleich mit jenen in mittleren und hinteren Reihen nicht nur positiver von Lehrern und Mitschülern bewertet, sondern sahen sich selbst auch als aufmerksamer, weniger störend und sympathischer für Lehrer und Mitschüler. Wie die Untersuchungsergebnisse zeigen, korrespondiert dieses positive Selbstbild beim einzelnen Schüler nur partiell dem jeweiligen Fremdbild der Lehrer und Mitschüler.

Gerade an Umgebungen, die — wie das Klassenzimmer — als Komponenten eines sozialen Systems gefaßt werden können, läßt sich aufzeigen, daß ihre räumlich-materielle Struktur nicht nur als Wahrnehmungs- und Handlungsraum, sondern auch über symbolische Bedeutungen Selbstwahrnehmung zu beeinflussen scheint. Nach GETZELS (1974) tendiert eine Gesellschaft dazu, das in ihr vorherrschende Menschenbild in räumlichen Strukturen isomorph widerzuspiegeln (vgl. in diesem Zusammenhang auch den „Synomorphie"-Begriff von BARKER 1968). Aus der Sicht des Benutzers lassen sich diese Strukturen als Botschaften des Planers lesen, als Informationen darüber, wie der „gesellschaftliche" Planer ihn sieht. GETZELS' Analyse versucht aufzuzeigen, daß das gesellschaftliche Bild vom Schüler seit der Jahrhundertwende eine Reihe typischer Veränderungen durchgemacht hat. Nachdem er zunächst als passiver Rezipient des Wissensangebots gesehen wurde, dominierten danach aufeinanderfolgend die Vorstellungen „aktiv Lernender", „Mitglied einer sozialen Lerngruppe" und „durch Stimulationssuche und Neugier bestimmter Lernender". Dem Wandel im Schülerbild entsprachen jeweils Neukonzeptionen des Klassenzimmers, die jedoch kaum einmal durchgreifend verwirklicht worden sind. Dem auch heute noch weithin üblichen rechteckigen Klassenzimmer mit festinstalliertem, auf den Lehrer ausgerichteten Mobiliar folgte das quadratische Klassenzimmer, für das bewegliche Sitzmöbel und kein Lehrerpult vorgesehen wurden. Unter dem Einfluß der Gruppendynamik wurde in der Folge die Idee eines kreisförmigen Arrangements entwickelt, die von der Konzeption des offenen Klassenzimmers bzw. des „schulischen Großraums" (KÖNIG & SCHMITTMANN 1976) abgelöst wurde, der die räumlichen Voraussetzungen für eine drastische Erweiterung des Handlungsspielraums des Schülers bietet. Die Stichhaltigkeit der Hypothese GETZELS', unterschiedliche räumliche Strukturen dieser Art würden in den Selbstbildern der Schüler differentiell ihren Ausdruck finden, kann heute noch nicht hinreichend an empirischer Forschung gemessen werden. Die Ergebnisse von Untersuchungen zum Vergleich der Selbstkonzepte von Schülern in konventionellen und offenen Klassenzimmern (LEROY 1973; BLACK 1974; RUDAWSKI 1974; KÖNIG & SCHMITTMANN 1976) lassen sich zwar noch nicht zu einem einheitlichen Bild zusammenfügen, zeigen aber eine Forschungsrichtung auf, die weiter zu verfolgen aus theoretischen Erwägungen wie auch unter dem Gesichtspunkt der Umweltplanung (hierzu FISCHER & WIEDL 1978a) aussichtsreich erscheint.

Über ihre Qualitäten als Wahrnehmungs- und Handlungsraum hinaus kann Umwelt als Quelle von Emotionen die Selbstwahrnehmung beeinflussen (vgl. 2.2.1). Die Erlebniskorrelate der materiellen Beschaffenheit von Umgebungen hat besonders SOMMER (1974) analysiert; am Beispiel der bebauten Umwelt, die ihm am treffendsten als „hard architecture" zu kennzeichnen ist, versucht er zu veranschaulichen, daß mit der wahrgenommenen Unveränderlichkeit räumlich-materieller Umgebungsstrukturen ein Gefühl der Handlungsinkompetenz verbunden ist.

Erste empirische Untersuchungen zum Zusammenhang zwischen emotionalen Qualitäten der physischen Umwelt (im Sinne von MEHRABIAN & RUSSELL 1974) und Selbstwahrnehmung oder Selbstpräsentation haben MISCHEL, EBBESEN & ZEISS (1973) bzw. CHAIKIN, DERLEGA & MILLER (1976) durchgeführt. MISCHEL und Mitarbeiter konnten zeigen, daß allein die Vorstellung einer hedonisch positiv getönten Umweltbeziehung Tendenzen verstärkt, sich selbst unabhängig von erfolgreichen Handlungen zu belohnen, die Aufmerksamkeit selektiv auf schätzenswerte Eigenschaften der eigenen Person zu richten und sich altruistisch zu verhalten. Das andere Autorentripel konnte den Nachweis erbringen, daß die Selbsteröffnung („self-disclosure") des Patienten gegenüber dem Therapeuten in einem aufgrund seiner besonderen Ausstattung (Bilder an den Wänden, gemütliche Möbel, gedämpftes Licht usw.) als „warm" und „intim" erlebten Zimmer positiv akzentuiert wird.

Wie stark solche sensuellen Merkmale der materiell-dinglichen Umwelt mit deren symbolischem Gehalt verknüpft sein können, wird durch CHAIKIN & DERLEGA (1974) am Beispiel der Patient-Therapeut-Interaktion demonstriert, wenn sie spekulieren, ein auf Intimität ausgelegtes Zimmer werde als Umgebung erlebt, in der gewöhnlich Personen mit engem Sozialkontakt zusammenkommen, und fördere dadurch auch die Öffnung gegenüber dem Therapeuten.

2.4.2 Selbsterleben unter der Bedingung hoher Personendichte

Wie sich die Anwesenheit vergleichsweise vieler Personen in einer Stadt, in einem Klassenzimmer, auf einem Spielplatz, in öffentlichen Verkehrsmitteln, Aufzügen oder im psychologischen Laboratorium auf Verhalten und Erleben, kaum jedoch Selbsterleben, auswirkt, ist ein bevorzugtes Thema der Umweltpsychologie (zusammenfassend KRUSE 1975; zur Systematisierung LOO 1977). Die Bedeutung von Dichtebedingungen („density") wird dabei auf zwei Ebenen analysiert. Zum einen werden größere, der Wahrnehmung nicht als Ganzes simultan erschließbare Aggregate von Umweltausschnitten, vor allem die Großstadt, zum Forschungsgegenstand gemacht. Zum anderen werden einzelne „Situationen" als grundsätzlich in ihrer Totalität wahrnehmbare Umweltausschnitte untersucht.

Der erstgenannten Forschungsebene ist eine Arbeit von SADALLA (1978) zuzuordnen, in der Hypothesen zur psychologischen Auswirkung der mit steigender Einwohnerzahl fortschreitenden strukturellen Differenziertheit einer Stadt entwickelt werden. Bewohner einer Großstadt sind danach, was ihre Bedürfnisbefriedigung angeht, stärker von anderen Personen, aber in geringerem Maße von bestimmten Personen abhängig. Indem sie mit anderen bevorzugt unter rollenbezogenen Aspekten interagieren, sind sie in ihren sozialen Vergleichsprozessen eher an Oberflächenmerkmale der Persönlichkeit gebunden. Sie behandeln andere vergleichsweise häufig als „Nichtperson" (GOFFMAN 1956) und sehen sich selbst auch weitaus öfter als beispielsweise der Bewohner eines Dorfes als Nichtperson (Fußgänger, Aufzugbenutzer etc.) behandelt. Andererseits mag die Anonymität vieler Situationen, denen sich der Städter tagtäglich konfrontiert sieht, eine gewisse Entlastung von sozialer Kontrolle bringen.

Eine zweite psychologische Wirkung der städtischen Umwelt sieht SADALLA in Anlehnung an ZIMBARDO (1969) in der Tendenz zu Depersonalisierung, einer Reduktion der auf die eigene Person gerichteten Aufmerksamkeit im Sinne abnehmender „public self awareness" (vgl. FENIGSTEIN, SCHEIER & BUSS 1975), mit der die Bereitschaft, soziale Normen im Verhalten außer acht zu lassen und Informationen über die eigene Person preiszugeben, die als negativ zu bewertende Eigenschaften betreffen, zusammenzuhängen scheint. Aufgrund der Tatsache, daß mit der starken Rollendifferenzierung im Großstadtmilieu die Entwicklung einer größeren Vielfalt von Subgruppen verbunden ist, hat das zu innovativem, unkonventionellem oder deviantem Verhalten neigende Individuum nach Auffassung des Autors auch bessere Möglichkeiten, eine diesen Tendenzen entsprechende soziale Identität zu gewinnen.

In einer konkreten Situation ergibt sich die Bedeutung starker Personendichte aus der mit ihr korrelierten erhöhten Wahrscheinlichkeit des Erlebens der Nichtkontrollierbarkeit der Umwelt. Die Besonderheit dieses mit „crowding" umschriebenen subjektiven Zustandes ist nach STOKOLS (1976) über die Wahrnehmung vermittelt, daß der individuell verfügbare Raum im Hinblick auf seine Größe den augenblicklichen Ansprüchen nicht genügt. Eine nachhaltige Beeinflussung des Selbstkonzepts durch Crowding-Erlebnisse dürfte jedoch nur zu erwarten sei, wenn ein Individuum antizipieren muß, daß es über längere Zeitstrecken hinweg oder häufig wiederkehrend subjektiv unkontrollierbaren Dichtesituationen ausgesetzt ist. Wie die eindrucksvollen Beschreibungen der Wohnverhältnisse in dicht besiedelten mexikanischen Slums durch LEWIS (1970) vermuten lassen, ist in solchen Fällen mit einer tiefgreifenden Beeinträchtigung des Selbstwertgefühls zu rechnen. Die kritische ökologische Variable dürfte dabei tatsächlich der dem einzelnen Individuum ungehindert zugängliche Raum in seiner „primären Umwelt" (STOKOLS 1976), also etwa im Wohnbereich, und weniger die Personendichte in „sekundären Umwelten" wie der Nachbarschaft sein. Die Personenanzahl pro Wohneinheit erwies sich in einer groß angelegten Studie an Familien in Chicago von GALLE, GOVE & MCPHERSON (1972) als das stärkste Korrelat von Anfälligkeit für psychische Erkrankungen, Jugendkriminalität, Vernachlässigung der Kinder, Sterblichkeit und Geburtenrate, wobei diese Korrelationen auch dann statistisch signifikant blieben, wenn die Faktoren Rasse und soziale Schicht auspartialisiert wurden. Indikatoren des Selbsterlebens wurden in dieser Untersuchung zwar nicht berücksichtigt; die Annahme, Wohnraumenge sei eine bedeutsame Bedingung der Selbstkonzeptentwicklung scheint jedoch nicht zu weit hergeholt zu sein. Nach Ergebnissen eines Experiments von SUNDSTROM (1975) könnte dabei die Bereitschaft zur Selbsteröffnung eine kritische Rolle spielen, die der Autor im Falle räumlicher Enge sowohl in „Breite" (Heterogenität der Informationen über die eigene Person) als auch „Tiefe" (Intimität der Informationen) reduziert fand.

Was die Theorienbildung zum Crowding-Phänomen betrifft, werden künftig neben der erwähnten subjektiven Zeitperspektive eine Reihe weiterer kognitiver Zwischenprozesse in Betracht zu ziehen sein. Beispielgebend sei auf Kausalattribution verwiesen: Wie WORCHEL & TEDDLIE (1976) nachweisen konnten, stellt sich das Crowding-Erlebnis nur dann ein, wenn andere Personen als Ursache von Handlungsbehinderungen wahrgenommen werden können. Perzipierter Kontrollverlust scheint danach die Erlebnisqualität des Kontrolliertseins zu implizieren.

2.4.3 Ortsbezogenheit, Territorialität und Identität

Die Verbundenheit von Personen mit bestimmten Orten ist in der Bildung hypothetischer Konstrukte wie „Selbstkonzept", „Selbstschema" oder „Selbsttheorie" bisher weitgehend vernachlässigt worden. Bildung und Entwicklung des Selbstkonzepts sind in erster Linie über die aus Gruppen- oder Rollenbeziehungen resultierenden Erfahrungen des Individuums erklärt worden. Vergessen wurde dabei, daß diese Beziehungen, als soziale Interaktion realisiert, immer an eine konkrete räumlich-materielle Umgebung gebunden sind. PROSHANSKY (1978, p. 155) liefert ein anschauliches Beispiel: „The family is not simply a mother, a father, brothers, and sisters, it is also a place called ‚home'". Er plädiert dafür, Ortsidentität in die Reihe der Subidentitäten aufzunehmen, aus denen sich konstituierend Strukturen wie das Selbstkonzept weitgehend übereinstimmend gedacht werden. Unter Ortsidentität will er jene Dimensionen des Selbst verstanden wissen, welche die persönliche Identität eines Individuums in bezug auf die physische Umwelt über Vorstellungen, Gefühle, Verhaltenstendenzen, Kompetenzen usw. vermitteln, die für diese Umwelt relevant sind. PROSHANSKY schlägt ein komplexes Konstrukt vor, das er nach kognitiv-deskriptiven, affektiv-evaluativen und rollenbezogenen Dimensionen untergliedert. Die kognitiven Dimensionen betreffen den Inhaltsaspekt von Ortsidentität, bilden Vorstellungen und Erinnerungen von Plätzen und Räumen ab, stehen für Strukturen, die sich aus deren physischen Attributen (Größe, Distanz, Farbe uw.) zusammensetzen. Erwartungen, Gefühle und

Präferenzen gegenüber einer Umgebung machen den affektiv-evaluativen Teil der Ortsidentität aus. Die rollenspezifische Bedeutung der physischen Umwelt wird nach PROSHANSKY dann besonders deutlich, wenn die Ausübung einer sozialen Rolle an dinglich-materiellen Barrieren scheitert oder durch sie zumindest behindert wird. Man stelle sich zur Verdeutlichung dieser dritten Komponente der Ortsidentität einen Lehrer vor, dessen Schülerbild „Lernen durch Entdecken" gebietet, der aber in einem konventionellen Klassenzimmer des von GETZELS (vgl. 2.4.1) beschriebenen ersten Typs unterrichten muß.

PROSHANSKYS Konzeption legt nahe, die Bezogenheit des Individuums auf seine alltägliche Umwelt, wie sie ihm gegenwärtig erscheint und wie sie sich in seinen Vorstellungen entwickelt hat und künftig verändern wird, in die Analyse des Selbstkonzepts einzubeziehen. Sie geht aber darüber noch hinaus, indem sie Regelhaftigkeiten in der subjektiven Repräsentation von Umwelt auf deren objektive Merkmalskonstellationen zurückzuführen trachtet, dies allerdings zunächst nur für den spezifischen Kontext der städtischen Umwelt. Der breiten geographischen Streuung der Handlungsgelegenheiten in der Stadt entsprechen danach hohe Differenziertheit und Mobilität in der ortsbezogenen Selbstkonzeption und damit verknüpft ein Kompetenzgefühl, das der Erfahrung entspringt, komplexe Umwelten bewältigen zu können. Die Verfügbarkeit vieler, in ihrer formalen Struktur heterogener, funktional aber äquivalenter Örtlichkeiten fördert subjektiv empfundene Wahlfreiheit. Die öffentliche Zugänglichkeit vieler städtischer Regionen erfordert die Entwicklung besonderer sozialer Interaktionsstrategien, z. B. die Definition von Situationen, in denen viele andere Personen kopräsent sind, als „nicht sozial", die Definition des Selbst in termini öffentlicher sozialer Rollen (Fußgänger, Museumsbesucher, Rolltreppenbenutzer usw.).

Territorialität als kontinuierliche Bindung eines Individuums an bestimmte Umgebungsausschnitte läßt sich als besondere Komponente der Ortsidentität auffassen. Eine wesentliche Funktion des Territoriums dürfte in der Vermittlung selbstwahrgenommener Kontrollkompetenz liegen. Der Besitzer eines Hauses beispielsweise genießt gegenüber einem Besucher Prioritäten bezüglich der Zugänglichkeit, der Initiation von Verhalten, der Wahl des Verhaltenstyps, der Blockierung unerwünschter Handlungen und erlebt seine Umweltbeziehungen an diesem besonderen Ort als besser voraussagbar. Eine sich über längere Zeitabschnitte erstreckende Bindung an dieselbe Umgebung erleichtert darüber hinaus die Integration diskreter Verhaltenselemente in Verhaltensketten und gewährleistet so — zusammen mit dem tagtäglich sich wiederholenden Wiedererkennen der Umwelt —, daß das Individuum einen Sinn für Kontinuität entwickelt (EDNEY 1976).

Eine weitere Funktion territorialer Gebundenheit sieht EDNEY in der Steigerung der Unterscheidbarkeit von Personen, einer wesentlichen Voraussetzung des Identitätsgefühls des Individuums. Unter bestimmten Bedingungen scheint dieses Bestreben, sich selbst als einzigartig erleben zu können, wichtiger zu sein als die Herstellung befriedigender sozialer Kontakte. Eine Studie von VAN DER RYN & SILVERSTEIN (1972) zum Wohnverhalten von Studenten in vorwiegend mit Doppelzimmern ausgestatteten Studentenwohnheimen kann diesen Sachverhalt veranschaulichen. Binnen kurzer Zeit nach dem Einzug hatten die Bewohner das auf effiziente Nutzung hin symmetrisch arrangierte Mobiliar so umgestaltet, daß unverwechselbare Untereinheiten erkennbar wurden. Die Veränderung von Territorien als sichtbarer Ausdruck der Personalisation der Umwelt scheint ein ubiquitäres Phänomen zu sein, wobei das Ausmaß derartiger Selbstextension (z. B. Dekorieren von Wänden in Studentenzimmern) zumindest nach Untersuchungsergebnissen von HANSEN & ALTMAN (1976) dem Grad der erlebten Zugehörigkeit zur Umwelt entsprechen dürfte.

Über seine Funktion als räumlich-dingliche Grundlage der Selbstidentität als „Einzigartigkeitserlebnis" hinaus kann ein Territorium als von verschiedenen Individuen geteiltes dazu beitragen, daß sich eine Person leichter als Mitglied einer Gruppe oder sozialen Klasse definieren kann. TREINEN (1965) verweist z. B. darauf, wie die soziale Interaktion zwischen den Bewohnern ein und derselben Ortschaft über den Gebrauch des Ortsnamens als Symbol für ein territorial gebundenes Sozialsystem gesteuert wird. Indem „symbolische Ortsbezogenheit" zur Intensivierung von Sozialbeziehungen beiträgt, dürfte sie auch besondere Grundlagen für die Selbstkonzeption schaffen. Der Aufbau eines stabilen Selbstkonzepts sowie die Fähigkeit, Sozialpartner akkurat einzuschätzen, scheinen jedenfalls ein gewisses Ausmaß lokaler Gebundenheit vorauszusetzen. In beiderlei Hinsicht erwiesen sich Fünfzehnjährige männlichen Geschlechts, die, bedingt durch den Militärdienst des Vaters, zu häufigem Wohnungswechsel gezwungen waren, einer Kontrollgruppe als unterlegen. WOOSTER & HARRIS (1971) erklären dieses Ergebnis ihrer Untersuchung damit, daß ein Individuum im Falle hoher Wohnmobilität zu viele Informationen aus zu vielen Quellen über sich selbst erhalte und nur selten Beziehungen aufnehmen könne, die durch jenen Grad an „sozialer Penetration" (ALTMAN & TAYLOR 1973) charakterisiert sind, der eine Evaluation tieferer Schichten des Selbst und der Persönlichkeit des anderen erlaubt.

2.5 „Privatheit" als integratives Konzept für eine phänomenologische Analyse von Person-Umwelt-Beziehungen

Auch wenn in den voraufgehenden Darstellungen und Erörterungen nicht auf alle Konzepte zurückgegriffen wurde, die sich in einer umweltorientierten Selbstbild-Forschung als tragfähig erweisen könnten — das Konzept des „Personalen Raums" (hierzu HAYDUK 1978), das die phänomenale Ausdehnung des Selbst über die Körpergrenzen hinaus beschreibt, wurde beispielsweise vernachlässigt —, vermitteln sie vielleicht doch einen Eindruck von der Vielfalt vom Forscher konstruierbarer bzw. vom Alltagsmenschen erlebbarer Person-Umwelt-Beziehungen. Die Fülle und Komplexität sich andeutender Zusammenhänge zwischen Selbst- und Umwelterleben lassen die Umsetzung in Forschung, die über punktuelles Abfragen einzelner Zusammenhangsvermutungen hinausreicht, problematisch erscheinen. Eine Möglichkeit der Systematisierung besteht in der Konstruktion von Rahmentheorien, in denen verschiedene Konzepte nach Art des hypothetischen Zusammenwirkens der durch sie repräsentierten empirischen Sachverhalte miteinander verknüpft werden. In bezug auf den hier diskutierten Forschungsbereich befleißigt sich insbesondere ALTMAN (1975, 1976) einer solchen Vorgehensweise. Sein zentrales Konzept, Privatheit, nimmt sich wie eine Elaboration einer der Grundannahmen phänomenologisch orientierter Psychologie aus, nach der das Individuum in seinen Umweltbeziehungen auf Sozialität angelegt ist und seine Identität nur gegenüber anderen gewinnen kann (vgl. 2.1). Eine kurze Darstellung der ALTMANschen Rahmentheorie mag verdeutlichen, wie der Stellenwert anderer oben erwähnter Konzepte über ihre Verknüpfung mit dem Privatheitskonzept bestimmt wird:

In einer konkreten Situation erlebt eine Person unter dem Einfluß „antezendenter Faktoren", die sich den Kategorien personal (z. B. Selbstkonzept), interpersonal (z. B. Rolle) oder situational (z. B. Personendichte) zuordnen lassen, einen bestimmten Grad an erwünschter Privatheit, konkreter des Ausmaßes, in dem es Aufnahme von Informationen über andere und Ausgabe von Informationen über die eigene Person für angemessen hält. Weicht der Privatheitsgrad, den sie tatsächlich erreicht, vom erwünschten Grad ab, so bedient sie sich verschiedener „Kontaktkontrollmechanismen", um die Diskrepanz zu reduzieren. Dazu zählt ALTMAN neben dem Gebrauch der Sprache samt ihrer paraverbalen Anteile vor allem die Regulation des personalen Raums (räumliche Distanz und Orientierungswinkel zum Interaktionspartner), die Nutzung territorialer Bindungen und materiell-dinglicher Merkmale (z. B. Barrieren) der Umwelt sowie die Kommunikation von Bedeutungen durch Mimik und Gestik. Je weniger effizient sich die Kontrollmechanismen zeigen, desto mehr wachsen in Abhängigkeit von der Zeit die physischen, physiologischen und psychischen Kosten für das betreffende Individuum. Qualitativ wird erfolglose Kontaktkontrolle dann als Crowding erlebt, wenn das erreichte Privatheitsniveau das erwünschte unterschreitet, die Person also mehr Informationen aufnimmt bzw. preisgeben muß, als sie wünscht. Im umgekehrten Falle nimmt die Situationsbezogenheit des Individuums den Charakter sozialer Isolation an.

Umweltkontrolle im beschriebenen Sinne dient nach ALTMAN letztlich und vor allem der Selbstkonzeption. Über die Wahrnehmung, daß es mehr oder minder in der Lage ist, soziale Interaktion in eine gewünschte Richtung zu lenken, andere aktiv aufzusuchen, um mittels sozialer Vergleichsprozesse Zweifel an den eigenen Fähigkeiten abzubauen, sich zum Zwecke der Selbstbeobachtung zurückzuziehen usw. gewinnt das Individuum — so ALTMAN — die entscheidenden Informationen, aus denen es sein Selbstbild formt. Von der Effizienz seiner Privatheitsregulation dürfte es auch abhängen, ob sich ein bestimmter Modus des Umwelterlebens (vgl. 2.2) habituell verfestigt oder ihm Umwelt in der ganzen Breite ihrer potentiellen Erlebnisqualitäten phänomenal erschlossen werden und erhalten bleiben kann.

ADAMS, R. S. 1970. Interaction in classrooms. In: CAMPBELL, W. J. (Ed.) Scholars in context. The effects of environments on learning. New York: Wiley. p. 284–295.

ALTMAN, I. 1975. The environment and social behavior: Privacy, personal space, territory, and crowding. Monterey, Cal.: Brooks/Cole.

ALTMAN, I. 1976. Privacy. A conceptual analysis. Environment and Behavior 8, 7–29.

ALTMAN, I. & TAYLOR, D. A. 1973. Social penetration. The development of interpersonal relationships. New York: Holt, Rinehart & Winston.

BARKER, R. G. 1968. Ecological psychology. Concepts and methods for studying the environment of human behavior. Stanford, Cal.: Stanford University Press.

BAUER, G. E. 1976. Performance and satisfaction as a function of person/environment fit. Dissertation Abstracts International 36 (10-B), 5223–5224.

BLACK, M. S. 1974. Academic achievement and self-concept of fourth grade pupils in open area and traditional learning environments. Dissertation Abstracts International 35 (6-A), 3323–3324.

BOESCH, E. E. 1978. Kultur und Biotop. In: GRAUMANN, C. F. (Ed.) Ökologische Perspektiven in der Psychologie. Bern: Huber. p. 11–32.

CHAIKIN, A. L. & DERLEGA, V. J. 1974. Variables affecting the appropriateness of self-disclosure. Journal of Consulting and Clinical Psychology 42, 588–593.

CHAIKIN, A. L., DERLEGA, V. J. & MILLER, S. J. 1976. Effects of room environment on self-disclosure in a counseling analogue. Journal of Counseling Psychology 23, 479–481.

COHEN, L. & SCAIFE, R. 1973. Self-environmental similarity and satisfaction in a college of education. Human Relations 26, 89–99.

DIXON, J. C. & STREET, J. W. 1975. The distinction between self and not-self in children and adolescents. Journal of Genetic Psychology 127, 157–162.

EDELMAN, E. M., RIERDAN, J. & WAPNER, S. 1977. Linguistic representation of a macroenvironment under three communication conditions. Environment and Behavior 9, 417–432.

EDNEY, J. J. 1976. Human territories: Comment on functional properties. Environment and Behavior 8, 31–47.

ELLISON, T. A. & TRICKETT, E. J. 1978. Environmental structure and the perceived similarity-satisfaction relationship: Traditional and alternative schools. Journal of Personality 46, 57–71.

ENDLER, N. S. & MAGNUSSON, D. (Ed.) 1976. Interactional psychology and personality. New York: Wiley.

FENIGSTEIN, A., SCHEIER, M. F. & BUSS, A. H. 1975. Public and private self-consciousness: Assessment and theory. Journal of Consulting and Clinical Psychology 43, 522–527.

FESTINGER, L. 1954. A theory of social comparison processes. Human Relations 7, 117–140.

FILIPP, S.-H. 1978. Aufbau und Wandel von Selbstschemata über die Lebensspanne. In: OERTER, L. (Ed.) Entwicklung als lebenslanger Prozeß. Hamburg: Hoffmann & Campe. p. 111–135.

FILIPP, S.-H. & BRANDTSTÄDTER, J. 1975. Beziehungen zwischen situationsspezifischer Selbstwahrnehmung und generellem Selbstbild. Psychologische Beiträge 17, 406–417.

FISCHER, M. 1978. Ökologische Bedingungen für Verhaltensauffälligkeiten in der Schule. In: LOHMANN, J. & MINSEL, B. (Ed.) Störungen im Schulalltag. München: Urban & Schwarzenberg. p. 157–181.

FISCHER, M. & WIEDL, K. H. 1978. Variationsmotivation: Empirische und theoretische Beiträge zur Weiterentwicklung eines persönlichkeitspsychologischen Konstrukts. In: VOSS, H. G. & KELLER, H. (Ed.) Grundlagen, Ergebnisse und Anwendungen der Neugierforschung. Weinheim: Beltz (im Druck).

FISCHER, M. & WIEDL, K. H. 1979. Umweltplanung als pädagogisch-psychologische Intervention: Grundvoraussetzungen, Ansatzpunkte und Prinzipien. In: BRANDTSTÄDTER, J., REINERT, G. & SCHNEEWIND, K. A. (Ed.) Probleme und Perspektiven der Pädagogischen Psychologie. Stuttgart: Klett (im Druck).

FRANCK, K. A., UNSELD, C. T. & WENTWORTH, W. R. 1974. Adaptation of the newcomer. New York: City University of New York.

FRIED, M. 1972. Grieving for a lost home. In: GUTMAN, R. (Ed.) People and buildings. New York: Basic Books. p. 229–248.

GALLE, O. R., GOVE, W. R. & McPHERSON, J. M. 1972. Population density and pathology: What are the relations for man? Science 176, 23–30.

GECAS, V. 1972. Parental behavior and contextual variations in adolescent self-esteem. Sociometry 35, 332–345.

GETZELS, J. W. 1974. Images of the classroom and visions of the learner. In: DAVID, T. G. & WRIGHT, B. D. (Ed.) Learning environments. Chicago: University of Chicago Press. p. 1–14.

GOFFMAN, E. 1956. The presentation of self in everyday life. New York: Anchor.

GRAUMANN, C. F. 1976. Die ökologische Fragestellung — 50 Jahre nach Hellpachs „Psychologie der Umwelt". In: KAMINSKI, G. (Ed.) Umweltpsychologie: Perspektiven, Probleme, Praxis. p. 21–25.

GRAUMANN, C. F. (Ed.) 1978. Ökologische Perspektiven in der Psychologie. Bern: Huber.

GRAUMANN, C. F. & MÉTRAUX, A. 1977. Die phänomenologische Orientierung in der Psychologie. In: SCHNEEWIND, K. A. (Ed.) Wissenschaftstheoretische Grundlagen der Psychologie. München: Reinhardt. p. 27–53.

HANSEN, W. B. & ALTMAN, I. 1976. Decorating personal places. A descriptive analysis. Environment and Behavior 8, 491–504.

HAYDUK, L. A. 1978. Personal space: An evaluative and orienting overview. Psychological Bulletin 85, 117–134.

HEFFERNAN, J. M. 1971. Identity formation, identity orientations, and sex differences related to college environment features: A comparative study of conventional and innovative undergraduate programs. Dissertation Abstracts International 33 (5-A), 2169–2170.

HEWITT, J. P. 1976. Self and society. A symbolic interactionist social psychology. Boston: Allyn & Bacon.

HOLLAND, J. L. 1966. The psychology of vocational choice. Waltham, Mass.: Blaisdell.

ITTELSON, W. H. 1978. Environmental perception and urban experience. Environment and Behavior 10, 2, 193–213.

ITTELSON, W. H., FRANCK, K. A. & O'HANLON, T. J. 1976. The nature of environmental experience. In: WAPNER, S., COHEN, S. B. & KAPLAN, B. (Ed.) Experiencing the environment. New York: Plenum Press. p. 187–206.

KAMINSKI, G. 1976. Einführung und Vorschau. In: KAMINSKI, G. (Ed.) Umweltpsychologie: Perspektiven, Probleme, Praxis. Stuttgart: Klett. p. 10–19.

KELLY, J. G. 1970. Toward an ecological conception of preventive interventions. In: ADELSON, D. & KALIS, B. L. (Ed.) Community and mental health. p. 126–145.

KÖNIG, H. & SCHMITTMANN, R. 1976. Zur Ökologie der Schule. Eine öko-psychologische Untersuchung zum Einfluß von Schulbauten auf Lehr- und Lernprozesse. München: Verlag Dokumentation.

KRUSE, L. 1974. Räumliche Umwelt. Die Phänomenologie des räumlichen Verhaltens als Beitrag zu einer psychologischen Umwelttheorie. Berlin: de Gruyter.

KRUSE, L. 1975. Crowding. Dichte und Enge aus sozialpsychologischer Sicht. Zeitschrift für Sozialpsychologie 6, 2–30.

LEROY, J. M. 1973. Classroom climate and student perceptions: An exploration study of thirdgrade classrooms in selected open space and self-contained schools. Dissertation Abstracts International 34 (2-A), 568.

LEWIS, O. 1970. Privacy and crowding in poverty. In: PROSHANSKY, H. M., ITTELSON, W. H. & RIVLIN, W. L. (Ed.) Environmental psychology: Man and his physical setting. New York: Holt, Rinehart & Winston. p. 267–269.

LINSCHOTEN, J. 1961. Auf dem Weg zu einer phänomenologischen Psychologie. Die Psychologie von William James. Berlin: de Gruyter.

LITTLE, B. R. 1976. Specialization and the varieties of environmental experience: Empirical studies within the personality paradigm. In: WAPNER, S., COHEN, S. B. & KAPLAN, B. (Ed.) Experiencing the environment. New York: Plenum Press. p. 81–116.

LOO, C. 1977. Beyond the effects of crowding: Situational and individual differences. In: STOKOLS, D. (Ed.) Perspectives on environment and behavior: Theory, research, and applications. New York: Plenum Press. p. 153–168.

LUNDY, R. M., KATKOVSKY, W., CROMWELL, R. L. & SHOEMAKER, D. J. 1955. Self-acceptability and descriptions of sociometric choices. Journal of Abnormal and Social Psychology 51, 260–262.

MADDI, S. R. 1970. The search for meaning. In: ARNOLD, W. J. & PAGE, M. M. (Ed.) Nebraska Symposium on Motivation. Lincoln: University of Nebraska Press. p. 137–186.

MAGNUSSON, D. & ENDLER, N. S. (Ed.) 1977. Personality at the crossroads: Current issues in interactional psychology. Hillsdale: Erlbaum.

MEHRABIAN, A. & RUSSELL, J. A. 1974. An approach to environmental psychology. Cambridge, Mass.: The Massachusetts Institute of Technology Press.

MILGRAM, S. 1970. Das Erleben der Großstadt. Eine psychologische Analyse. Zeitschrift für Sozialpsychologie 1, 142–152.

MISCHEL, W., EBBESEN, E. B. & ZEISS, A. R. 1973. Selective attention to the self: Situational and dispositional determinants. Journal of Personality and Social Psychology 27, 129–142.

71

Moos, R. H. 1975. Evaluating correctional and community settings. New York: Wiley.

Moos, R. H. & Houts, P. S. 1970. Differential effects of the social atmosphere of psychiatric wards. Human Relations 23, 47–60.

Nahemow, L. 1971. Research in a novel environment. Environment and Behavior 3, 81–102.

Nuttin, J. R. 1977. A conceptual frame of personality-world interaction: A relational theory. In: Magnusson, D. & Endler, N. S. (Ed.) Personality at the crossroads: Current issues in interactional psychology. Hillsdale: Erlbaum. p. 201–206.

Oppenheimer, E. A. 1966. The relationship between certain self constructs and occupational preferences. Journal of Counseling Psychology 13, 191–197.

Osgood, C. E., Suci, G. J. & Tannenbaum, P. H. 1957. The measurement of meaning. Urbana, Ill.: University of Illinois Press.

Pervin, L. A. 1967a. A twenty-college study of student-college-interaction using TAPE (Transactional analysis of personality and environment): Rationale, reliability, and validity. Journal of Educational Psychology 58, 290–302.

Pervin, L. A. 1967b. Satisfaction and perceived self-environment similarity: A semantic differential study of student-college-interaction. Journal of Personality 35, 623–634.

Pervin, L. A. 1968. Performance and satisfaction as a function of individual-environmental fit. Psychological Bulletin 69, 56–68.

Pervin, L. A. 1977. The representative design of person-situation research. In: Magnusson, D. & Endler, N. S. (Ed.) Personality at the crossroads: Current issues in interactional psychology. Hillsdale: Erlbaum. p. 371–384.

Pervin, L. A. & Smith, S. H. 1968. Further test of the relationship between satisfaction and perceived self-environment similarity. Perceptual & Motor Skills 26, 835–838.

Piaget, J. 1938. La représentation du monde chez l'enfant. Paris: Alcan. (Deutsch: Das Weltbild des Kindes. Stuttgart: Klett-Cotta, 1978).

Prelinger, E. 1959. Extension and structure of the self. Journal of Psychology 47, 13–23.

Proshansky, H. M. 1974. Theoretical issues in environmental psychology. In: David, T. G. & Wright, B. D. (Ed.) Learning environments. Chicago: University of Chicago Press. p. 15–29.

Proshansky, H. M. 1978. The city and self-identity. Environment and Behavior 10, 147–169.

Proshansky, H. M., Ittelson, W. H. & Rivlin, W. G. 1970. The influence of the physical environment on behavior: Some basic assumptions. In: Proshansky, H. M., Ittelson, W. H. & Rivlin, W. G. (Ed.) Environmental psychology: Man and his physical setting. New York: Holt, Rinehart & Winston. p. 27–37.

Reid, D. W. & Ware, E. E. 1973. Multidimensionality of internal-external control: Implications for past and future research. Canadian Journal of Behavioural Science 5, 264–271.

Reid, D. W. & Ware, E. E. 1974. Multidimensionality of internal versus external control: Addition of a third dimension and non-distinction of self versus others. Canadian Journal of Behavioural Science 6, 131–142.

Rim, Y. 1973/74. Perception of self and others in four situations. Interpersonal Development 4, 164–169.

Rotter, J. 1954. Social learning and clinical psychology. New York: Prentice-Hall.

Rudawski, J. 1974. The comparative effect of open space versus self-contained classroom on pupil self concept development. Dissertation Abstracts International 35 (5-A), 2550.

Russell, J. A. & Mehrabian, A. 1976. Some behavioral effects of the physical environment. In: Wapner, S., Cohen, S. B. & Kaplan, B. (Ed.) Experiencing the environment. New York: Plenum Press. p. 5–18.

Sadalla, E. K. 1978. Population size, structural differentiation, and human behavior. Environment and Behavior 10, 271–291.

Schutz, W. C. 1958. Firo: A three dimensional theory of interpersonal behavior. New York: Rinehart.

Schwebel, A. I. & Cherlin, D. L. 1972. Physical and social distancing in teacher-pupil relationships. Journal of Educational Psychology 63, 543–550.

Sommer, R. 1972. Design awareness. New York: Holt, Rinehart & Winston.

Sommer, R. 1974. Tight spaces. Englewood Cliffs: Prentice-Hall.

Stokols, D. 1976. The experience of crowding in primary and secondary environments. Environment and Behavior 8, 49–81.

Sundstrom, E. 1975. An experimental study of crowding: Effects of room size, intrusion, and goal blocking on nonverbal behavior, self-disclosure, and self-reported stress. Journal of Personality and Social Psychology 32, 645–654.

Thomas, A. (Ed.) 1976. Psychologie der Handlung und Bewegung (= Psychologia Universalis, Band 32). Meisenheim: Hain.

Treinen, H. 1965. Symbolische Ortsbezogenheit. Eine soziologische Untersuchung zum Heimatproblem. Kölner Zeitschrift für Soziologie und Sozialpsychologie 17, 73–97, 254–297.

Trickett, E. J. & Moos, R. H. 1972. Satisfaction with the correctional institution environment: An instance of perceived self-environment similarity. Journal of Personality 40, 75–87.

Trudewind, C. 1978. Probleme einer ökologischen Orientierung in der Entwicklungspsychologie. In: Graumann, C. F. (Ed.) Ökologische Perspektiven in der Psychologie. Bern: Huber. p. 33–48.

van den Berg, I. H. 1955. The phenomenological approach to psychiatry. Springfield, Ill.: Thomas.

van der Ryn, S. & Silverstein, M. 1972. The room, a student's personal environment. In: Gutman, R. (Ed.) People and buildings. New York: Basic Books. p. 370–383.

Wooster, A. D. & Harris, G. 1971. Concepts of self and others in highly mobile service boys. Educational Research 12, 46–52.

Worchel, S. & Teddlie, C. 1976. The experience of crowding: A two-factor theory. Journal of Personality and Social Psychology 34, 30–40.

Zimbardo, P. G. 1969. The human choice: Individuation, reason and order versus deindividuation, impulse and chaos. In: Arnold, W. I. & Lwine, D. (Ed.) Nebraska Symposium on Motivation. Lincoln. University of Nebraska Press. p. 237–307.

3 Selbsterkenntnis und die wissenschaftliche Erkenntnis des sozialen Handelns

Kenneth J. Gergen, Swarthmore College

Wenn der Mann auf der Straße beginnt, sich selbst zu „entdecken", wenn er über sein Verhalten, seine Moral, seine Gefühle, die Basis seiner Prinzipien und seiner Erwartungen nachdenkt, wenn er zu begreifen versucht, warum er bestimmte Handlungsweisen kontrollieren kann und andere nicht, tut er nichts anderes als ein Wissenschaftler, der das menschliche Verhalten erforscht — nur eben laienhaft und unsystematisch. Es ist Tradition geworden, die Vorgehensweise des Wissenschaftlers als die überlegenere anzusehen; schließlich wandelt er auf den geachteten Spuren der Naturwissenschaften und läßt sich vom Positivismus leiten. Könnte der Laie wissenschaftlich vorgehen, ja könnte er sich auch nur die elementarsten Grundlagen der Wissenschaft aneignen, dann wären seine Chancen zur Selbsterkenntnis beträchtlich höher. Der Laie, so glaubt man, muß von den fortgeschrittenen Betrachtungsweisen und Methoden der Verhaltenswissenschaften noch viel lernen. Dies mag wohl richtig sein, doch vertreten wir in dieser Arbeit den Standpunkt, daß die Beziehung zwischen Forscher und Forschungsobjekt reziprok sein sollte; der Laie, der tagtäglich mit oft qualvollen Entscheidungen und deren Konsequenzen fertig werden muß, mag dem Wissenschaftler in der sterilen Abgeschiedenheit seines Laboratoriums viel beizubringen haben. Es scheint, daß die Art und Weise, mit der Menschen die komplexen Probleme der Selbsterkenntnis in ihrem Alltag bewältigen, weitreichende Implikationen für das wissenschaftliche Vorgehen hat und grundlegende Umorientierungen in den Verhaltenswissenschaften erfordert.

Im folgenden soll ein Forschungsansatz beschrieben werden, der sich mit Prozessen des Aufbaus von Selbstkonzepten befaßt. Dieser stellt in erster Linie eine Herausforderung an tradierte Annahmen über das Wesen der menschlichen Identität dar. Zugleich wird zu zeigen sein, daß die traditionellen Theorien der Identität untrennbar mit einem bestimmten Selbstverständnis der Wissenschaften verbunden sind, welches seinerseits in Frage gestellt werden wird. Ich will aber auch untersuchen, warum die traditionellen — doch offenbar unzureichenden — Theorien über die menschliche Identität sich so lange haben halten können. Vor diesem Hintergrund werde ich mich auch dem allgemeineren Problem der sozialen Erkenntnis zuwenden und die Implikationen meiner Analyse für künftige psychologische Forschung erörtern.

3.1 Stabilität vs. Variabilität in Selbstkonzepten

Oft trifft man auf eine theoretische Aussage oder eine überlieferte Weisheit, die im Widerspruch zu eigenen Erfahrungen zu stehen scheint. So wurde ich z. B. erstmalig mit einer zentralen Aussage in der traditionellen Selbstkonzept-Literatur konfrontiert, welche — in jeweils unterschiedlichen Formulierungen — besagt, daß das Individuum im Normalfall im Zuge des Sozialisationsprozesses ein verhältnismäßig stabiles, überdauerndes Selbstkonzept erwirbt. Dieses „Kern-Konzept" bleibt während seines ganzen Lebens erhalten, bestimmt seine Handlungen, vermittelt ihm das notwendige Erlebnis der personalen Kontinuität und Identität und liefert hauptsächlich einen konzeptuellen Anker für eine ansonsten chaotische Existenz. So vertritt beispielsweise MEAD (1934) die Auffassung, daß ein Individuum seine Identität dadurch erwirbt, daß es sich in die Rolle anderer Personen sich selbst gegenüber versetzt. Das Individuum nehme jedoch nicht alle Perspektiven ein, sondern nur die einiger „signifikanter Anderer", deren Sichtweisen allmählich verschmelzen zu dem Konzept des „generalisierten Anderen". Dadurch werde das Selbstkonzept mit zunehmendem Alter immer in sich geschlossener und stabiler.

Von ERIKSON (1968) wird dieser Aufbauprozeß anders beschrieben; er führt jedoch zum gleichen Ziel. Der wichtigste Aspekt einer erfolgreichen Bewältigung des Jugendalters ist nach seiner Meinung der Erwerb eines „stabilen Identitätsgefühls". Er glaubt, daß das Individuum ohne dieses Identitätsgefühl massiver Angst oder sozialer Anomie ausgesetzt wäre. Ähnlich argumentiert ROGERS (1959), wenn er sagt, daß die Grundlage der Selbstwertschätzung einer Person die Summe ihrer evaluativen Erfahrungen ist. Eine „defekte" Sozialisation, bei der die bedingte Wertschätzung durch andere dominiert, führt zu einem geringen Selbstwertgefühl im Erwachsenenalter. In der Regel bedarf es vieler therapeutischer Sitzungen, um eine solche Grundhaltung zu verändern. Auch von psychoanalytischen Theoretikern wird die Dauerhaftigkeit des Selbstwertgefühls betont. Ob man von „Ego-Struktur", „Selbst-System" oder „Selbst-Wertgefühl" spricht, immer liegt die Annahme zugrunde, daß Sozialisationserfahrungen des Individuums zu überdauernden Kognitionen und/oder Bewertungen der eigenen Person führen, die ohne therapeutische Intervention nur schwer zu verändern sind.

Es ist offensichtlich jene grundlegende Annahme von einem „starren", überdauernden Selbstkonzept, welche im Widerspruch zur persönlichen Erfahrung steht. Mein Bild von mir selbst erschien mir alles andere als stabil und dauerhaft. Wenn ich mich selbst beobachtete, während ich mich von einer sozialen Beziehung zur nächsten bewegte, stellte ich an mir deutliche Veränderungen fest: in meiner Art zu sprechen, in meinen Ansichten, in meiner Herzlichkeit und Offenheit, meiner Tiefe oder Oberflächlichkeit usw. Oft waren diese Veränderungen in sich widersprüchlich, indem ich einmal einen bestimmten moralischen Standpunkt verteidigte und ihn ein anderes Mal selbst angriff, indem ich erfüllt war von hohen Selbstwertgefühlen, die mir in einer anderen Situation völlig fehlten. Zwar hat JAMES (1890) von den „vielen sozialen Selbsten" gesprochen, die man für jede bedeutsame soziale Bezugsgruppe annimmt. Hier scheint sich JAMES jedoch primär auf das offene Verhalten bezogen zu haben, das man in unterschiedlichen sozialen Konstellationen zeigt, und nicht auf ein grundlegendes Gefühl der persönlichen Identität. Auch GOFFMAN (1959) hat im Detail beschrieben, wie ein Individuum sein Verhalten beim Wechsel von einer „Bühne" zur anderen, mit unterschiedlichem „Publikum" und unterschiedlichen „Rollen" ändert. Es scheint hier, daß der Wechsel sozialer Rollen von Veränderungen auf einem tiefer liegenden psychischen Niveau begleitet sein könnte.

3.1.1 Die vielfältigen Formen der „Ehrlichkeit"

Auf der Grundlage solcher Erfahrungen startete ich systematischere Untersuchungen. War die traditionelle Auffassung von einem starren, überdauernden Selbstkonzept zutreffend und waren meine Erlebnisse der eigenen Widersprüchlichkeit lediglich Ausdruck von Unreife oder neurotischem Verhalten; oder wäre es möglich, daß die traditionelle Auffassung falsch und das Selbstkonzept veränderlich, ständig im Wandel begriffen, widerspruchsvoll und vielfältig ist? Die Erforschung dieses Problems war auf zwei wesentliche Ziele gerichtet. Erstens sollte untersucht werden, ob sich Selbstdarstellungen verändern können, ohne daß das Gefühl der *persönlichen Authentizität* erschüttert wird. Nach der traditionellen Auffassung müßten Verhaltensweisen, die nicht mit dem Selbstkonzept der betreffenden Person übereinstimmen, sofort von ihr erkannt werden, und sie müßte sich unehrlich, selbstentfremdet oder unglaubwürdig fühlen. Wenn also im Selbstkonzept einer Person als zentrales Merkmal „hohe Prinzipientreue" verankert ist und sie beteiligt sich an einem Diebstahl, dann müßte sie sofort den Widerspruch zwischen ihrem Verhalten und ihrem Selbstkonzept spüren. Geht man jedoch davon aus, daß das Selbstkonzept stetem Wandel unterworfen ist, so müßte man sich in viele unterschiedliche — selbst in widersprüchliche — Aktivitäten einlassen können, und das Selbstkonzept würde in Richtung auf diese Verhaltensweisen „akkommodieren".

Zu dieser Frage wurde eine Reihe unterschiedlicher Experimente durchgeführt. In der ersten dieser Untersuchungen (siehe GERGEN 1965) wurden College-Studentinnen von einem klinischen Psychologen interviewt. Während des Interviews wurden sie immer dann bekräftigt, wenn sie sich selbst positiv beurteilten, teils durch zustimmendes Kopfnicken, teils durch ein Lächeln oder eine kurze Bemerkung (z. B. „Ja, das glaube ich auch"). Beurteilten die Versuchspersonen sich selbst negativ, reagierte der Interviewer mit leichter Abwehr, z. B. mit Schweigen. Die Anzahl und Intensität positiver Selbstdarstellungen stieg dadurch im Verlauf des Interviews deutlich an. Bei einer Kontrollgruppe, deren positive Selbstdarstellungen nicht bekräftigt wurden, fand man keine derartigen Veränderungen. Es war also gelungen, Selbstdarstellungen deutlich zu verändern.

Die wesentliche Frage war nun jedoch, wie die Versuchspersonen ihre Selbstdarstellungen erlebten. Ihr Verhalten hatte sich offensichtlich geändert, aber schätzen sie ihre Selbstdarstellung als ehrlich und authentisch ein? Hierzu legten wir den Versuchspersonen nach dem Interview einen Test zur Messung der Selbstwertschätzung vor. Die Tests wurden vertraulich durchgeführt, und es wurde mitgeteilt, daß der Interviewer sie nicht zu sehen bekäme. Der Vergleich dieser Testergebnisse mit jenen aus einem vier Wochen zurückliegenden Testdurchgang zeigte, daß die Interviews einen signifikanten Anstieg in der Selbstwertschätzung bewirkt hatten. Die Selbsteinschätzungen der Versuchspersonen waren in Übereinstimmung mit ihren veränderten Selbstdarstellungen gebracht worden. In der Kontrollgruppe war dieser Anstieg nicht beobachtbar. In einer abschließenden Fragebogenerhebung gaben alle Versuchspersonen nahezu gleichförmig an, daß sie während des Interviews absolut ehrlich und offen gewesen seien und eine zutreffende Beschreibung ihrer Person gegeben hätten. Die Experimentalgruppe unterschied sich hierin nicht von der Kontrollgruppe, beide empfanden ihre Selbstdarstellungen als gleichermaßen authentisch.

In einem zweiten Experiment (GERGEN & WISHNOW 1965) wurden in einem Zweiergespräch Informationen jeweils über die eigene Person ausgetauscht. Der Gesprächspartner war jedoch eine konföderierte Versuchsperson, die sich einmal selbst ausgesprochen „eingebildet" darstellte, sich in leuchtenden Farben beschrieb, in allem erfolgreich und sehr optimistisch zu sein vorgab. Unter einer zweiten Versuchsbedingung stellte sie sich außerordentlich selbstkritisch dar, beschrieb sich als nicht sonderlich wertvollen Menschen, für den die Zukunft grau in grau aussah. Von Interesse war vor allem, wie sich nun die Versuchspersonen selbst darstellen würden als Reaktion auf diese gegensätzlichen Modelle. Wir fanden dramatische Unterschiede zwischen beiden Versuchsbedingungen. Im ersten Falle beschrieben sich die Versuchspersonen selbst gleichermaßen positiv, stellten ihre Vorzüge heraus und verbargen alle eventuellen Schwächen. Dagegen waren die Versuchspersonen die mit dem selbstkritischen Gesprächspartner konfrontiert waren, weit selbstkritischer und gaben eine Vielzahl von Schwächen und eigenem Versagen zu. Das wesentliche Ergebnis ist also, daß die Versuchspersonen ihr äußeres Auftreten so verändern, daß es den Selbstdarstellungen ihrer Interaktionspartner entspricht.

Noch immer ist jedoch die wichtige Frage offen, ob eine dieser Gruppen ein Gefühl der Selbst*entfremdung* verspürte. Das Verhalten beider Gruppen wurde in entgegengesetzte Richtungen gedrängt, aber würden sie ihr Verhalten als „verfälscht" oder „unecht" einschätzen? Mit Hilfe unterschiedlicher Meßverfahren, die wir individuell nach Abschluß des Versuchs durchführten, fanden wir, daß fast alle Beteiligten das Gefühl hatten, sich in der Interaktion absolut ehrlich, offen und unverfälscht dargestellt zu haben. Sie empfanden sich jeweils in ihrem Verhalten als absolut authentisch; ihr Selbstkonzept war in keinem Fall verletzt.

3.1.2 Flüchtige Schwankungen in Selbstkonzepten

Diese Befunde führten zu einer zweiten Forschungsstrategie, wobei vor allem die zeitliche Stabilität des Selbstkonzepts geprüft werden sollte. Der traditionellen Auffassung folgend ist im wesentlichen Stabilität über Zeit im Selbstkonzept zu erwarten. Wenn wir uns als einen im Grunde „ehrlichen" Menschen empfinden, müßte diese Überzeugung eigentlich zu jedem Zeitpunkt gültig sein. Sie ist Teil unserer „Kern-Identität", und es dürfte sehr schwierig sein, sie zu verändern. Sind Selbstkonzepte jedoch wandelbar, dann müßten momentane Schwankungen beobachtbar sein und Selbsteinschätzungen sich abhängig von Zeit und Situation in verschiedene, sogar widersprüchliche Richtungen verändern können. Nach Auffassung des symbolischen Interaktionismus (vgl. MEAD 1934) ist das Selbstkonzept ein Produkt dessen, was nach Meinung des Individuums der generalisierte Andere in ihm sieht. Identität wird über einen „sozialen Spiegel" vermittelt, der dem Individuum Informationen über sich selbst liefert (vgl. COOLEY 1922). Wie aus der oben beschriebenen Studie hervorgeht (GERGEN 1965), hören jedoch Reaktionen auf *soziale Bewertungen* nicht in irgendeinem frühen Alter auf. Wir können keinen bestimmten Zeitpunkt nennen, zu dem Selbstkonzepte endgültige unveränderbare Formen angenommen hätten. Vielmehr hören Menschen auch als Erwachsene nicht auf, sich selbst in einem „sozialen Spiegel" wahrzunehmen und ihr Bild von sich entsprechend zu modifizieren.

Dem Prozeß der *sozialen Bewertung* wurde in der Literatur zum Aufbau von Selbstkonzepten besondere Beachtung geschenkt; jedoch ist dies auch eine begrenzte Sicht. Der Aufbau von Selbstkonzepten unterliegt sicherlich einer ganzen Reihe zusätzlicher Einflüsse, sowohl in der frühen Kindheit wie auch in späteren Jahren. Zum einen scheint es offensichtlich, daß Selbstkonzepte stark über Prozesse der *Selbstbeobachtung* aufgebaut werden. Die meisten unserer Verhaltensweisen scheinen spontan von einem Augenblick zum anderen aufzutreten, d. h. wir denken vor unserem Handeln nicht über seine Gründe nach. Es scheint sich fast so zu vollziehen, als folgte es eigenen Gesetzen. Wie NISBETT & WILSON (1976) demonstrieren, bleiben uns im allgemeinen die kognitiven Vorgänge, welche unserem Verhalten zugrunde liegen, verschlossen. Wir sind so gewissermaßen Beobachter unseres eigenen Verhaltens und erschließen daraus, wer wir sind (vgl. BEM in diesem Band). Wir nehmen soziale Rollen ein und lassen uns davon überzeugen, was für ein Mensch wir sind. Es gibt inzwischen zahlreiche Belege dafür, wie durch die Technik des Rollenspiels Einstellungen verändert und Einsichten in der Therapie vermittelt werden können (vgl. BREHM 1965; KELLY 1955). Aus diesen Arbeiten läßt sich ableiten, daß auch Selbstkonzepte über Rollenspiele stark beeinflußbar sind.

In einem Experiment (GERGEN & TAYLOR 1969) baten wir Versuchspersonen, die sich um eine Stelle bewarben, eine Rede über sich selbst zu halten. Sie sollten sich dabei so positiv wie möglich darstellen und konnten von sich alles mögliche berichten, solange sie dadurch den potentiellen Arbeitgeber von ihren Qualitäten überzeugen konnten. Zu einem späteren Zeitpunkt wurden alle Teilnehmer individuell einem Fragebogen zur Erfassung des Selbstwertgefühls unterzogen mit der Instruktion, bei der Beantwortung der einzelnen Items so ehrlich wie möglich zu sein. Die Ergebnisse zeigen, daß das Rollenspiel einen signifikanten Anstieg des Selbstwertgefühls über das Niveau des Vormonats bewirkte. Dieser Anstieg zeigte sich nicht bei einer Kontrollgruppe, die zu beiden Meßzeitpunkten nur den Fragebogen beantwortet hatte, nicht aber an dem Rollenspiel beteiligt war.

Ein zusätzlicher Aspekt wird durch die Arbeit von BEM & MCCONNELL (1970) in die Diskussion gebracht. Nach ihren Befunden fällt es den meisten Menschen schwer, sich zu erinnern, wie ihre Einstellungen und Werthaltungen kurz vor deren Veränderung waren — nicht einmal, wenn es sich um bedeutsame Bereiche handelt. Wenn ein Mensch, der sich grundsätzlich für ehrlich hält, aufgrund besonderer Umstände zum Mittäter bei einem Diebstahl wird, mag es ihm durchaus unmöglich sein, sich zu erinnern, daß er sich einmal für sehr ehrlich gehalten hat.

Zusätzliche Veränderungen in Selbstkonzepten können durch *sozialen Vergleich* bedingt sein. Wie bereits FESTINGER (1954) argumentierte, erscheint die Welt häufig vieldeutig, und Ereignisse sind von daher nur schwer interpretierbar. Deshalb vergleichen wir uns selbst oft mit anderen Menschen. Soziale Vergleiche helfen uns, die eigene Position klarer zu erkennen und ihre Gültigkeit abzuschätzen. Ähnlich mag es mit Selbstkonzepten sein. Menschen wissen oft nicht, welche Attribute sie sich selbst zuschreiben sollen — herzlich und aufrichtig, klug oder tiefsinnig — und finden darauf nur schwer Antworten. Unter solchen Bedingungen schauen sie umher und vergleichen ihr Verhalten mit dem anderer Personen.

In einem Experiment (MORSE & GERGEN 1970) schrieben wir einen Ferienjob aus. Jeder Bewerber wurde nach seiner Ankunft in einen Raum geführt und aufgefordert, einige Fragebogen auszufüllen. Einer dieser Fragebogen enthielt

30 Items aus einem standardisierten Test zur Erfassung des Selbstwertgefühls (COOPERSMITH 1967). Während der Beantwortung dieser Fragebogen kam die Sekretärin mit einem zweiten Bewerber herein, der in Wirklichkeit eine konföderierte Versuchsperson und spezifisch vorbereitet war für diese Situation. In der Hälfte der Fälle war sein Äußeres sehr beeindruckend: er trug Maßkleidung und einen Diplomatenkoffer, in dem ein Philosophiebuch, ein Rechenschieber und mehrere gut gespitzte Bleistifte zu sehen waren. Die zweite Hälfte der Versuchspersonen wurde mit einer völlig anders wirkenden Person konfrontiert. Der junge Mann sah ausgesprochen unordentlich aus, seine Hosen waren zerrissen, sein Hemd schmutzig, er war unrasiert und hielt ein abgenutztes Exemplar eines billigen Sex-Romans unter dem Arm. Er ließ sich gegenüber der Versuchsperson in einen Stuhl fallen und schaute gelangweilt durch die Gegend. In keinem der Fälle sprachen die Versuchspersonen mit den Neuankömmlingen. Vielmehr erhielten sie weitere Fragebogen, unter anderem auch die Parallelform des Tests zur Erfassung des Selbstwertgefühls.

Die Ergebnisse zeigten, daß die bloße Anwesenheit der Neuankömmlinge einen deutlichen Einfluß auf die Höhe des Selbstwertgefühls der Versuchspersonen hatte. Die Einführung des „perfekten Gentleman" ließ das Selbstwertgefühl drastisch absinken, während es bei Gegenüberstellung mit dem „schlampigen Typen" beträchtlich anstieg. Die Versuchspersonen nahmen also ihre Selbstbeschreibungen und -bewertungen danach vor, wie der soziale Vergleich zwischen sich und ihrem jeweiligen Gegenüber ausfiel.

Neben Prozessen der sozialen Bewertung, des Rollenspiels und des sozialen Vergleichs tragen noch weitere Prozesse zum Wandel von Selbstkonzepten bei. Der vielleicht wichtigste ist die *Rückerinnerung* („memory scanning"). Indem das Individuum bestimmte Ereignisse bezüglich seiner Person erinnert, zieht es daraus Schlüsse über seine charakteristischen Eigenschaften. So wird man auf die Frage nach der eigenen Ehrlichkeit sich an Situationen erinnern, in denen man starken Versuchungen zu unehrlichem Verhalten widerstanden und vielleicht nur einmal einer schwächeren nachgegeben hat. Als Schlußfolgerung mag dabei herauskommen, daß man im allgemeinen ein ehrlicher Mensch sei. Obgleich dies leicht einsichtig ist, liegt der interessantere Aspekt dieses Vorgangs darin, daß sein Resultat praktisch in jeder Richtung liegen kann. Da im Gedächtnis eine ungeheure Menge von Informationen gespeichert ist, läßt sich praktisch die Selbstzuschreibung jedes Merkmals stützen. Hält man sich für einen im allgemeinen „ehrlichen" Menschen, so wird man hierfür sicher Belege in seiner Erinnerung finden. Es scheint jedoch, daß schon ein geringer Anstoß der Erinnerungsprozesse auch überzeugende gegenteilige Belege liefern könnte. Dies gilt vermutlich für viele Merkmale, die Menschen sich zuschreiben. Wesentlich wird es davon abhängen, in welcher Weise sie ihre Gedächtnisinhalte abrufen.

In einem Experiment zur Überprüfung dieser Frage (GERGEN & TAYLOR 1969) forderten wir Personen auf, innerhalb von 20 Minuten eine Rede über sich selbst zu verfassen. Wir ermutigten sie, sich dabei an alle ihre positiven Seiten zu erinnern, um sich für eine andere Person besonders attraktiv zu machen. Anschließend füllten alle Teilnehmer den Fragebogen zur Erfassung des Selbstwertgefühls aus. Die Ergebnisse zeigten, daß es den Versuchspersonen durch ihre Bemühungen, andere zu beeindrucken, gelungen war, sich selbst zu „beeindrucken", d.h. wir konnten einen signifikanten Anstieg des Selbstwertgefühls beobachten. Dieser Anstieg blieb bei einer Kontrollgruppe aus.

3.2 Soziale Subjektivität und Selbsterkenntnis

Bevor wir uns mit dem Problem *wahrgenommener* Stabilität befassen, sollten wir uns kurz den Implikationen unserer bisherigen Analyse zuwenden. Aufbauend auf der Annahme, daß Selbstkonzepte fluktuierend und wandelbar sind, wurden zunächst einige Experimente beschrieben, die zeigen, daß ein Individuum sich sehr unterschiedlich, ja sogar widersprüchlich verhalten kann, ohne dadurch Selbstentfremdung zu erleben oder sein Selbstkonzept zu „verletzen". Wir haben weiterhin gesehen, daß Selbstkonzepte sich von Minute zu Minute im Verlaufe einer sozialen Interaktion aufgrund unterschiedlicher Prozesse ändern können. Zu jedem Zeitpunkt kann man die Perspektive des Betrachters seiner selbst einnehmen, eigenes Verhalten beobachten, sich mit anderen vergleichen und das Gedächtnis in spezifischer Weise durchforsten. In jedem Falle können sich dadurch die Vorstellungen über die eigene Person, das Wissen über die eigenen Möglichkeiten und persönlichen Eigenschaften verändern. Es scheint also, daß die traditionelle Annahme eines stabilen Selbstkonzepts höchst fragwürdig ist.

In einem erweiterten Sinne scheint es, daß der Mensch deshalb durch eine Vielzahl von Faktoren beeinflußbar ist, weil eine objektive Verankerung seines Selbstkonzepts kaum möglich ist. Er ist mit einem sich ständig wandelnden Gefüge von komplexen Reizen konfrontiert, welche im Zuge seiner Selbsterfahrungen bereitgestellt werden und deren exakte *Bedeutung* nicht leicht auszumachen ist. Deshalb mag er sich zuerst den Meinungen anderer Personen zuwenden — nicht, weil diese sein Verhalten besser und zutreffender beurteilen können als er selbst, sondern schlicht wegen ihrer Existenz. Versäumt er, diese Meinungen mit einzubeziehen, kann das sogar soziale Ablehnung zur Folge haben. Wenn beispielsweise einer Person gesagt wird, sie sei ein depressiver Mensch, so mag sie das hinnehmen, weil sie hierfür nur über wenige Hinweise verfügt und weil man sie — würde sie protestieren — auslachen könnte. Gegen diese Argumentation mag man einwenden, daß jeder, der ausschließlich von der Meinung anderer abhängt und sich nicht selbst beobachtet, sich wahrscheinlich etwas vormacht. Ambiguität läßt sich überall finden, doch mit zunehmender Sensibilität für die eigene Person, für eigene Erfahrungen und Handlungen wird die Identität nicht mehr nur ein Produkt der Meinung anderer sein. Doch was kann man tatsächlich aus der Selbstbeobachtung lernen? Genügt schon ein Lächeln, um sich selbst zu Recht als „freundlich" einzuschätzen? Es genügt nicht, da man nicht sicher sein kann, ob es von anderen als „freundlich" wahrgenommen wird. Erst über die Reaktionen der Interaktionspartner wird definiert, ob man „freundlich" oder aber „anmaßend" oder „albern" ist. Jede Handlung erhält ihre konzeptuelle Bedeutung erst aufgrund ihrer sozialen Bewertungen. Wie schon BECKER (1963) betonte, kann eine identische Verhaltensweise in Abhängigkeit von der jeweiligen Subkultur als „abweichend" oder „normgerecht", als „Verbrechen" oder „Heldentat" bezeichnet werden.

Ausgehend von dieser Argumentation ist es offensichtlich, daß die Selbstbeobachtung als Quelle für den Aufbau von Selbstkonzepten ihrem Wesen nach subjektiv ist und das eigene Verhalten als solches nur geringen Aussagewert hat. Verhalten bewirkt erst dann entscheidende Veränderungen im Selbstkonzept, wenn wir es klassifizieren oder ihm eine Bedeutung zuschreiben, die aber ihrerseits durch die soziale Umwelt vorgegeben ist. In ähnlicher Weise sind auch soziale Vergleichsprozesse abhängig von der jeweiligen Betrachtungsweise. Man kann nicht lernen, sich selbst im Vergleich zu anderen zu beschreiben, ohne mit hoher Sicherheit das Verhalten anderer etikettieren oder klassifizieren zu können. Solche Klassifikationen basieren letztlich auf sozialem Konsens. Schließlich haben wir gesehen, daß auch Rückerinnerungen praktisch jedes Ergebnis liefern können und auch sie deshalb keine objektive Basis für den Aufbau von Selbstkonzepten darstellen.

Die bisherigen Ausführungen enthalten eine Vielzahl von Implikationen. Was bedeutet es, „sich selbst zu kennen", „sich zu erforschen", „sich zu finden", „sich treu zu sein" oder „aufrichtig" zu handeln? In der Tat basieren alle diese geläufigen Forderungen auf der Annahme, daß ein „reales" oder „objektives" Selbst existiert, das man finden, erforschen und erkennen kann, dem man treu sein und mit dem das Verhalten in Einklang gebracht werden kann. Wenn es jedoch keine auf objektiver Grundlage aufgebauten Selbstkonzepte gibt, wie sind dann diese Ansprüche zu verstehen? Nach unserer Analyse müssen sie in subjektive Termini umformuliert werden. „Sich selbst zu kennen" heißt dann „zu wissen, wie sich eigenes Verhalten in den konzeptuellen Rahmen der eigenen Bezugsgruppe fügt"; „sich selbst treu zu sein" bedeutet „eigenes Verhalten in Anlehnung an sozial akzeptierte Kriterien zu interpretieren"; „sich zu erforschen" heißt „nach größerem Konsens mit anderen in der Beurteilung des eigenen Verhaltens streben"; „zu sich finden" heißt „jene soziale Gruppe zu finden, welche ein konsistentes Bild von uns geformt hat"; und „aufrichtig zu sein" bedeutet schließlich „eher die Meinung anderer über das eigene Verhalten zu teilen als der eigenen abweichenden Beurteilung anzuhängen" (vgl. GERGEN 1977).

3.3 Stabilität innerhalb des Wandels

Nach diesen Überlegungen können wir uns wieder dem Problem der Stabilität vs. Variabilität in Selbstkonzepten zuwenden. Obwohl die traditionelle Sichtweise von einem stabilen Selbstkonzept im Grunde genommen begrenzt scheint, ist zu fragen, warum sie so weithin akzeptiert ist. Die Befürworter dieser Auffassung gehörten zu den scharfsinnigsten Beobachtern menschlichen Verhaltens. Können wir auf der Grundlage nur weniger Forschungsbefunde diese Tradition einfach außer acht lassen? Diese Frage läßt sich auf mehreren Ebenen beantworten, etwa aus der Sicht von Historikern, Soziologen usw. Zudem muß man sehen, daß diese traditionelle Auffassung stark durch die Phänomenologie des Alltags gestützt wird. So könnten wir sagen „Hans hat sich in all den Jahren nicht verändert; er ist immer noch der alte Hans". Wir stellen an unseren Freunden, Eltern, Ehepartnern und Kindern Kontinuität über die Zeit fest und nicht, daß sie sich von einem Augenblick zum anderen ändern. Das gleiche gilt auch für uns selbst. Wir glauben oft, über die Zeit hinweg unverändert zu sein, häufig erleben wir unser Verhalten als kohärent und kontinuierlich; wir meinen, schon immer „leistungsorientiert", „eher ernst veranlagt", „dem Wohl der Anderen verpflichtet" oder „idealistisch" gewesen zu sein. Wie ERIKSON (1968) betonte, wachen wir nicht jeden Morgen auf und erleben uns als ein Fremder. Unser Problem ist es also, wie die beiden Auffassungen vom stabilen und veränderbaren vom Selbstkonzept in Einklang zu bringen sind. Es gibt hierzu eine Vielzahl von Lösungen, von denen jede einzelne Beachtung verdient.

3.3.1 Kern vs. Peripherie

ALLPORT (1961) versuchte als einer der ersten, den stabilen und den sich wandelnden Aspekten menschlicher Persönlichkeit gleichzeitig Rechnung zu tragen, indem er zwischen zentralen und peripheren Merkmalen unterschied. Im Hinblick auf die peripheren Merkmale eines Individuums sind beachtliche Inkonsistenzen zu erwarten, während zentrale oder Kernmerkmale über die Zeit stabil bleiben. Genauso sollten wir annehmen können, daß bestimmte Selbstkognitionen für das Individuum zentral sind, andere eher peripher. Wahrscheinlich sind erstere stabiler, letztere wandelbarer. So können wir zwar unser

Bild von der eigenen Männlichkeit oder Weiblichkeit oder von unseren moralischen Standards nicht verändern, geben aber bereitwillig zu, daß unser Selbstbild in anderen Aspekten, z. B. „flotter Wanderer", stark fluktuiert. Wenn diese Lösung auch noch so einsichtig klingt, scheint sie doch von begrenztem Wert zu sein. Das Problem beginnt schon mit der „Kreisförmigkeit", die das Konzept der Zentralität impliziert. Wir können leicht versucht sein, selektiv nur jene Merkmale zu beachten, die über die Zeit stabil bleiben, und sie wegen dieser Stabilität als zentral ansehen. Andere Merkmale hingegen könnten wegen ihrer Kurzlebigkeit als peripher betrachtet werden. Es ist weder ALLPORT noch anderen Autoren gelungen, beide Konzepte adäquat zu trennen und ihre Beziehung zueinander zu untersuchen.

Ein zweiter wesentlicher Einwand gegen ALLPORTS Ansatz basiert auf einer Reihe von Untersuchungen, die zeigen, daß verschiedene Merkmale, die üblicherweise innerhalb eines Sozialkontextes als „zentral" definiert werden, sich innerhalb ganz kurzer Zeitspannen deutlich verändern. BRAMEL (1963) illustrierte dies in einer umstrittenen Untersuchung: über die Bereitstellung „wissenschaftlicher Informationen" wurden männliche Versuchspersonen dazu veranlaßt, ihre heterosexuelle Einstellung anzuzweifeln. Obwohl Heterosexualität offensichtlich ein Kernkonzept der meisten Männer im späten Jugendalter ist, war es möglich, diese Zweifel in weniger als 30 Minuten auszulösen. In meinen eigenen Arbeiten nahm ich systematisch bei der Erfassung von Selbstkonzepten Items auf (wie z. B. „selbstsicher", „attraktiv", „herzlich", „sozial kompetent"), die für die meisten von uns relativ zentrale Merkmale darstellen. Mit Hilfe geringfügiger Manipulationen situativer Hinweisreize ist es jedoch immer wieder gelungen, Veränderungen in Selbsteinschätzungen auf eben diesen Dimensionen herbeizuführen.

Dennoch kann wohl nicht geleugnet werden, daß es für die meisten Menschen bestimmte Selbstkognitionen gibt, die wegen häufiger Bekräftigungen oder wegen hoher emotionaler Besetzung von ihnen als „zentral" erlebt werden und die sie gegen alles und jeden verteidigen würden. Um hier Veränderungen zu bewirken, dürfte das erforderliche Maß an sozialer Intervention in den meisten Fällen erheblich sein. Sicher sind beispielsweise für einen Therapeuten gezielte Interventionsmaßnahmen dann zwingend, wenn sein Klient permanent niedrige Selbsteinschätzungen zeigt. Das Ausmaß, in dem solche „unnachgiebigen" Selbsteinschätzungen bei einer normalen Population verbreitet sind, ist noch ungeklärt. Wir können jedoch nicht ausschließen, daß Zentralität zur Stabilität von Selbstkonzepten beiträgt.

3.3.2 Situationale Stabilität

Eine zweite Lösung des Stabilitätsproblems scheint weniger problematisch. Wir haben gezeigt, daß Selbstkonzepte in hohem Maße durch Umweltschwankungen beeinflußbar sind. Solange die Umwelt jedoch über die Zeit hinweg relativ konstant bleibt, mögen auch Selbstkonzepte gleichermaßen stabil bleiben. Ein Mensch, der z. B. seit 20 Jahren die gleiche Arbeitsstätte hat, ständig mit den gleichen Kollegen zu tun hat, mit dem gleichen Partner lebt und seine Freunde behält, wird über die Jahre nur geringe Veränderungen in seinem Selbstkonzept erfahren. Ändern sich die Umstände jedoch plötzlich und gravierend (z. B. wird sein Heimatort vom Feind überfallen und er selbst in ein Konzentrationslager gesperrt), so sind deutliche Veränderungen in seinem Selbstkonzept zu erwarten.

Diese Argumentation steht voll im Einklang mit den obigen Ausführungen zu den verschiedenen Quellen der Selbstwahrnehmung. In jedem Falle bewirken situationale Manipulationen Veränderungen im Selbstkonzept. Andere Autoren kommen zu gleichen Ergebnissen (z. B. TOMÉ 1972; BEM in diesem Band; SCHACHTER 1964), und die Befunde der experimentellen Sozialpsychologie decken sich in weiten Bereichen mit unseren (zum Überblick vgl. GERGEN 1978). Weiter wird unsere Argumentation auch durch neuere Arbeiten zur Entwicklung über die Lebensspanne gestützt (vgl. DATAN & REESE 1978).

Schließlich können wir auch einen möglichen Grund für die Entstehung der traditionellen Annahme von einem stabilen Selbstkonzept besser verstehen. Wie ich bereits früher ausführte (GERGEN 1973), sind die meisten psychologischen Theorien verknüpft mit dem historischen Kontext, in dem sie entwickelt werden. Gegenwärtig scheint es, als seien wir Bedingungen ausgesetzt, die sich schneller ändern als je zuvor in der Geschichte. Unsere Umwelt ist heute weit weniger stabil als zu den Zeiten, da FREUD, MEAD, SULLIVAN und andere ihre umfangreichen Arbeiten über die Stabilität des Selbst leisteten. Ihre Ansätze zum Verständnis menschlichen Verhaltens mögen in der ersten Hälfte unseres Jahrhunderts wesentlich nützlicher gewesen sein als heute.

Obwohl das Argument von der Situationsabhängigkeit des Selbstkonzepts sehr zwingend ist, sollte es klugerweise nicht vollständig übernommen werden. Unsere Alltagserfahrung zeigt uns Menschen, die trotz sich drastisch verändernder Umstände ihr Selbstkonzept fast unverändert bewahren. Andere wiederum zeigen deutliche Veränderungen in ihren Selbsteinschätzungen, obwohl ihre Lebensbedingungen stabil zu bleiben scheinen. Situationale Veränderungen entsprechen nur bedingt psychologischen, und ein Wandel in ersteren bewirkt nicht automatisch Veränderungen in den letzteren. Es ist offensichtlich, daß die Erfassung situativer Veränderungen allein nicht ausreicht.

3.3.3 Konzeptuelle Flexibilität

Wenden wir uns nun kurz den Befunden von JONES & DAVIS (1964) zu. Ihre Versuchspersonen wurden etwa 30 Minuten lang interviewt. Die Gesprächsleiter hatten sich in einer eintrainierten konstanten Art zu verhalten, während sie den Probanden eine Reihe persönlicher Fragen stellten. Danach wurde den Versuchspersonen eine Bewertung ihrer Person durch den Interviewer vorgelegt, die speziell hierfür vorbereitet worden war. Nach dem Zufall erhielt eine Hälfte der Probanden positive Bewertungen, aus denen hervorging, daß der Interviewer ihnen sehr wohlwollend gegenüberstand. Die andere Hälfte erhielt neutrale Bewertungen, wonach der Interviewer zwar von einigen ihrer Merkmale beeindruckt, von anderen jedoch weniger überzeugt war. Danach wurden die Probanden aufgefordert, zu beurteilen, inwieweit ihre Antworten während des Interviews ihre „wahre" Persönlichkeit reflektierten. Die Ergebnisse zeigten, daß der Effekt der Rückmeldungen auf die Einschätzung der eigenen Ehrlichkeit gewaltig war. Die Versuchspersonen, denen wohlwollende Zustimmung rückgemeldet wurde, glaubten weit eher als die Vergleichsgruppe, in den Interviews eine ehrliche Selbstdarstellung gegeben zu haben. In der Tat haben die Versuchspersonen je nach der Qualität der Rückmeldungen ihr Verhalten nachträglich in ganz unterschiedlicher Weise wahrgenommen.

Diese frühen Ergebnisse decken sich auch mit neueren Befunden aus dem Bereich der Attributionsforschung. Es wurde z. B. gezeigt, daß — je nach Handlungsausgang — Individuen sehr bereitwillig ihren Beitrag zu Handlungsergebnissen neu bestimmen. Erlebt ein Individuum Erfolg, so wird es wahrscheinlich in der Rückschau sein Verhalten als von ihm kontrolliert begreifen, bei Mißerfolg wird es seinen eigenen Beitrag eher herunterspielen (vgl. STREUFERT & STREUFERT 1969; JOHNSON, FEIGENBAUM & WEIBY 1964). Andere Untersuchungen zeigen, wie leicht Individuen davon zu überzeugen sind, daß ihre Schmerzen, ihre Schlaflosigkeit, ihre Ängste usw. auf ein Placebo zurückzuführen sind (ROSS, RODIN & ZIMBARDO 1969; STORMS & NISBETT 1970). Der Versuchsleiter kann leicht bewirken, daß sie ihren eigenen Handlungsweisen eine ganz andere Bedeutung verleihen.

In einem weiteren Sinne erscheint es, daß Individuen Verhaltensweisen auf unterschiedlichste Art interpretieren können und sie dabei offensichtlich immer recht haben. Das gleiche Verhalten kann — je nach momentaner Verfassung — als absichtlich oder unabsichtlich, als ehrlich oder unehrlich wahrgenommen werden. Diese Wahrnehmungsfähigkeit hat nun entscheidende Konsequenzen für das Verständnis der Stabilität von Selbstkonzepten. Wenn ein Individuum sich selbst in bestimmter Weise sehen will, wird es hierfür wahrscheinlich immer Hinweise finden. Es dürfte auch mit Sicherheit sehr schwierig sein, es anhand von Beispielen vom Gegenteil zu überzeugen. Nehmen wir

z. B. an, daß eine Person sich für gütig, herzlich und hilfsbereit hält. Sieht man nun, daß sie ihre Kinder schlägt, und versucht man, ihr klarzumachen, daß sie vielleicht doch nicht so warmherzig und liebevoll ist, wie sie glaubt, so antwortet sie vielleicht: „Im Gegenteil, ich habe nur zum Besten der Kinder gehandelt. Mein Verhalten zeigt, wie sehr ich sie liebe. Es tat mir weit mehr weh als ihnen." Ein Individuum wird also seinen Handlungen stets die Bedeutung verleihen, die entsprechende Selbstkognitionen aufrechterhält. Die hier enthaltenen Implikationen für die Wissenschaft selbst sind so tiefgreifend, daß ich diesen Punkt nochmals aufgreifen werde.

3.3.4 Selbstbeschreibungen im sozialen Diskurs

Ein vierter und letzter Grund für die Annahme eines starren Selbstkonzeptes ist überzeugend und beunruhigend zugleich. Anhand der Frage „Wer bin ich?" kann dies vielleicht am besten illustriert werden. Wissenschaftler aus dem Bereich der Selbstkonzept-Forschung haben ihren Versuchspersonen diese Frage tausendfach gestellt, und die erhaltenen Antworten bildeten über weite Strecken die Grundlage für theoretische Erörterungen zum Selbstkonzept (vgl. zum Überblick WYLIE 1974). Sieht man von ungewöhnlichen Umständen ab, würde uns diese Frage jedoch außerhalb der experimentellen Situation eher seltsam anmuten. Ich kann mich kaum erinnern, außerhalb meiner Forschungstätigkeiten mir selbst oder anderen je diese Frage gestellt zu haben.

An diesem Punkt mag man die Bedeutung von bewußten Selbsteinschätzungen für das Leben einer Person in Frage stellen. Wie wichtig ist es tatsächlich, sich selbst in konzeptuellen Begriffen zu definieren; was bedeutet eine derartige Beschreibung in funktionaler Hinsicht? Ich selbst zögere um so mehr, einen Menschen zu beschreiben, je näher ich ihn kenne. Kein Beschreibungssystem scheint die Komplexität der anderen Person adäquat abzubilden, und in meinen eigenen Sozialbeziehungen tendiere ich daher dazu, solche Klassifikationen zu vermeiden. Forderte man mich jedoch auf, meine engsten Freunde zu beschreiben, würde ich das zweifellos tun. Meine Beschreibung könnte sich an sozialen Anforderungen orientieren, ähnlich wie eine Versuchsperson in einem Experiment auf die Aufforderung des Versuchsleiters reagiert. Das würde bedeuten, daß wir gelegentlich im Zuge der sozialen Interaktion Selbstbeschreibungen abgeben, die wir für uns privat nicht vornehmen. Über die Identität einer Person — manchmal über unsere eigene — mag auf sozialer Ebene verhandelt werden, aber dies ist nur von geringer Bedeutung für unser subjektives Dasein. Wir mögen die Worte einer Versuchsperson in einem Experiment als Hinweise auf etwas für die Person Lebenswichtiges völlig mißinterpretieren. Man mag immer Kontinuität erleben, nur weil man sich selten fragt, ob das eigene Verhalten widersprüchlich war. Man mag versäumen, Diskrepanzen, Unstetigkeiten und Widersprüche zu analysieren, denn dies alles ist einfach „ich selbst", und die Art, wie dies etikettiert wird, ist primär von den Regeln des sozialen Diskurses abhängig.

3.4 Selbsterkenntnis – eine Herausforderung an die positivistische Wissenschaftsauffassung

Zu Beginn meiner Ausführungen wurde eine Parallele gezogen zwischen dem Versuch eines Laien, sich selbst zu erkennen, und dem Versuch des Wissenschaftlers, den Laien zu erkennen. Wir stellten fest, daß der Wissenschaftler sich selbst in der überlegeneren Position sieht, gestärkt durch die positivistische Wissenschaftsauffassung, welche seinen Erkenntnissen zugrunde liegt. Wir haben aber auch festgestellt, daß der Wissenschaftler im Hinblick auf seine Forschungsparadigmen viel vom Laien lernen kann.

Zwei zentrale Annahmen der traditionellen positivistischen Wissenschaftsauffassung sollen in die Betrachtung einbezogen werden. Die erste können wir die Annahme von der *Existenz objektiver Entitäten* nennen. Danach besteht die Welt aus voneinander objektiv unabhängigen Einheiten, und es ist die primäre Aufgabe der Wissenschaften, diese systematisch zu beobachten, ihre Beziehungen untereinander festzustellen und zu begründen. Wenn wir als Wissenschaftler beispielsweise aggressives Verhalten erforschen, versuchen wir, diejenigen Faktoren herauszuarbeiten, mit denen das Verhalten in systematischem Zusammenhang steht, und Theorien zu formulieren, in welchen beobachtbare Antezedentien mit aggressiven Handlungen verbunden werden. Eine zweite Annahme ist die von der *Überprüfbarkeit von Theorien*. Sie besagt, daß ein Forscher eine objektive Überprüfung seiner theoretischen Annahmen erwarten kann. Wenn er z. B. theoretisch formuliert hat, daß Faktoren wie Zimmertemperatur, Verfügbarkeit von Waffen oder starke Erregung systematisch mit aggressiven Handlungen zusammenhängen, wird er dies einer empirischen Überprüfung unterziehen. Die Ergebnisse werden dann zeigen, ob seine Annahmen zutreffend waren oder nicht. Beide Annahmen, die von der Existenz objektiver Entitäten und der Überprüfbarkeit von Theorien, sind wesentlich für den positivistischen Ansatz; ohne sie müßte der überwiegende Teil heutiger Forschungsaktivitäten in den Verhaltenswissenschaften ernsthaft in Frage gestellt werden.

Die Bemühungen des Laien um Selbsterkenntnis sollen vor diesem Hintergrund erneut betrachtet werden. Ähnlich dem Wissenschaftler versucht auch er, einen Satz von Konzepten (zuweilen als „implizite Persönlichkeitstheorie" bezeichnet; vgl. Schneider 1973) auf seine Selbsterfahrung zu beziehen und die Übereinstimmung zu prüfen. Bei der Analyse der verschiedenen Prozesse, mit Hilfe derer er diese Aufgabe bewältigt, wurde offenbar, daß ihre Lösung nicht objektiv im eigentlichen Sinn ist. Wir stellten vielmehr fest, daß Entscheidungen bezüglich der Selbsterkenntnis letztlich in einer *sozialen Relativität* verankert sind. Das Individuum stützt sich direkt oder indirekt immer darauf, wie andere sein Verhalten (oder seine persönliche Erfahrung) interpretieren. Die Bewertungen anderer oder akzeptierte Regeln über die Anwendung von Konzepten bestimmen die Bedeutung seines Verhaltens. In der Tat liefert die Selbstbeobachtung allein dem Individuum keine Informationen, wenn es wissen will, ob sein Verhalten aggressiv ist oder nicht. Vielmehr hängt dies davon ab, ob andere Personen darin übereinstimmen, daß bestimmte Handlungen als aggressiv etikettiert werden sollten.

Aus dieser Perspektive soll auch die Annahme von der Existenz objektiver Entitäten untersucht werden. Eine spezielle Frage ist, woher ein Wissenschaftler um die Existenz der zu erforschenden Entitäten weiß. Wie bestimmt er, daß eine aggressive Handlung vollzogen wurde? Es hat den Anschein, daß der Wissenschaftler bei dieser Bestimmung letztlich auf die Meinung anderer zurückgreift. Nehmen wir als Beispiel einen Studenten, der aus einem Bibliotheksbuch eine Seite herausreißt. Wir alle können dieses Verhalten beobachten, aber wie entscheiden wir, ob es sich hier um ein Beispiel von Aggression handelt? Wie wissen wir, ob sich diese Handlung in eine Theorie der Aggression fügt? Es scheint völlig unmöglich, solche Fragen zu beantworten ohne Rekurs auf die Meinung anderer über ihre „Bedeutung". In der Tat sind für den Verhaltenswissenschaftler die Analyseeinheiten nicht notwendigerweise objektiv; was mit „objektiver Erfahrung" bezeichnet wird, mag eine notwendige Zuschreibung sein, die Analyseeinheiten per se sind im wesentlichen das Produkt sozialer Erfindungen. Die Tatsache, daß „Aggression" einen Untersuchungsgegenstand darstellt, beruht in erster Linie darauf, daß das Konzept im Zuge des sozialen Diskurses entstanden ist.

Wenden wir uns der zweiten positivistischen Annahme — der Überprüfbarkeit von Theorien — aus der Perspektive subjektiver Selbsterkenntnis zu. Wie wir bereits feststellten, ist der Mensch aufgrund der ambivalenten Beziehung zwischen Konzept und Handlung im allgemeinen in der Lage, ein kohärentes, einheitliches und stabiles Konzept seiner eigenen Person aufrechtzuerhalten. Es ist schwierig, klare Regeln für die Anwendung von Konzepten auf Handlungen innerhalb einer Kultur zu formulieren; sie mögen von einer Subkultur zur anderen und von einem Zeitpunkt zum nächsten variieren. Ob ein Individuum sich selbst als aggressiv sieht oder nicht, hängt demnach weitgehend von der vereinbarten Beziehung zwischen Konzept und Handlung ab. Wenn ein Vater seine Kinder schlägt, kann dies von einem Standpunkt als aggressiv, von einem anderen als liebevoll bezeichnet werden. Die Bedeutung der Handlung ist Gegenstand von Vereinbarungen. Es scheint, daß der Prozeß der

Vereinbarung von Bedeutungen auch auf die Verhaltenswissenschaften selbst zutrifft. So wurden das Schlagen einer großen Plastikpuppe oder der Knopfdruck, welcher einer anderen Person elektrische Schocks versetzt, häufig als Indikatoren für Aggressivität und zur Hypothesenprüfung in diesem Bereich verwendet. Doch können wir wirklich sagen, daß der Begriff Aggression auf diese Verhaltensweisen eindeutig anwendbar ist? Ist es aggressiv zu nennen, wenn Kinder die Plastikpuppe schlagen, oder ist es ein „rauhes Spiel". Demonstrieren sie ihren Altersgenossen lediglich, daß sie sich genau wie eine Modellperson verhalten können, handeln sie aus Neugier, oder ist es noch etwas anderes? Ähnlich ist es mit einem Druck auf den Knopf, der elektrische Schocks auslöst — können wir sicher sein, daß die Versuchsperson tatsächlich „aggressiv" handelt? Vielleicht folgt sie nur einer Instruktion und versucht, ihre Aufgabe als bezahlte Versuchsperson gut zu erledigen, oder sie handelt gemäß ihrer Interpretation von Normen, oder sie versucht gar, dem Opfer eine heilsame Lektion zu erteilen. Alle diese Interpretationen sind denkbar, und Personen würden wahrscheinlich so oder ähnlich argumentieren, forderte man sie auf zu erklären, warum man dieses Verhalten nicht als aggressiv bezeichnen sollte.

Tatsächlich stützen experimentelle Befunde die ihnen zugrundeliegenden Theorien nur in dem Maß, in dem der Forscher die Bedeutung des fraglichen Verhaltens so vereinbaren kann, daß sie von anderen akzeptiert wird. Wenn man die Verhaltensindikatoren in anderer Weise interpretieren will als der Forscher, können seine Ergebnisse nicht länger als Bestätigung seiner Hypothesen dienen. Das gesamte Gebäude aller Annahmen bezüglich des Konstrukts „Aggression" (oder jedes anderen Verhaltensmerkmals) steht und fällt mit seiner empirischen Untermauerung, die ihrerseits in all ihren Aspekten ausgesprochen problematisch ist. Alle Befunde unterliegen mannigfachen Interpretationen und stützen die Hypothesen nur so lange, wie niemand eine Frage stellt. Von diesem Standpunkt aus ist es leichter verständlich, warum in den Verhaltenswissenschaften noch keine Theorie verworfen wurde als Resultat *kumulierter Falsifikation*. Jede Theorie kann so lange erhärtet werden, als Theoretiker sich dazu zur Verfügung stellen, die Bedeutung von Ergebnissen neu zu verhandeln, wenn diese die Theorie nicht zu bestätigen scheinen. Wir verstehen nun auch, warum innerhalb der Verhaltenswissenschaften keine nennenswerten theoretischen Konflikte bestehen, welche mit Hilfe eines kritischen Experiments gelöst wurden. Die Ergebnisse aller humanpsychologischen Experimente können ständig neu verhandelt werden und sind von daher nicht geeignet, bestehende Theorien zu stützen noch eine echte Herausforderung an sie darzustellen (vgl. GERGEN 1978).

3.5 Selbsterkenntnis, wissenschaftliche Erkenntnis und soziale Veränderung

Ich habe kurz einige Argumente aufgeführt, die nicht nur die Funktion der Selbsterkenntnis im täglichen Leben, sondern im weiteren Sinne auch die Funktion wissenschaftlicher Erkenntnis in Frage stellen. In beiden Fällen beruht unsere Erkenntnis nicht auf objektiven Tatsachen, sondern auf der unsicheren Grundlage sozialer Vereinbarungen. Wie ein Mensch sein Verhalten begreift, wie er Konzepte auf sich anwendet, wie er seine Handlungen vor sich selbst rechtfertigt — all das sind Prozesse, welche prinzipiell von seiner jeweiligen sozialen Bezugsgruppe abhängen und durch sie eingegrenzt werden. Ähnlich sind auch die Art, wie ein Sozialwissenschaftler Verhalten interpretiert und Daten zur empirischen Überprüfung einer Theorie verwendet, und sein Vertrauen in die Gültigkeit einer Theorie prinzipiell von der sozialen Unterstützung durch das Wissenschaftssystem abhängig. Die Möglichkeiten zur empirischen Validierung theoretischen Wissens scheinen eher begrenzt, sei es in unserem Bemühen zur Selbsterkenntnis im Alltag, sei es in dem Versuch, Alltagsleben aus wissenschaftlicher Sicht zu erklären.

Diese Schlußfolgerungen zielen keineswegs auf die Forderung nach Preisgabe des konzeptuellen Ansatzes ab. Eine derartige Vorstellung wäre in der Tat für Menschen, deren adaptive Kapazität untrennbar mit symbolischen Fertigkeiten verknüpft ist, als eher gefährlich zu nennen. Wir müssen jedoch die funktionale Bedeutung konzeptueller Sichtweisen neu überdenken, und zwar im Alltagsleben wie auch in der Wissenschaft selbst. Theorien besitzen immer unabhängig vom jeweiligen Stand ihrer empirischen Absicherung eine Vielzahl wichtiger und nützlicher Funktionen, sei es implizit und informell oder explizit und formalisiert (vgl. GERGEN 1978). So mögen Theorien intellektuelle Befriedigung bieten, uns die Augen für weiterreichende Möglichkeiten öffnen, Mittel zur effizienten Kommunikation bereitstellen, zu statistischen Vorhaben führen oder eine Herausforderung an unser Denken darstellen. All diese Funktionen sind für ein effektives Funktionieren des sozialen Systems von vitaler Bedeutung.

Natürlich enthält die Betonung dieser Funktionen noch keine Antwort auf die kritische Frage nach der Überlegenheit der einen Theorie gegenüber der anderen. Wenn wir die Annahme aufgeben, daß Theorien nach dem Grad ihrer empirischen Stützung unterschieden werden können, haben wir nach traditionellen Maßstäben kein Kriterium mehr dafür, eine Theorie einer anderen vorzuziehen. Innere Logik und formale Ästhetik allein sind schwache Selektionskriterien auf der Suche nach Wahrheit. Die Antwort darauf, welche Theorie entwickelt, elaboriert oder selektiert werden soll, liegt nach meiner Meinung primär im Bereich von Werthaltungen. Obwohl die Wissenschaft traditionellerweise versuchte, zwischen konzeptuellen Strukturen („klares Denken") und persönlichen Wertsystemen zu unterscheiden, wurde es immer offensichtlicher, daß diese Bereiche praktisch untrennbar sind (vgl. Habermas 1971; Unger 1975). In jeden Prozeß der Theorienbildung und -prüfung (sei es im Bereich der Selbstkonzept-Forschung oder der Analyse von Sozialbeziehungen allgemein) fließen an jedem Punkte Wertüberzeugungen ein. Große Anstrengungen wurden bislang unternommen, um eine solche enge Verquickung zu leugnen oder zu rationalisieren. Alltagstheorien wie wissenschaftliche Theorien werden immer als eine Kombination aus „Fakten" und „Intellekt" angesehen, ihre normativen Grundlagen sind häufig verschleiert oder verzerrt und bleiben sogar dem Proponenten selbst oft unentdeckt.

Ziel meiner Argumentation ist die Forderung nach einer Gleichbehandlung von „Werten" und „Fakten" in der Theorienbildung. Es muß dem Individuum freigestellt sein — in der Wissenschaft wie in der Gesellschaft — wertorientiert zu handeln und zu denken und die für seine Existenz zentralen Wertüberzeugungen beizubehalten. Theorien können an solche Wertsysteme angebunden sein und zu deren Erhalt genutzt werden.

Welche praktischen Konsequenzen ergeben sich daraus? In bezug auf das Alltagsleben bedeutet dies, daß jedes Individuum diejenigen Selbstkonzepte aufbauen sollte, die zu seinem persönlichen Wohlbefinden am ehesten beitragen. Sich selbst in einer Art und Weise zu sehen, die einen unglücklich macht (z. B. als ungeliebt, egoistisch, dumm, machtlos, sündig, pervers, nutzlos), hieße, sich gegen die eigenen wertmäßigen Interessen zu entscheiden. Derartige Selbstkognitionen können nicht ausreichend auf Faktenebene gestützt werden, ebensowenig wie ihre gegensätzlichen Extreme. Da aber letztere wohl in jedem Falle höhere Selbstzufriedenheit vermitteln, sollte jedes Individuum ermutigt werden, in dieser Richtung selektiv vorzugehen. Man könnte einwenden, daß dies eine Aufforderung zur Isolation ist; denn einen Menschen zu drängen, sich z. B. für intelligent zu halten, wenn andere ihn allgemein als dumm ansehen, fordert sozialen Selbstmord geradezu heraus. Wir haben hier jedoch unterstellt, daß die anderen recht haben, das Individuum jedoch unrecht. Aus meiner Perspektive ist die Einstellung dieses Individuums nur dann falsch, solange es ihm nicht gelingt, andere zu finden, die sein Verhalten als intelligent interpretieren. Was „intelligent" ist, ist nach wie vor umstritten — und nicht nur in wissenschaftlichen Kreisen.

Dies öffnet dem Sozialwissenschaftler die Tür, Theorien mit dem Ziel sozialer Veränderungen zu formulieren. Würden wir die irreführenden Versuche aufgeben, unser soziales Gefüge so darstellen zu wollen, wie es tatsächlich ist, könnten wir in der Tat unsere theoretischen Konstruktionen dazu verwenden, das Sozialgefüge zu verändern. Die gegenwärtigen Muster des Sozialverhaltens verdanken ihre Existenz der konsensuellen Interpretation der sozialen Ordnung. Indem er diese Interpretationen mit Hilfe seiner theoretischen Formulierungen verändert, mag es dem Wissenschaftler zugleich gelingen, soziale Verhaltensmuster zu beeinflussen. Lassen sich diese theoretischen Bemühungen mit seinem eigenen Wertsystem verknüpfen, können die so erzeugten sozialen Veränderungen ihm ein tiefes Gefühl persönlicher Befriedigung vermitteln.

ALLPORT, G. W. 1961. Pattern and growth in personality. New York: Holt, Rinehart and Winston.

BECKER, H. S. 1963. Outsiders: Studies in the sociology of deviance. New York: Free Press.

BEM, D. J. & McCONNELL, H. K. 1970. Testing the self-perception explanation of dissonance phenomena: On the salience of premanipulation attitudes. Journal of Personality and Social Psychology 14, 23–31.

BRAMEL, D. 1963. Selection of a target for defensive protection. Journal of Abnormal Social Psychology 66, 318–324.

BREHM, J. W. 1960. A dissonance analysis of attitude-discrepant behavior. In: ROSENBERG, M.J., HOVLAND, C. I., McGUIRE, W. J., ABELSON, R. P. & BREHM, J. W. (Ed.) Attitude organization and change. New Haven: Yale University Press. p. 198–232.

COOLEY, C. H. 1922. Human nature and the social order. New York: Scribner.

COOPERSMITH, S. 1967. The antecedents of self-esteem. San Francisco: Freeman.

DATAN, N. & REESE, H. (Ed.) 1978. Life-span developmental psychology: Dialectic perspectives. New York: Academic Press.

ERIKSON, E. 1968. Identity and identity diffusion. In: GORDON, C. & GERGEN, K. J. (Ed.) The self in social interaction. Vol. 1. New York: Wiley. p. 197–205.

FESTINGER, L. 1954. A theory of social comparison processes. Human Relations 7, 117–140.

GERGEN, K. J. 1965. Others' self-evaluation and interaction anticipation as determinants of self-presentation. Journal of Personality and Social Psychology 2, 348–358.

GERGEN, K. J. 1977. The social construction of self-knowledge. In: MISCHEL, T. (Ed.) The self. Psychological and philosophical issues. London: Blackwell. p. 139–169.

GERGEN, K. J. 1978. Regenerating social knowledge. New York: Plenum Press (im Druck).

GERGEN, K. J. 1973. Social psychology as history. Journal of Personality and Social Psychology 26, 309–320.

GERGEN, K. J. 1978. Stability, change, and chance in understanding human development. In: DATAN, N. & REESE, H., (Ed.) Life-span developmental psychology: Dialectic perspectives. New York: Academic Press. p. 135–158.

GERGEN, K. J. & TAYLOR, M. G. 1969. Social expectancy and self-presentation in a status hierarchy. Journal of Experimental Social Psychology 5, 79–92.

GERGEN, K. J. & WISHNOW, B. 1965. Others' self-evaluations and interaction anticipation as determinants of self-presentation. Journal of Personality and Social Psychology 2, 348–358.

GOFFMAN, E. 1959. The presentation of self in everyday life. New York: Doubleday.

HABERMAS, J. 1971. Knowledge and human interests. Boston: Beacon Press. (Deutsch: Erkenntnis und Interesse. Frankfurt a. M.: Suhrkamp Taschenbuch 1973.)

JAMES, W. 1890. The principles of psychology. New York: Holt, Rinehart and Winston.
JOHNSON, T. J., FEIGENBAUM, R. & WEIBY, M. 1964. Some determinants and consequences of teachers' perception of causation. Journal of Educational Psychology 55, 237–246.
JONES, E. E., GERGEN, K. J. & DAVIS, K. E. 1962. Some determinants of reactions to being approved or disapproved as a person. Psychological Monographs 76 (Whole No. 521).
KELLY, G. 1955. The psychology of personal constructs. New York: Norton.
MEAD, G. H. 1934. Mind, self, and society from the standpoint of a social behaviorist. Chicago: University of Chicago Press.
MORSE, S. J. & GERGEN, K. J. 1970. Social comparison, self-consistency, and the concept of self. Journal of Personality and Social Psychology 16, 149–156.
NISBETT, R. E. & WILSON, T. 1977. Telling more than we can know: Verbal reports on mental processes. Psychological Review 84, 231–259.
ROGERS, C. 1959. A theory of therapy, personality, and interpersonal relationships, as developed in the client-centered framework. In: KOCH, S. (Ed.) Psychology: A study of a science. New York: McGraw Hill. p. 184–256.
ROSS, L. D., RODIN, J. & ZIMBARDO, P. G. 1969. Toward an attribution therapy: The reduction of fear through induced cognitive-emotional misattribution. Journal of Personality and Social Psychology 12, 279–288.
SCHACHTER, S. 1964. The interaction of cognitive and physiological determinants of emotional state: In: BERKOWITZ, L. (Ed.) Advances in Experimental Social Psychology, Volume 1. New York: Academic Press. p. 49–80.
SCHNEIDER, D. J. 1973. Implicit personality theory: A review. Psychological Bulletin 79, 294–309.
STORMS, M. D. & NISBETT, R. E. 1970. Insomnia and the attribution process. Journal of Personality and Social Psychology 16, 319–328.
STREUFERT, S. C. & STREUFERT, S. 1969. Effects of conceptional structure, failure and success on attribution of causality and interpersonal attitudes. Journal of Personality and Social Psychology 11, 138–147.
TOMÉ, H. R. 1972. Le Moi et l'Autre dans la conscience de l'adolescent. Neuchâtel: Delachaux & Niestle.
UNGER, R. M. 1975. Knowledge and politics. New York: Free Press.
WYLIE, R. 1974. The self-concept. Lincoln: University of Nebraska Press.

4 Theorie der Selbstwahrnehmung[1]

Daryl J. Bem, Stanford University

4.1 Einführung

Menschen erkennen ihre Einstellungen, Gefühle und andere innere Vorgänge teilweise dadurch, daß sie aus der Beobachtung ihres eigenen Verhaltens und/oder der dieses Verhalten begleitenden Umstände Schlußfolgerungen ziehen. In dem Maße, in dem innere Hinweise schwach, mehrdeutig und uninterpretierbar sind, ist eine Person funktional in der gleichen Position wie ein außenstehender Beobachter, der sich auf äußere Hinweise verlassen muß, wenn er innere Zustände der Person erschließen will.

Diese zwei Thesen stellen das Herzstück unserer Theorie der Selbstwahrnehmung dar und sind das zentrale Thema dieses Beitrages. Ihre konzeptuellen Vorläufer und empirischen Konsequenzen werden aufgezeigt mit dem Ziel, die Theorie in einen größeren Bezugsrahmen zu stellen, und somit zu klären, welche Phänomene aus der mittlerweile umfangreichen Literatur zu Selbstattributionen die Theorie abbilden kann und welche nicht.

Die Theorie der Selbstwahrnehmung wurde ursprünglich formuliert, um einige Fragen an Vertreter mentalistischer Ansätze (Chappell 1962; Ryle 1949) zu stellen. Wenn eine Person feststellt, daß sie hungrig sei, woher weiß sie das? Ist es eine Beobachtung, eine Schlußfolgerung, unmittelbares Wissen? Kann sie sich täuschen oder ist dies per definitionem ausgeschlossen? Ist die Evidenz, auf die sich Aussagen in der ersten Person (Selbstattributionen) stützen, eine andere als die für Aussagen in der dritten Person?

Solche Fragen wurden traditionellerweise eher geistes- als erfahrungswissenschaftlichen Analysen unterzogen, und Psychologen haben sie bereitwillig den Philosophen zur Beantwortung überlassen. Als in früheren Zeiten die Erörterung der Introspektion in Mode war, beteiligten sich zwar auch Psychologen an diesen Diskussionen, wenngleich eher mit einem philosophischen als mit einem empirischen Zugang. Es scheint, daß in der Tat die einzige genuin psychologische Behandlung dieses Problems in Skinners „radikal-behaviori-

[1] Aus Raumgründen blieben in der deutschen Bearbeitung des Originalbeitrages „Self-perception theory" die Abschnitte III „Die Reinterpretation von kognitiven Dissonanzphänomenen", VI „Paradigmenwechsel in der Sozialpsychologie" und VII.C „Die Strategie der funktionalen Analyse" unberücksichtigt. Der Originalbeitrag erschien in Advances in Experimental Social Psychology Vol. 6, 1972. Abdruck und Übersetzung mit Genehmigung von Academic Press, New York.

stischer" Analyse „privater Vorgänge" und ihrer Rolle in einer Wissenschaft vom menschlichen Verhalten zu finden ist (vgl. SKINNER 1945, 1953, 1957). Seine Analyse inspirierte die Formulierung unserer Theorie, und mit ihr werden wir unseren Überblick beginnen.

4.1.1 Die Entwicklung von Selbstattributionen

Um die Gegenstände seiner Umwelt identifizieren und benennen zu können, ist das Kind anfänglich auf eine Person angewiesen, die das elementare Spiel des „Deutens und Benennens" ausführt, die das Kind lehrt, zwischen ähnlichen Objekten und Ereignissen zu unterscheiden und diese mit unterschiedlichen Benennungen zu belegen. Selbstbeschreibungen scheinen nach den gleichen Regeln erworben zu werden, sowohl bezogen auf beobachtbares Verhalten („Ich scheine heute mehr essen") wie auch bezogen auf die Effekte, die Reize für die Person haben („Dies erzeugt bei mir eine Gänsehaut"). Problematisch ist es natürlich, *welche* Reize oder Ereignisse als „private" innere Zustände beschrieben werden können, wenn sie niemand anders als die betroffene Person selbst bemerken kann. In diesem Fall wird es im Rahmen einer Sprachgemeinschaft schwierig, differentielle Verstärkungen der angemessenen beschreibenden Reaktionen unmittelbar kontingent auf die An- oder Abwesenheit der Reize zu verabreichen, die benannt werden sollen. Was kann getan werden?

Wie SKINNER bemerkt hat, gibt es einige wenige Fälle, in denen angemessene Benennungen ohne explizites Training erworben werden können. So werden beispielsweise interne Reize aus jenen inneren Vorgängen abgeleitet, die ursprünglich einmal beobachtbar waren oder offenes Verhalten begleitet hatten, das damals verbalisiert und etikettiert worden war. Eine zweite manchmal verfügbare Quelle liegt in der Reiz- oder metaphorischen Generalisierung. Eine Person kann z. B. lernen, „Schmetterlinge im Bauch" zu identifizieren, und zumindest ein Kind hat seine eigene Metaphorik entwickelt, wenn es einen „eingeschlafenen Fuß" beschreibt als ein Gefühl „wie Ginger Ale, das man im Glas an das Gesicht hält". Einige Umschreibungen emotionaler Zustände mögen ähnliche Ursprünge haben. Aber diese speziellen Fälle decken nur einen sehr engen Bereich selbstbeschreibender Formulierungen ab. Meistens muß ein Kind die Beschreibung innerer Vorgänge und Zustände in der gleichen Weise explizit gelehrt werden wie die Beschreibung seiner Umwelt: Jemand muß fähig sein, „zu deuten und zu benennen". Soll beispielsweise ein Kind lernen, Schmerz zu beschreiben, muß ein Beobachter dem Kind die korrekte Antwort zum kritischen Zeitpunkt beibringen — nämlich dann, wenn entsprechende interne Reize das Kind beeinflussen. Aber der Beobachter selbst muß den „kritischen Zeitpunkt" auf der Grundlage beobachtbarer Reize oder Reaktionen identifizieren und annehmen, daß interne Reize tatsächlich solche beobachtbaren Ereignisse begleiten. Die Aussage „Es tut weh" muß daher im Repertoire eines Kindes etabliert werden, indem man sagt: „Weine nicht; ich weiß, daß es weh tut, wenn man sich den Kopf anstößt." Diese verbale Beschreibung kann nun auf eine größere Klasse innerer „schmerzvoller" Ereignisse generalisiert werden, obwohl es ursprünglich ein beobachtbares Verhalten (weinen) und ein beobachtbares Ereignis (Kopf anstoßen) waren, aus denen der Beobachter den Schmerz des Kindes ableitete.

Wenn eine Sprachgemeinschaft den Erwerb von Beschreibungen für innere Vorgänge nicht ausreichend gewährleistet, ist das Lernergebnis ebenfalls oft unzureichend. Nicht nur, daß die soziale Umwelt nicht entscheiden kann, ob die Klagen über Kopfschmerzen berechtigt sind — die gleichen Defizite, die öffentliches Mißtrauen hervorrufen, führen auch das Individuum selbst zu falscher Selbsterkenntnis.

Da wir weit von einem direkten, unfehlbaren Zugang zu unseren inneren Befindlichkeiten entfernt sind, impliziert SKINNERS Analyse, daß wir davon keine Kenntnis besitzen, so lange wir nicht hierfür explizit trainiert worden sind. Die Identifikation innerer Zustände kann nicht vorgenommen werden, wenn wir sie nicht gelehrt wurden. Im Alltagsleben werden wir mit dieser unserer Inkompetenz nur deshalb nicht konfrontiert, weil andere Leute uns solche Diskriminationen, die wir in der Regel nicht gelernt haben, auch nicht abverlangen. Es sollte nicht übersehen werden, daß SKINNERS Analyse in diesem Sinne die übliche Vorgehensweise in der Psychologie umkehrt, die a priori von der Existenz des Bewußtseins ausgeht und das verbleibende „Unbewußte" als Problem definiert. Für SKINNER stellt das *Bewußte* den Bereich dar, welcher der Analyse bedarf, und dies macht die Einmaligkeit seines Beitrages aus.

4.1.2 Postulate der Theorie der Selbstwahrnehmung

Unsere Analyse legte zuerst nahe, daß viele selbstbeschreibende Aussagen, die ausschließlich durch interne Reize kontrolliert zu sein scheinen, faktisch dem Einfluß beobachtbarer Ereignisse unterliegen — identisch dem Vorgang, da zuerst die soziale Umwelt die inneren Zustände eines Individuums erschloß (BEM 1964, 1965). In der Zwischenzeit hat das grundlegende Postulat, daß innere Vorgänge vermutlich eine viel geringere Rolle für die Selbstbeschreibung spielen als ursprünglich angenommen (entweder von Selbstbeobachtern oder von Psychologen), Bestätigung durch die Experimente von SCHACHTER und seinen Kollegen erhalten (SCHACHTER 1964).

In ihrem inzwischen klassischen Experiment manipulierten SCHACHTER & SINGER (1962[7]) Hinweisreize der Situation und waren so in der Lage, ganz unterschiedliche Selbstzuschreibungen emotionaler Zustände (Euphorie oder Ärger) zu evozieren bei Personen mit identischem physiologischen Erregungsniveau. Die Versuchspersonen griffen auf innere Hinweisreize nur zurück, um die globale Diskriminierung zu leisten, daß sie erregt waren. Subtilere Unterscheidungen einzelner Gefühlszustände wurden durch äußere Hinweisreize kontrolliert, nämlich das „emotionale" Verhalten einer konföderierten Versuchsperson. In einem anderen Experiment manipulierte VALINS (1966) die Einstellung seiner männlichen Versuchspersonen zu Abbildungen halbnackter Frauen, indem er ihnen falsche akustische Rückmeldung über ihre (vermeintlichen) Herztöne gab. Auf diese Weise wies VALINS nach, daß hierbei der Einfluß irgendeines internen Reizes durch den externer Reize verdrängt werden konnte.

Die äußeren kontrollierenden Reize in diesen und ähnlichen Experimenten waren gewöhnlich Bestandteil des sozialen oder physikalischen Umfeldes der Versuchsperson, oder sie wurden durch verbale Instruktionen des Versuchsleiters vermittelt. Hierin liegt aber nicht die einzig mögliche Quelle solcher Hinweisreize. Für uns als Beobachter ist der wichtigste Zugang zu den Befindlichkeiten einer Person ihr Verhalten. Wenn wir wissen wollen, wie sich eine Person fühlt, schauen wir, wie sie sich verhält. Dementsprechend wird eine Person möglicherweise, wenn sie selbst wissen will, wie sie sich fühlt, schauen, wie sie sich verhält. Diese Möglichkeit wird durch Aussagen nahegelegt wie „Ich schätze, ich bin hungriger, als ich zuerst dachte". Exakt aus diesen Überlegungen wurde das erste Postulat der Theorie der Selbstwahrnehmung abgeleitet (siehe oben).

Im zweiten Postulat der Theorie wird eine partielle Identität von Selbst- und Fremdwahrnehmung formuliert. Da die Theorie der Selbstwahrnehmung die eines „Behavioristen" ist, muß betont werden, daß weder der externe Beobachter noch das Individuum selbst *ausschließlich* auf Schlußfolgerungen aus dem beobachtbaren Verhalten angewiesen sind. Sozialpsychologen (z. B. ASCH 1952) standen einer behavioristischen Analyse sozialer Interaktion lange Zeit kritisch gegenüber. Diese Kritik entstammte der Überzeugung, daß Prozesse der interpersonellen Wahrnehmung mehr umfassen als nur die Reaktion auf das beobachtbare Verhalten einer anderen Person. Behavioristische Analysen seien daher nicht in der Lage zu erklären, warum Beobachter die Meinungen, Motive, Absichten etc. einer anderen Person in ihre Betrachtung einbeziehen können.

Diese Kritik wird oft illustriert durch Verweis auf solche Fälle, in denen identischen Verhaltensweisen von verschiedenen Beobachtern mühelos unterschiedliche „Bedeutungen" zugeschrieben werden. Würde zum Beispiel eine Person ihren Freund beobachten, wie er mit erhobenem Besen hinter einer Maus herjagt, so würde sie ihm wohl nicht unterstellen, er habe Furcht; sie würde dies aber sehr wohl tun, wenn er dasselbe Verhalten zeigte, aber die Maus hinter ihm liefe. Ohne die Anwesenheit einer Maus würde sie vermutlich das Verhalten ihres Freundes als Aggression beschreiben. In allen drei Fällen ist das beobachtete Verhalten dasselbe. Es ist nicht sehr einleuchtend, einfach zu behaupten, daß die Person auf die „Absicht" ihres Freundes oder die „Bedeutung" seines Verhaltens reagiert, da genau jene „Absicht" und „Bedeutung" der Erklärung bedürfen. An unserem Beispiel ist klar, daß die Bedeutung des Verhaltens durch die Existenz der Maus vermittelt wird: die Absicht oder die Bedeutung wird nämlich erschlossen aus den Reizbedingungen, die das beobachtbare Verhalten zu kontrollieren scheinen. Für einen radikalen Behavioristen ist genau dies die „Absicht" oder „Bedeutung" des Verhaltens. Es macht jenes „etwas Mehr" in interpersonellen Wahrnehmungen aus, nämlich nicht nur auf das Verhalten einer anderen Person zu reagieren, sondern gleichermaßen auf die Bedingungen, die ihr Verhalten zu kontrollieren scheinen. Das erste Postulat der Theorie der Selbstwahrnehmung umschreibt diesen Aspekt: Selbstattributionen werden gewonnen aus den Selbstbeobachtungen des eigenen Verhaltens und/oder den Umständen, unter welchen sich dieses zeigt; denn die wichtigsten „Umstände" sind jene, die das Verhalten zu beeinflussen scheinen.

Ein weniger ausgefallenes Beispiel interpersoneller Wahrnehmung, in welchem die Verhaltensumstände die Grundlage für Attributionen liefern, sind jene Fälle, in denen ein Individuum die *echten* Absichten oder Einstellungen einer Person zu erschließen versucht, wenn diese Person es von etwas überzeugen will. Wird sie bezahlt; wenn ja, wieviel erhält sie? Ist es ihre freie Entscheidung oder wird sie gezwungen? Je mehr diese Person bei ihrem Überredungsversuch von der Kontrolle durch solche äußeren Verstärkungen frei zu sein scheint, um so glaubwürdiger erscheint sie, und ihre Aussagen werden in der Regel als ihre „wahren" Ansichten und Einstellungen beurteilt.

Wendet man nun die Postulate der Theorie der Selbstwahrnehmung auf dieses Beispiel an, so gelangt man zu der Hypothese, daß ein Individuum selbst seine eigenen Ansichten und Einstellungen aus seinem Verhalten erschließt, solange dieses nicht der Kontrolle expliziter Verstärkungskontingenzen zu unterliegen scheint. Exakt diese Hypothese wurde als erste aus der Theorie der Selbstwahrnehmung abgeleitet (BEM 1964, 1965). Ihre Gültigkeit deutete sich bereits an in den Experimenten zur forcierten Einwilligung, die im Rahmen von FESTINGERs (1957) Theorie der kognitiven Dissonanz durchgeführt wurde.

Ein Beispiel ist das klassische Experiment von FESTINGER & CARLSMITH (1959). 60 Studenten wurden per Zufall einer von drei experimentellen Bedingungen zugeordnet. In der Ein-Dollar-Bedingung sollte die Versuchsperson zuerst langweilige repetitive Arbeiten in einem Einzelversuch ausführen. Sie wurde sodann vom Versuchsleiter als Assistent angestellt und mit einem Dollar dafür entlohnt, daß sie wartenden Studenten die Aufgabe als interessant und amüsant schilderte. In der zweiten Versuchsbedingung erhielt jede Versuchsperson dafür 20 Dollar. Die Personen der Kontrollgruppe hatten lediglich die repetitiven Arbeiten auszuführen. Nach Abschluß des Experiments gab jede Versuchsperson an, wie sehr ihr der Versuch gefallen habe. Die Ergebnisse zeigten, daß die Personen der ersten Versuchsbedingung den Versuch als deutlich angenehmer empfanden als jene, die 20 Dollar erhalten hatten. Letztere unterschieden sich in ihren Einstellungen nicht von der Kontrollgruppe. Dieses Phänomen wurde bekannt als der umgekehrte Anreiz-Effekt.

Die Theorie der Selbstwahrnehmung interpretiert solche Ergebnisse in der Weise, daß sie die Perspektive eines Außenstehenden einnimmt, der zuhört, wie jemand gegenüber anderen Personen eine Aufgabe lobt, der aber zugleich weiß, daß die Person dafür einen Dollar (oder 20 Dollar) erhalten hat. Dieser hypothetische Beobachter muß sodann die wahre Einstellung dieser Person einschätzen. Wenn er gesehen hat, daß die Person dafür nur eine geringe Entlohnung erhält, kann er finanzielle Aspekte als Anreiz vernachlässigen und etwas über die Einstellung der Person erfahren. Er kann dazu eine implizite Regel benutzen und fragen: „Welche Einstellung muß diese Person haben, wenn sie bereit ist, in dieser Situation so zu agieren?" Entsprechend kann er folgern, daß die Person eine Einstellung hat, die übereinstimmt mit ihrem Verhalten („die Arbeiten müssen ihr tatsächlich Spaß gemacht haben"). Sieht er nun andererseits eine Person, die für solche Aussagen eine große Entlohnung erhält, so kann er wenig oder nichts über ihre wahre Einstellung erfahren. Ein solcher Anreiz erscheint hoch genug, um ein Verhalten auszulösen, das unabhängig von den inneren Überzeugungen dieser Person ist. Sie ist nicht glaubwürdig in dem Sinne, daß man aus ihrem Verhalten ihre privaten Ansichten erschließen könnte. Die beste Schätzung des Beobachters ist dann die Vermutung, daß die Einstellung dieser Person ähnlich ist der jeder anderen Person, die zufällig ausgewählt und nach ihrer Meinung gefragt wurde (also der einer Person aus der Kontrollgruppe).

Die Theorie der Selbstwahrnehmung postuliert, daß sich die Versuchspersonen in dem FESTINGER-CARLSMITH-Experiment (und in anderen ähnlichen Experimenten) exakt so verhalten wie dieser hypothetische Beobachter. Sie beobachten und analysieren ihr eigenes Verhalten und fragen sich (implizit) selbst: „Was für eine Einstellung muß ich haben, wenn ich bereit bin, mich in dieser Situation so zu verhalten?" Entsprechend kommen sie zu den gleichen Ergebnissen wie die externen Beobachter. Bei geringer Entlohnung folgern sie, daß sie mit den vertretenen Argumenten übereinstimmen, bei hoher Entlohnung betrachten sie ihr Verhalten nicht als gültigen Hinweis auf ihre „wahren" Einstellungen. Die Einstellungen der Versuchspersonen sind also letztlich zu betrachten als ein Satz von Selbstattributionen, welche die Personen aus ihrem Verhalten und dessen situativen Beschränkungen ableiten. Es ist nicht das Verhalten an sich, welches wesentliche Informationen für Fremd- oder Selbstattributionen liefert, sondern das Verhalten in Verbindung mit den Bedingungen, denen es zu unterliegen scheint.

Der Kern einer theoretischen Neuinterpretation der oben genannten Befunde ist, daß das Individuum aus seinem Verhalten seine Ansichten und Einstellungen erschließt, und zwar um so eher, je weniger äußere Verstärkungskontingenzen erkennbar oder unterscheidbar sind. Finanzielle Entlohnung ist nicht die einzige Möglichkeit, Selbstglaubwürdigkeit zu beeinflussen. In einigen Studien zur kognitiven Dissonanz wurde beispielsweise manipuliert, in welchem Ausmaß die Versuchspersonen sich für ein Verhalten frei entscheiden konnten. Wenn nun ein Außenstehender eine Person beobachtet, die freiwillig ihre Meinung äußert, so wird er diese Aussagen als die *wahren* Meinungen dieser Person betrachten — jedenfalls mit höherer Wahrscheinlichkeit, als wenn eine Person gezwungen oder gebeten wurde, solche Aussagen zu machen. Die gleichen Überlegungen lassen sich anwenden auf die Art, wie eine Person ihr einstellungskonträres Verhalten rechtfertigt: Je mehr sie sich rechtfertigt, um so unwahrscheinlicher ist es, daß ihr Verhalten von einem Beobachter oder von ihr selbst als Informationsquelle für ihre Ansichten verwendet wird.

4.2 Empirische Evidenz für die Theorie

Eine Reihe anderer Experimente zur Theorie der kognitiven Dissonanz lassen sich im Lichte der Theorie der Selbstwahrnehmung reinterpretieren. Aber weil gerade solche Befunde alternativen Interpretationen ausgesetzt werden können, stellen sie keine unumstrittene Evidenz für die Theorie der Selbstwahrnehmung dar. Insbesondere besitzt die Manipulation der unabhängigen Variablen in solchen Studien unterschiedliche funktionale Qualitäten. So beeinflußt etwa die Höhe einer finanziellen Belohnung nicht nur den Parameter der Selbst-Glaubwürdigkeit, sondern auch die Höhe des Anreizes und der Verstärkung — ein Sachverhalt, der dazu geführt hat, daß die Befunde nicht repliziert, gegenteilige Befunde berichtet oder mannigfaltige Interpretationen geliefert wurden. In ähnlicher Weise stellt auch die Manipulation von Rechtfertigungen, der Wahlfreiheit und der Ich-Beteiligung ein Wirrwarr von komplexen und mehrdeutigen Stimulusvariationen dar, was vor allem Dissonanzstudien kritisch angelastet wurde (vgl. CHAPANIS & CHAPANIS 1964). Es schien daher angebracht, ein Experiment zur Prüfung der Selbst-Glaubwürdigkeit durchzuführen, in welchem die kontrollierenden Variablen von Anfang an nur im Laboratorium selbst erzeugt werden, so daß sie keine Funktionalität für andere Verhaltensweisen besitzen als für jene, die relevant für die Selbst-Glaubwürdigkeit sind. Zum zweiten erschien es wünschenswert, jene Verhaltensvarianz zu eliminieren, die darauf zurückzuführen ist, daß die Versuchspersonen

„Selbstüberzeugungen" konstruieren durften. Schließlich sollten Experimente durchgeführt werden, in welchen jede Versuchsperson ihr Verhalten selbst kontrollieren kann. Das Cartoon-Experiment (Bem 1964, 1965) war die erste dieser Studien.

4.2.1 Das Cartoon-Experiment

Die abhängige Variable in dieser Studie war die Einstellung der Versuchsperson gegenüber einer Serie von Cartoons. Das induzierte Verhalten, welches als Basis für Selbstattributionen dienen sollte, war die Behauptung „Dieses Cartoon ist sehr lustig" oder „Dieses Cartoon ist überhaupt nicht lustig". Der Parameter für die eigene Glaubwürdigkeit wurde manipuliert durch zwei farbige Lichter, deren funktionale Bedeutsamkeit durch ein Vortraining (siehe unten) aufgebaut worden war.

Der Versuch wurde als „Tonbandaufnahmen"-Versuch ausgegeben. Jede Versuchsperson hatte zunächst einfache Fragen zu ihrer Person zu beantworten. Nach jeder Frage wurde ein Tonbandgerät angestellt, welches zugleich automatisch ein farbiges Licht erzeugte. Die Versuchsperson hatte die Frage bei „gelb" immer wahrheitsgemäß zu beantworten, bei „grün" sollte sie eine falsche Antwort geben und diese laut auf das Tonband sprechen. Auf diese Weise lernte die Versuchsperson, daß sie sich selbst nur bei „gelb" nicht aber bei „grün" glauben konnte. Nach diesem Training wurde jeder Versuchsperson eine Serie von Cartoons gezeigt, die sie vorher als neutral eingestuft hatte. Auf Anweisung des Versuchsleiters sollte sie nun jedes Cartoon entweder als „lustig" oder „gar nicht lustig" bewerten. Vor jeder Bewertung wurde das Tonband angestellt und eine der beiden Farben erleuchtete, während die Versuchsperson sprach. Sie war jedoch instruiert worden, in diesem Teil des Experiments nicht auf die Lichter zu achten. In zufälliger Folge wurden das „Wahrheits"-Licht und das „Lügen"-Licht präsentiert. Nachdem die Versuchsperson ihre Bewertung abgegeben hatte und das Tonband einschließlich des Lichtreizes abgeschaltet war, wurde sie aufgefordert, ihre Einstellung gegenüber dem jeweiligen Cartoon auf einer Einstellungsskala anzugeben.

Wie aus der Theorie der Selbstwahrnehmung vorhergesagt worden war, war es von entscheidender Bedeutung, ob die Bewertungen unter der Bedingung „Wahrheits"-Licht oder „Lügen"-Licht abgegeben worden waren. Hatte eine Versuchsperson ein Cartoon als „sehr lustig" unter der Wahrheitsbedingung beurteilt, dann bewertete sie dieses später ebenfalls als „sehr lustig", und zwar deutlich stärker, als wenn sie die Erstbeurteilung unter der „Lügen"-Licht-Bedingung abgegeben hatte. In Analogie zu dem Experiment von Festinger & Carlsmith besaß die „Wahrheits-Bedingung" die funktionale Qualität der Ein-Dollar-Bedingung: die Versuchsperson konnte ihr Verhalten als Hinweis auf ihre wahre Einstellung nutzen; die „Lügen-Bedingung" entsprach der „20-Dollar-Bedingung", indem der Versuchsperson vermittelt wurde, daß ihr Verhalten ohne Bezug zu ihrer wahren Einstellung ist. Es ist noch zu bemerken, daß sich keine der Versuchspersonen irgendeines Einstellungswandels noch der Tatsache bewußt war, daß die zwei Lichter irgendwelche Effekte auf ihre Bewertungen gehabt haben.

4.2.2 Das „Falschaussagen"-Experiment

Die Cartoon-Studie demonstrierte, daß Selbstattributionen unmittelbar unter die Kontrolle des eigenen Verbalverhaltens und der Reizbedingungen, die dieses Verhalten begleiten, gebracht werden können. In einem anderen Experiment (BEM 1966) waren die unabhängigen Variablen dieselben, nur sollte hier die Theorie bezüglich einer anderen Art abhängiger Variablen überprüft werden: Es sollte untersucht werden, ob ein falsches Bekenntnis die Erinnerungen eines Individuums an sein vergangenes Verhalten deutlich stört, wenn dieses unter Bedingungen abgegeben wird, die zuvor mit „Wahrheit sagen" assoziiert worden waren. Zum zweiten war zu prüfen, ob Reize, die vorher mit „Lügen" assoziiert worden waren, Selbstzweifel an *wahren* Äußerungen hervorrufen und diese ihrerseits die Erinnerungen an eigenes Verhalten stören können.

Das experimentelle Vorgehen entsprach dem eben beschriebenen. Anstelle der Bewertungen von Cartoons wurde vor der experimentellen Sitzung den Versuchspersonen eine Liste mit 100 gebräuchlichen Substantiven vorgegeben sowie eine alphabetische Liste, die fünfzig Substantive der ersten Liste enthielt. In der ersten Liste sollten jene Wörter angekreuzt werden, die auch in der alphabetischen Liste aufgeführt waren. Jede Versuchsperson sollte später erinnern, ob sie ein Wort angekreuzt hatte oder nicht. Jede Versuchsperson unterzog sich zunächst dem oben beschriebenen Training, wodurch sie lernte, wahre Äußerungen bei gelbem und falsche Äußerungen bei grünem Licht abzugeben. Sie sollte dann die 100 Substantive durchgehen und laut sagen, ob sie ein Wort angekreuzt oder nicht angekreuzt hatte. Dabei sollte sie je zur Hälfte richtige bzw. falsche Angaben machen. Bei jeder Aussage erleuchtete entweder das gelbe oder grüne Licht. Nach Abschluß dieser Aufgabe hatte die Versuchsperson zu sagen, ob sie sich daran erinnerte, das Wort angekreuzt oder nicht angekreuzt zu haben. Zusätzlich mußte auf einer Fünf-Punkte-Skala angegeben werden, wie sicher sie sich ihrer Erinnerung war. Dies wurde auch für eine Kontrolliste mit neuen Wörtern verlangt.

Die Ergebnisse bestätigten die Hypothese der Selbstwahrnehmung: unter der Bedingung des „Lügenlichtes" hatten falsche Bekenntnisse keinen Effekt. Die Versuchspersonen erinnerten ihr vorheriges Verhalten genauso akkurat, wie sie es für Kontrollwörter taten. Aber die bei gelbem Licht abgegebenen „falschen Bekenntnisse" erzeugten signifikant mehr Irrtümer in der Erinnerung und eine geringere Sicherheit bezüglich der Erinnerungen. Zusätzlich zeigte sich eine komplementäre Tendenz, daß wahre Angaben unter der „Lügenlicht"-Bedingung schlechter erinnert wurden, als wenn sie unter der „Wahrheitslicht"-Bedingung abgegeben worden waren.

4.2.3 Das Experiment zur Schmerzwahrnehmung

Dieses Experiment (BANDLER, MADARAS & BEM 1968) ging über das eben erwähnte Paradigma hinaus und sollte an die umfangreiche Literatur zur Schmerzwahrnehmung anknüpfen. Es ist seit langem bekannt, daß die

Schmerzwahrnehmung nur teilweise abhängig von der Existenz von Schmerzreizen ist. Neuere Arbeiten haben auch eine Reihe „kognitiver" Vorgänge enthüllt, welche die Interpretation einer Person bezüglich der Schmerzhaftigkeit eines Reizes beeinflussen können. So zeigten beispielsweise NISBETT & SCHACHTER (1966), daß die beurteilte Intensität eines durch Schock erzeugten Schmerzes und die Bereitschaft, diesen Schmerz zu ertragen, dadurch manipuliert werden können, daß man dem Individuum alternative Erklärungen für seinen Erregungszustand liefert. ZIMBARDO, COHEN, WEISENBERG, DWORKIN & FIRESTONE (1969) demonstrierten, daß Personen, die bereitwillig an einem Experiment mit schmerzvollen Elektroschocks mitwirkten und denen nur geringe Rechtfertigungen für ihre Bereitschaft gegeben worden waren, die Schocks als weniger schmerzvoll erlebten und mit geringeren physiologischen Veränderungen reagierten als Personen, die über die Fortsetzung des Experiments nicht frei entscheiden konnten oder die ihre Mitwirkung besser rechtfertigen konnten.

Wie erwähnt, sind die Parameter der Wahlfreiheit und der Rechtfertigung innerhalb der Theorie der Selbstwahrnehmung darstellbar. Wenn ein Beobachter eine Person sieht, die sich freiwillig Schocks unterzieht ohne besondere Rechtfertigung, wird er annehmen, daß die Schocks nicht sehr schmerzvoll sind. Wenn aber die Person offensichtlich keine andere Wahl hat, wird der Beobachter nichts über die Schmerzhaftigkeit der Schocks aus dem Verhalten der Person erschließen können. Setzt man wiederum an die Stelle des hypothetischen Beobachters die Person selbst, so werden sich die gleichen Ergebnisse zeigen wie in dem Experiment von ZIMBARDO et al. (1969).

Es gibt andere Verhaltensaspekte, auf die ein Beobachter sein Urteil über die Schmerzhaftigkeit von Schocks gründen kann, nämlich ob die Person vor dem Schock zu fliehen versucht oder nicht. Es scheint plausibel, daß ein Beobachter Schocks dann als unangenehmer bewertet, wenn die Person zu fliehen versucht, als wenn sie zum Weitermachen bereit ist. Aus der Theorie der Selbstwahrnehmung ist vorherzusagen, daß eine Person, wenn sie sich frei entscheiden kann und einen Schock vermeidet, diesen als schmerzhafter bewerten wird, als wenn sie ihn freiwillig erträgt. Wenn sie andererseits keine Wahlfreiheit hat, sondern vom Versuchsleiter instruiert wird, vor dem Schock zu fliehen, wird sie diesen im Vergleich zu einem Kontrollschock nicht als schmerzvoller einstufen. Die Arbeit von BANDLER et al. (1968) sollte diese Hypothese bestätigen.

Jede Versuchsperson erhielt eine Serie von Elektroschocks. Nach Verabreichung jedes Schocks wurde eines von drei farbigen Lichtern dargeboten. Bei „rot" sollte sie einen Knopf drücken, welcher den Schock beenden würde. Um das Gefühl der Wahlfreiheit zu erhöhen, wurde der Versuchsperson dies jedoch freigestellt. Bei „grün" sollten die Versuchspersonen den Knopf nicht drücken, es sei denn, daß der Schock zu unangenehm ist und sie das Gefühl haben, sie müßten es tun. Bei „gelb" wurde instruiert: „Es interessiert uns die Zeit, die Sie bis zum Knopfdruck benötigen, wenn das gelbe Licht erscheint. Drücken Sie deshalb den Knopf, sobald das gelbe Licht auftaucht. Ihr Knopfdruck kann den Schock beenden oder nicht." Jeder verabreichte Schock war auf einer Sieben-Punkte-Skala danach zu beurteilen, wie unangenehm er war. Alle 30 verabreichten Schocks waren von gleicher Intensität und hatten, sofern sie von der Versuchsperson nicht abgestellt wurden, eine Dauer von zwei Sekunden. Bei den zehn Schocks, die mit dem roten Licht gekoppelt waren, drückten die Versuchspersonen den Knopf und beendeten den Schock. Bei den mit dem grünen Licht gekoppelten Schocks drückten sie den Knopf nicht — trotz der Wahlmöglichkeit hielten sich die Versuchspersonen mit überwältigender Mehrheit an die Instruktion — und jene zehn Schocks schließlich, die als Reaktionszeitversuch ausgegeben waren, wurden von den Versuchspersonen so schnell wie möglich mit Knopfdruck beantwortet. In fünf dieser Fälle beendete der Knopfdruck die Schockzufuhr, in den übrigen fünf Fällen hatte der Knopfdruck keinen Effekt. Die Verhaltensweisen waren sowohl unter der Reaktionszeit- wie auch unter der Fluchtbedingung die gleichen: sobald das Licht erleuchtete, drückten die Versuchspersonen den Knopf. Im ersten Falle hatten sie aber keine Wahl, da — wie aus der Instruktion klar hervorgegangen war — der Knopfdruck nicht notwendigerweise den Schock beenden würde. Der Knopfdruck konnte also nicht als eine selbst gewählte Fluchtreaktion betrachtet werden, und deshalb konnte unter dieser Bedingung aus dem Schock auch kein Unbehagen abgeleitet werden.

Die Ergebnisse stützen die Selbstwahrnehmungshypothese. Die Versuchspersonen beurteilten die Schocks als wesentlich unangenehmer, wenn sie ihnen entflohen waren, als wenn sie sich ihnen weiter unterzogen — die gleiche Beurteilung, die auch ein Außenstehender abgegeben hätte — und dies, obwohl im letzten Falle die Schocks notwendigerweise länger anhielten. (Innerhalb der Reaktionszeitbedingung wurden die länger anhaltenden Schocks als etwas unangenehmer eingestuft als die vorzeitig beendeten.) Die Versuchsperson mußte zugleich auch ihre Wahlmöglichkeit sehen: Ein Knopfdruck unter der Reaktionszeitbedingung konnte nicht als Hinweis dafür genutzt werden, daß der Schock Unbehagen bereitete. Hier wurden die Schocks als signifikant weniger unangenehm als in der Fluchtbedingung beurteilt und unterschieden sich nicht von den Schocks in der Nicht-Fluchtbedingung.

Diese Befunde wurden von CORAH & BOFFA (1970) repliziert, wobei weißes Rauschen als aversiver Stimulus verwandt wurde. Hatten die Versuchspersonen eine Wahl, so wurden die Geräusche, denen sie entflohen waren, als signifikant unangenehmer eingestuft als die, denen sie ausgesetzt blieben. Sobald keine Wahlmöglichkeit mehr gegeben war, wurde anhaltender Lärm als etwas unangenehmer erlebt als Lärm, dem man entflohen war. Eine weitere Replikationsstudie stammt von KLEMP & LEVENTHAL (1972).

4.3 Andere Phänomene in der Selbstwahrnehmung

Außerhalb der Experimente zur Theorie der kognitiven Dissonanz und zur Theorie der Selbstwahrnehmung sind zunehmend andere Phänomene sichtbar geworden, die im Rahmen unserer Theorie mehr oder minder gut darzustellen und zu erklären sind. Drei von diesen Phänomenen wollen wir uns im folgenden zuwenden.

4.3.1 Effekte von Fehlattributionen

Vor der Formulierung der Theorie der Selbstwahrnehmung zeigten SCHACHTERS (1964) Arbeiten, daß die Selbstzuschreibung innerer Zustände abhängig ist von physiologischen Faktoren und situationalen Hinweisreizen. Daraus folgt, daß man Selbstattributionen einer Person über die Manipulation externer Hinweisreize beeinflussen kann. VALINS (1966) führte diesen Ansatz fort und zeigte, daß Selbstattributionen auch über falsche Rückmeldungen bezüglich der physiologischen Erregungshöhe beeinflußbar sind (siehe oben). Sein experimentelles Vorgehen wurde in anderen Arbeiten aufgegriffen. VALINS & RAY (1966) brachten ihre Versuchspersonen (Schlangenphobiker) dazu, Dias mit Schlangen zu betrachten. Dabei erhielten die Versuchspersonen ihre Herzschlagfrequenz falsch rückgemeldet, so daß sie glauben mußten, keine Angst vor Schlangen zu haben. Nachfolgend fiel es den Versuchspersonen leichter, sich Schlangen zu nähern, als einer Kontrollgruppe.

BERKOWITZ, LEPINSKI & ANGULO (1969) und BERKOWITZ & TURNER (1972) zeigten, daß instrumentelle Aggression dadurch beeinflußbar wird, daß man den Personen die Höhe ihres Ärgers falsch rückmeldet. Schließlich läßt sich der hautgalvanische Widerstand durch falsche Informationen über das Erregungsniveau manipulieren (LOFTIS & ROSS 1971; KOENIG & HENRIKSEN 1972). Obwohl in diesen Arbeiten einige Feinheiten enthalten sind, die wir weiter unten erörtern, läßt sich an dieser Stelle verallgemeinernd feststellen, daß falsche Informationen über das eigene Erregungsniveau Personen zu Fehlattribuierungen ihres Gefühlszustandes verleiten.

Fehlattributionen können nicht nur über die angebliche Erregungshöhe, sondern auch über die vermeintlichen Ursachen der Erregung erzeugt werden (vgl. NISBETT & VALINS 1972). So zeigten die Versuchspersonen in dem Experiment von NISBETT & SCHACHTER (1966) eine größere Schocktoleranz, wenn sie glaubten, daß ihre Erregung auf eine Pille und nicht auf die Verabreichung eines Schocks zurückzuführen ist. Bei Verwendung eines ähnlichen Versuchsaufbaus konnten ROSS, RODIN & ZIMBARDO (1969) die Furcht vor Elektroschocks reduzieren, indem sie ihre Versuchspersonen glauben machten, ihre Erregung beruhe auf starkem Lärm. Schließlich verabreichten STORMS & NIS-

BETT (1970) ihren Versuchspersonen Placebos („Schlaftabletten") mit der Information, daß diese entweder Erregung oder Beruhigung bewirkten. Wie erwartet berichteten die Personen im ersten Falle, sie könnten mit Hilfe der Tabletten weit besser einschlafen als zuvor. Vermutlich attribuierten sie ihre Erregung auf die Tabletten und kümmerten sich deshalb weniger um ihre Schlaflosigkeit (was bekanntlich ansonsten Schlaflosigkeit erst steigert). Ähnlich behaupteten die Versuchspersonen mit den „Beruhigungstabletten", daß sie schlechter als bislang einschliefen. Vermutlich sorgten sie sich wegen ihres Erregungszustandes, der trotz der „beruhigenden" Pillen noch sehr hoch war.

Wie NISBETT & VALINS (1972) darlegen, können all diese Experimente als Beleg für die grundlegenden Postulate der Selbstwahrnehmungstheorie betrachtet werden, obwohl Selbstattributionen nicht auf das beobachtbare Verhalten an sich gestützt waren. Aber selbst dies wurde erreicht in der Arbeit von DAVISON & VALINS (1969), die das Verhalten von Personen und seine Auslösebedingungen manipulierten, um Fehlattributionen zu erzeugen. Die Autoren forderten ihre Versuchspersonen auf, eine Reihe von Elektroschocks steigender Intensität zu ertragen, sie sollten jedoch sofort angeben, wenn die Schocks nicht mehr auszuhalten waren. Nach Abschluß des ersten Versuchsdurchganges erhielten die Versuchspersonen ein Placebo, welches angeblich die Unempfindlichkeit der Haut steigern sollte. In einem zweiten Durchgang tolerierten die Versuchspersonen fast doppelt so viele Schocks, bevor sie den Versuch abbrachen. Nach Beendigung des Experiments wurde einer Hälfte der Versuchspersonen gesagt, daß sie an einem weiteren Experiment teilnehmen könnten, sobald die Wirkung der Tablette abgeklungen sei. Die andere Hälfte wurde informiert, daß es sich nur um ein Placebo gehandelt habe. Die Autoren nahmen an, daß die letztgenannte Gruppe ihre hohe Schocktoleranz auf ihre eigene „Leistung" zurückführen mußte, da sie ja nun den Placebo-Effekt der Tabletten kannte, während die uninformierte Gruppe dies nicht tun würde. Diese Vermutung bestätigte sich nach Durchführung einer dritten Versuchsserie, in welcher die Placebo-Versuchspersonen weit höhere Schockintensitäten aushielten als die uninformierte Gruppe. BOWERS (1971) führte ein Experiment durch, welches dem eben beschriebenen sehr ähnlich ist. Anstelle der Schocktoleranz konnte er über die Induktion von Fehlattributionen die Präferenz für Bildkarten verändern.

Es scheint also klar, warum diese Phänomene als „Effekte von Fehlattributionen" bezeichnet werden. Auf der anderen Seite übersieht man leicht, daß jeder andere Effekt, den wir in unserem Beitrag erörtert haben, gleichermaßen ein Fehlattributionseffekt ist. Könnten Menschen nämlich tatsächlich jene Bedingungen, die ihr Verhalten kontrollieren, exakt bestimmen, dann hätte sich keine der erwarteten Selbstattributionen zeigen dürfen. Wie auch KELLEY (1967) zu den Experimenten zur forcierten Einwilligung bemerkt, müssen die

Versuchspersonen, die kaum eine Rechtfertigung für ihr (einstellungskonträres) Verhalten haben, die „Illusion des freien Willens" besitzen, sie müssen die Kräfte, die ihre Einwilligung beeinflussen, nicht wahrnehmen können, wenn sie Selbstattributionen aus ihrem Verhalten ableiten. (Das Thema „erlebter Freiheit" selbst ist zu einem wesentlichen Forschungsgegenstand geworden; zum Überblick vgl. STEINER 1970).

Die Theorie der Selbstwahrnehmung muß insofern unvollständig erscheinen, als sie nicht zu erklären versucht, warum Personen sich der Einflüsse auf ihr Verhalten so wenig bewußt sind. Aber dies erscheint nur dann als Unvollständigkeit, wenn man annimmt, daß „Bewußtes" der Normalfall und „Unbewußtes" das sei, was es zu erklären gilt. Wie eingangs erwähnt, besteht der einzigartige Beitrag des radikalen Behaviorismus zur Erklärung von Selbstattributionen darin, daß er das „Unbewußte" als gegeben und das „Bewußte" als problematisch definiert. Aus dieser Sicht muß also erklärt werden, warum Menschen lernen, auf Reize zu reagieren, die wir im Labor hervorstechend erscheinen lassen, nicht aber die faktischen Bedingungen ihres Verhaltens erkennen, die wir im Labor verbergen. Vor diesem Hintergrund muß ein radikaler Behaviorist auf die Frage „Warum haben Menschen die ‚Illusion‘ des freien Willens?" antworten: „Warum nicht?"

Es entspricht der Faszination, die das Unbewußte auf die westliche Welt ausübt, daß Fehlattribuierungen „attraktiver" und „mysteriöser" erscheinen als „richtige" Attribuierungen. Natürlich gibt es Problemfälle im Bereich des Unbewußten, wie Verdrängung und Verzerrung. Aber mit deren Analyse haben wir genug zu tun, und wir brauchen uns nicht noch zusätzlich mit Erklärungen des Pseudo-Problems zu belasten, warum Menschen keine „perfekten" informationsverarbeitenden Systeme sind.

4.3.2 Die Selbstattribution dispositionaler Merkmale

Alle bislang erwähnten Arbeiten zeigen, daß externe Reize die Selbstzuschreibungen momentaner Zustände oder Einstellungen bei einer Person zu kontrollieren vermögen. Neueren Studien zufolge ist es möglich, auch überdauernde Selbstattributionen eines Individuums dadurch zu verändern, daß man sein Verhalten und dessen offensichtliche Bedingungen entsprechend manipuliert. Der erste entscheidende Hinweis hierauf ergab sich nahezu zufällig aus der Arbeit von FREEDMAN & FRAZER (19667), die das sog. „Fuß-in-der-Tür"-Phänomen untersuchten. Danach wird eine Person, die sich für eine anfänglich kleine Aufgabe engagiert, späterhin mit höherer Wahrscheinlichkeit auch einem größeren und gewichtigeren Ersuchen nachgeben.

In dieser Studie kontaktierten College-Studenten Hausfrauen und stellten an sie ein anfänglich kleines, später folgenreicheres Ersuchen. Die Hausfrauen sollten zuerst entweder ein kleines Schild in ihr Fenster stellen oder eine Petition zur Sicherheit im Straßenverkehr oder zum Umweltschutz unterschreiben. Zwei Wochen später kam ein zweiter Versuchsleiter zu jedem Haus und bat die Versuchspersonen, ein großes und ziemlich unattraktives Plakat zur Förderung der Verkehrssicherheit in ihrem Vorgarten für einige Wochen aufzustellen. Hier war sowohl eine Handlung gefordert wie auch ein Thema gewählt, das dem ersten Ersuchen ähnlich oder unähnlich war. An eine Kontrollgruppe wurde lediglich das zweite Ersuchen gestellt.

Die Ergebnisse zeigten einen sehr starken „Fuß-in-der-Tür"-Effekt. Die Personen, die der ersten eher unbedeutenden Bitte entsprochen hatten, wiesen mit geringerer Wahrscheinlichkeit das größere Ersuchen zwei Wochen später zurück. Bemerkenswert ist jedoch die überwältigende Verallgemeinerbarkeit dieses Effektes. Unabhängig vom Inhalt der ersten Aufgabe engagierten sich die Versuchspersonen unter allen vier Bedingungen in der zweiten Aufgabe: selbst die Unterzeichnung einer Petition zum Umweltschutz erhöhte die Bereitschaft, ein Plakat zur Verkehrssicherheit im eigenen Vorgarten aufzustellen. Die Tatsache, daß sich ein Generalisierungsgradient nicht als Funktion der Ähnlichkeit zwischen der ursprünglichen und der späteren Aufgabe nachweisen ließ, macht einige theoretische Erklärungen dieses Effektes unplausibel. Was FREEDMAN & FRAZER (1966, p. 201) post hoc als Erklärung lieferten, war im wesentlichen eine der Selbstwahrnehmung „Was sich ereignet, ist ein Wandel in den Einschätzungen einer Person darüber, ob sie sich engagieren und aktiv werden will. Hat sie einmal ein Ersuchen durchgeführt, mag sich auch ihre Einstellung ändern. In ihren Augen mag sie zu jener Art von Mensch geworden sein, der solche Dinge tut, der den Aufforderungen fremder Personen nachkommt, der Dinge tut, an die er glaubt und der aus guten Gründen kooperativ ist".

Aufgrund dieser Studie und der Theorie der Selbstwahrnehmung kam LEPPER (1971) zu dem Schluß, daß Attribuierungen dieser Art auch in anderen Experimenten ablaufen, die ursprünglich nur Einstellungen gemessen haben. So zeigte sich z. B. in Studien mit dem Paradigma des „verbotenen Spielzeugs", daß Kinder, die unter mildem Druck einwilligen, das verbotene Spielzeug abwerten. Die Attribution „Ich mag dieses Spielzeug nicht" mag aber nur eine unter mehreren Schlußfolgerungen sein, die ein Kind in dieser Situation zieht. Es könnte auch schließen, daß es ein „guter Junge" sei, der Versuchungen widerstehen kann. Eine solche Schlußfolgerung ist aber unwahrscheinlich, wenn das Spielzeug wegen starken Drucks abgelehnt werden mußte. Diese Attributionen könnten nun generalisiert werden, indem das Kind erhöhten Widerstand gegen Versuchungen auch in anderen Situationen zeigt — eine direkte Analogie zu dem Befund von FREEMAN & FRAZER.

LEPPER testete seine Hypothese mittels des „Verbotenes Spielzeug"-Paradigmas. Zwei Gruppen von Kindern der zweiten Schulklasse wurde unter milder bzw. strenger Androhung von Strafe verboten, mit einem attraktiven Spielzeug zu spielen, während die Kontrollgruppe keine Verbote erhielt. Drei Wochen später wurden sie von einem zweiten Versuchsleiter zum Spielen aufgefordert, wobei sie nur durch Mogeln attraktive Preise gewinnen konnten. Wie aus der Theorie der Selbstwahrnehmung vorherzusagen ist, widerstanden jene Kinder der Versuchung in der zweiten Spielsituation stärker, die das ursprüngliche Verbot bei milder Strafandrohung respektiert hatten, als die Kontrollgruppe oder jene Kinder, die ursprünglich bei starker Strafandrohung eingewilligt hatten. Nach LEPPER zeigten die Kinder, die unter ursprünglich schwerer Strafandrohung eingewilligt hatten, sogar geringeren Widerstand gegen Versuchung als die Kontrollgruppe. Obwohl man diesen Befund mehrfach interpretieren kann, führt LEPPER hier den „Überrechtfertigungseffekt" an, wonach das Kind unter schwerer Strafandrohung glaubt, daß es der Versuchung nur wegen der starken externen Kräfte widersteht. Lassen diese nach, so widersteht das Kind der Versuchung sogar in geringerem Maße als zuvor. Wir wenden uns nun einer eingehenderen Analyse solcher Rechtfertigungseffekte zu.

4.3.3 Effekte der Selbstrechtfertigung

Unsere Analyse der Selbstrechtfertigung besagt, daß eine Person das von ihr geforderte Verhalten um so eher auf ihre „intrinsische Motivation" zurückführt, je weniger äußere Verstärker vorhanden zu sein scheinen. So kommt die Person zu dem Schluß, daß sie ihr Tun selbst wollte, daß sie daran glaubt oder daß es ihre wahre Meinung widerspiegelt. In dem Maße, in dem externe Verstärker vorhanden sind, schließt die Person, daß sie selbst diese Handlung nicht ausführen wollte, daß sie nicht daran glaubt oder diese nicht ihre wahre Auffassung widerspiegelt. In diesem Falle müßte ein Überrechtfertigungseffekt eintreten. Da in den meisten einschlägigen Arbeiten Verhalten mit den ursprünglichen Einstellungen konsonant ist, sind Postulate der Dissonanztheorie nicht anwendbar, und einige Autoren (z. B. NISBETT & VALINS 1972) haben diesen Effekt als klares Beispiel für Selbstwahrnehmungsphänomene angesehen.

Wenn Überrechtfertigungseffekte eintreten, dann stellen sie eine mögliche Bejahung der alten Frage dar, ob externe Verstärkung für eine Handlung die intrinsische Motivation für ihre Durchführung reduziert oder nicht. Verhalten unter starker äußerer Verstärkung führt zu der Schlußfolgerung, daß die Tätigkeit an sich keinen Spaß macht, und dies verringert die Bereitschaft zu ihrer wiederholten Ausführung (vgl. DECHARMS 1968; DECI 1971, 1972; DECI & CASCIO 1971; LEPPER, GREENE & NISBETT 1971). Aus einer Reihe von Gründen liefern frühere Experimente (mit Affen als Versuchstieren) keine Bestätigung für diese Annahme — entgegen den Ausführungen in Lehrbüchern und anderswo (z. B. DeCharms 1968). So sind auch keine neueren Versuche, diesen Effekt zu bestätigen, sichtbar. Einige Arbeiten (Deci 1971, 1972; Deci & Cascio 1971) legen beispielsweise nahe, daß die intrinsische Motivation zur Bearbeitung von Puzzles reduziert wird, wenn dafür entweder finanzielle Belohnung oder gegebenenfalls Strafe angekündigt wird, nicht aber, wenn sprachliche Rückmeldungen als Verstärker eingesetzt werden. Es ist klar, daß die „Bedeutung" des selbstbeobachteten Verhaltens einer Person eine Funktion ihrer Lerngeschichte mit ihren speziellen Verstärkungskontingenzen ist. Insofern besitzt Geld vermutlich in stärkerem Maße als verbale Belobigung die diskriminative Qualität, daß hier Einwilligung „erkauft" wird.

Ein aussagekräftiges Experiment zu diesem Problem ist eine Studie von Lepper et al. (1971), die sorgsam die Höhe des intrinsischen Interesses von Merkmalen der Situation, in welcher die Belohnungen verabreicht wurden, trennten, um so Alternativinterpretationen der zu erwartenden Ergebnisse gegeneinander abwägen zu können. Kinder mit einer bestimmten Höhe intrinsischen Interesses an spielerischen Aktionen (gemessen über Baseline-Beobachtungen in ihren Klassenzimmern) wurden per Zufall einer von drei Bedingungen zugewiesen. Unter der ersten Bedingung (erwartete Belohnung) konnten die Kinder in Einzelexperimenten zwei Wochen später für das Spielverhalten eine Belohnung erwarten. Kinder der zweiten Versuchsbedingung (unerwartete Belohnung) engagierten sich in die Spielaktivitäten aus eigenem Interesse, erhielten aber dennoch die gleiche Belohnung. Die Kontrollgruppe (keine Belohnung) konnten eine Belohnung weder erwarten noch erhielten sie eine solche. Ein bis zwei Wochen nach Abschluß dieser experimentellen Phase wurden die Spielaktivitäten wiederum in den Klassenzimmern eingeführt und nonreaktive Messungen des intrinsischen Interesses erhoben. Die Ergebnisse zeigen, daß die Kinder der ersten Versuchsbedingung diese Spielaktivitäten seltener zeigten als die Kinder der zweiten Experimentalgruppe oder der Kontrollgruppe.

Obwohl diese Befunde im Rahmen der Theorie der Selbstwahrnehmung interpretiert wurden, bleiben einige Probleme ungelöst. Diese werden in Abschnitt 4.5 diskutiert, wobei auch andere Erklärungsansätze (z. B. DeCharms 1968) berücksichtigt werden sollen.

4.4 Einige Unterschiede zwischen Selbstwahrnehmung und interpersoneller Wahrnehmung

Die Theorie der Selbstwahrnehmung postuliert, daß Selbst- und Fremdwahrnehmung in zweierlei Hinsicht ähnlich sind. Erstens sind die Prozesse des Schlußfolgerns bei Selbst- und Fremdattributionen die gleichen, und zweitens verfügen Akteure und Beobachter über identische Quellen ihrer Evidenz, nämlich beobachtbares Verhalten und die es offensichtlich kontrollierenden Bedingungen. Diese Postulate lassen dennoch mindestens vier Aspekte offen, bezüglich derer sich Selbst- und Fremdwahrnehmung unterscheiden. Der erste Unterschied mag als „Insider-Outsider-Differenz" bezeichnet werden. Wir alle tragen eine Reihe interner Reize in uns, die für andere nicht verfügbar sind, uns jedoch für Selbstattributionen dienen können. Eine Skinnersche Analyse von Selbstattributionen besagt nicht, daß wir nicht zwischen internen Reizen diskriminieren könnten, sondern nur, daß unsere Fähigkeit in dieser Hinsicht weit geringer ist, als wir vermuten. In erster Linie rührt dies daher, daß man uns solche Diskriminationen nur in beschränktem Maße lehren kann. Dennoch kann eine Person („Insider") häufig entdecken, daß sie sich beispielsweise sehr anstrengt, um ein Problem zu lösen. Sie kann daraus folgern, daß das Problem sehr schwierig ist. Demgegenüber verfügt ein Beobachter („Outsider") nicht über solche internen Informationen und mag auf „Faulheit" schließen oder vermuten, daß das Problem sehr leicht sei.

Ein anderer damit verknüpfter Unterschied liegt in der „Intimus-Fremder-Differenz". Unser Wissen um unser eigenes früheres Verhalten bestimmt gleichermaßen unsere Attributionen, während ein Beobachter typischerweise diese historischen Informationen nicht besitzt. Wenn frühere Erfahrungen eine Person („Intimus") davon überzeugt haben, daß sie begabt sei, wird sie eine Aufgabe als unfair und/oder unwichtig einschätzen, wenn sie diese nicht lösen kann. Bei Erfolg würde sie die gleiche Aufgabe als fair und angemessen einschätzen. Ein Fremder hingegen mag schlußfolgern, daß die Person dumm ist, wenn sie Mißerfolg hatte, oder daß sie begabt ist, wenn sie erfolgreich war. Die „Intimus-Fremder-Differenz" besteht darin, daß der Fremde keinerlei Informationen über früheres Leistungsverhalten besitzt, auf die er dispositionale Attributionen stützen könnte. Insofern wird er hierzu mit größerer Wahrscheinlichkeit den aktuellen Erfolg in einer Aufgabe heranziehen als der Intimus, für den diese Aufgabe nur ein singuläres Datum in seiner persönlichen Geschichte des Leistungsverhaltens darstellt. Die Person selbst mag bereits relativ stabile Einschätzungen ihrer Fähigkeiten erreicht haben, und Schwankungen in ihrer Leistungshöhe können von ihr mit größerer Plausibilität auf die Aufgabe attribuiert werden (siehe KELLEY 1967).

Ein dritter Unterschied zwischen Selbst- und Fremdwahrnehmung basiert auf der „Ich-Anderer-Differenz". Es mögen etwa motivationale Faktoren bedeutsam werden, wenn eine Person ihre Selbstwertschätzung schützen oder gegen Bedrohung verteidigen will. Vermutlich sind die verschiedenen Freudianischen Abwehrmechanismen prototypisch für Prozesse, die Selbstattributionen in der Weise stören, daß sie von Fremdattributionen abweichen. Andererseits wird der Zugriff zu motivdynamischen Erklärungen vermutlich viel zu hastig vollzogen. Wenn sich beispielsweise Akteure und Beobachter in der Bewertung intellektueller Kompetenz unter Erfolgs- und Mißerfolgsbedingung unterscheiden, so glaubt man daraus folgern zu müssen, daß der Akteur seine Selbstwertschätzung verteidigen will, aber er kann auch einfach nur ganz ehrlich sein. Wie das eben erwähnte Beispiel illustriert, können solche Attribuierungsunterschiede häufig besser erklärt werden, wenn man die Erinnerungen des Akteurs an seine vergangenen Erfahrungen einbezieht. Mit anderen Worten: Motivationale Unterschiede zwischen „Ich" und „Anderer" werden vermutlich zu häufig betont, wo es sich faktisch nur um die Differenz zwischen „Intimus" und „Fremder" handelt.

Darüber hinaus sind Prozesse der Selbstwerterhöhung nicht annäherungsweise so gut empirisch belegt, wie es oft vermutet wird. Ross, Bierbrauer & Polly (1971) führten eine Untersuchung durch, in welcher Lehrer und Studenten einem 11jährigen Jungen die korrekte Schreibweise von häufig fehlerhaft geschriebenen Wörtern beizubringen hatten. Im Gegensatz zur Annahme einer Selbstwerterhöhung oder Ich-Verteidigung schätzten die Lehrer ihren Einfluß höher ein, wenn das Kind versagt hatte, als wenn es erfolgreich war. Merkmale der Studenten wurden in der Erfolgsbedingung als unwichtiger erachtet als in der Mißerfolgsbedingung. Diese Attribuierungsmuster waren bei den berufstätigen Lehrern noch deutlicher als bei den Lehrer-Studenten — ein Ergebnis, das die verbreitete Annahme zu entkräften scheint, daß Bedürfnisse nach Selbstwerterhaltung und Ich-Verteidigung besonders wirksam werden, wenn Handlungsausgänge wichtig oder zentral für das Selbstkonzept einer Person sind. Damit soll nicht gesagt werden, daß Selbstattributionen nicht motivationalen Verzerrungen unterliegen können. Aber man sollte dies erst behaupten, wenn es nachzuweisen ist.

Schließlich gibt es noch die Möglichkeit, daß tatsächlich ein Unterschied in den Perspektiven des Akteurs bzw. des Beobachters existiert, insofern als einzelne Situationsmerkmale für Beide von unterschiedlicher Bedeutsamkeit sind. In einer vorzüglichen Arbeit, die in zunehmendem Maße Einfluß gewinnt, behaupten Jones & Nisbett (1972), daß die Aufmerksamkeit des Akteurs stärker nach außen als auf sein eigenes Verhalten gerichtet ist. Für den Beobachter hingegen stellt das Verhalten des Akteurs den figuralen Reiz vor dem Hintergrund der Situation dar. Jones & Nisbett präsentieren ein wohlüberlegtes Argument (und einige vorläufige Befunde) für die Existenz eines solchen Unterschieds in der Perspektive. Dennoch bedarf es einigen Einfallsreichtums, um diesen Perspektivenunterschied auf empirische Weise klar feststellen zu können, ohne daß er konfundiert ist mit den anderen oben erwähnten Differenzen. Derzeit scheint nur eine einzige Arbeit (Storms 1971) dieser Forderung zu genügen. Die Grundthese von Jones & Nisbett ist, daß es aufgrund der verschiedenen erwähnten Unterschiede zwischen Akteuren und Beobachtern zwingend ist, daß Akteure ihr Verhalten auf situative Merkmale zurückführen, während Beobachter das gleiche Verhalten auf dispositionale Merkmale des Akteurs attribuieren. Es ist natürlich zu früh, die Gültigkeit dieser Behauptung abzuschätzen. Sie besitzt jedoch sehr weitreichende Implikationen. Es könnte zum Beispiel sein, daß die verschiedenen Akteur-Beobachter-Unterschiede sich in manchen Situationen gerade in umgekehrter Richtung darstellen, so daß eine vollständige Prüfung dieser einzigen These die Forschungsrichtung für die nächsten Jahre bestimmen könnte.

4.5 Einige ungelöste Probleme in der Selbstwahrnehmung

Bislang haben wir in unserem Überblick versucht, eine Reihe von Phänomenen möglichst gut in einem einzigen theoretischen Bezugsrahmen darzustellen und sie möglichst ökonomisch aufeinander zu beziehen. Dieser didaktische Kniff findet an dieser Stelle nun sein Ende, da er um den Preis einiger „Tricks" erkauft wurde. Es ist also Zeit, die Dinge auch aus anderer Perspektive zu betrachten.

4.5.1 Der theoretische Status nicht-kognitiver Variablen

Es ist nicht unwahrscheinlich, daß Veränderungen in den Selbstattributionen einer Person Änderungen in anderen Bereichen nach sich ziehen. Betrachten wir einige Beispiele. Wenn man die Einstellung einer Person gegenüber einer langweiligen Aufgabe in positiver Richtung verändert, wird sie die Aufgabe vermutlich mit größerer Ausdauer bearbeiten. Redet man einer Person ein, daß sie keine Furcht vor Schlangen habe, wird sie sich ihnen leichter nähern. Nimmt eine Person ihren Hunger, Durst oder Schmerz in anderer Weise wahr, so wird sie ihren Konsum an Nahrung bzw. Getränken ändern oder eine stärkere bzw. schwächere aversive Reizung aushalten können.

Diese Überlegungen sollten nun nicht allein auf instrumentelles oder konsumatorisches Verhalten beschränkt bleiben, denn seit langer Zeit haben wir Hinweise dafür gefunden, daß Überzeugungen, Einstellungen, Selbstattributionen gleichermaßen *physiologische* Reaktionen beeinflussen (zusammenfassend vgl. FRANK 1961; ZIMBARDO 1969). Es ist daher nicht unplausibel, daß physiologische Veränderungen eine Folge von (experimentell) induzierten Selbstattributionen innerer Zustände sind.

Zum Glück haben einige experimentelle Befunde diese Behauptung in überwältigender Weise gestützt. Manipulationen, die die wahrgenommene Attraktivität von Aufgaben erhöhen soll, bewirken eine stärkere Verhaltensintensität bei der Aufgabenlösung (vgl. zum Überblick WEICK 1967). Beobachtungen an SCHACHTERS Versuchspersonen zeigen, daß ihre Reaktionen mit den induzierten emotionalen Zuständen in „angemessene" Übereinstimmung gebracht werden (vgl. SCHACHTER & SINGER 1962; SCHACHTER & WHEELER 1962). Manipulationen, welche auf die Veränderung der Selbstwahrnehmung von Triebzuständen (Hunger, Durst, Schmerz etc.) abzielen, erbringen Unterschiede in den Reaktionen auf entsprechende Stimuli und bewirken deutlich physiologische Veränderungen (vgl. ZIMBARDO 1969).

Wir haben bislang eine Reihe von Phänomenen diskutiert. Falsche Rückmeldungen über die eigene Furcht gegenüber Schlangen führen zu einer größeren Annäherung an Schlangen; Rückmeldungen, welche die Selbstwahrnehmung des eigenen Ärgers manipulieren, bewirken Veränderungen im Ausmaß instrumenteller Aggression; induzierte Fehlattributionen autonomer Erregungszustände verändern die Löschungsresistenz des hautgalvanischen Reflexes; die Attribution furchtauslösender Erregungszustände auf Pillen oder Lärm (und nicht auf einen erlittenen Schock) führt zu einer höheren Schocktoleranz — wie auch die Selbstbeobachtung des Verhaltens, aus dem die Person ableitet, sie besitze eine größere Schocktoleranz, als sie ursprünglich angenommen hatte; die Induktion von „Gehorsam", durch welche dem Kind vermittelt wird „Ich bin ein braves Kind", bewirkt größere Resistenz gegen Versuchungen; die Überrechtfertigung ursprünglich intrinsisch motivierter Tätigkeiten führt zu einer verringerten Aktivitätsrate.

Weil nun das Auftreten all dieser Phänomene mit einiger Plausibilität vorhergesagt worden war und die Vorhersagen sich bestätigten, wurde ihr konzeptueller Status innerhalb der einzelnen Theorien nur unzureichend problematisiert. Nicht selten werden in der Literatur diese Phänomene kaum besser „theoretisch" vorhergesagt als mit Hilfe der Formulierung „Es ist nicht unwahrscheinlich, daß . . ." — einer Formulierung im übrigen, die wir in diesem Beitrag selbst gebraucht haben. Auf diese Weise erhält die Theorie, innerhalb derer sich der jeweilige Forscher bewegt, unverdienten Kredit für die „theoretischen Ableitungen", welche sie angeblich gestattet. Hinzu kommt die Praxis, daß verschiedene abhängige Variablen so als untereinander austauschbar behandelt werden, als seien sie funktional äquivalent. Selbstattributionen und nicht-kognitive Reaktionseinheiten werden schlicht zusammengefaßt und als „Effekte" vorgängiger Reizmanipulationen betrachtet. Solche Praktiken sind gefährlich, da sie wichtige Erkenntnislücken vertuschen oder Einsichten vortäuschen, über die wir tatsächlich nicht verfügen. Eine wesentliche Frage ist daher, wie die einzelnen Theorieansätze die nicht-kognitiven Reaktionseinheiten behandeln.

In attributionstheoretischen Modellen (vor allem in der Theorie der Selbstwahrnehmung) werden Kognitionen bzw. Attributionen als abhängige Variablen definiert, instrumentelles oder konsumatorisches Verhalten sowie (tatsächliche oder manipulierte) physiologische Reaktionen werden als antezedente bzw. unabhängige Variablen bestimmt. Sie stellen jene Stimuli dar, von denen die Selbstzuschreibung von Überzeugungen, Einstellungen oder inneren Zuständen partiell abgeleitet werden. Attributionstheoretische Ansätze explizieren somit die Richtung der Kausalbeziehungen und machen keine Aussagen über irgendein Phänomen, in welchem nicht-kognitive Reaktionen als abhängige Variablen aufzufassen sind; als *abhängige* Variablen liegen sie also außerhalb des Geltungsbereiches der Theorie. Mit anderen Worten: Attributionstheorien behandeln Kognitionen, offenes Verhalten und physiologische Reaktionen nicht als funktional äquivalente Reaktionsklassen, sondern explizieren im Detail, wie Kognitionen durch die beiden anderen Reaktionsklassen beeinflußt werden. Wie werden nun aber nicht-kognitive Reaktionsklassen abgehandelt? Gar nicht! Die Theorie der Selbstwahrnehmung kann uns über die Manipulation von Reizen zu Attributionen führen, aber zu keinem Phänomen darüber hinaus.

Das Konsistenz-Paradigma ähnelt in der Behandlung physiologischer Reaktionen der Attributionstheorie. Eine frühe Vorhersage, daß die Dissonanztheorie zur Einbeziehung physiologischer Vorgänge führen werde, war genau eine des Typs „Es ist nicht unplausibel anzunehmen, daß . . .“ (BREHM & COHEN 1962, p. 151). Die empirischen Befunde, die diese frühe Vermutung belegten (vgl. ZIMBARDO 1969), führten jedoch in keiner Weise zu einer Hypothesenänderung noch kann die Einführung der Dissonanzreduktion im Sinne eines motivationalen Erklärungskonzeptes die Lücke zwischen Attributionen und physiologischen Effekten schließen. So ist es keine „Erklärung“ zu behaupten, daß eine Person Veränderungen im hautgalvanischen Widerstand zeigt, um Dissonanzreduktion zu erreichen, solange nicht erklärt wird, warum gerade das in der Person vorgeht. Diese Lücke darf nicht verwechselt werden mit dem Erklärungsschritt von der Reizmanipulation zu der Attributionsänderung, welchen die Dissonanztheorie faktisch leisten könnte.

In der gleichen Position befindet sich die Theorie der Selbstwahrnehmung. Wie erwähnt, vermag auch sie nur die erste Beziehung zu erklären und kann bezüglich der zweiten nur spekulieren. Auch die bei KOENIG & HENRIKSEN (1972) berichteten Effekte falscher Rückmeldung auf den hautgalvanischen Widerstand lassen sich durch keine der dort zitierten Theorien (Modellernen, Selbstwahrnehmung, Gefühlstheorie sensu SCHACHTER) aus dem gleichen Grund erklären: keine der Theorien enthält Aussagen, welche die beobachteten physiologischen Veränderungen in nicht-trivialer Weise erklären könnte, „Erklärungen“ sind dort bestenfalls eine Reformulierung der Befunde — die zweite Kausalkette bleibt offen.

Die schlichte Feststellung, daß bislang kein theoretisches Modell die kognitive Kontrolle über physiologische Reaktionen im Detail abbilden kann, ist schon ein wichtiger Schritt nach vorne. Ein erster Anfang in dieser Richtung ist der Ansatz von ZIMBARDO (1969).

Wenn man sich von den physiologischen zu den behavioralen Variablen zuwendet, die mit Selbstattributionen verbunden sind, liefert das Konsistenz-Paradigma eine sichere Basis. Obwohl beispielsweise die Theorie der kognitiven Dissonanz wörtlich genommen eine Theorie über Kognitionen ist (wie auch die Attributionstheorie), läßt sich die Annahme eines allgemeinen „Konsistenzbedürfnisses" eher auf instrumentelle und konsumatorische als auf physiologische Reaktionsklassen ausweiten. Erlebt eine Person also Inkonsistenz zwischen ihrer Überzeugung und ihrem Verhalten, so kann sie — dem fundamentalen Postulat der Theorie folgend — zur Lösung dieses (rein kognitiven) Konflikts entweder ihre Überzeugung oder ihr Verhalten ändern. Das motivationale Konzept innerhalb der Theorie entspricht einem eingebauten „Motor", der Änderungen im offenen Verhalten antreibt. Wenn die Dissonanzmanipulationen eine Person gegenüber einer langweiligen Aufgabe gewogener machen, läßt sich aus der Theorie vorhersagen, daß sie in dieser Aufgabe eine bessere Leistung haben wird. Es ist wichtig zu betonen, daß das Verhalten hier notwendigerweise als über frühere Überzeugungen, Einstellungen, Kognitionen usw. vermittelt angenommen wird, mit denen es in Übereinstimmung gebracht werden muß.

Ein ähnliches Konsistenzprinzip wird von vielen Autoren eingeführt, die im Rahmen von SCHACHTERS Theorie Verhaltenseffekte erklären wollen. KOENIG & HENRIKSEN (1972) rezipieren SCHACHTERS Formulierungen so, daß eine Person, nachdem sie einen Gefühlszustand kogniziert hat, sich „dementsprechend angemessen" verhalten wird. BERKOWITZ & TURNER (1972) interpretieren die Theorie so, daß eine Person zuerst ihren Gefühlszustand kogniziert und sich dann in einer mit dieser Kognition harmonischen Weise verhält. Sie gehen damit über SCHACHTERS Formulierungen hinaus, indem sie ihre (oben erwähnten) Befunde als weiteren Beleg für ein Konsistenzbedürfnis betrachten, nämlich als Konsistenz zwischen wahrgenommenem Ärger und nachfolgender Aggression.

Interessanterweise geht SCHACHTER selbst jedoch nicht auf das Konsistenzprinzip ein. Vielmehr behandelt er Selbstattributionen und offenes Verhalten als Indikatoren für eine zugrundeliegende „Stimmung", die er experimentell erzeugt, d. h. er betrachtet beide Reaktionsklassen als funktional äquivalent. Insofern haben er und seine Kollegen von Anfang an Verhaltensbeobachtungen zusammen mit (oder sogar anstelle von) Selbstberichten emotionaler Zustände erhoben. So tauchen zwar Selbstattributionen von Hunger in einigen der Studien auf (siehe GOLDMAN, JAFFA & SCHACHTER 1968), aber zur abhängigen Variablen wurde nun Eßverhalten an sich, und das Wort „Hunger" verschwand leise aus der Betrachtung (vgl. NISBETT & STORMS 1972). Obwohl

einige konzeptuelle Unterscheidungen in diesen Forschungsbereich neu eingebracht wurden, zeigte sich keine Trennung, welche die Übergänge von einer
Reaktionseinheit zur anderen abbildet oder begleitet.

Zusammenfassend läßt sich sagen, daß rein attributionstheoretische Modelle nur kognitive Reaktionseinheiten abbilden können und daß sie einer
theoretischen Erweiterung bedürfen, wenn sie Verhaltensmerkmale oder physiologische Reaktionen als abhängige Variablen behandeln wollen. SCHACH-
TERS Ansatz, der irgendwo zwischen informations- bzw. attributionstheoretischen und motivdynamischen Paradigmen anzusiedeln ist, trennt auf der Seite
der abhängigen Variablen nicht zwischen Selbstattributionen und dem „emotionalen" Verhalten. Wie die Attributionstheoretiker betrachtet er physiologische Reaktionen nur als unabhängige Variablen; sie stellen jene Stimuli dar, die
partiell die Selbstwahrnehmung emotionaler Zustände bei einer Person determinieren. Schließlich können Theorien innerhalb des Motiv-Trieb-Paradig-
mas, speziell die kognitive Dissonanztheorie, physiologische Reaktionen nicht
anders als in trivialer Weise erklären; wohl aber verfügen diese Ansätze über
Konzeptualisierungen, die die Vorhersage oder Erklärung von Verhaltensänderungen durch die Vermittlung über Kognitionen, Einstellungen oder Attributionen gestatten. Wir wenden uns nun einer näheren Betrachtung der vorgeschlagenen Ereignissequenz zu, die von Reizmanipulationen über Attributionsveränderungen zu Verhaltensänderungen führt.

4.5.2 Beeinflussen Attributionen das Verhalten?

Erhöht man bei einer Person die günstige Einschätzung einer langweiligen
Aufgabe, so wird sie mit größerer Anstrengung arbeiten. Macht man sie glauben, sie sei ärgerlich, wird sie aggressiver reagieren. Verändert man ihre Wahrnehmungen von Hunger, Durst oder Schmerz, so wird sie ihr Verhalten ändern
oder andere aversive Reize aushalten können. Der Theorie zufolge heißt dies
also: verändere Attributionen, dann wird „konsistentes" Verhalten folgen! Bei
diesen Überlegungen gibt es nur ein Hindernis: sie sind offensichtlich nicht
wahr. Es liegt nicht daran, daß Verhaltenseffekte manchmal entgegen der Erwartung nicht auftreten — solche negativen Befunde stören kaum jemanden.
Es liegt vielmehr daran, daß Verhaltenseffekte leichter, stärker, zuverlässiger
und eindeutiger beobachtbar sind als Veränderungen in Attributionen, die
ja — der Theorie folgend — die Verhaltensänderungen bewirken müßten.

In einer sorgfältigen Studie von GRINKER (1969) zur Lidschlag-Konditio-
nierung konnten zum Beispiel zwar die erwarteten Konditionierungseffekte
erzielt werden, aber es zeigten sich keine Unterschiede zwischen einzelnen
Versuchsgruppen bezüglich der wahrgenommenen Schmerzintensität, der
Reizbarkeit, der Lernfähigkeit usw., die über Selbstberichte erhoben worden

waren. In einem ähnlichen Experiment konnten ZIMBARDO et al. (1969) die erwarteten Veränderungen in Lernleistungen, physiologischen Maßen und Schmerzwahrnehmungen erzielen. Letztere aber zeigten die geringsten Veränderungen, und die Zusammenhänge zwischen Attributionen und Verhaltensmaßen waren zudem äußerst gering.

In ähnlicher Weise zeigten in der Studie von DAVISON & VALINS (1969) die Personen der Experimentalgruppe eine höhere Schocktoleranz als die der Kontrollgruppe, sie bewerteten jedoch die Schockintensitäten als gleichermaßen schmerzvoll wie die Kontrollgruppe. In dem Experiment von VALINS & RAY (1967) zeigten sich ähnliche Ergebnisse: die Personen der Experimentalgruppe näherten sich den Schlangen stärker als die der Kontrollgruppe, aber sie behaupteten von sich nicht, daß sie weniger Angst hätten, als es die Kontrollgruppe tat. Schließlich fand WEICK (1967) bei Durchsicht aller Studien, in welchen die Einschätzung einer langweiligen Aufgabe verändert werden sollte, daß häufig eine Steigerung der Anstrengung bei der Aufgabenlösung auftrat ohne irgendeine Einstellungsänderung gegenüber der Aufgabe.

Was ist angesichts dieser Befunde zu tun? Eine mögliche Erklärung ist, daß Attributionen nicht sorgfältig genug operationalisiert werden und jene Selbstattributionen nicht angemessen erfaßt sind, die tatsächlich das Verhalten beeinflussen. Eine andere Möglichkeit ist, daß Versuchspersonen zögern, innere Zustände wie Ärger etc. zuzugeben (SCHACHTER & SINGER 1962). Wenngleich diese methodischen Überlegungen einige der negativen Befunde erklären können, zeigen sich die gleichen Ergebnisse — Verhaltensänderungen bei Abwesenheit ähnlich starker Attributionsänderungen — auch in einer der am sorgfältigsten durchgeführten und am besten geplanten Studie in diesem Bereich (GRINKER 1969).

Eine andere Möglichkeit besteht darin, daß Attributionen tatsächlich Verhalten beeinflussen und vermitteln, daß sie aber selbst unbewußt sind (BROCK & GRANT 1963; ZIMBARDO 1969). Natürlich wurde argumentiert, daß Inkonsistenz bzw. die Reduktion von Inkonsistenz nicht notwendigerweise bewußte Vorgänge sein müssen (siehe TANNENBAUM 1968), und wir selbst haben vergleichbar argumentiert, daß Personen nicht in der Lage sein müssen, jene Reize zu verbalisieren, von welchen sie ihre Selbstattributionen ableiten (siehe BEM 1965, 1968b). Aber mit solchen Behauptungen rückt man in gefährliche Nähe zur Metaphysik, und ein weiterer Schritt in das „Unsichtbare" — daß nämlich eine der „dissonanten" Kognitionen selbst dem Individuum nicht bekannt ist — sollte solange nicht vollzogen werden, wie nicht alle anderen Alternativen geprüft sind. Eine ähnliche, wenngleich plausiblere Erklärung über die Annahme defensiver Leugnungsprozesse wurde von ZIMBARDO (1969) vorgelegt. Seine Version unbewußter Kognitionen generierte zumindest einige empirische Fragestellungen, und es liegen einige überzeugende Daten dafür vor, daß solche Prozesse innerhalb des untersuchten Phänomenbereiches anzunehmen sind.

Einen letzten Ansatzpunkt liefert die Behauptung von WEICK (1969), daß Attributionen oder Einstellungen viel eher offenem Verhalten folgen als ihm vorangehen. Dies ist natürlich das Grundpostulat der Theorie der Selbstwahrnehmung und stellt ein auch innerhalb der Dissonanztheorie wohlbekanntes Phänomen dar. Wenn diese Annahme tatsächlich die Konsequenz ist, würde erklärt werden, warum Attributionsänderungen häufig weniger zuverlässig auftreten und schwächer sind als Verhaltensänderungen, da sie dann in der Ursachenkette das dritte Glied darstellen und nicht das zweite, wie es ursprünglich angenommen worden war. So wurden zum Beispiel die Selbstbeschreibungen eigenen Ärgers oder eigener Freude in dem klassischen Experiment von SCHACHTER & SINGER (1962) erhoben, *nachdem* das Verhalten aufgetreten war, und sie waren in der Tat weit weniger eindeutig als die beobachteten Verhaltensweisen selbst.

Ähnliches zeigte sich in dem Experiment von BERKOWITZ & TURNER (1972). Selbstberichteter Ärger wurde retrospektiv erhoben, wobei die Versuchspersonen erinnern sollten, wie ärgerlich sie waren, bevor sie aggressives Verhalten zeigten. Eine Arbeit von BEM & MCCONNELL (1970) legt nahe, daß solche „Erinnerungsmaße" stärker mit der augenblicklichen Attribution zusammenhängen (die zwischenzeitlich über das Verhalten verändert wurde), als daß sie mit dem tatsächlichen vorherigen Zustand übereinstimmen, den die Person zu erinnern versucht. In der Tat scheinen die Daten von BERKOWITZ & TURNER (mit Hilfe derer die Manipulation des Ärgers via falsche Rückmeldung geprüft werden wollte) deutlicher das aggressive Verhalten der Versuchspersonen abzubilden als das, was sie zu messen vorgeben. Bildet dann ihre Arbeit einen der Fälle umgekehrter Kausalsequenzen ab? Dies muß nicht der Fall sein, da es immerhin noch möglich ist, daß die entsprechenden Attributionen tatsächlich *vor* dem Verhalten auftauchten und es bestimmten. Man kann lediglich sagen, daß Selbstberichte der Personen, wenn sie *nach* dem Verhalten erhoben werden, kein valider Indikator für solche Attributionen sind. Gleiches gilt für die Arbeit von SCHACHTER & SINGER und eine Reihe anderer Studien, in welchen die Erhebung von Attributionen konfundiert wird mit dem in der Zwischenzeit aufgetretenen Verhalten. Unsere Analyse besagt somit, daß einige vergebliche Versuche der Feststellung von Attribuierungsänderungen nur das methodische Vorgehen reflektieren, wonach Selbstberichte erhoben werden, *nachdem* andere Ereignisse eingetreten sind. Aber auch diese Überlegungen können keine vollständige Erklärung liefern, da eine der sorgfältigsten Arbeiten in diesem Bereich auch dieser Kritik standhält (vgl. ZIMBARDO et al. 1969): danach erweisen sich Verhaltenseffekte als deutlich stärker als Attributionseffekte, obwohl letztere die ersteren angeblich beeinflussen.

122

Wenn wir also zu der Schlußfolgerung gezwungen werden, daß — zumindest in einigen Bereichen — Attributionsveränderungen die beobachteten Verhaltensänderungen nicht vermitteln, dann stellt sich uns ein Problem dar, welches früher innerhalb des Konsistenz-Paradigmas eine Erklärung fand, aber heute „ungelöst" ist: das der Erklärung der Verhaltensänderungen selbst. Einige Versuche in dieser Richtung liegen uns vor.

So haben beispielsweise NISBETT & VALINS (1972) vorgeschlagen, daß Reizmanipulationen alleine zur Veränderung von Attributionen nicht ausreichen. Vielmehr würden sie nur die Person zu einer Überprüfung ihrer gegenwärtigen Attribution veranlassen in der Weise, daß sie eine neue Attribuierungshypothese „testet", indem sie ein entsprechendes Verhalten zeigt. Als Folge ihres Verhaltens mag sie ihre Hypothese bestätigen und ihre ursprünglichen Attribuierungen als gültig akzeptieren. Sie mag aber auch ihre Hypothese verwerfen, frühere Attribuierungen zurückweisen und den Forscher mit einem Befundmuster zurücklassen, welches ihm zwar Verhaltenseffekte, jedoch keine Attribuierungseffekte zeigt. So würde eine falsche Rückmeldung, daß man keine Furcht vor Schlangen habe, nicht ausreichen für eine stabile Selbsteinschätzung „Ich habe keine Furcht", sondern nur dafür, daß man diese Hypothese überprüft, indem man sich der Schlange nähert. Erst dieses Verhalten kann die neue Attribution via Selbstwahrnehmung stabilisieren. Diese überwältigende Argumentation ist im Detail bei NISBETT & VALINS ausgeführt.

Im Hinblick auf die von WEICK (1967) gesichteten Befunde (siehe oben) läßt sich argumentieren, daß die Verhaltenseffekte in diesen Experimenten erklärt werden können durch Frustrations- oder Reizverarbeitungstheorien. So können Attribuierungseffekte, wenn sie tatsächlich auftreten, wiederum als dem Verhalten nachgeordnete Phänomene behandelt und entweder durch die Theorie der Selbstwahrnehmung oder der kognitiven Dissonanz erklärt werden.

Es ist möglich, daß andere Formen der Verhaltensänderung (etwa über Rechtfertigungen) neu gelöst werden können, indem man Abwandlungen motivationaler Konstrukte einführt, wie etwa das Bedürfnis nach Selbst- und Umweltkontrolle (vgl. DeCHARMS 1968; ZIMBARDO 1969). Die physiologischen Effekte müßten sich dann, wie wir oben dargelegt haben, isolieren und mit anderen physiologischen Vorgängen, die kognitiver Beeinflussung unterliegen, wieder verknüpfen lassen. Dies ist jedenfalls eher anzunehmen, als daß sie sich über die Manipulation der unabhängigen Variablen als Dissonanz- oder Attribuierungsphänomene gruppieren lassen.

Sicherlich haben wir die Tür für eine Vielzahl von „Mini-Theorien" geöffnet, da es unwahrscheinlich ist, daß ein einziger Vorgang für die verschiedenen Phänomene verantwortlich ist, die an der Nahtstelle zwischen Konsistenz- und Attributionsmodellen angesiedelt wurden. Natürlich fällt es schwer, der Theorie der Selbstwahrnehmung die Erklärung einiger Effekte in Abrede zu stellen, die ihr von anderen Autoren freiwillig zugestanden wurde. Zumindest bleibt ihr heuristischer Wert in diesem Zusammenhang erhalten, obwohl ihr Erklärungswert beschränkter ist, als ihre Anhänger vermutet hatten. In ähnlicher Weise mag es beschämend sein, wenn man die theoretische Sparsamkeit aufgibt, die während der Herrschaft der Konsistenztheorien erreicht worden war. Es scheint nun aber klar, daß ein Großteil dieser Sparsamkeit illusorisch war und erkauft wurde damit, daß wir entscheidende Erkenntnislücken verbargen. Die Tatsache, daß nun alles auseinanderzufallen scheint, sollte als Hinweis auf wissenschaftlichen Erkenntnisfortschritt betrachtet werden.

Asch, S. E. 1952. Social Psychology. Englewood Cliffs, N. J.: Prentice-Hall.
Bandler, R. J., Madaras, G. R. & Bem, D. J. 1968. Self-observation as a source of pain perception. Journal of Personality and Social Psychology 9, 205–209.
Bem, D. J. 1964. An experimental analysis of beliefs and attitudes. Ann Arbor, Mich.: University Microfilms (Doctoral Dissertation, University of Michigan, No. 6412, 588).
Bem, D. J. 1965. An experimental analysis of self-persuasion. Journal of Experimental Social Psychology 1, 199–218.
Bem, D. J. 1966. Inducing belief in false confessions. Journal of Personality and Social Psychology 3, 707–710.
Bem, D. J. 1970. Beliefs, attitudes, an human affairs. Monterey, Calif.: Brooks/Cole.
Bem, D. J. 1972 (a). Constructing cross-situational consistencies in behavior: Some thoughts on Alker's critique of Mischel. Journal of Personality 40, 17–26.
Bem, D. J. 1972 (b). The cognitive alteration of feeling states: A discussion. In: London, H. & Nisbett, R. E. (Ed.) Cognitive alteration of feeling states. Chicago: Aldine. p. 211–233.
Bem, D. J. & McConnell, H. K. 1970. Testing the self-perception explanation of dissonance phenomena: On the salience of premanipulation attitudes. Journal of Personality and Social Psychology 14, 23–31.
Berkowitz, L. 1965. The concept of aggressive drive: Some additional considerations. In: Berkowitz, L. (Ed.) Advances in Experimental Social Psychology 2, New York: Academic Press. p. 301–329.
Berkowitz, L. 1968. The motivational status of cognitive consistency theorizing. In: Abelson, R. P., Aronson, E., McGuire, W. J., Newcomb, T. M., Rosenberg, M. J. & Tannenbaum, P. H. (Ed.) Theories of cognitive consistency: A sourcebook. Chicago: Rand McNally. p. 303–310.
Berkowitz, L., Lepinski, J. & Angulo, E. 1969. Awareness of own anger level and subsequent agression. Journal of Personality and Social Psychology 11, 293–300.
Berkowitz, L. & Turner, C. 1972. Perceived anger level, instigating agent, and agression. In: London, H. & Nisbett, R. E. (Ed.) Cognitive alteration of feeling states. Chicago: Aldine. p. 174–189.
Bowers, K. S. 1971. An attributional analysis of operant conditioning: The problem of behavioral persistence. Waterloo: University of Waterloo (Unveröffentlichtes Manuskript).
Brehm, J. W. & Cohen, A. R. 1962. Explorations in cognitive dissonance. New York: Wiley.

Brock, T. C. & Grant, L. D. 1963. Dissonance, awareness, and motivation. Journal of Abnormal and Social Psychology, 67, 53–60.

Chapanis, N. P. & Chapanis, A. 1964. A cognitive dissonance: Five years later. Psychological Bulletin 61, 1–22.

Chappell, V. C. (Ed.) 1962. The philosophy of mind. Englewood Cliffs, N. J.: Prentice Hall.

Corah, N. L. & Boffa, J. 1970. Perceived control, self-observation, and response to aversive stimulation. Journal of Personality and Social Psychology 16, 1–4.

Davison, G. C. & Valins, S. 1969. Maintenance of self-attributed and drug-attributed behavior change. Journal of Personality and Social Psychology 11, 25–33.

DeCharms, R. 1968. Personal causation: The internal affective determinants of behavior. New York: Academic Press.

Deci, E. L. 1971. Effects of externally mediated rewards on intrinsic motivation. Journal of Personality and Social Psychology 18, 105–115.

Deci, E. L. 1972. Intrinsic motivation, extrinsic reinforcement, and inequity. Journal of Personality and Social Psychology 22, 113–120.

Deci, E. L. & Cascio, W. F. 1971. Changes in intrinsic motivation as a function of negative feedback and threats. Rochester: University of Rochester (Unveröffentlichtes Manuskript).

Festinger, L. 1954. A theory of social comparison processes. Human Relations 7, 117–140.

Festinger, L. 1957. A theory of cognitive dissonance. Stanford: Stanford University Press.

Festinger, L. 1964. Conflict, decision and dissonance. Stanford: Stanford University Press.

Festinger, L. & Carlsmith, J. M. 1959. Cognitive consequences of forced compliance. Journal of Abnormal and Social Psychology 58, 203–210.

Frank, J. 1961. Persuasion and healing. Baltimore: John Hopkins Press.

Freedman, J. L. & Frazer, S. C. 1966. Compliance without pressure: The foot-in-the-door technique. Journal of Personality and Social Psychology 4, 195–202.

Goldman, R., Jaffa, M. & Schachter, S. 1968. Yom Kippur, Air France, dormitory food, and the eating behavior of obese and normal persons. Journal of Personality and Social Psychology 10, 117–123.

Grinker, J. 1969. Cognitive control of classical eyelid conditioning. In: Zimbardo, P. G. (Ed.) The cognitive control of motivation. Glenview, Ill.: Scott, Foresman. p. 126–135.

Jones, E. E. & Nisbett, R. E. 1972. The actor and the observer: Divergent perceptions of the causes of behavior. In: Jones, E. E., Kanouse, D., Kelley, H. H., Nisbett, R. E., Valins, S. & Weiner, B. (Ed.) Attribution: Perceiving the causes of behavior. New York: General Learning Press. p. 79–94.

Kelley, H. H. 1967. Attribution theory in social psychology. In: Levine, D. (Ed.) Nebraska Symposium on Motivation 15. Lincoln: University of Nebraska Press. p. 192–238.

Klemp, G. O. & Leventhal, H. 1972. Self-persuasion and fear reduction from escape behavior. In: London, H. & Nisbett, R. E. (Ed.) Cognitive alteration of feeling states. Chicago: Aldine. p. 159–173.

Koenig, K. P. & Henriksen, K. 1972. Cognitive manipulation of GSR extinction: Analogues for conditioning therapies. In: London, H. & Nisbett, R. E. (Ed.) Cognitive alteration of feeling states. Chicago: Aldine. p. 60–73.

125

LEPPER, M. R. 1971. Dissonance, self perception, and honesty in children. Stanford: Stanford University (Unveröffentlichtes Manuskript).

LEPPER, M. R., GREENE, D. & NISBETT, R. E. 1971. Undermining children's intrinsic interest with extrinsic reward: A test of the „overjustification" hypothesis. Stanford: Stanford University (Unveröffentlichtes Manuskript).

LEVENTHAL, H. 1970. Findings and theory in the study of fear communications. In: BERKOWITZ, L. (Ed.) Advances in Experimental Social Psychology 5. New York: Academic Press. p. 120–186.

LOFTIS, J. & ROSS, L. 1971. Facilitation of GSR extinction through misattribution. Stanford: Stanford University (Unveröffentlichtes Manuskript).

NISBETT, R. E. & SCHACHTER, S. 1966. Cognitive manipulation of pain. Journal of Experimental Social Psychology 2, 227–236.

NISBETT, R. E. & STORMS, M. D. 1972. Cognitive and social determinants of food intake. In: LONDON, H. & NISBETT, R. E. (Ed.) Cognitive alteration of feeling states. Chicago: Aldine. p. 190–208.

NISBETT, R. E. & VALINS, S. 1972. Perceiving the causes of one's own behavior. In: JONES, E. E., KANOUSE, D. E., KELLEY, H. H., NISBETT, R. E., VALINS, S. & WEINER, B. (Ed.) Attribution: Perceiving the causes of behavior. New York: General Learning Press. p. 63–78.

ROSS, L., BIERBRAUER, G. A. & POLLY, S. 1971. The attribution of succes and failure in student-teacher interaction. Stanford: Stanford University (Unveröffentlichtes Manuskript).

ROSS, L., RODIN, J. & ZIMBARDO, P. G. 1969. Toward an attribution therapy: The reduction of fear through induced cognitiveemotional misattribution. Journal of Personality and Social Psychology 4, 279–288.

RYLE, G. 1949. The concept of mind. London: Hutchinson.

SCHACHTER, S. 1959. The psychology of affiliation. Stanford: Stanford University Press.

SCHACHTER, S. 1964. The interaction of cognitive and physiological determinants of emotional state. In: BERKOWITZ, L. (Ed.) Advances in Experimental Social Psychology 1. New York: Academic Press. p. 49–80.

SCHACHTER, S. & SINGER, J. E. 1962. Cognitive, social, and physiological determinants of emotional state. Psychological Review 69, 379–399.

SCHACHTER, S. & WHEELER, L. 1962. Epinephrine, chlorpromazine and amusement. Journal of Abnormal and Social Psychology 65, 121–128.

SKINNER, B. F. 1945. The operational analysis of psychological terms. Psychological Review 52, 270–277, 291–294.

SKINNER, B. F. 1953. Science and human behavior. New York: Macmillan.

SKINNER, B. F. 1957. Verbal behavior. New York: Appleton.

STEINER, I. D. 1970. Perceived freedom. In: BERKOWITZ, L. (Ed.) Advances in Experimental Social Psychology 5. New York: Academic Press. p. 187–248.

STORMS, M. D. 1971. Video tape and the attribution process: Changing actors' and observers' points of view. Yale: Yale University (Unveröffentlichte Dissertation).

STORMS, M. D. & NISBETT, R. E. 1970. Insomnia and the attribution process. Journal of Personality and Social Psychology 2, 319–328.

TANNENBAUM, P. H. 1968. The conguity principle: Retrospective reflections and recent research. In: ABELSON, R. P., ARONSON, E., McGUIRE, W. J., NEWCOMB, T. M., ROSENBERG, M. J. & TANNENBAUM, P. H. (Ed.) Theories of cognitive consistency: A sourcebook. Chicago: Rand McNally. p. 52–72.

VALINS, S. 1966. Cognitive effects of false heart-rate feedback. Journal of Personality and Social Psychology 4, 400–408.

VALINS, S. & RAY, A. A. 1967. Effects of cognitive desensitization on avoidance behavior. Journal of Personality and Social Psychology 7, 345–350.

WEICK, K. E. 1967. Dissonance and task enhancement: A problem for compensation theory? Organizational Behavior and Human Performance 2, 175–216.

ZIMBARDO, P. G. (Ed.) 1969. The cognitive control of motivation: The consequences of choice and dissonance. Glenview, Ill.: Scott, Foresman.

ZIMBARDO, P. G., COHEN, A., WEISENBERG, M., DWORKIN, L. & FIRESTONE, I. 1969. The control of experimental pain. In: ZIMBARDO, P. G. (Ed.) The cognitive control of motivation. Glenview, Ill.: Scott, Foresman. p. 100–125.

5 Entwurf eines heuristischen Bezugsrahmens für Selbstkonzept-Forschung: Menschliche Informationsverarbeitung und naive Handlungstheorie

Sigrun-Heide Filipp, Universität Oldenburg

5.1 Einführung

Die Auswahl von Forschungsbereichen und die Formulierung von Forschungsfragen ist immer auch bestimmt von anthropologischen Grundannahmen. Das Menschenbild, welches das Theoretisieren über Selbstkonzepte leitet, läßt sich am besten mit der jüngst von Groeben & Scheele (1977) vorgeschlagenen Formulierung als „epistemologisches Subjektmodell" kennzeichnen. Selbstkonzept-Forschung ist beispielhaft für eine „Psychologie des reflexiven Subjekts", wenn sie auf zwei Prämissen beruht: Menschen sind in der Lage, sich selbst zum Gegenstand ihrer Aufmerksamkeit und Wahrnehmung zu machen und zwischen ihren Erfahrungen und ihrer Person einen sinndeutenden (Rück)Bezug herzustellen. Menschen verfügen über kognitive Repräsentationen ihrer eigenen Person („interne Selbstmodelle", vgl. Filipp 1975) und gewährleisten dadurch im raum-zeitlichen Beziehungsgefüge das Erlebnis personaler Existenz und Kontinuität.

Auf dieser Grundlage ergeben sich für die Selbstkonzept-Forschung zwei fundamentale Fragenkomplexe, die trotz einer langen Forschungstradition nur unzureichend oder höchst kontrovers beantwortet sind: (1) In welcher Weise vollzieht sich die kognitive Repräsentation der eigenen Person? Wie lassen sich Aufbau und Wandel interner Selbstmodelle beschreiben und erklären, und welche Konsequenzen ergeben sich daraus für eine theoretische Präzisierung des Terminus „Selbstkonzept"? (2) Welche Bedeutung besitzen interne Selbstmodelle für menschliches Erleben und Handeln? Inwieweit leisten „Selbstkonzepte" einen eigenständigen Beitrag zur Verhaltenserklärung und -vorhersage?

Ich will im folgenden Beitrag versuchen, einige Vorschläge zur Lösung dieser Grundfragen zu formulieren. Der Leser mag es nachsehen, wenn viele dieser Überlegungen einer gesicherten empirischen Basis entbehren und so als apodiktische Setzungen erscheinen mögen. Er mag auch nachsehen, daß einige Überlegungen durchaus nicht neu sind: in diesem Falle scheinen sie mir so fruchtbar, daß sie erneut in die Diskussion eingebracht oder in Beziehung zu anderen Ansätzen gebracht werden sollten. Die zentralen theoretischen Grundpositionen, die hier dargelegt werden, sind: (1) Aufbau und Wandel interner Selbstmodelle lassen sich schlüssig nur mit Rückgriff auf Theorien der menschlichen Informationsverarbeitung darstellen. Dies erfordert zugleich die Revision einiger Konzeptualisierungsansätze in der Selbstkonzept-Forschung. (2) Interne Selbstmodelle lassen sich als psychologisch sinnvolle und theoretisch wie empirisch gehaltvolle Konstruktionen nur im Rahmen einer handlungstheoretischen Betrachtung und Analyse festmachen. Sie tragen nur dann zur Verhaltenserklärung bei, wenn sie als Teilbestände naiver Handlungstheorien vom Forscher thematisiert werden (vgl. auch LAUCKEN 1974; EPSTEIN in diesem Band).

5.2 Menschliche Informationsverarbeitung und der Aufbau interner Selbstmodelle

Erörterungen zum „Selbstkonzept" und zum Problem der „Selbsterfahrung" oder „Selbsterkenntnis" mündeten zuweilen in die Feststellung eines „rätselhaften Phänomens", wonach ein „Erfahrendes einem Erfahrenem als einem Anderen gegenübersteht und in der das Erfahrene zugleich ein Anderes und nicht ein Anderes ist" (STEGMÜLLER ⁴1969, p. 325). Es ist exakt jene Dialektik zwischen „Selbst als Subjekt" und „Selbst als Objekt" (von JAMES 1892 pointiert in der Trennung von „I" und „Me" ausgedrückt), welche in erkenntnistheoretischen Zirkelschlüssen endet und dazu verleitet, einem dieser „Selbste" die Funktion einer Homunculus-ähnlichen psychischen Instanz zuzuweisen. Auch wegen dieser Konnotation scheint mir die Verwendung des „Selbst"-Begriffes im substantivischen Modus eher problematisch. Dessenungeachtet gilt es jedoch, das in der Alltagserfahrung unwidersprochene und jedem Menschen vertraute Phänomen zu erklären, daß er um seine personale Existenz und Kontinuität *weiß*. Menschen denken über sich selbst nach, schreiben sich bestimmte Merkmale zu, bewerten eigene Charakteristika – kurzum, sie verfügen über ein Wissen, „wer sie sind".

Für eine wissenschaftliche Betrachtung solcher Phänomene und Vorgänge bedarf es jedoch keineswegs einer Mystifizierung; denn das Wissen über die eigene Person unterscheidet sich nicht prinzipiell von dem Wissen um Gegenstände und Personen der Außenwelt. In beiden Fällen ist dieses Wissen ein Produkt der Erfahrung, also ein Resultat menschlicher Informationsverarbeitung. Theorien der menschlichen Informationsverarbeitung stellen somit einen heuristisch wertvollen Bezugsrahmen für die Selbstkonzept-Forschung dar. Dadurch sind bei weitem nicht alle Fragen zu Aufbau, Struktur und Funktion von Selbstkonzepten beantwortet. Vielmehr scheinen sich vor diesem Hintergrund erst sinnvolle Forschungsfragen generieren zu lassen.

Meines Wissens gibt es nur wenige Versuche, beide Forschungsbereiche systematisch aufeinander zu beziehen. Sie sind von ihrer Tradition und Methodologie zu weit voneinander entfernt, wenngleich ihre Berührungspunkte häufiger artikuliert wurden. HARVEY & SCHRODER (1965) haben etwa ausgeführt, daß in der konzeptuellen Matrix jedes Menschen nicht nur externe Ereignisse, Personen, Gegenstände, sondern auch die eigene Person plaziert und verankert ist. Auch NEISSER (1976) deutet in seinem Schlußkapitel die Notwendigkeit an, daß sich die kognitive Psychologie auch für die Konstruktion des Wissens über die eigene Person interessieren müsse. Auf seiten der Selbstkonzept-Forschung haben NEUBAUER (1976) und MARKUS (1977) unlängst erneut den Begriff des „Schemas" aufgegriffen, und FILIPP (1975) hat unter Rekurs auf allgemein modelltheoretische Überlegungen einen ähnlichen Ansatz verfolgt.

Die Grundannahme, daß der Mensch als informationsverarbeitendes System und als aktiver Konstrukteur seines Wissens zu betrachten ist, impliziert zunächst, daß interne Selbstmodelle und die sie konstituierenden Einheiten (siehe unten) zu verstehen sind als die jeweils zu einem Zeitpunkt gegebenen Endprodukte, die aus dem Prozeß der Verarbeitung selbstbezogener Informationen resultieren (vgl. FILIPP 1978 a). Somit erscheint es sinnvoll, zunächst die Quellen selbstbezogener Informationen, welche für Aufbau und Wandel interner Selbstmodelle potentiell zur Verfügung stehen, einer systematischeren Betrachtung zu unterziehen.

5.2.1 Quellen selbstbezogener Informationen

Unternimmt man den Versuch, die in den Verarbeitungsprozeß eingehenden Informationen danach zu unterscheiden, ob sie „selbstbezogen" oder „außenweltbezogen" sind, ob sie also informationelles Rohmaterial über die eigene Person oder über die Außenwelt liefern, so vollzieht man eine vergleichsweise arbiträre Trennung. Die Frage ist nämlich, ob der Trennung zwischen „Ich" und „Außenwelt" auf der kognitiven Repräsentationsebene eine solche auf der „objektiven" Ebene isomorph zugeordnet werden kann. Dieses Problem läßt sich verdeutlichen am Phänomen der „Selbst-Extension" (vgl. PRELINGER 1957; THOMAE 1968): Offenbar gibt es unterschiedliche Formen der kognitiven Ausgestaltung des Ich-Außenwelt-Bezuges, indem Menschen in unterschiedlicher Weise Ausschnitte aus ihrer Umwelt als „Selbstaspekte" erleben und so interindividuell variierende „Grenzziehungen" vornehmen (siehe hierzu FISCHER in diesem Band). In diesem Zusammenhang sei auch an die exzellente Analyse zum Verhältnis von „Innenwelt" und „Außenwelt" durch BISCHOFF (1966) erinnert.

Will man also von „selbstbezogenen" Informationen in Abhebung von „außenweltbezogenen" sprechen, so bedarf es einer Präzisierung, indem als „selbstbezogene Informationen" nur jene beschrieben werden, welche — unabhängig von Herkunft und Qualität — das Individuum als selbstbezogen *kodiert*. Da sich „Selbsterfahrung" nur in Transaktion mit der Umwelt vollzieht, in der realen und/oder symbolischen Interaktion mit Gegenständen oder anderen Personen, stellt es bereits einen ersten fundamentalen Konstruktionsprozeß auf seiten der jeweiligen Person dar, ob sie die aus diesen Erfahrungen stammenden Informationen als „selbstbezogen" oder „außenweltbezogen" entschlüsselt. Wenn also im folgenden Quellen selbstbezogener Informationen dargestellt werden, so ist dabei stets mitgedacht, daß die Aufnahme von Informationen immer ein konstruktiver Akt ist, in welchem die Person je nach Umständen mehr oder weniger von der Reizinformation in spezifischer Weise Gebrauch macht. Für eine systematische Auflistung der zum Aufbau interner Selbstmodelle verfügbaren Informationsquellen läßt sich die folgende Unterteilung treffen: (1) direkte Prädikatenzuweisungen durch andere Personen, (2) indirekte Prädikatenzuweisungen durch andere Personen, (3) komparative Prädikaten-Selbstzuweisungen, (4) reflexive Prädikaten-Selbstzuweisungen und (5) ideationale Prädikaten-Selbstzuweisungen.

Direkte Prädikatenzuweisungen durch andere Personen. Jeder mag sich mühelos an eine Reihe von Merkmalen erinnern, die ihm vormals von Personen seiner sozialen Umwelt zugeschrieben wurden. Der Lehrer, der dem Schüler „Faulheit" vorhält, die Freunde, die einem Jungen seine „Stärke" bescheinigen, oder der Kollege, der uns der „Unkollegialität" bezichtigt — all diese Situationen sind beispielhaft dafür, wie im Zuge verbaler Interaktion unmittelbar direkte Prädikatenzuweisungen vorgenommen und so selbstbezogene Informationen bereitgestellt werden. In der Tat ist bis heute die Auffassung, daß Selbstkonzepte kaum mehr sind als die Widerspiegelung von Fremdzuschreibungen, äußerst populär. Die von COOLEY (1902) gewählte Metaphorik des „looking-glass-self" wird in vielen empirischen Arbeiten aufgegriffen und lebt heute in den sog. Labelingansätzen (z. B. SCHUR 1974) weiter. Allerdings sind diese Ansätze nicht auf die unmittelbaren Zuschreibungen sprachlicher Etikettierungen beschränkt, sondern sie postulieren auch mittelbar aus dem Interaktionsverhalten gewonnene Informationen als Determinanten der Selbstwahrnehmung (siehe unten).

Das Wissen um die eigene Person, Selbstzuschreibung von Merkmalen und Eigenschaften werden in diesen Ansätzen als sozial bedingt gedacht, indem über die Annahme eines unidirektionalen Wirkungsgefüges Fremdzuschreibungen den Selbsturteilen ursächlich vorangehen. Die empirische Evidenz für solche Annahmen (z. B. der Verweis auf die hohe Übereinstimmung von Fremd- und Selbsteinschätzungen) läßt allerdings die Frage der Kausalität völlig offen. Auch eine Explikation der vermittelnden Prozesse, die hierbei wirksam sein sollen, wird nur äußerst selten geleistet. Eine Ausnahme ist etwa HELPERs (1958) Versuch, auf der Basis des Kontiguitätslernens die Zuordnung von Fremdzuschreibungen über die assoziative Verknüpfung mit dem eigenen Namen zu erklären. Auch BEM (in diesem Band) versucht auf der Grundlage allgemeiner lerntheoretischer Prinzipien nachzuweisen, daß Selbstattributionen über Fremdattributionen vermittelt werden.

Auf der Grundlage kognitionstheoretischer Überlegungen scheint dieser Ansatz von nur beschränktem Erklärungswert; er läßt sich mühelos dem von NEISSER (1967) formulierten „naiven Realismus" zuordnen. Wahrnehmungsereignisse stellen gerade nicht den passiven Spiegel der äußeren Welt dar, und entsprechend sind Selbstattributionen nicht das schlichte Abbild vorgängiger Fremdattributionen. Vielmehr enkodiert eine Person solche direkten Prädikatenzuweisungen in einer spezifischen Weise, und sie wird diese unter genau zu präzisierenden Bedingungen speichern. ZAVALLONI (1967) hat etwa im Detail ausgeführt, wie Fremdzuschreibungen von der betreffenden Person gefiltert und danach geprüft werden, ob sie als „zutreffend" für die eigene Person zu akzeptieren sind. Wir müssen bislang darüber spekulieren, welche Selektionsprinzipien hierbei wirksam sind und wann eine Person direkte Prädikatenzuweisungen als selbstbezogene Informationen entsprechend verarbeitet. Ungeprüft ist auch, wie stark sie bereits vorab in der Wahl ihrer Interaktionspartner selektiert, möglicherweise gerade wegen der bei ihnen (vermuteten oder erfahrenen) Prädikatenzuweisungen zu ihrer eigenen Person. Weiter ist zu berücksichtigen, daß ja das betreffende Individuum selbst Fremdattribuierungen, die andere Personen vornehmen, zumindest partiell bestimmt, indem es etwa unterschiedliche Formen der Selbst-Präsentation (sensu GOFFMAN 1967) oder ein bestimmtes Maß an „self-disclosure" (JOURARD 1971) in die soziale Interaktion einbringt.

Eine weitere wesentliche Frage ist in diesem Zusammenhang, welcher Konsens zwischen verschiedenen Personen oder Informationsquellen hinsichtlich solcher direkten Prädikatenzuweisungen besteht. Sofern etwa über Stereotypie-Bildungen gegenüber bestimmten gesellschaftlichen Gruppen (z. B. ethnische Minderheiten, Randgruppen, bestimmte Altersgruppen) ein hoher Konsens über die Eigenschaften ihrer Mitglieder besteht, mag der Einfluß von Fremdzuschreibungen auf die Selbsteinschätzung höher sein. In diesem Falle wäre wegen der Häufung entsprechender Erfahrungen und wegen der „Redundanz" selbstbezogener Informationen eine Person womöglich gezwungen, ihre Selbsteinschätzungen an solche Fremdeinschätzungen anzupassen (vgl. STROEBE 1978). Aber selbst dort, wo vergleichsweise prägnante Stereotype über Personengruppen in einer Gesellschaft vorherrschen, finden diese nur einen geringen Niederschlag in den Selbstkonzepten der betroffenen Personen,

133

wie ROSENBERG (1972) am Beispiel der Schwarzen Nordamerikas festgestellt hat.

Einige experimentelle Studien, in welchen den Versuchspersonen systematisch Rückmeldung über ihre (vermeintlichen) Fähigkeiten und/oder Persönlichkeitseigenschaften gegeben wurde, legen zwar nahe, daß direkte Prädikatenzuweisungen eine Veränderung in den Selbsteinschätzungen erzeugen (z. B. BARRETT 1968). Hierbei bleibt jedoch ungeprüft, ob und in welcher Weise dies längerfristige Effekte sind. Zudem weisen fast alle einschlägigen Arbeiten nach, wie selektiv von den einzelnen Personen solche Rückmeldungen aufgenommen und bewertet werden (z. B. FREY 1978; SHRAUGER 1975; SKOLNICK 1971). Eine letzte Einschränkung gilt es noch zu beachten: direkte Prädikatenzuweisungen als Quelle selbstbezogener Informationen sind wohl „in vivo" weit seltener, als es die Menge der auf dieser Annahme basierenden Untersuchungen nahelegt. Eben wegen ihrer Direktivität dürften sie auf jene sozialen Interaktionen beschränkt bleiben, die ein höheres Maß an Vertrautheit auszeichnet und in denen nicht Höflichkeitsnormen ihren Austausch verhindern. Vermutlich auch deshalb wird von den Vertretern der „sozialen Spiegeltheorie" darauf verwiesen, daß die sozialen Interaktionspartner qua Verhalten mittelbar Fremdattributionen signalisieren.

Indirekte Prädikatenzuweisungen durch andere Personen. Indem andere Menschen sich gegenüber einer Person in bestimmter Weise verhalten, vermitteln sie auch immer (absichtlich oder nicht) ihre Einschätzungen und Urteile über diese Person. Indirekte Prädikatenzuweisungen sind also solche selbstbezogenen Informationen, die eine Person im Zuge *interpretativer Schlußfolgerungen* aus dem Verhalten anderer Personen gewinnt. Wenn Kollege A bei der Lösung schwieriger Probleme häufig seinen Kollegen B zu Rate zieht, so wird dieser vermutlich zu der Annahme gelangen, daß A ihn für „fachlich kompetent" hält, ohne daß hierbei direkte Prädikatenzuweisungen vorgenommen werden. Menschen lernen also, wie GERGEN (1971, p. 23) formuliert, „to think of themselves in terms of others' behavior towards them".

Diese Annahme hat nicht nur eine lange Tradition, sondern sie stellt faktisch auch die theoretische Basis vieler empirischer Studien dar. So verweist COOPERSMITH (1967) auf Merkmale des elterlichen Erziehungsverhaltens als antezedente Bedingungen unterschiedlicher Niveaus im Selbstwertgefühl der Kinder. SEARS (1970) zeigte in einer Längsschnittstudie auf, daß elterlicher Erziehungsstil auch über einen Zeitraum von sieben Jahren Selbstkonzepte von Kindern vorhersagt. Nicht nur innerhalb soziologisch und sozialpsychologisch orientierter Selbstkonzept-Theorien (z. B. KINCH 1963; SHAVER 1975), sondern auch auf der Grundlage klinisch-psychologischer Beobachtungen (vor allem ROGERS 1951) wird die Abhängigkeit der Selbsteinschätzungen einer Person von dem Interaktionsverhalten bedeutsamer Sozialpartner postuliert.

Nun stellen indirekte Prädikatenzuweisungen nur eine unter mehreren Quellen selbstbezogener Informationen dar. Doch selbst wenn man dieser Informationsquelle eine Prädominanz für den Aufbau interner Selbstmodelle zuschreibt, bleibt weitgehend unexpliziert, welcher Qualität denn die (höchst komplexen) kognitiven Transformationsprozesse sind, die hierbei eine Rolle spielen. Die Person muß nämlich — in Anlehnung an die Formulierung von JONES & DAVIS (1965) — *doppelte Inferenzleistungen* vornehmen: Sie beobachtet einmal das Verhalten ihrer Interaktionspartner, muß dieses Verhalten mit der handelnden Person (also mit deren Absichten, Meinungen, Einstellungen usw.) „korrespondierend" verknüpfen und dann in einem nächsten Schritt daraus selbstbezogene Informationen einer spezifischen Qualität erschließen. Es bedarf also einer klaren Präzisierung, unter welchen Bedingungen und in welcher Weise aus dem Verhalten anderer Personen Reizinformationen gewonnen werden, die als selbstbezogen kodiert werden. Das oben erwähnte Beispiel aus der Alltagserfahrung macht deutlich, daß Menschen in der Tat zu solchen Inferenzleistungen in der Lage sind und daß hier (wie empirische Arbeiten zeigen) eine wesentliche Quelle selbstbezogener Informationen liegt. Nur bedarf es einer exakteren kognitionstheoretischen Erklärung und in der Folge auch hier einer Prüfung der Ursache-Wirkungs-Beziehungen. So ist es ja durchaus wahrscheinlich, daß die Art und Weise, wie das Verhalten anderer Personen interpretiert wird, von bereits gebildeten Selbstschemata abhängig ist. Es ist aber auch zu beachten, daß die betreffende Person ihrerseits das Interaktionsverhalten der Sozialpartner steuert und so mittelbar Einfluß darauf nimmt, welche (tatsächlichen oder vermuteten) Fremdattribuierungen aus deren Verhalten signalisiert werden. Wie im Falle direkter Prädikatenzuweisungen sollte man auch hier die Vorstellung einseitiger Wirkungsgefüge verlassen und sich dem Modell des „reziproken Determinismus", wie es unlängst von BANDURA (1978) vorgeschlagen wurde, anlehnen.

Komparative Prädikaten-Selbstzuweisungen. Menschen verarbeiten nicht nur selbstbezogene Informationen, die ihnen unmittelbar aus ihrer sozialen Umwelt bereitgestellt werden, sondern sie spielen auch selbst eine aktive Rolle in der Generierung selbstbezogener Informationen. Eine Möglichkeit hierzu besteht darin, daß sie sich mit anderen Personen bezüglich bestimmter Merkmale vergleichen und als Resultat dieser Vergleichsprozesse komparative Prädikatenzuweisungen selbst vornehmen (z. B. „Ich bin gesprächiger als Hans")[1]. FESTINGER (1954) zufolge wird der soziale Vergleich besonders dort angestrebt, wo die Kriterien für die Bewertung eigener Handlungen, Meinungen etc. vage oder mehrdeutig sind. So ist im Zuge attributionstheoretischer

---

[1] Selbstverständlich spielen soziale Vergleichsprozesse auch im Zuge direkter und indirekter Prädikatenzuweisungen durch andere Personen eine Rolle.

Analysen des Leistungshandelns (z. B. Meyer 1973) deutlich geworden, daß die vermutete Wirksamkeit eigener Begabung am Zustandekommen eines Ergebnisses auch davon abhängig, wie „leicht" oder „schwer" — definiert über den sozialen Vergleich — eine Aufgabe ist.

Ob sich eine Person selbst als „begabt" oder auch als „gesprächig" usf. einschätzt, ist nun wesentlich dadurch bestimmt, an welcher sozialen Bezugsgruppe sie sich orientieren muß oder kann. Mit anderen Worten: die Qualität selbstbezogener Informationen, die auf diese Weise gewonnen werden, ist nicht nur davon abhängig, in welches soziale Bezugssystem eine Person eingebettet ist (z. B. ein bestimmter Schultyp oder Klassenverband; vgl. Rheinberg in diesem Band), sondern auch davon, welche Referenzpersonen oder -populationen eine Person selbst frei als Urteilsanker wählt. Zwar wird in der Theorie des sozialen Vergleichs postuliert, daß die Ähnlichkeit mit einer anderen Person hierbei eine entscheidende Rolle spielt. Doch gilt es diese allgemeine Annahme für den Aufbau interner Selbstmodelle zu prüfen und zu differenzieren. Mit Zimbardo (1969) ließe sich nämlich kontrastierend argumentieren, daß das *Individuationsbedürfnis* von Personen (also das Bestreben, sich selbst als von anderen abgehoben und „andersartig" zu erleben) zur Wahl ganz anderer Referenzpersonen führen müßte. Schließlich ist auch zu klären, welche person- und/oder merkmalsspezifischen Faktoren in sozialen Vergleichsprozessen wirksam sind, die zu „upward"- oder „downward"-Vergleichen (siehe Harvey & Smith 1977) führen und die so völlig unterschiedliche selbstbezogene Informationen generieren.

Reflexive Prädikaten-Selbstzuweisungen. Eine ganz wesentliche Quelle selbstbezogener Informationen liegt in der Kompetenz von Menschen, aus der Selbstbeobachtung ihres Verhaltens Rückschlüsse über ihre Person (ihre Fähigkeiten, Eigenschaften, Gewohnheiten, Einstellungen usf.) zu ziehen. Mittels dieser Fähigkeit, den Rückbezug „vom Akt zum Akteur" herzustellen, mag eine Person nicht nur zunehmend unabhängiger von externer Verstärkung werden, sondern sie gelangt dadurch auch zu einer größeren Unabhängigkeit von externen Quellen selbstbezogener Informationen.

Die entscheidende Frage ist hier, welchen Informationswert jeweils eigene Handlungen und deren Effekte für die betreffende Person besitzen. Zunächst könnte man in Fortführung der Argumentation von Meyer (1976) annehmen, daß dieser Informationsquelle erst dann eine geringe Bedeutung zukommt, wenn eine Person für den fraglichen Bereich bereits subjektiv valide, prägnante Selbstschemata ausgebildet hat. In diesem Falle könnte nicht nur eine motivationale Basis für die Ausführung entsprechender Handlungen (das „Informationsmotiv") entfallen, sondern die beobachteten Handlungsergebnisse würden dann lediglich zu einer *kumulativen Verifikation bestehender Selbstannahmen* dienen (siehe auch Stroebe 1978). Dies scheint im übrigen auch dann der Fall zu sein, wenn Handlungsergebnisse den entsprechenden Selbstannahmen objektiv widersprechen (vgl. SHRAUGER & TERBOVIC 1976).

Ein weiteres Problem in diesem Zusammenhang stellt der in der Attributionsforschung vieldiskutierte Perspektivenunterschied zwischen Akteuren und Beobachtern einer Handlung dar (vgl. JONES & NISBETT 1972). Danach rekurrieren bekanntlich Akteure — im Gegensatz zu Beobachtern — bei der Ursachenerklärung ihres Verhaltens stärker auf Merkmale der Situation, so daß man daraus ableiten könnte, daß Handlungsresultate für den Akteur keinen Informationswert über seine eigene Person besitzen. Allerdings sind die bislang vorliegenden Befunde hierfür keineswegs ein ausreichender Beleg. Zum einen widerlegt die Ursachenerklärung *singulärer Ereignisse*, wie sie in den Experimenten geprüft wird (z. B. die Wahl einer Freundin, vgl. NISBETT et al. 1973), nicht prinzipiell die Annahme, daß eigenes Verhalten als Informationsquelle genutzt wird. Zum anderen scheint mir noch zu prüfen, inwieweit die berichteten Befunde nicht insofern „Artefakte" sind, als die Personen in der Versuchssituation über sich selbst nur ungern Informationen preisgeben wollen und ihr Verhalten so bevorzugt mit externen Faktoren erklären. Diese Interpretation ist zugegebenermaßen äußerst spekulativ, jedoch dürfte das Ausmaß an „self-disclosure" in dieser Situation ein wesentlicher zu kontrollierender Faktor sein. Des weiteren scheint auch der in den Untersuchungen jeweils gewählte Handlungsbereich von entscheidender Bedeutung. So zeigten TAYLOR & HALL (1976), daß bei sozial erwünschten Verhaltensweisen („sich jemandem widmen") auch Akteure dispositional, bei sozial unerwünschten Verhaltensweisen („etwas vergessen haben") eher situational attribuieren. Zum einen belegt dies, daß zumindest sehr selektiv selbstbezogene Informationen preisgegeben werden, zum anderen scheint dieser „positivity-effect" Attribuierungsunterschiede zwischen Akteuren und Beobachtern zu überlagern.

Welche Bedeutung dem eigenen Verhalten als Informationsquelle für den Aufbau interner Selbstmodelle zukommt, scheint mir auch durch die (wennschon nicht sehr zahlreichen) Versuche mit Techniken der „Selbstkonfrontation" (vgl. NIELSON 1962) belegt — wobei sich hier zugegebenermaßen der oben erwähnte Perspektivenunterschied durchaus bemerkbar machen könnte. Denn hier wird der Akteur zum Beobachter seiner Handlungen (etwa über Videoaufzeichnungen), und es wird eine Wahrnehmungszentrierung auf die eigene Person erzeugt, die nach JONES & NISBETT normalerweise nicht gegeben ist (siehe hierzu auch STORMS 1973). So konnten BOYD & SISNEY (1967) bei klinischen Gruppen bedeutsame Selbstkonzept-Veränderungen dadurch bewirken, daß über Videoaufzeichnungen den Patienten das eigene Verhalten vorgeführt und einer intensiven Beobachtung zugänglich gemacht wurde. Es scheint mir, daß auf diese Weise „unrealistische" Selbsteinschätzungen, die eine angemessene Bewältigung alltäglicher Situationen erschweren oder verhindern, zumindest unter dem Aspekt informationsverarbeitender Prozesse besser veränderbar sind als über die indirekten Prädikatenzuweisungen, wie sie beispielsweise im Zuge der klientzentrierten Therapie vom Therapeuten vermittelt und durch den Patienten entschlüsselt werden müssen.

Ein weiteres Argument für die Bedeutsamkeit eigener Handlungen als Quelle selbstbezogener Informationen mag der Verweis darauf sein, daß selbstbezogene Informationen ja nicht nur dann gewonnen werden, wenn Handlungsausgänge *internal* attribuiert werden. Vielmehr ist im Falle externaler Attribuierungen für das betreffende Individuum immer auch eine Aussage über die *Nicht-Wirksamkeit* seiner Handlungen impliziert, die als selbstbezogene Information für den jeweiligen Handlungsbereich (z. B. „Mangel an Handlungskompetenz", „Mangel an Handlungsbereitschaft") kodiert wird. In diesem Sinne läßt sich auch das in der Neuformulierung der Theorie zur „gelernten Hilflosigkeit" (ABRAMSON, SELIGMAN & TEASDALE 1978) enthaltene Postulat belegen, wonach als Folge des Erlebnisses personaler Hilflosigkeit eine generalisierte Selbstabwertung durch die betroffene Person zu erwarten ist — ein Resultat der Verarbeitung entsprechender selbstbezogener Informationen.

Schließlich und letztens ist auch zu prüfen, ob Attribuierungsprozesse notwendigerweise zwischen Selbstbeobachtung des Verhaltens und der Erschließung selbstbezogener Informationen vermittelnd wirksam sein müssen. So mag die Selbstbeobachtung „Ich habe heute viel geredet und andere haben mir zugehört" für die Person *per se* informativ sein, ohne daß Ursachen für dieses Ereignis reflektiert würden. Möglicherweise läßt sich in dieser Richtung der Befund von MARKUS (1977) interpretieren, wonach Personen für relativ generalisierte Selbsteinschätzungen (z. B. „konformistisch") mühelos und sehr schnell Verhaltensindikatoren aus ihrer eigenen Erfahrung artikulieren können.

Ideationale Prädikaten-Selbstzuweisungen. Eine letzte Quelle selbstbezogener Informationen ist durch die Tatsache gegeben, daß Menschen über sich selbst nachzudenken in der Lage sind und vergangene Erfahrungen im Sinne „innerer Wiederholungen" reproduzieren können. Indem sie gespeicherte Selbsterfahrungen als „memozeptive Informationen" (FILIPP 1975) abrufen, generieren sie aber zugleich neue selbstbezogene Informationen. Zum einen sind bekanntlich gespeicherte Informationen in unterschiedlichem Ausmaß verfügbar und zugänglich, und Selektionsprozesse im Memorieren selbstbezogener Informationen sind auch (allerdings bislang nur in wenigen Studien geprüft) empirisch belegt (vgl. z. B. MISCHEL, EBBESEN & ZEISS 1976; WARREN 1976). Zum anderen läßt sich mit NEISSER (1967) postulieren, daß der Vorgang des Erinnerns nicht eine bloße „Wiederbelebung" früherer Erfahrungen ist und nicht schlichte Kopien dieser Erfahrungen in das Bewußtsein gerufen werden. Vielmehr ist Erinnern ein *rekonstruktiver* Akt, in dem gespeicherte Fragmente als Basisinformationen für neue Konstruktionen verwendet und neue Synthetisierungen des Informationsmaterials vorgenommen werden. Aber nicht nur in der Rekonstruktion vergangener Selbsterfahrungen liegt eine Quelle selbstbezogener Informationen, sondern auch in der antizipatorischen Konstruktion künftiger Selbsterfahrungen. Gedacht ist hierbei, daß Personen sich selbst nicht nur in ein retrospektives, sondern auch ein prospektives Zeitgefüge plazieren und selbst aktiv „Zukunftsmodelle" für die eigene Person konstruieren — ein Phänomen, welches von besonderer Prägnanz im Zuge der „egozentrischen Selbstreflektionen" im Jugendalter auftreten soll (vgl. ELKIND 1967). Die neuartigen (im Gegensatz zu den erwähnten reproduktiven) Vorstellungen, die hierbei über die eigene Person gebildet werden, stellen somit gleichermaßen selbstbezogene Informationen dar — möglicherweise solche, die als *individuelle Sollsetzungen* für die eigene Person gespeichert werden. Nach bisherigen Befunden scheinen Personen sehr gut in der Lage zu sein, solche prospektiven Selbstbeurteilungen vorzunehmen, und verfügen danach offenbar über vergleichsweise prägnante antizipatorische Selbstbilder (vgl. AHAMMER & FILIPP 1978; FARR & KUBENIEC 1972).

Eine zu prüfende Frage bleibt in diesem Zusammenhang, welcher Stellenwert ideationalen Prädikaten-Selbstzuweisungen in vivo als Quelle selbstbezogener Informationen zukommt. Entscheidend dürfte dieser davon abhängig sein, wie hoch das Ausmaß an selbstzentrierter Aufmerksamkeit (sensu WICKLUND in diesem Band) ist (siehe auch FILIPP 1978 c).

5.2.2 Aufnahme und Verarbeitung selbstbezogener Informationen

Der Versuch, Theorien der menschlichen Informationsverarbeitung auf Prozesse des Aufbaus interner Selbstmodelle anzuwenden, hat natürlich insofern seine (vorläufigen) Grenzen, als die experimentellen Arbeiten zur menschlichen Informationsverarbeitung bislang den Bereich selbstbezogener Informationen weitestgehend ausgeklammert haben. Grundlegend für die folgenden Ausführungen ist die Arbeitshypothese, daß sich die Aufnahme und Verarbeitung selbstbezogener Informationen anhand des allgemeinen Prozeßschemas darstellen läßt, wie es innerhalb der kognitiven Psychologie weithin akzeptiert zu sein scheint. Danach treten zwischen die Darbietung der jeweiligen Information und die nachfolgenden Verhaltensäußerungen Verarbeitungsprozesse, die hypothetisch vier Phasen zugeordnet sind (vgl. BREDENKAMP & WIPPICH 1977). In der *Vorbereitungsphase* wird die Diskrimination der Reizinformation geleistet; in der *Aneignungsphase* wird die Information mittels spezifischer Kodierungsformen in „subjektive" Information transformiert; in der

Speicherungsphase wird die kodierte Information im Gedächtnis festgehalten; in der *Erinnerungsphase* schließlich wird die gespeicherte Information abgerufen. Wenngleich im Bereich der Selbstkonzept-Forschung (außer bei MARKUS 1977) nicht explizit auf solche Überlegungen rekurriert wurde, gestatten einige Ansätze und Befunde die Formulierung erster Annahmen über den Verarbeitungsprozeß selbstbezogener Informationen.

Diskrimination selbstbezogener Informationen. Aus dem bekannten Befund von MORAY (1959), wonach aus dem Geräuschpegel einer Cocktailparty der eigene Name als auditiver Reiz eine Erhöhung der Aufmerksamkeit bewirkt, läßt sich als generelle Annahme ableiten, daß selbstbezogene Informationen aus der Totalität des informationellen Rohmaterials herausgefiltert und schneller als andere Einheiten „entdeckt" werden. Möglicherweise stellen sie auch „relevantere Stimuluseinheiten" (NEISSER 1967) für die betreffende Person dar und besitzen ein höheres Maß an emotionaler Konnotation. Insofern kommt ihnen eine „Prädominanz" gegenüber anderen Informationen zu. Je nach Qualität der selbstbezogenen Informationen müßte sich daraus eine Aufmerksamkeitssteigerung bzw. -steuerung oder aber eine Wahrnehmungsabwehr nachweisen lassen.

Nun wurde festgelegt, daß Informationen nur dann als selbstbezogen definiert sind, wenn sie von der betreffenden Person auch entsprechend als selbstbezogen kodiert werden. Aus dem Insgesamt aller Informationen dürften nur wenige (wie etwa der Eigenname oder direkte Prädikatenzuweisungen) eindeutig als selbstbezogen erkannt werden. Insofern gilt es auf dieser Ebene zu spezifizieren, welche Personen unter welchen situativen Bedingungen mehrdeutige Informationen als selbstbezogen klassifizieren. An klinischen Gruppen (z. B. Paranoikern) läßt sich nachweisen, daß Informationen aus der Außenwelt auch dann als selbstbezogen kodiert werden, wenn diese objektiv ohne Bezug zu der betreffenden Person sind. Mit anderen Worten: die allgemeine Annahme, daß selbstbezogene Informationen aus dem Informationsstrom gefiltert und diskriminiert werden, bedarf der Erweiterung darum, wodurch inter- und intraindividuelle Unterschiede in der Kodierung selbstbezogener Informationen bedingt sind.

Erste Hinweise hierauf lassen sich aus den Experimenten von MISCHEL, EBBESEN & ZEISS (1973) und GIBBONS & WICKLUND (1976) gewinnen: induzierter Erfolg in einer Aufgabe oder positive Rückmeldung über die äußere Erscheinung führen danach zu einer gesteigerten Zuwendung zu selbstbezogenen Informationen, während gegenteilige Rückmeldungen eine Abkehr von selbstbezogenen Informationen bewirken.

Enkodierung selbstbezogener Informationen. Wie mehrfach erwähnt, läßt sich aus der bloßen Kenntnis selbstbezogener Informationen, die einer Person bereitgestellt werden, keine hinreichende Vorhersage darauf ableiten, welche internen Selbstmodelle sie aufbaut. Dies ergibt sich zwingend, wenn Prozesse der Wahrnehmung bzw. Informationsaufnahme als „konstruktive Akte" (sensu NEISSER 1967) aufgefaßt und die individuellen Strategien und Formen der Enkodierung selbstbezogener Informationen berücksichtigt werden. Für die Selbstkonzept-Forschung ist dieser Punkt besonders deshalb von eminenter Bedeutung, als ja nicht nur der formale Aufbau interner Selbstmodelle und seine Entstehung, sondern vor allem auch ihr Inhalt als Forschungsgegenstand thematisiert wird.

Welche Mechanismen für die Selektivität in der Aufnahme selbstbezogener Informationen und ihre Enkodierung verantwortlich sein könnten, wird derzeit eher kontrovers diskutiert. Vertreter der sog. „Konsistenztheorien" argumentieren, daß Informationen dann als selbstbezogen kodiert und als zutreffend akzeptiert werden, wenn sie mit bereits gespeicherten selbstbezogenen Informationen übereinstimmen. So wies etwa GRUEN (1960) nach, daß im Falle hoher Inkonsistenz zwischen rückgemeldeten Testresultaten und vorgängigen Selbsteinschätzungen die Versuchspersonen die Gültigkeit und Brauchbarkeit des Tests abwerteten. SHRAUGERS (1975) Befunde weisen in die gleiche Richtung: bei hoher Inkonsistenz zwischen Selbsturteilen und nachfolgenden direkten Prädikatenzuweisungen durch den Testleiter wird dessen Glaubwürdigkeit bezweifelt. Eine weitere Stützung erfahren Konsistenzannahmen durch den Befund von FITCH (1970), wonach Kausalattribuierungen von Erfolg bzw. Mißerfolg in Übereinstimmung mit der Höhe des Selbstwertgefühls vorgenommen werden: so attribuieren Personen mit niedrigem Selbstwertgefühl Mißerfolg internal und Erfolg external (wobei „self-esteem" als generalisierte Selbstbewertung erfaßt wurde).

Im Gegensatz dazu läßt sich mit Vertretern der sog. „self-enhancement"-Theorie (z. B. HAKMILLER 1966) postulieren, daß nur jene Informationen aufgenommen und verarbeitet werden, die zu einer Erhöhung des Selbstwertgefühls beitragen. Diese Auffassung deckt sich mit all jenen Theorien, in denen als grundlegendes motivdynamisches Prinzip die Aufrechterhaltung bzw. Erhöhung der Selbstwertschätzung formuliert wird (z. B. ROGERS 1951; EPSTEIN in diesem Band). SKOLNICK (1971) wies nach, daß Personen prinzipiell positive Bewertungen ihrer eigenen Person gegenüber negativen bevorzugten, und zwar um so eher, je niedriger ihre Leistungen in vorangegangenen Aufgaben angeblich waren. Selbstbezogene Informationen werden danach also „kompensatorisch" für induzierte niedrige Selbsteinschätzungen verwertet. Indirekte Unterstützung erfährt diese Annahme auch durch Befunde, wonach nach induziertem Mißerfolg solche Taktiken der Selbstpräsentation beobachtbar sind, die vermutlich darauf abzielen, bei dem Interaktionspartner positive selbstbezogene Informationen zu evozieren (vgl. SCHNEIDER 1969; FREY 1978).

Es scheint, daß weder das Konsistenz- noch das Selbstwertprinzip alleine für die selektive Verarbeitung selbstbezogener Informationen hinreichenden Erklärungswert besitzt. Was in der Literatur als „Kontroverse" diskutiert wird (zusammenfassend JONES 1973), reflektiert wohl nur, daß zwei fundamentale Motivkomplexe die Informationsverarbeitung steuern, ohne daß einer dieser per se eine Prädominanz gegenüber dem anderen besitzt: einmal wollen Personen nicht nur bezüglich ihrer Umwelt Invarianzen konstruieren (vgl. HEIDER 1958), sondern auch bezüglich *ihrer eigenen Person,* um dadurch eigene Handlungen planbar, vorhersagbar und erklärbar zu machen (siehe unten). Insofern werden sie zwangsläufig selbstbezogene Informationen vor dem Hintergrund bereits gebildeter Selbstschemata verarbeiten und „konsistent" mit diesen Schemata Invarianzen aus dem Informationsmaterial konstruieren. Sie tun dies, indem sie diskrepante selbstbezogene Informationen entweder meiden oder an bestehende Selbstschemata assimilieren. Zum anderen haben Menschen ein Bedürfnis danach, die subjektive Bewertung ihrer eigenen Person in bezug auf viele Merkmalsbereiche hoch zu halten — die empirische Evidenz aus experimentellen Studien wie auch aus klinisch-psychologischen Beobachtungen (ROGERS 1960; aber auch BECKS 1967 kognitive Theorie der Depression) scheint in diesem Punkte zu eindeutig. Fraglich bleibt in diesem Zusammenhang allerdings, ob ein generalisiertes Selbstwertgefühl als globale Personvariable eine sinnvolle theoretische Konstruktion ist (vgl. FILIPP 1978b).

Eine unlängst von REGAN (1976) durchgeführte Studie ist geeignet, die scheinbare Kontroverse aufzulösen. Es zeigte sich nämlich, daß selbstbezogene Informationen (vermittelt über Rückmeldungen des Versuchsleiters) dann im Sinne des Konsistenzprinzips verarbeitet werden, wenn die Person in dem fraglichen Merkmalsbereich bereits über klar artikulierte Selbstschemata verfügt und sich ihrer Selbsteinschätzungen hierbei sehr sicher ist. Sofern dieses nicht der Fall ist, selektiert sie selbstbezogene Informationen nach ihrem positiven bzw. negativen Gehalt, indem selbstwert-erhöhende Informationen bevorzugt aufgenommen werden.

Eine schließlich noch völlig offene Frage in diesem Zusammenhang ist, inwieweit generalisierte Wahrnehmungs- und Kodierungsstile (z. B. reduktive vs. elaborative Kodierungen; siehe BREDENKAMP & WIPPICH 1977), wie sie in Experimenten zum Konzeptlernen überprüft wurden, auf die Enkodierung selbstbezogener Informationen Einfluß nehmen.

Speicherung selbstbezogener Informationen. Selbstbezogene Informationen werden gedächtnismäßig repräsentiert und unter dem Einfluß der jeweiligen Kodierungsoperationen des Gedächtnissystems in spezifischer Weise organisiert. Was als internes Selbstmodell umschrieben ist, stellt also nichts anders dar, als die *geordnete Menge aller im Gedächtnis gespeicherten selbstbezogenen Informationen.* Das Wissen einer Person über sich selbst läßt sich als in bestimmter Weise „organisiert" denken, indem unter Rekurs auf den Begriff des „Schemas" postuliert wird, daß „Selbstschemata" als geordnete, abgegrenzte Einheiten des internen Selbstmodells dessen strukturelle Qualität bestimmen. Der Begriff des Schemas scheint insofern wertvoll, als er sowohl einen formalen Aspekt (als Kategorie zur Einordnung von selbstbezogenen Informationen) wie auch einen inhaltlichen Aspekt umfaßt (vgl. NEISSER 1976). Mit MARKUS (1977) läßt sich annehmen, daß eine Person so viele Selbstschemata gebildet hat, wie sie Invarianzen aus selbstbezogenen Informationen extrahiert hat. Je größer die Redundanz in selbstbezogenen Informationen ist bzw. je „redundanter" eine Person selbstbezogene Informationen kodiert hat, um so geringer dürfte die Anzahl der gebildeten Selbstschemata sein. Die in PIAGETS (1969) epistemologischer Entwicklungstheorie formulierten Prozesse der Assimilation und Akkomodation scheinen hier für Aufbau und Wandel von Selbstschemata gleichermaßen geeignete Erklärungsmechanismen: Selbstschemata bleiben in dem Maße über Zeit stabil, wie sie den nie endenden Strom selbstbezogener Informationen zu assimilieren vermögen; sie verändern sich in dem Maße, wie sie angesichts abweichender, nicht assimilierbarer Informationen an diese akkomodiert werden. Die Frage nach Stabilität oder Variabilität über Zeit bezüglich einzelner Selbstschemata ist somit davon abhängig, ob sie nur *kumulativ* vervollständigt (Assimilation), *evolutionär* verändert (Akkomodation) oder gar *revolutionär* (z. B. angesichts der Bewältigung kritischer Lebensereignisse) verändert werden müssen (vgl. GROEBEN & SCHEELE 1977 zur Veränderung subjektiver Theorien).

In dem Maße also, in dem interne Selbstmodelle organisierte Wissensbestände über die eigene Person darstellen, können sie — wenn man die Unterteilung von TULVING (1972) aufgreifen will — dem semantischen Gedächtnis zugeordnet werden. In dem Maße, in dem singuläre Erfahrungsdaten und selbstbezogene Informationen aus zeitlich datierbaren Episoden gespeichert sind, wären sie in dieser Terminologie dem „episodischen Gedächtnis" zuordenbar. Möglicherweise trägt diese Unterscheidung auch zur Klärung der immer wieder geführten Debatte bei, ob „Selbstkonzepte" als globale Entitäten mit „Gestaltcharakter" oder als loser Verbund situations- bzw. bereichsspezifisch isolierter Selbstkognitionen aufzufassen seien (vgl. GERGEN in diesem Band).

Abruf selbstbezogener Informationen. Wenn man akzeptiert, daß selbstbezogene Informationen gedächtnismäßig repräsentiert sind, so bedarf es der zusätzlichen Erläuterung, wann und unter welchen Umständen welche Informationen aus dem Gedächtnis abgerufen werden. An dieser Stelle gelangt man an einen Punkt, wo nahezu jegliche empirische Basis fehlt und die Argumente auf einem äußerst wackligen Fundament stehen. Andererseits ist aber gerade diese Frage von eminenter Bedeutsamkeit, als sich hier Selbstschemata als *handlungsleitende Kognitionen* aktualisieren und die Frage nach dem Einfluß interner Selbstmodelle auf menschliches Handeln und Erleben exakt hier festzumachen ist.

Die Schwierigkeiten, die sich hier zeigen, sind unterschiedlicher Art. Zum einen läßt sich zwar anhand einiger Befunde zeigen, daß beispielsweise selbstbezogene Informationen äußerst selektiv memoriert werden (CRARY 1966; WARREN 1976). Doch sind diese Erinnerungsprozesse reaktiv (auf die Aufforderung des Versuchsleiters), und somit bleibt die Frage unbeantwortet, wann außerhalb der Experimentalsituation selbstbezogene Informationen *spontan* memoriert werden. Zum anderen liefert zwar die Theorie der objektiven Selbstaufmerksamkeit (WICKLUND in diesem Band) Hinweise darauf, unter welchen Bedingungen selbstbezogene Gedanken aktualisiert werden, doch gestattet das experimentelle Paradigma dieser Theorie bislang keine hinreichende Extrapolation auf die Vielfalt natürlicher Lebenssituationen. Zwar gibt es in vivo Situationen, in denen wir uns z. B. beobachtet fühlen und so eine Aufmerksamkeitszentrierung auf die eigene Person vornehmen (und andere der experimentellen Situation vergleichbare Kontexte), doch spart die Theorie bislang eine Explikation der vermittelnden kognitiven Prozesse aus.

Die einzige mir bekannte Arbeit, welche erste spärliche Hinweise zu diesem Problem liefert, ist die Studie von McGUIRE & PADAWER-SINGER (1976). Dort wurden Schüler der sechsten Klasse aufgefordert, über sich selbst zu berichten. Die Reaktivität des Verfahrens war insofern reduziert, als jedem einzelnen Schüler freigestellt war, *was* er über sich niederschrieb. Die Befunde zeigen, daß der Abruf selbstbezogener Informationen offensichtlich stark davon bestimmt ist, sich selbst (in Relation zu den anderen anwesenden Schülern) distinkte Merkmale zuzuschreiben, sich also von anderen als verschieden zu erleben. Weiteren Arbeiten muß es überlassen bleiben, zu zeigen, ob und unter welchen Bedingungen selbstbezogene Informationen spontan unter dem Gesichtspunkt „persönlicher Distinktheit" abgerufen werden.

Angesichts der Erkenntnislücken zu diesem Problem sollen im nächsten Abschnitt einige Argumente thesenartig und spekulativ vorgetragen werden.

5.3 Naive Handlungstheorien: Vom internen Selbstmodell zu handlungsleitenden Selbstkognitionen

Wie eingangs erwähnt, erhalten meines Erachtens interne Selbstmodelle ihre Bedeutsamkeit für menschliches Erleben und Verhalten vorwiegend dann, wenn man Menschen als naive Handlungstheoretiker begreift und interne Selbstmodelle (als Wissensbestände über die eigene Person) als wesentliche Bestimmungsstücke solcher subjektiven Theorien betrachtet (siehe auch EPSTEIN in diesem Band).

Auf dieser Prämisse aufbauend werden selbstbezogene Informationen potentiell in allen Phasen des Handlungsprozesses, nämlich der Handlungsplanung, Handlungsdurchführung und Handlungsbewertung (vgl. THOMAS 1976; siehe auch WERBIK 1978) abgerufen. Als aktualisierte Selbstkognitionen, als „Gedanken über sich selbst", erhalten sie somit aber auch den Charakter einer *psychischen Realität* für das Individuum und sind in dieser Form nicht mehr nur „hypothetische Konstrukte" im Kopfe des Forschers. Betrachtet man nun Handlungen als Funktion der persönlichen Handlungsvoraussetzungen einerseits und der situativen Handlungsumstände andererseits (vgl. NITSCH & ALLMER 1976), so stellen sich diese in der naiven Handlungstheorie des Individuums als *subjektive Einschätzungen seiner Handlungsvoraussetzungen* und als *subjektive Situationsdefinitionen* dar.

In der Antizipationsphase einer Handlung wird eine Person also angestrebte Handlungsziele kalkulatorisch mit Handlungsmitteln verknüpfen. Sie wird in dieser Phase des „Probehandelns" so notwendigerweise auf gespeicherte selbstbezogene Informationen rekurrieren müssen, welche ihr Bewertungen bezüglich ihrer spezifischen Handlungskompetenzen, die gefordert oder erwünscht sind, vermitteln. Die Person generiert mittels dieser Wissensbestände über sich selbst und ihrer aktuellen Situationsdefinition ein System von naiv-psychologischen „wenn-dann"- oder „um-zu"-Aussagen (vgl. LAUCKEN 1974). Je subjektiv „wahrer" und „gesicherter" diese Aussagen sind, um so stärker ist das Erlebnis der Vorhersagbarkeit und Kontrollierbarkeit von Handlungsausgängen (sensu ABRAMSON et al. 1978) und um so „wohler" müßte sich entsprechend die Person fühlen.

In der Realisationsphase einer Handlung mögen selbstbezogene Gedanken eher in den Hintergrund treten und eine stärkere Aufmerksamkeitszentrierung auf die Handlungssituation (z. B. Aufgabenlösung, Interaktionspartner) erfolgen. Sie sind also allenfals als *handlungsbegleitende* Kognitionen epiphänomenal präsent. Sofern jedoch Handlungsabläufe unterbrochen werden oder unvorhergesehene Widerstände auftreten, treten selbstbezogene Kognitionen erneut in das Bewußtsein und gewinnen unter Umständen die Funktion von Handlungs*korrektiven*.

In der Interpretationsphase schließlich, in welcher Handlungsausgänge bewertet und Ursachenerklärungen für Handlungsergebnisse vorgenommen werden, scheinen selbstbezogene Kognitionen wiederum von besonderer Bedeutung. Indem eine Person nämlich in dieser Phase selbstbezogene Informationen abruft, stellt sie zur Bewertung ihrer Handlung einen „ipsativ-ideographischen Bezugsrahmen" (MEYER & SCHMALT 1978) her, vor dessen Hintergrund sie zu beurteilen vermag, in welchem Umfange personale und/oder situative Faktoren am Zustandekommen des Handlungsausganges beteiligt waren. Sie wird dies vermutlich um so eher tun, je subjektiv bedeutsamer einerseits und je erwartungswidriger andererseits das Handlungsergebnis ist. In dem Maße, in dem die Person die Lösungsuntauglichkeit bzw. Ineffizienz ihrer Handlungsmittel erlebt, in dem Maße wird sie auch ihre selbstbezogenen Kognitionen bezüglich dieses Handlungsbereiches ändern und dies als neue selbstbezogene Informationen verarbeiten.

Nun mag man gegen die hier aufgezeigte „rationalistische Betrachtung" menschlichen Handelns einwenden, daß Menschen in ihrem Alltag weit weniger zweckrational und planerisch agieren, als dies hier unterstellt wird. In der Tat haben ja auch NISBETT & WILSON (1977) argumentiert, daß Menschen keineswegs einen so klaren introspektiven Zugriff zu ihren „kognitiven Zwischenprozessen" hätten, wie dies etwa durch die Attribuierungstheorie belegt zu sein scheint. Vielmehr seien sie sich meist der auslösenden Bedingungen ihres Verhaltens wie ihrer Handlungen selbst gar nicht bewußt. Sind dann somit „selbstbezogene Kognitionen" tatsächlich nur Konstruktionen des Forschers und „selbstbezogene Äußerungen" bei deren Erfassung nur reaktiv und vom Versuchsleiter evoziert?

Wie WICKLUND (in diesem Band) formuliert, laufen wir nicht den ganzen Tag umher und denken über uns selbst nach, und natürlich benötigen wir für eine Vielzahl von Verhaltensweisen und Handlungen nicht den bewußten Rückgriff auf unsere gespeicherte Selbsterfahrung. Genauso selbstverständlich ist es andererseits für Menschen, daß sie angesichts komplexer Handlungssituationen (z. B. solcher, die mehrere Handlungsalternativen zulassen), angesichts erlebter Barrieren in ihren Handlungsabläufen, angesichts neuer bzw. ungewohnter Handlungskontexte usf. aktiv planend und zweckrational vorgehen und hierbei selbstbezogene wie außenweltbezogene Kognitionen eine handlungsleitende und handlungssteuernde Funktion von höchster Bedeutsamkeit besitzen.

Aber auch wenn selbstbezogene Kognitionen nicht als aktualisierte, tatsächliche „Gedanken über sich selbst" manifest sind, besitzen Selbstschemata Verhaltensbedeutsamkeit und -relevanz. Vor dem hier gewählten kognitionspsychologischen Bezugsrahmen ist nämlich zu argumentieren, daß kognitive Strukturen und Schemata jeweils immer auch im Sinne von „Hintergrundschemata" zu generalisierten Orientierungsreaktionen und -handlungen führen, ohne daß sich die Person dessen bewußt zu sein braucht (vgl. NEISSER 1967). In diesem Sinne stellen „Selbstschemata" gleichermaßen sinnvolle hypothetische Konstrukte dar, die jenseits einer handlungstheoretischen Betrachtung Erklärungswert besitzen.

Eine letzte Anmerkung sei schließlich noch angebracht: Selbstbezogene Kognitionen stellen ja naturgemäß extrem „ich-nahe" Gedanken dar, die wegen ihrer „Nichtgleichgültigkeit" (vgl. EWERT 1978) womöglich gegenüber anderen Kognitionskomplexen eine weit stärkere affektiv-evaluative Tönung besitzen. Nicht umsonst wird in der Selbstkonzept-Forschung sehr häufig eine (meines Erachtens allerdings zu saloppe) Gleichsetzung von „Selbstkonzept" und „Selbstwertgefühl" oder eine globale Dichotomisierung von „positiven" vs. „negativen" Selbstkonzepten vorgenommen. Ihre Bedeutung für menschliches Erleben und Handeln erhalten selbstbezogene Kognitionen unter diesem Aspekt als wesentliche *Quelle von Emotionen* und als Determinante affektiver Reaktionen. Diesem Punkt wird besonders durch EPSTEIN (in diesem Band) Aufmerksamkeit gewidmet. Die Intensität und Qualität emotionaler Reaktionen bei einer Person wird nun u. a. davon bestimmt, welche spezifischen selbstbezogenen Informationen sie jeweils angesichts konkreter Handlungsumstände abruft bzw. welche gespeicherten selbstbezogenen Informationen ihr überhaupt bewußt zugänglich sind. Belegt scheint diese Annahme einerseits durch die deutlichen Unterschiede zwischen „Repressern" und „Sensitizern" (BYRNE 1961) bezüglich der Höhe ihrer generalisierten Selbstwertschätzung. Zum anderen zeigte sich in einer Studie von COLEMAN (1975), daß man bei Personen ganz unterschiedliche emotionale Zustände evozieren kann, je nachdem auf welche Merkmale ihrer eigenen Person man sie fokussieren läßt, welche selbstbezogenen Kognitionen man also hervorstechend macht. In ähnlicher Richtung lassen sich auf die bei WICKLUND (in diesem Band) berichteten Befunde auffassen, wonach generell selbstzentrierte Aufmerksamkeitssteigerung zu einer Intensivierung des jeweiligen affektiven Zustandes führen ohne daß dort jedoch die Rolle spezifischer selbstbezogener Kognitionen als *affektauslösend* thematisiert wird.

Vor diesem Argumentationshintergrund scheint es mir im übrigen auch nicht fruchtbar, von *dem* Selbstwertgefühl zu sprechen, sondern affektiv-evaluative Aspekte sollten jeweils spezifisch für die einzelnen selbstbezogenen Kognitionen und im Hinblick auf die diese Kognitionen aktualisierenden situativen Bedingungen überprüft werden. Erst wenn man feststellt, daß eine Person mit hoher transsituationaler Konstanz immer wieder bevorzugt bestimmte Selbstkognitionen einer spezifischen Qualität aktualisiert und vor dem Hintergrund solcher Kognitions- und Bewertungs„stile" ihrer Person möglicherweise ihren eigenen Handlungsraum einschränkt, mögen solche globalen Konzeptualisierungen hilfreich sein.

5.4 Resümee: Versuch einer Rekonzeptualisierung von „Selbstkonzept"

Die in diesem Beitrag vorgelegten Erörterungen besitzen weitreichende Implikationen für die theoretische Konzeptualisierung und Präzisierung des Terminus „Selbstkonzept". Diese sollen hier nur kurz zusammenfassend dargestellt werden (weitergehende Ausführungen vgl. FILIPP 1975; 1978b).

(1) Menschen verfügen über kognitive Repräsentationen ihrer eigenen Person, indem sie selbstbezogene Informationen im Gedächtnis gespeichert haben. Die Totalität aller gespeicherten selbstbezogenen Informationen wird als „internes Selbstmodell" eingeführt. Dieses konstituiert zusammen mit dem „internen Außenweltmodell" die naive Handlungstheorie der Person.

(2) Das interne Selbstmodell ist als *organisiertes Wissen* über die eigene Person gedacht. Hierfür werden „Selbstschemata" als konstitutierende Einheiten des internen Selbstmodells angenommen und wie dieses als *hypothetische Konstrukte* eingeführt.

(3) Eine Person hat so viele Selbstschemata ausgebildet, wie sie Invarianzen in ihrer Selbsterfahrung bzw. in selbstbezogenen Informationen „erkannt" und konstruiert hat.

(4) Selbstschemata stehen untereinander und mit Umweltschemata in spezifischer Verknüpfung und konstituieren so ein mehr oder minder komplexes strukturelles Gefüge.

(5) Selbstschemata (wie Umweltschemata) gewährleisten die Einordnung von Erfahrungsdaten und vermitteln in dieser ordnungsstiftenden Funktion das Erlebnis personaler Kontinuität und Identität.

(6) Selbstschemata sind potentiell lebenslang einem Wandel unterworfen, so lange also selbstbezogene Informationen verarbeitet werden. Konstanz oder Wandel von Selbstschemata über die Zeit ist abhängig davon, wie sie den Informationsstrom zu assimilieren vermögen bzw. an veränderte Selbsterfahrungen akkomodieren. Revolutionäre Veränderungen von Selbstschemata sind nur dort zu erwarten, wo diese „Passungsmechanismen" versagen.

(7) Selbstschemata werden angesichts konkreter Situationen und Handlungskontexte (in Abhängigkeit von den subjektiven Situationsdefinitionen) aktualisiert und als selbstbezogene Kognitionen der Person *bewußt*. Sie stellen auf dieser Ebene für die Person „psychische Realität" und für den Forscher *empirische Sachverhalte* dar.

(8) Selbstbezogene Kognitionen besitzen für das Individuum instrumentellen Wert, in dem sie zur Planung, Vorhersage, Erklärung und Kontrolle von Ereignissen und Handlungen in der jeweiligen Situation erlebnismäßig beitragen.

(9) Selbstbezogene Kognitionen sind als sprachliche Äußerungen der Person über sich selbst (als Selbsteinschätzungen oder Selbstbeschreibungen) operativ zu bestimmen. Da im Alltag selbstbezogene Kognitionen immer situativ gebunden und ihre Aktualisierung im Visavis konkreter Handlungsumstände erfolgt, müssen Selbsteinschätzungen oder -beschreibungen in Relation zu konkreten situativen Kontexten erfaßt werden (vgl. FILIPP & BRANDTSTÄDTER 1975). Die Generalität bzw. Spezifität von selbstbezogenen Kognitionen ist nur bestimmbar über die subjektive Einschätzung ihrer transsituationalen Gültigkeit und Aktualität durch das betreffende Individuum selbst. Die Prüfung

dieser Frage ist also einer situationsspezifischen Erfassung von selbstbezogenen Kognitionen nachgeordnet.

(10) Da Personen selbstbezogene Informationen konstruktiv zu Selbstschemata verarbeiten und diese rekonstruktiv-selektiv memorieren, sind selbstbezogene Kognitionen in jeder Situation in hohem Maße idiosynkratisch. Insofern müssen bei der operativen Bestimmung selbstbezogener Kognitionen die „persönlichen Konstrukte" in der Selbstbeschreibung (wie auch deren subjektive Bedeutsamkeit, affektiv-evaluative Tönung etc.) berücksichtigt und dürfen nicht „wissenschaftliche Dimensionen" der Person implantiert werden.

So bleibt als Ausblick nur die Feststellung, daß der Reiz aber auch die Schwierigkeit der Selbstkonzept-Forschung darin liegt, daß der Forscher sein Menschenbild vom „epistemologischen Subjekt" ja auch in der erfahrungswissenschaftlichen Forschungspraxis umsetzen muß. Er muß also immer den individuellen Konstruktionskompetenzen und -formen seiner „Versuchspersonen" Rechnung tragen, muß aber zugleich — will er nicht in Idiographik verharren — allgemeinere Aussagen über seinen Forschungsgegenstand formulieren. Beide Anforderungen in angemessener Weise zu vereinigen, wird immer die Aufgabe einer empirisch betriebenen Selbstkonzept-Forschung bleiben.

ABRAMSON, L. Y., SELIGMAN, E. P. & TEASDALE, I. D. 1978. Learned helplessness in humans: Critique and reformulation. Journal of Abnormal Psychology 87, 49–74.

AHAMMER, I. & FILIPP, S.-H. 1978. Retrospective and prospective self-perceptions at different age levels. International Journal of Behavioral Development (in Vorbereitung).

BANDURA, A. 1978. The self system in reciprocal determinism. American Psychologist 33, 344–358.

BARRETT, R. L. 1968. Changes in accuracy of self-estimates. Personnel and Guidance Journal 47, 353–357.

BECK, A. T. 1967. Depression: clinical, experimental and theoretical aspects. New York: Harper & Row.

BISCHOFF, N. 1966. Erkenntnistheoretische Grundlagenprobleme der Wahrnehmungspsychologie. In: METZGER, W. (Ed.) Handbuch der Psychologie, Band 1. Allgemeine Psychologie. 1. Halbband. Göttingen: Hogrefe. p. 21–78.

BOYD, H. S. & SISNEY, V. V. 1967. Immediate self-image confrontation and changes in self-concept. Journal of Consulting Psychology 31, 291–294.

BREDENKAMP, J. & WIPPICH, W. 1977. Lern- und Gedächtnispsychologie. Stuttgart: Kohlhammer.

BYRNE, D. 1961. The repression-sensitization scale: Rationale, reliability, and validity. Journal of Personality 29, 334–349.

COLEMAN, R. E. 1975. Manipulation of self-esteem as a determinant of mood of elated and depressed woman. Journal of Abnormal Psychology 84, 693–700.

COOLEY, C. H. 1902. Human nature and the social order. New York: Scribner's.

COOPERSMITH, S. 1967. The antecedents of self-esteem. San Francisco: Freeman.

CRARY, W. G. 1966. Reactions to incongruent self-experiences. Journal of Consulting Psychology 30, 246–252.

ELKIND, D. 1967. Egocentrism in adolescence. Child Development 38, 1025–1034.

EWERT, O. 1978. Selbstkonzept und Erklärung von Verhalten. In: OERTER, R. (Ed.) Entwicklung als lebenslanger Prozeß. Hamburg: Hoffmann & Campe. p. 136–146.

FARR, D. S. & KUBENIEC, C. M. 1972. Stable and dynamic components of self-report self-concept. Multivariate Behavioral Research 7, 147–163.

FESTINGER, L. 1954. A theory of social comparison processes. Human Relations 7, 117–140.

FILIPP, S.-H. 1975. Korrelate des internen Selbstmodells: Situation, Persönlichkeit und elterlicher Erziehungsstil. Trier: Psychologisches Institut der Universität Trier (Dissertation, Photodruck).

FILIPP, S.-H. 1978 (a). Aufbau und Wandel von Selbstschemata über die Lebensspanne. In: OERTER, R. (Ed.) Entwicklung als lebenslanger Prozeß. Hamburg: Hoffmann & Campe. p. 110–135.

FILIPP, S.-H. 1978 (b). Zur Erfassung von Selbstkonzepten und Selbstkompetenz. Gutachten an das Zentrum I Bildungsforschung der Universität Konstanz. In: FEND, H. et al. (Ed.) Entwicklung von Kompetenz bei Schülern (in Vorbereitung).

FILIPP, S.-H. 1978 (c). Konstruktion eines Fragebogens zur Erfassung dispositionaler Selbstaufmerksamkeit (SAM); (in Vorbereitung).

FILIPP, S.-H. & BRANDTSTÄDTER, J. 1975. Beziehungen zwischen situationsspezifischer Selbstwahrnehmung und generellem Selbstbild. Psychologische Beiträge 17, 406–417.

FITCH, G. 1970. Effects of self-esteem, perceived performance and choice on causal attributions. Journal of Personality and Social Psychology 16, 311–315.

FREY, D. 1978. Reactions to success and failure in public and in private conditions. Journal of Experimental Social Psychology 14, 172–179.

GERGEN, K. J. 1971. The concept of self. New York: Wiley.

GIBBONS, F. & WICKLUND, R. 1976. Selective exposure to self. Journal of Research in Personality 19, 98–106.

GOFFMAN, E. 1956. The presentation of self in everyday life. New York: Anchor.

GROEBEN, N. & SCHEELE, B. 1977. Argumente für eine Psychologie des reflexiven Subjekts. Darmstadt: Steinkopff.

GRUEN, W. 1960. Rejection of false information about oneself as an indication of ego identity. Journal of Consulting Psychology 24, 231–233.

HAKMILLER, K. L. 1966. Threat as a determinant of downward comparison. Journal of Experimental Social Psychology 2, 32–39.

HARVEY, O. J. & SCHRODER, H. M. 1965. Cognitive aspects of self and motivation. In: HARVEY, O. J. (Ed.) Motivation and Social interaction. Cognitive determinants. New York: Ronald Press. p. 95–133.

HARVEY, J. H. & SMITH, W. P. 1977. Social psychology: An attributional approach. Saint Louis: Mosby.

HEIDER, F. 1958. The psychology of interpersonal relations. New York: Wiley.

HELPER, M. M. 1958. Parental evaluations of children and children's self-evaluations. Journal of Abnormal and Social Psychology 56, 190–194.

JAMES, W. 1890. Principles of psychology. New York: Holt, Rinehart & Winston.

JONES, E. E. & DAVIS, K. E. 1965. From acts to dispositions: The attribution process in person perception. In: BERKOWITZ, L. (Ed.) Advances in Experimental Social Psychology. Vol. 2. New York: Academic Press. p. 219–266.

JONES, E. E. & NISBETT, R. E. 1972. The actor and the observer: Divergent perceptions of causes of behavior. In: JONES, E. E., KANOUSE, D. E., KELLEY, H. H., NISBETT, R. E., VALINS, S. & WEINER, B. (Ed.) Attribution: Perceiving the causes of behavior. Morristown: General Learning Press. p. 79–94.

JONES, S. C. 1973. Self and interpersonal evaluations: Esteem theories versus consistency theories. Psychological Bulletin 79, 185–199.
JOURARD, S. M. 1971. Self-disclosure. New York: Wiley.
KINCH, J. W. 1963. A formalized theory of the self-concept. In: MANIS, J. G. & MELTZER, B. N. (Ed.) Symbolic interaction. Boston: Allyn & Bacon. p. 245–252.
LAUCKEN, U. 1974. Naive Verhaltenstheorie. Stuttgart: Klett.
MARKUS, H. 1977. Self-schemata and processing information about the self. Journal of Personality and Social Psychology 35, 63–78.
MCGUIRE, W. J. & PADAWAR-SINGER, H. 1976. Trait salience in the spontaneous self-concept. Journal of Personality and Social Psychology 33, 743–754.
MEYER, W. U. 1973. Leistungsmotiv und Ursachenerklärung von Erfolg und Mißerfolg. Stuttgart: Klett.
MEYER, W. U. 1976. Leistungsorientiertes Verhalten als Funktion von wahrgenommener eigener Begabung und wahrgenommener Aufgabenschwierigkeit. In: SCHMALT, H. D. & MEYER, W. U. (Ed.) Leistungsmotivation und Verhalten. Stuttgart: Klett. p. 101–136.
MEYER, W. U. & SCHMALT, H. D. 1978. Die Attributionstheorie. In: FREY, D. (Ed.) Kognitive Theorien der Sozialpsychologie. Stuttgart, Bern: Huber. p. 98–136
MISCHEL, W., EBBESEN, E. B. & ZEISS, A. R. 1973. Selective attention to the self: Situational and dispositional determinants. Journal of Personality and Social Psychology 27, 129–142.
MISCHEL, W., EBBESEN, E. B. & ZEISS, A. R. 1976. Determinants of selective memory about the self. Journal of Consulting and Clinical Psychology 44, 92–103.
MORAY, N. 1959. Attention in dichotic listening: Affective cues and the influence of instructions. Quarterly Journal of Experimental Psychology 11, 56–60.
NEISSER, U. 1967. Cognitive psychology. New York: Appleton-Century-Crofts (deutsche Ausgabe: Kognitive Psychologie. Stuttgart: Klett, 1974).
NEISSER, U. 1976. Cognition and reality. San Francisco: Freeman.
NEUBAUER, W. 1976. Selbstkonzept und Identität im Jugendalter. München: Reinhardt.
NIELSON, G. 1962. Studies in self confrontation. Kopenhagen: Munksgard.
NISBETT, R. E., CAPUTO, C., LEGANT, P. & MARECEK, J. 1973. Behavior as seen by the actor and as seen by the observer. Journal of Personality and Social Psychology 27, 154–164.
NISBETT, R. E. & WILSON, T. 1977. Telling more than we can know. Verbal reports on mental processes. Psychological Review 84, 231–259.
NITSCH, J. R. & ALLMER, H. 1976. Entwurf eines Prozeßmodells der Leistungsmotivierung. In: NITSCH, J. R. & UDRIS, J. (Ed.) Beanspruchung im Sport. Bad Homburg: Limpert. p. 42–59.
PIAGET, J. 1969. Das Erwachen der Intelligenz beim Kinde. Stuttgart: Klett.
PRELINGER, E. 1959. Extension and structure of the self. Journal of Psychology 47, 13–23.
REGAN, J. W. 1974. Liking for evaluators: Consistency and self-esteem theories. Journal of Experimental Social Psychology 12, 159–169.
ROGERS, C. R. 1951. Client-centered therapy. Boston: Hougton-Mifflin.
ROSENBERG, M. 1972. Race, ethnicity, and self esteem. In: GUTERMAN, S. S. (Ed.) Black psyche: The modal personality of black Americans. Berkeley, Calif.: Glendessary. p. 38–54.
SCHNEIDER, D. J. 1969. Tactical self-presentation after succes and failure. Journal of Personality and Social Psychology 13, 262–268.

Schur, E. M. 1974. Abweichendes Verhalten und soziale Kontrolle. Frankfurt: Herder & Herder.

Sears, R. R. 1970. Relation of early socialization experiences to self-concepts and gender roles in middle childhood. Child Development 41, 267–289.

Shaver, K. G. 1977. Principles of social psychology. Cambridge: Winthrop.

Shrauger, J. S. 1975. Responses to evaluation as a function of initial self-perceptions. Psychological Bulletin 82, 581–596.

Shrauger, J. S. & Terbovic, M. L. 1976. Self-evaluation and assessments of performance by self and others. Journal of Consulting and Clinical Psychology 44, 564–572.

Skolnick P. 1971. Reactions to personal evaluation: A failure toreplicate. Journal of Personality and Social Psychology 18, 62–67.

Stegmüller, W. ⁴1969. Hauptströmungen der Gegenwartsphilosophie. Stuttgart: Kröner.

Storms, M. D. 1973. Videotape and the attribution process: Reversing actors' and observers' points of view. Journal of Personality and Social Psychology 27, 165–175.

Stroebe, W. 1978. Selbstwertgefühl und Attribution: Individuelle Unterschiede in der Ursachenerklärung von Erfolg und Mißerfolg. In: Görlitz, O., Meyer, W. U. & Weiner, B. (Ed.) Bielefelder Symposium über Attribution. Stuttgart: Klett-Cotta. p. 93–103.

Taylor, S. E. & Hall, K. J. 1976. The perception of self and others: Acquaintanceship, affect, and actor-observer differences. Journal of Personality and Social Psychology 33, 403–408.

Thomae, H. 1968. Das Individuum und seine Welt. Göttingen: Verlag für Psychologie.

Thomas, A. (Ed.) 1976. Psychologie der Handlung und Bewegung. Meisenheim. Hain.

Tulving, E. 1972. Episodic and semantic memory. In: Tulving, E. & Donaldson, W. (Ed.) Organisation of memory. New York: Academic Press. p. 18–36.

Warren, N. T. 1976. Self-esteem and sources of cognitive bias in the evaluation of past performance. Journal of Consulting and Clinical Psychology 44, 966–975.

Werbik, H. 1978. Handlungstheorien. Stuttgart: Kohlhammer.

Zavalloni, M. 1973. Subjective culture, self-concept, and the social environment. International Journal of Psychology 8, 183–192.

Zimbardo, P. G. 1969. The human choice: Individuation, reason, and order vs. deindividuation, impulse, and chaos. In: Arnold, W. I. & Levine, D. (Ed.) Nebraska Symposium on Motivation. Lincoln: University of Nebraska Press. p. 237–307.

6 Die Aktualisierung von Selbstkonzepten in Handlungsvollzügen[1]

ROBERT A. WICKLUND, University of Texas at Austin

6.1 Einführung

Arbeiten zum Selbstkonzept beginnen oft mit der Frage nach dessen Dimensionen oder Komponenten. Einer der elaboriertesten Versuche, solche Komponenten darzustellen, stammt von JAMES (1910) mit seiner Unterscheidung eines materiellen, sozialen und spirituellen Selbst, jedes wieder untergliedert in eine Reihe von Subkomponenten. Ein anderer Zugang liegt in der Analyse von Selbstbeschreibungen, die Personen auf die Frage „Wer bin ich?" in zwanzig Minuten abzugeben haben (vgl. BUGENTHAL & ZELEN 1950). Noch häufiger wird versucht, von einzelnen Komponenten des Selbstkonzepts ausgehend auf individuelle Selbstbewertungen zu schließen (vgl. WYLIE 1961), indem für jede Selbstkonzept-Dimension das relative Ausmaß der subjektiven Zufriedenheit bestimmt wird. Solche und ähnliche Fragen führen zwangsläufig in den Bereich operationaler Definition und Messung.

Hingegen wird in dem vorliegenden Beitrag der Begriff des „Selbst" in einem ganz anderen Zusammenhang gebraucht. Die Überlegung ist folgende: Wenn die Aufmerksamkeit eines Individuums auf einen bestimmten Aspekt seiner eigenen Person gelenkt wird, so wird dieses Merkmal „lebendig" und in der Selbstwahrnehmung und im Verhalten wirksam werden. Es wird aufzuzeigen sein, daß verschiedene Selbstkomponenten vorzugsweise dann bedeutsam werden, wenn die Aufmerksamkeit der Person auf sie gerichtet ist, daß sie aber ohne einen solchen Aufmerksamkeitsfocus wenig mit dem Verhalten dieser Person zu tun haben. Im folgenden wird dieser Gedanke im Rahmen der „Theorie der objektiven Selbstaufmerksamkeit" (DUVAL & WICKLUND 1972; FREY, WICKLUND & SCHEIER 1978; WICKLUND 1975) ausgeführt werden.

Selbstkomponenten. Während man sonst bei Erörterungen zum Selbstkonzept Aussagen darüber machen muß, welche Komponenten dieses einschließt, bedarf die Theorie der Selbstaufmerksamkeit eines solchen Schemas, wie es

[1] Die Erarbeitung dieses Beitrages wurde unterstützt durch ein Stipendium der Alexander von Humboldt-Stiftung, Bonn-Bad Godesberg. Unterstützung wurde auch gewährt durch den Sonderforschungsbereich 24 der Universität Mannheim (Sozial- und Wirtschaftspsychologische Entscheidungsforschung; Leitung: Professor Dr. Martin IRLE).

JAMES vorgelegt hat, nicht. Wir postulieren jedoch a priori, daß das Selbstkonzept als integriertes Ganzes zu sehen ist und alles umfaßt, was die Person als Teil ihrer selbst kogniziert: äußere Erscheinung, Gefühle, internalisierte Werte und Regeln und das Erlebnis, Verursacher von Handlungsergebnissen zu sein. Insofern ist unser Definitionsansatz eher konservativ, da wir nicht auf die Trennung der vielfältigen Komponenten abheben.

Aus unserem Ansatz lassen sich auch Hinweise auf die Frage gewinnen, ob ein bestimmter Aspekt tatsächlich integraler Bestandteil des dynamischen Selbstkonzept-Systems ist. Bilden wir hierzu die folgende Analogie: Wir fassen das Selbstkonzept genauso wie eine Gruppe, deren Mitglieder in dynamischer Wechselbeziehung stehen. Attackiert man ein Gruppenmitglied, so werden alle anderen Mitglieder unverzüglich in Handlungsbereitschaft versetzt werden. Wird also Person A angegriffen und alle anderen Personen von B bis Z reagieren, so lassen sich alle Personen als Komponenten eines dynamischen Systems auffassen. Reagieren aber die Personen Y und Z als einzige nicht in dieser Situation, so behaupten wir, sie seien nicht Bestandteil des dynamischen Ganzen. Überträgt man dies auf das Selbstkonzept, so sind einzelne Komponenten nun nicht die „Attackierten", sondern solche, die in den Brennpunkt der selbstbezogenen Aufmerksamkeit rücken. Ist die Aufmerksamkeit einer Person zu einem bestimmten Zeitpunkt auf externe Ereignisse gerichtet und lenkt sie nun plötzlich ihre Aufmerksamkeit auf irgendeinen Aspekt ihrer eigenen Person (z. B. auf ihr Gesicht), so wird ein Prozeß ablaufen, der genau jenem beschriebenen Gruppenprozeß entspricht. Andere Merkmale der eigenen Person werden ebenfalls in das Blickfeld rücken oder zum Gegenstand der selbstzentrierten Aufmerksamkeit werden. Wenn diese Merkmale jedoch nicht Komponenten des Selbstkonzepts sind, dann wird sich eine solche Tendenz nicht beobachten lassen.

Auf der Basis dieser Überlegungen läßt sich also überprüfen, ob ein bestimmtes Merkmal einer Person tatsächlich eine dynamische Selbstkomponente ist. In diesem Falle würde es zwangsläufig mit in den Brennpunkt der Aufmerksamkeit rücken, auch wenn zunächst irgendein anderes Merkmal Gegenstand selbstzentrierter Aufmerksamkeit war.

Grenzen der Aufmerksamkeitszentrierung. Bislang haben wir argumentiert, daß jedes Merkmal, auf das die Aufmerksamkeit gerichtet ist (gleichgültig, ob dies das Gesicht, Persönlichkeitsmerkmale oder Wertvorstellungen sind), eine generelle Tendenz erzeugt, daß auch alle anderen Aspekte der eigenen Person in das Blickfeld rücken. Hier läßt sich jedoch die Analogie zum Gruppengeschehen nicht mehr aufrechterhalten. Aufmerksamkeitszentrierung ist gerade dadurch bestimmt, daß sie sich immer nur auf ein Ereignis zu einem Zeitpunkt bezieht. Dies bedeutet, daß realiter nicht alle Merkmale und Aspekte der eigenen Person gleichzeitig beachtet, d. h. nicht alle Selbstkomponenten aktiviert werden können. Vielmehr ist hier von einer Aktivierungsbereitschaft zu sprechen.

Für eine Person, deren Aufmerksamkeit augenblicklich auf ihre Umwelt gerichtet ist, besteht keine Bereitschaft, auf die verschiedenen Merkmale der eigenen Person zu achten. Gerät jedoch *irgendein* Merkmal der eigenen Person ins Blickfeld (erzeugt vielleicht durch den persönlichen Kommentar eines Kollegen), so wird potentiell die eigene Person insgesamt mit all ihren Aspekten der Aufmerksamkeit unterworfen. Jedoch rücken einzelne Aspekte nur dann in den Blickpunkt, wenn sie in dieser Situation für die Person dominant sind. Wählen wir als Beispiel eine Frau, für die ihr Gesicht sehr wichtig ist, möglicherweise der bedeutsamste Aspekt an sich selbst. Dennoch wird sie darüber nicht die ganze Zeit nachdenken; denn wie fast jeder durchlebt sie lange Zeitstrecken ohne selbstzentrierte Aufmerksamkeit. Wird nun plötzlich *irgendein* Aspekt der eigenen Person beachtet, wird diese selbstgerichtete Aufmerksamkeit mit hoher Wahrscheinlichkeit auch Gedanken über ihr eigenes Gesicht nach sich ziehen.

Was erzeugt selbstzentrierte Aufmerksamkeit? Den bisherigen Ausführungen zufolge bewirkt jeder Hinweisreiz, der die eigene Person in irgendeiner Form symbolisiert, eine Umkehr der Aufmerksamkeit weg von der Umwelt auf die eigene Person. Es hat sich in der Forschungspraxis bewährt, als solche Selbst-Symbole visuelle oder akustische Signale zu verwenden, vorzugsweise das Spiegelbild oder die auf Tonband aufgenommene Stimme der betreffenden Person. Auch eine Fernsehkamera oder eine Zuhörerschaft bewirken erhöhte Selbstaufmerksamkeit; in diesem Falle fungiert das Wissen der Person, daß sie für irgendeine andere Person Aufmerksamkeitsobjekt ist, als entsprechender Hinweisreiz. Wird selbstzentrierte Aufmerksamkeit durch einen Hinweisreiz (in unserer Terminologie: durch ein „*Selbst-Symbol*") bewirkt, so muß dieser tatsächlich auch einen Teil des dynamischen Selbstkonzepts repräsentieren; ansonsten bliebe er ohne Einfluß auf andere Komponenten in diesem System. Würde man beispielsweise eine Person nicht mit ihrem Spiegelbild, sondern mit blanken Holzbrettern konfrontieren, hätten diese nur dann vergleichbare Effekte wie das Spiegelbild, wenn sie integraler Bestandteil des Selbstkonzepts wären — dies ist jedoch nicht der Fall.

Ein einschlägiges Beispiel lieferten PRYOR, GIBBONS, WICKLUND, FAZIO & HOOD (1977), in deren Studie die Versuchspersonen über ihre eigene Geselligkeit zu berichten hatten — Geselligkeit war in dieser Situation also die dominante Dimension des Selbstkonzepts. Zweck des Versuches war es, die Versuchspersonen durch Vorgabe von Selbstsymbolen dahin zu bringen, daß sie noch intensiver auf diesen Aspekt ihrer Person focussierten. Hierzu wurde eine Gruppe mit dem eigenen Spiegelbild konfrontiert, die andere Gruppe sah nichts anderes als die nackte Wand. Im ersten Falle zeigten sich deutliche Effekte auf die Selbstbeschreibungen, nicht aber im zweiten Falle: die weiße Wand steht offensichtlich in keiner Beziehung zur eigenen Person. Ein anderes Beispiel stammt von GIBBONS & WICKLUND (1976). Männlichen Versuchspersonen wurde zunächst ein Mißerfolgserlebnis im Kontakt mit einer attraktiven Frau experimentell induziert. Dieses Erlebnis war in dieser Situation vermutlich dominant, und es wurde postuliert, daß die Versuchspersonen Gedanken an ihren Mißerfolg zu vermeiden wünschten — eine exaktere theoretische Begründung hierfür folgt unten. Dies bedeutet, daß die Versuchspersonen jeden Hinweisreiz, der selbstgerichtete Aufmerksamkeit erzeugen könnte, zu vermeiden trachten würden. Tatsächlich mieden sie den Klang ihrer eigenen Tonbandstimme, und zwar in stärkerem Maße als den einer fremden männlichen Stimme. Daraus läßt sich folgern, daß die eigene Stimme eng mit dem Selbstkonzept verknüpft ist, daß hingegen eine andere Stimme, zumindest die eines Fremden, die Aufmerksamkeit nicht auf die eigene Person (und in diesem Falle auf persönliches Versagen) lenkt.

Unsere bisherigen Ausführungen stellten lediglich einen rudimentären Abriß der Theorie der Selbstaufmerksamkeit dar. Die exakteren theoretischen Überlegungen, die auf die Zusammenhänge zwischen selbstzentrierter Aufmerksamkeit und Selbstbeschreibungen bzw. Verhaltensäußerungen abheben, werden in den folgenden Abschnitten geliefert.

6.2 Intensivierung des Kontaktes mit sich selbst

Nachdenken über sich selbst. Die theoretische Grundannahme, wonach Selbstsymbole die Aufmerksamkeitsfocussierung auf irgendein dominantes Merkmal der eigenen Person bewirken, wurde in insgesamt acht Experimenten sorgfältig überprüft (vgl. CARVER & SCHEIER 1978; DAVIS & BROCK 1975; GELLER & SHAVER 1976). Das experimentelle Paradigma ist einfach. Die Versuchspersonen werden zuerst in eine Situation gebracht, die irgendein Merkmal ihrer Person ins Blickfeld rückt, und müssen dann auf höchst unstrukturiertes Material reagieren. Im Einklang mit den theoretischen Grundlagen projektiver Testverfahren wird angenommen, daß sich die Beschäftigung mit der eigenen Person in den Reaktionen auf mehrdeutiges Material manifestiert. Diese Arbeiten zielen weniger auf den Nachweis ab, daß selbstgerichtete Aufmerksamkeit auf den dominantesten Aspekt der eigenen Person focussiert, sondern daß jeder beliebige Hinweisreiz, der Selbstaufmerksamkeit erzeugt, eine generelle Selbstzentrierung und Selbstbeschäftigung bewirkt.

Beispielhaft seien einige Arbeiten von CARVER & SCHEIER (1978) erwähnt. Als mehrdeutiges Testmaterial verwandten die Autoren 30 unvollständige Sätze, die von den Versuchspersonen zu ergänzen waren. Das Material wurde von

EXNER (1973) übernommen („Self-Focus Sentence Completion Blank"), für welches ein Auswertungsschema vorliegt, wonach die Satzergänzungen in „selbstbezogen" oder „umweltbezogen" klassifiziert werden (zwei weitere Auswertungskategorien sind hier nicht von Bedeutung). Die Versuchspersonen (College-Studentinnen) hatten den Satzergänzungstest an einem Tisch auszufüllen, wobei für die eine Hälfte ein großer Spiegel auf dem Tisch plaziert war, in welchem sie leicht ihr Gesicht sehen konnten. Eine Plakette auf dem Spiegel sollte seine Verwendung in einem anderen Experiment anzeigen, um sicherzustellen, daß die Versuchspersonen den Spiegel nicht mit ihrem eigenen Testverhalten in Zusammenhang brachten. In der Regel werden in allen Studien zur Selbstaufmerksamkeit solche oder ähnliche Rechtfertigungen für die vorhandenen Spiegel verwendet. Bei der Kontrollgruppe war kein Spiegel aufgestellt. Die Versuchspersonen hatten den Satzergänzungstest schnell durchzuarbeiten mit der Instruktion, das niederzuschreiben, was ihnen im Moment einfiel. Danach verließ der Versuchsleiter den Raum — ein wesentlicher Punkt in solchen Studien, da seine Anwesenheit Selbstaufmerksamkeit erzeugen könnte. Zwei Beurteiler stuften die Satzergänzungen nach dem Auswertungssystem von EXNER ein. Danach wurde für jede Versuchsperson festgestellt, ob die Anzahl selbstbezogener Antworten gegenüber der Anzahl umweltbezogener Antworten überwog oder umgekehrt. Die Ergebnisse waren ziemlich beeindruckend: in der Kontrollgruppe zeigten 45 Prozent der Vpn mehr selbstbezogene als umweltbezogene Satzergänzungen, in der Experimentalgruppe waren es 66 Prozent.

Der Spiegel erzeugt also als Symbol eines wesentlichen Teiles der eigenen Person (des eigenen Gesichtes) erhöhte Selbstzentrierung, die sich in den Reaktionen auf mehrdeutiges Material niederschlägt. Da in diesem Falle keine spezifische Selbstkonzept-Komponente aktualisiert wurde, wissen wir nicht, welcher Aspekt der eigenen Person hier besonders im Brennpunkt der selbstgerichteten Aufmerksamkeit stand. Dies wird auch in den nachfolgenden Ausführungen ein wesentlicher Punkt sein.

Dieselben Autoren versuchten in einem weiteren Experiment, Selbstaufmerksamkeit auf andere Weise zu manipulieren. Anstelle des Spiegels wurde eine Person eingeführt, deren Blick deutlich in die Richtung der Versuchsperson gelenkt war. Diese experimentelle Anordnung erzeugte nahezu identische Effekte: Ohne Anwesenheit einer anderen Person zeigten 50 Prozent der Versuchspersonen ein Überwiegen selbstbezogener Antworten, bei Anwesenheit einer anderen Person waren es 68 Prozent. Rein theoretisch wirkt die Anwesenheit einer anderen Person nicht exakt in der gleichen Weise wie ein Spiegel oder andere Selbstsymbole. Eine andere Person erzeugt vielmehr deshalb Selbstaufmersamkeit, weil aus dem Wissen, beobachtet zu werden, die eigene Aufmerksamkeit der Aufmerksamkeitsrichtung des Beobachters folgt.

CARVER & SCHEIER (1978) forschten noch nach einer dritten Variante der Erzeugung von Selbstaufmerksamkeit, indem sie individuelle Dispositionsunterschiede anstelle externer Hinweisreize einbezogen. FENIGSTEIN, SCHEIER & BUSS (1975) entwickelten eine Skala zur Erfassung von Selbstaufmerksamkeit („private self consciousness"), bestehend aus relativ wenigen Items mit Augenscheinvalidität wie z. B. „Ich versuche immer, über mich etwas herauszufinden" oder „Ich achte im allgemeinen sehr auf meine innersten Gefühle". Ohne experimentelle Manipulation ließen die Autoren lediglich dieses Verfahren bearbeiten, gruppierten die Versuchspersonen nach ihrem Skalenwert in Personen mit hoher bzw. niedriger Selbstaufmerksamkeit und überprüften als abhängiges Maß wiederum die Art der Satzergänzungen. Personen mit einem hohen Maß an Selbstreflektion zeigten danach einen weitaus größeren Anteil an selbstbezogenen Satzergänzungen als die Vergleichsgruppe mit einem geringen Maß an Selbstreflektion (75 gegenüber 42 Prozent).

Intensivierung eigener Affekte. Die hier zu diskutierenden Arbeiten gehen über das eben beschriebene experimentelle Paradigma hinaus. Erstens wird hier ein bestimmter Aspekt der eigenen Person thematisiert (ein Gefühlszustand), und zweitens werden spezifischere Hypothesen über den Einfluß der Selbstaufmerksamkeit auf das Erleben von Gefühlszuständen formuliert. SCHEIER (1976) und SCHEIER & CARVER (1977) formulierten, daß Selbstaufmerksamkeit, wenn sie inmitten eines emotionalen Zustandes auftritt, die affektive Tönung dieses Zustandes steigert. Diese These geht über die ursprüngliche Formulierung der Theorie hinaus, sie hat bislang aber einige empirische Absicherung gefunden.

In einer ihrer Studien sagten SCHEIER & CARVER (1977) den Versuchspersonen, daß es sich um ein Experiment zur Veränderung von Stimmungen handele. Die Versuchspersonen hatten eine Serie von 50 selbstbezogenen Statements zu lesen und sollten sich in die jeweils beschriebene Stimmung hineinversetzen. Die Stimmung wurde jeweils in eine Richtung verändert. Eine Gruppe erhielt Aussagen wie „Ich könnte vor Lachen platzen; jemand sollte mir einen Witz erzählen, damit ich Grund zum Lachen habe", die andere Gruppe erhielt nur negative Stimmungsinduktionen wie „Alles scheint leer und häßlich". Danach wurden die Versuchspersonen in einen anderen Raum geführt, wo sie ruhig sitzen und in der jeweiligen Stimmung versenkt bleiben sollten. In der Hälfte der Fälle war in dem Raum direkt gegenüber der Versuchsperson ein Spiegel angebracht (angeblich zur Verwendung für ein anderes gleichzeitig laufendes Experiment).

Die Befunde sind ziemlich dramatisch: Für Selbsteinschätzungen auf zehn bipolaren Eigenschaftsskalen (z. B. traurig-lustig, aktiv-passiv) zeigten die Stimmungsinduktionen einen signifikanten Haupteffekt. Interessanter ist aber die Interaktion von Stimmung und Selbstaufmerksamkeit. Wie erwartet, erzeugt der Spiegel eine Steigerung der euphorischen Stimmung in der einen Gruppe und eine Verstärkung der depressiven Stimmung in der anderen Gruppe. Kurzum, Selbstaufmerksamkeit bewirkt eine Übersteigerung des momentanen affektiven Zustandes.

Man kann gegen die Interpretation dieser Befunde einwenden, daß Beschreibungen der eigenen augenblicklichen Stimmung zum Teil über die Bewertung des eigenen Aussehens vermittelt werden. Eine depressive Person würde beispielsweise, wenn sie sich in einem Spiegel wahrnimmt, zusätzliche Hinweise finden, die ihre Selbsteinschätzung als „depressiv" fundieren könnten. Genauso könnte unter der anderen Bedingung eine Steigerung der positiven Stimmung zu erklären sein. Eine weitere Studie von SCHEIER & CARVER (1977) entkräftet diesen möglichen Einwand. Die Versuchspersonen wurden nach der Höhe ihrer über Fragebogen bestimmten dispositionalen Selbstaufmerksamkeit in zwei Gruppen eingeteilt; eine experimentelle Manipulation über die Spiegelmethode war also nicht erforderlich. Mit Hilfe der gleichen Versuchsanordnung zeigte sich nun auch hier die beschriebene Interaktion von Selbstaufmerksamkeit und Stimmungsinduktion. Aus anderen Studien ist bekannt, daß unter der Bedingung erhöhter Selbstaufmerksamkeit (entweder manipuliert über einen Spiegel oder ermittelt über den Wert in dem entsprechenden Fragebogen) nicht nur Stimmungsschwankungen beobachtbar sind, sondern auch feindseliges und aggressives Verhalten ausgeprägter sind (siehe GIBBONS 1976; SCHEIER 1976).

Wir haben bislang zwei Phänomene beschrieben, die beobachtbar werden, wenn irgendein Aspekt der eigenen Person in den Brennpunkt selbstgerichteter Aufmerksamkeit rückt. Einmal zeigt sich ein Anstieg einer generellen Selbstzentrierung, die sich in den Reaktionen auf mehrdeutiges Material in Form selbstbezogener Gedanken ausdrückt. Zum zweiten bewirkt erhöhte Selbstaufmerksamkeit (unabhängig davon, ob sie als dispositionales Merkmal gefaßt oder experimentell erzeugt wird) die Intensivierung eines momentanen affektiven Zustandes. Es ist anzumerken, daß für keinen dieser Effekte theoretische Aussagen im Hinblick auf kognitive Merkmale der betreffenden Personen gemacht werden. Bislang haben wir nur angenommen, daß Aufmerksamkeitszentrierung um irgendeinen Aspekt der eigenen Person andere Selbstkomponenten gleichermaßen ins Blickfeld rückt, insbesondere emotionale Befindlichkeiten. Wir haben bislang Aspekte wie Selbstregulation, Selbstkonsistenz und interne Verhaltensstandards ausgeklammert. Diese eher kognitiven Aspekte, die in der Theorie der Selbstaufmerksamkeit Beachtung gefunden haben, werden im nächsten Abschnitt diskutiert.

6.3 Die Regulation des eigenen Verhaltens

Diskrepanz und Selbstbewertung. Seit den ersten Arbeiten galt das theoretische Interesse vorwiegend intrapersonalen Diskrepanzen (vgl. WICKLUND & DUVAL 1971). Eine Diskrepanz war durch zwei Komponenten bestimmt worden: einerseits durch den augenblicklichen Zustand, in dem sich eine Person befindet, und andererseits durch eine Norm, einen Zielzustand oder allgemein durch einen potentiellen Endpunkt für ihr Verhalten. Entsprechende Beispiele kommen einem schnell in den Sinn: Jeder von uns hat Aspirationen in intellektueller, sportlicher oder ökonomischer Hinsicht, die er (noch) nicht erreicht hat. Wir tendieren zu Schwindeleien in unseren Selbstbeschreibungen, die oft mit unserem tatsächlichen Verhalten nicht übereinstimmen, oder wir zeigen widersprüchliche Verhaltensweisen. Wir alle tragen solche Diskrepanzen mit uns herum, ohne oft darüber nachzudenken. Richten wir aber unsere Aufmerksamkeit darauf, dann geraten wir in einen Zustand, den wir als *Selbstbewertung* bezeichnen. Dieser kommt einem motivationalen Zustand der Unzufriedenheit gleich und wird begleitet von dem Bedürfnis, ihm zu entfliehen und die Aufmerksamkeit von der Diskrepanz abzuziehen. Theoretisch werden zwei Strategien postuliert, die eine Person einschlagen kann, um den mit diesem Zustand gekoppelten negativen Affekt zu bewältigen, nämlich Vermeidung und Diskrepanzreduktion[1].

Vermeidung. Die erste Möglichkeit der Bewältigung besteht darin, alle Selbstsymbole bzw. alles, was die Aufmerksamkeit auf die eigene Person lenken könnte, zu vermeiden. Es gibt bislang zwei experimentelle Belege für diese Vermeidungsstrategie.

In einer Studie von DUVAL, WICKLUND & FINE (1972) erhielten die Versuchspersonen entweder positive oder negative Rückmeldungen bezüglich ihrer Intelligenz und Kreativität. Es wurde angenommen, daß negative Rückmeldungen intrapersonale Diskrepanzen bezüglich dieser Merkmale erzeugen, positive Rückmeldungen hingegen keine Diskrepanzen oder solche in umgekehrter Richtung bewirken. Nach Bekanntgabe des Testergebnisses hatten die Versuchspersonen in einem anderen Raum auf das nächste Experiment zu warten, welches als Wahrnehmungsversuch mit einem neuen Experimentator angekündigt war. Es war ihnen freigestellt, diesen Raum zu verlassen, um sich nach dem Versuchsleiter umzusehen. Die Hälfte der Versuchspersonen wurde in einen Raum mit einem Spiegel oder mit einer Videokamera geführt (angeb-

---

[1] Nach der Theorie sind auch „positive Diskrepanzen", d. h. Erfahrungen, wonach aktuelles Verhalten Zielzustände übersteigt, formulierbar. Aufmerksamkeitsfocussierung auf diese Diskrepanzen besitzt jedoch keine motivationalen Effekte, da hier keine Selbstwerterhöhung erforderlich ist. Die wesentliche Vorhersage ist hier also, daß selbstzentrierte Aufmerksamkeit erzeugende Situationen aktiv aufgesucht werden, um die positive Diskrepanz erneut ins Blickfeld zu rücken.

lich notwendige Gegenstände für den Wahrnehmungsversuch), bei den anderen Versuchspersonen fehlten diese Gegenstände.

Nach unseren bisherigen Überlegungen ist es unwahrscheinlich, daß die Versuchspersonen, die positive Rückmeldungen über ihre Intelligenz erhalten hatten, eine Bedingung, die Selbstaufmerksamkeit erzeugt, vermeiden würden. Ein Erfolgserlebnis in Kombination mit selbstgerichteter Aufmerksamkeit dürfte nicht jenen Zustand der Selbstbewertung hervorrufen, den man zu vermeiden trachtet. Nur die Personen mit negativer Rückmeldung und entsprechender Diskrepanz, welche in den mit Spiegel oder Kamera bestückten Raum geführt worden waren, müßten solche Vermeidungsreaktionen zeigen. Exakt diese Gruppe zeigte eine Latenzzeit bis zum Verlassen des Raumes von durchschnittlich 6,4 Minuten, während alle anderen Versuchsgruppen erst nach ungefähr acht Minuten den Raum verließen.

In einem späteren Experiment von Gibbons & Wicklund (1976) wurden Rückmeldungen bezüglich sozialer Verhaltensmerkmale geliefert. Männlichen Versuchspersonen wurde mitgeteilt, daß sie von einer attraktiven Studentin besonders akzeptiert bzw. eher abgelehnt würden. Wie bereits oben beschrieben, zieht die ‚akzeptierte‘ Versuchsgruppe das Anhören ihrer eigenen Tonbandstimme gegenüber anderen Aufzeichnungen deutlich vor, während es für die ‚abgelehnte‘ Gruppe umgekehrt ist.

Hier läßt sich die Wirkungsweise des *dynamischen Selbstsystems* gut illustrieren. Obwohl sozialer Erfolg nicht sehr viel mit dem Klang der eigenen Stimme zu tun hat, scheinen beide Aspekte der eigenen Person deutlich miteinander verbunden, indem die Beachtung des einen zugleich auch die Aufmerksamkeit auf den anderen Aspekt lenkt.

Diskrepanzreduktion. Während die Theorie der Selbstaufmerksamkeit über individuelle Präferenzen für eine der beiden Strategien (Vermeidung oder Diskrepanzreduktion) keine expliziten Aussagen enthält, wird postuliert, daß eine Person jene Strategie wählen wird, die am effizientesten den Zustand negativer Selbstbewertung beenden wird (Wicklund 1975). Vermutlich wird dies oft Vermeidung sein, da eine Ablenkung der Aufmerksamkeit weg von der eigenen Person Selbstbewertungen völlig ausschaltet. Hingegen dauert Diskrepanzreduktion länger und führt nur selten zu Null-Diskrepanz oder völliger Zufriedenheit.

Ein Extremfall sind negative Rückmeldungen bezüglich der eigenen Intelligenz. Diskrepanzreduktion würde hier bedeuten, daß man Maßnahmen zur „Förderung“ der eigenen Intelligenz einleitet, was offensichtlich ein langwieriger Prozeß wäre. Ein Fortdauern der Selbstaufmerksamkeit würde keine Verbesserung bringen und den negativen Affekt nur aufrechterhalten. Von geringerer Dramatik sind Diskrepanzen, welche bezüglich einfacherer Fertigkeiten, sozialer Anerkennung oder solcher Verhaltensweisen bestehen, die man relativ schnell in Richtung auf ein Ziel oder Ideal verändern kann. Es sind diese Diskrepanzen, die hier diskutiert werden, da der Person hier mit einiger Anstrengung tatsächlich Diskrepanzreduktion möglich ist. Zu bemerken ist auch noch, daß in solchen Experimenten sichergestellt sein muß, daß die Versuchspersonen tatsächlich Diskrepanzreduktionen versuchen und nicht einfach Selbstaufmerksamkeit vermeiden.

Genauigkeit von Selbstberichten. Eine häufige Form von Diskrepanzen besteht nicht im Hinblick auf Standards oder Ziele, sondern bezieht sich auf die Differenzen zwischen Selbstberichten und tatsächlichem Verhalten. Dies kann man je nach Kontext als „Lügen", „Schwindeleien" oder „Mangel an Integrität" bezeichnen, das allgemeine Prinzip ist jeweils dasselbe. Wenn man ein bestimmtes Verhalten zeigt, werden unter der Bedingung erhöhter Selbstaufmerksamkeit die Selbstberichte über dieses Verhalten in größerer Übereinstimmung mit dem tatsächlichen Verhalten stehen, da jede Abweichung eine Diskrepanz und somit eine negative Selbstbewertung bewirken würde. Verschiedene Experimente sind hierzu entweder unter Einsatz der Spiegelmethode (Pryor, Gibbons, Wicklund, Fazio & Hood 1977) oder des Fragebogens zur Selbstaufmerksamkeit (Scheier, Buss & Buss 1978) durchgeführt worden.

In der Studie von Pryor et al. hatten männliche Versuchspersonen einen Fragebogen zu ihrem Sozialverhalten auszufüllen, der aus nur 16 Items besteht, Face-Validität besitzt und Formulierungen wie „Ich kann gewöhnlich gut mit Personen des anderen Geschlechts umgehen" enthält. Auf den ersten Blick müßten solche Skalen in enger Beziehung zu beobachtbarem Sozialverhalten stehen, obwohl dies tatsächlich in den meisten Fällen keineswegs zutrifft (vgl. Wicker 1969). Etwa zwei Tage später kamen die Versuchspersonen (angeblich für ein anderes Experiment) zurück und erhielten die Gelegenheit zu einer kurzen Begegnung mit einer attraktiven Studentin. Für die Analyse dieser sozialen Interaktion wurden zwei Indices gebildet, nämlich die Anzahl der von der Versuchsperson gesprochenen Wörter und eine Einschätzung der Soziabilität durch die Studentin. Beide Maßzahlen wurden zu einem Verhaltensscore kombiniert und dann mit dem Fragebogenwert korreliert. Es ist nicht überraschend, daß der Korrelationskoeffizient für die Kontrollgruppe nur .16 betrug. Hingegen zeigte sich für die Experimentalgruppe, welche den Fragebogen unter der Spiegelbedingung ausgefüllt hatte, daß verbale Selbstberichte in größerer Übereinstimmung mit ihrem tatsächlichen Verhalten stehen, für diese Gruppe betrug die Korrelation .62.[2]

Prädiktive Validität von Fragebogendaten bei erhöhter Selbstaufmerksamkeit. Das letztgenannte Experiment zeigt, daß Selbstberichte, wenn sie unter

---

[2] In der Originalarbeit finden sich die Korrelationskoeffizienten von .62 und .16 nicht. Diese Koeffizienten stammen aus zwei Replikationen dieser Studie.

der Bedingung erhöhter Selbstaufmerksamkeit abgegeben werden, in größerer Übereinstimmung mit beobachtbarem Verhalten stehen. Diese Aussage läßt sich erweitern, indem man die Bedingung selbstzentrierter Aufmerksamkeit nicht bei der Abgabe verbaler Selbstberichte herstellt, sondern bei der Ausführung beobachtbarer Verhaltensweisen durch die Versuchsperson. Auch in diesem Fall zeigen sich höhere Übereinstimmungen zwischen Verhalten und Selbstberichten. Zuerst wurde dies von CARVER (1975) im Zusammenhang mit Bestrafungstendenzen überprüft.

GIBBONS (1978) hat dies unlängst im Zusammenhang mit sexuellen Schuldgefühlen und dem Konsum erotischer Literatur aufgegriffen. Studentinnen füllten einen „Sexualschuld-Fragebogen" (MOSHER 1968) in einer Situation aus, die keine Selbstaufmerksamkeit erzeugenden Stimuli enthielt. Die Versuchspersonen wurden nach ihrem Skalenwert in zwei Gruppen mit hohem bzw. niedrigem Schuldgefühl eingeteilt. Etwa zwei Wochen später wurde ihnen Gelegenheit zur Lektüre von Sexualliteratur gegeben. Die zentrale Frage war nun, wie sehr die Versuchspersonen diese Lektüre schätzten, da anzunehmen ist, daß Personen mit niedrigen sexuellen Schuldgefühlen diese Art von Literatur mit geringerem Vergnügen lesen als solche mit hohen Schuldgefühlen. Zwischen beiden Gruppen zeigten sich keine Unterschiede in der Bewertung der Magazine, wenn die Urteile unter der Bedingung abgegeben wurden, die keine Selbstaufmerksamkeit produziert. Unter der Bedingung erhöhter Selbstaufmerksamkeit (Spiegel) zeigten sich jedoch deutliche Unterschiede, wobei die Gruppe mit hohen Schuldgefühlen eine deutliche Ablehnung der Magazine zeigte.

Das allgemeine Prinzip ist ähnlich jenem in dem beschriebenen Experiment von PRYOR et al.: Selbstaufmerksamkeit bewirkt in jedem Falle, daß verbale Selbstberichte und aktuelle Verhaltensweisen in größerem Einklang stehen. Der Unterschied zwischen beiden Studien ist nur geringfügig. Im Experiment von PRYOR et al. wurde bei den Versuchspersonen Selbstaufmerksamkeit erzeugt, während sie verbale Selbstbeschreibungen abgaben; im Experiment von GIBBONS wurde bei den Versuchspersonen in der Verhaltensphase selbstzentrierte Aufmerksamkeit erzeugt, nämlich während ihrer Reaktion auf erotische Literatur.

Internalisierte soziale Normen. Diskrepanzreduktion bezieht sich nicht notwendigerweise auf idiosynkratische Aspekte der eigenen Person, wie etwa die Beschreibung der eigenen Geselligkeit, der eigenen sexuellen Schuldgefühle oder der eigenen Bestrafungstendenzen. Sie ist vielmehr auch auf einem allgemeineren Niveau wirksam, nämlich immer dann, wenn man vermuten kann, daß weite Teile einer Population bestimmte Überzeugungen, Wertvorstellungen oder Normen in ihrem Selbstkonzept internalisiert haben. In einer puritanischen Gesellschaft (wie etwa im Amerika der Gründerzeit) könnte man mit

Sicherheit annehmen, daß selbstzentrierte Aufmerksamkeit jedermann in eine eher puritanische Richtung lenken würde, während man in modernen Gesellschaften erst junge Leute finden müßte, für die puritanische Ideale normativen Charakter haben.

Losgelöst von diesem Beispiel können wir von einer Reihe allgemein akzeptierter Werte in modernen westlichen Kulturen sprechen. Einer davon ist Ehrlichkeit. Wenn wir das Haus von jemandem betreten, gilt als Norm, daß wir dort nichts stehlen. Selbst wenn unser Gastgeber uns anbieten würde, eine übriggebliebene Flasche Sekt mit nach Hause zu nehmen, steht einem solchen Verhalten eine definitive Norm entgegen.

In einer Studie von BEAMAN, KLENTZ, DIENER & SVANUM (1977) wurden exakt solche Szenen, wie die eben erwähnte, untersucht. Das Experiment wurde in den USA am Halloween-Abend durchgeführt. An diesem Abend Ende Oktober verkleiden sich Kinder, gehen von Tür zu Tür und bitten um etwas. Normalerweise bekommen sie kleine Geschenke, wie etwa Süßigkeiten. Wenn sie an dem jeweiligen Haus etwas bekommen, gehen sie zum nächsten. Bekommen sie bei einem Haus nichts geschenkt, haben die Kinder traditionsgemäß das Recht, dem Besitzer irgendeinen Streich zu spielen, selbst auf die Gefahr polizeilicher Intervention hin. In ihrer Studie verwandten die Autoren „experimentelle" Häuser, wo die Tür jeweils von einem weiblichen Experimentator geöffnet wurde. Sobald die Kinder begrüßt worden waren, wurden sie in den Flur gebeten. Die „Hausfrau" gab vor, daß sie an ihre Arbeit zurückgehen müsse, daß jedes Kinder aber von einer großen Schale mit Süßigkeiten, die im Flur aufgestellt war, *ein* Bonbon wegnehmen könnte. Die Kinder wurden dann alleine gelassen und unbemerkt dabei beobachtet, ob sie tatsächlich ein oder aber mehrere Bonbons an sich nahmen.

Zwei Vorbemerkungen sind nötig im Hinblick auf die bei den Kindern vorgenommene Manipulation ihrer Selbstaufmerksamkeit. Zum ersten: die Hälfte der Kinder wurde von der „Hausfrau" einzeln nach dem Namen und nach ihrem Wohnort gefragt. Dies sollte gewährleisten, daß bei der Manipulation der Selbstaufmerksamkeit die Aufmerksamkeit jedes Kindes tatsächlich auf die eigene Person als Individuum und nicht einfach auf seine Verkleidung oder auf seine Rolle in der Gruppe gelenkt werden würde. Zum zweiten: die Manipulation selbstzentrierter Aufmerksamkeit wurde lediglich durch einen Spiegel vorgenommen, welcher hinter der Schale mit Süßigkeiten angebracht war. Die Versuchspersonen konnten so sich selbst leicht sehen, während sie „ehrliches" oder „unehrliches" Verhalten zeigten.

Der Aspekt der Individuation erwies sich in diesem Experiment als sehr wichtig. Ohne individuelle Ansprache zeigte sich für beide Versuchsgruppen (mit und ohne Spiegel) kein Unterschied in der Häufigkeit des Stehlens (19 bzw. 20 Prozent). Unter individualisierter Bedingung hingegen war der Einfluß selbstzentrierter Aufmerksamkeit deutlich erkennbar: während die Versuchspersonen in der Kontrollgruppe mit einem Anteil von 38 Prozent relativ häufig unehrlich waren, zeigten die Versuchspersonen unter der Spiegelbedingung in nur neun Prozent der Fälle unehrliches Verhalten. Interessanterweise waren die Unterschiede zwischen beiden Versuchsbedingungen am deutlichsten für die älteren Kinder (9 Jahre und älter), die ohne Spiegel eine sehr hohe Rate unehrlichen Verhaltens zeigten[3]. Im allgemeinen zeigten die jüngeren Kinder eine geringere Tendenz zum Stehlen unabhängig von der Induktion selbstzentrierter Aufmerksamkeit.

Dieses Experiment liefert keineswegs als erstes den Beleg, daß selbstzentrierte Aufmerksamkeit das Verhalten in Richtung auf soziale Normen lenkt. Das einschlägigste Experiment hierzu stammt von DIENER & WALLBOM (1976), welches bei Collegestudenten eine deutliche Reduktion im Stehlen unter selbstzentrierter Aufmerksamkeitsbedingung zeigte. In ähnlicher Weise wurden sozial wünschenswerte Verhaltensweisen untersucht, wie etwa Hilfehandeln und/oder Altruismus (GIBBONS, WICKLUND, KARYTOWSKI, ROSENFIELD & CHASE 1977), Unterdrückung spontaner aggressiver Akte (SCHEIER, FENIGSTEIN & BUSS 1974) und leistungsorientiertes Verhalten (LIEBLING & SHAVER 1973; McDONALD 1978; WICKLUND & DUVAL 1971).

Die allgemeine Annahme, wonach eine Person, deren Aufmerksamkeit auf sich selbst gerichtet ist, ihr Verhalten stärker im Hinblick auf internalisierte Normen ausrichtet (genauso wie sie ihr Verhalten stärker in Richtung auf idiosynkratische Aspekte ihrer Person lenkt) ist somit gut gestützt.

6.4 Konflikte zwischen Handlungszielen

Den meisten der hier berichteten Forschungsarbeiten lag als Prämisse zugrunde, daß es für Verhaltensweisen eine einzige klare Verhaltensnorm gibt, welche für die Person bedeutsam ist. So wurde beispielsweise bei der Erforschung von Hilfehandeln angenommen, daß eine Verantwortlichkeitsnorm für die Versuchspersonen herausragend ist. Bei der Erforschung sexueller Schuldgefühle wurde unterstellt, daß sich die Versuchspersonen in ihren Reaktionen auf erotische Literatur an ihren persönlichen Standards orientieren. Verhaltensziele und -standards sind jedoch nicht immer so eindeutig. Aus einer Reihe von Untersuchungen ist ersichtlich, daß selbstzentrierte Personen ein Spektrum ganz unterschiedlicher Verhaltensziele in einer Situation besitzen und daß diese Verhaltensziele bis zu einem gewissen Grad danach geordnet werden können, wie „zentral" oder „peripher" sie im Selbstkonzept verankert sind.

---

[3] Das Alter der Kinder wurde durch versteckte Beobachter geschätzt.

Ein überzeugendes Beispiel entstammt dem Bereich von Ärger, Aggression und Bestrafung. CARVER (1975) zeigte in seinem Experiment, daß Personen, die Bestrafung für eine akzeptable Erziehungsmethode halten, dies besonders dann in ihrem Erziehungsverhalten zeigten, wenn ihre Aufmerksamkeit selbstzentriert war. Der gleiche Effekt war für Personen mit gegenteiliger Überzeugung nachweisbar: unter selbstzentrierter Aufmerksamkeitsbedingung zeigten sie geringere Bestrafungstendenzen. Eine theoretische Analyse dieses Effektes haben wir bereits im Zusammenhang mit der Studie von GIBBONS (1977) diskutiert: kognitive Standards erhalten größere Bedeutsamkeit für das Verhalten, wenn die Aufmerksamkeit der Person auf sich selbst gerichtet ist. SCHEIER (1976) zeigte jedoch, daß unabhängig vom Ausmaß selbstzentrierter Aufmerksamkeit interne Standards bezüglich Bestrafung dann keine Verhaltenswirksamkeit besitzen, wenn die Person in einem ärgerlichen Zustand ist. Selbstaufmerksamkeit bewirkt in diesem Fall (auch bei Personen gegenteiliger Überzeugung) eine Zunahme von Bestrafungstendenzen. Sie intensiviert — in anderen Worten — den momentanen affektiven Zustand und scheint sich somit stärker auf emotionale Aspekte als auf internalisierte Standards über Aggression und Bestrafung auszuwirken.

Vergleichbare Prozesse stellten GIBBONS et al. (1977) in ihren Studien zum Hilfehandeln fest. Der gelernte Verhaltensstandard ist hier schlicht soziale Verantwortlichkeit. Zwar zeigten die Versuchspersonen von GIBBONS et al. (1977) wie auch die von GOTAY (1977) und WEGNER & SCHAEFER (1978) vermehrtes Hilfehandeln unter der Bedingung selbstzentrierter Aufmerksamkeit, jedoch nur, wenn die soziale Verantwortlichkeitsnorm prägnant war und nur wenn sie keine persönlichen Sorgen hatten. So wurde beispielsweise den Versuchspersonen im Experiment IV von GIBBONS et al. ein Mißerfolgserlebnis induziert. In diesem Fall führte selbstzentrierte Aufmerksamkeit zu einer Reduktion der Hilfeleistungen. Sobald unmittelbare persönliche Anliegen vorhanden sind, scheint sich die selbstzentrierte Aufmerksamkeit einer Person zunehmend auf diesen Aspekt zu konzentrieren und auf internalisierte Normen über angemessene Verhaltensweisen in nur geringem Maß zu fokussieren.

Diese Befunde stellen eine wesentliche Weiterentwicklung in diesem Forschungsbereich dar, da sie unübersehbare Implikationen für die Konzeptualisierung von Selbstkonzepten haben. Wie JAMES (1910) vorgeschlagen hat, lassen sich tatsächlich relativ zentrale von eher peripheren Komponenten des Selbstkonzepts unterscheiden. Allerdings gab es bislang keine angemessene empirische Strategie, um diese theoretischen Aussagen zu überprüfen. Offenbar besteht die empirische Lösung dieser Frage darin, daß man Aufmerksamkeitswechsel auf die eigene Person erzeugt mit dem Ergebnis, daß der augenblicklich dominanteste und hervorstechendste Aspekt der eigenen Person ins Blickfeld rückt und so als Leitziel für das Verhalten und Erleben dieser Person wirkt. Die von JAMES vorgeschlagene Unterteilung ist — insgesamt betrachtet — nicht sehr befriedigend, aber an diesem Punkt sieht es so aus, als würden die „tieferen" Selbstkomponenten jene Merkmale umfassen, die ständig in Bewegung sind, wie Emotionen, motivationale Zustände etc. im Gegensatz zu stabileren Merkmalen, wie Werthaltungen oder physischen Merkmalen. Die „Zentralität" von Selbstkomponenten ließe sich somit danach bestimmen, welchen Grad an Einzigartigkeit sie jeweils besitzen. Persönliche Probleme, emotionale Zustände und subjektive Entscheidungslagen besitzen ein höheres Maß an Einzigartigkeit für das Individuum als internalisierte soziale Verhaltensnormen. Dementsprechend wird selbstzentrierte Aufmerksamkeit dann, wenn ein Individuum solche einzigartigen Zustände und subjektiven Befindlichkeiten durchlebt, diese in ihrer Intensität und Bedeutsamkeit erhöhen, internalisierte Verhaltensregeln hingegen in ihrer Wirkung abschwächen.

6.5 Zusammenfassung

Es war Zweck der vorangegangenen Ausführungen, aufzuzeigen, wie einzelne Komponenten des Selbstkonzepts von Bedeutung für das Verhalten einer Person werden können. Unsere Position schließt die Auffassung von Selbstkonzepten als einer starren Aneinanderreihung einzelner Komponenten, welche in einer konstanten Relation zu spezifischen Erlebens- und Verhaltensmerkmalen stehen, aus. Vielmehr postulieren wir, daß Selbstkomponenten nur dann verhaltenswirksam werden, wenn die Aufmerksamkeit eines Individuums auf hervorstechende Merkmale seiner eigenen Person gerichtet ist. Es wurde gezeigt, daß dieser Zustand Konsequenzen für eine generelle Selbstreflektion, für die Intensivierung affektiver Erlebnisse, die Konsistenz zwischen Selbstberichten und Verhalten und die Übereinstimmung zwischen Verhalten und internalisierten Werten besitzt. Am Rande dieses Forschungsbereiches ergaben sich auch Hinweise auf die Frage der Zentralität bzw. Peripherität von Komponenten des Selbstkonzeptes. Selbstzentrierte Aufmerksamkeit scheint danach vor allem jene Merkmale der eigenen Person ins Blickfeld zu rücken, die von geringerer zeitlicher Konstanz „im Fluß" sind und als subjektiv einzigartig erlebt werden.

BEAMAN, A. L., KLENTZ, B., DIENER, E. & SVANUM, S. 1977. Objective self-awareness and transgression in children: A field study. Montana: University of Montana (Unveröffentliches Manuskript).
BUGENTHAL, J. F. T. & ZELEN, S. L. 1950. Investigations into the self-concept. Journal of Personality 18, 483–498.
CARVER, C. S. 1975. Physical aggression as a function of objective self awareness and attitudes toward punishment. Journal of Experimental Social Psychology 11, 510–519.

CARVER, C. S. & SCHEIER, M. F. 1978. Self-focusing effects of dispositional self-consciousness, mirror presence, and audience presence. Journal of Personality and Social Psychology 36, 324–332.

DAVIS, D. & BROCK, T. C. 1975. Use of first person pronouns as a function of increased objective self-awareness and performance feedback. Journal of Experimental Social Psychology 11, 381–388.

DIENER, E. & WALLBOM, M. 1976. Effects of self-awareness on antinormative behavior. Journal of Research in Personality 10, 107–111.

DUVAL, S. & WICKLUND, R. A. 1972. A theory of objective self awareness. New York: Academic Press.

EXNER, J. E. 1973. The self-focus sentence completion: A study of egocentricity. Journal of Personality Assessment 37, 437–455.

FENIGSTEIN, A., SCHEIER, M. F. & BUSS, A. H. 1975. Public and private self-consciousness: Assessment and theory. Journal of Consulting and Clinical Psychology 43, 522–527.

FREY, D., WICKLUND, R. A. & SCHEIER, M. F. 1978. Die Theorie der objektiven Selbstaufmerksamkeit. In: FREY, D. (Ed.) Kognitive Theorien der Sozialpsychologie. Bern: Huber. p. 192–216.

GELLER, V. & SHAVER, P. 1976. Cognitive consequences of self-awareness. Journal of Experimental Social Psychology 13, 88–108.

GIBBONS, F. X. 1976. Self-focused attention and the enhancement of response awareness. Austin: University of Texas at Austin (Dissertation).

GIBBONS, F. X. 1978. Sexual standards and reactions to pornography: Enhancing behavioral consistency through self-focused attention. Journal of Personality and Social Psychology 36, 976–987.

GIBBONS, F. X. & WICKLUND, R. A. 1976. Selective exposure to self. Journal of Research in Personality 10, 98–106.

GIBBONS, F. X., WICKLUND, R. A., KARYTOWSKI, J., ROSENFIELD, D. & CHASE, T. C. 1977. Altruistic responses to self-focused attention. Austin: University of Texas at Austin (Unveröffentlichtes Manuskript).

GOTAY, C. C. 1977. Helping behavior as a function of objective self awareness and salience of the norm of helping. Maryland: University of Maryland (Dissertation).

JAMES, W. 1910. Psychology: The briefer course. New York: Holt.

LIEBLING, B. A. & SHAVER, P. 1973. Evaluation, self-awareness and task performance. Journal of Experimental Social Psychology 10, 297–306.

MCDONALD, P. J. 1978. Reactions to objective self-awareness. Journal of Personality (im Druck).

MOSHER, D. L. 1968. Measurement of guilt in females by self-report inventories. Journal of Consulting and Clinical Psychology 32, 690–695.

PRYOR, J. B., GIBBONS, F. X., WICKLUND, R. A. FAZIO, R. H. & HOOD, R. 1977. Self-focused attention and self-report validity. Journal of Personality 45, 513–527.

SCHEIER, M. F. 1976. Self-awareness, self-consciousness, and angry aggression. Journal of Personality 44, 627–644.

SCHEIER, M. F., BUSS, A. H. & BUSS, D. M. 1978. Self-consciousness, self-report of aggressiveness, and aggression. Journal of Research in Personality 12, 133–140.

SCHEIER, M. F. & CARVER, C. S. 1977. Self-focused attention and the experience of emotion: Attraction, repulsion, elation, and depression. Journal of Personality and Social Psychology 35, 625–636.

SCHEIER, M. F., FENIGSTEIN, A. & BUSS, A. H. 1974. Self-awareness and physical aggression. Journal of Experimental Social Psychology 10, 264–273.

WEGNER, D. M. & SCHAEFER, D. 1978. The concentration of responsibility: An objective self awareness analysis of group size in helping situations. Journal of Personality and Social Psychology (im Druck).

WICKER, A. W. 1969. Attitudes versus actions: The relationship of verbal and overt behavioral responses to attitude objects. Journal of Social Issues 25, 41–78.

WICKLUND, R. A. 1975. Objective self-awareness. In: BERKOWITZ, L. (Ed.) Advances in Experimental Social Psychology 8. New York: Academic Press. p. 233–275.

WICKLUND, R. A. & DUVAL, S. 1971. Opinion change and performance facilitation as a result of objective self awareness. Journal of Experimental Social Psychology 7, 319–342.

WYLIE, R. C. 1961. The self concept. Lincoln, Nebraska: University of Nebraska Press.

7 Methoden und Probleme der Messung von Selbstkonzepten

HANS-DIETER MUMMENDEY, Universität Bielefeld

Das Selbstkonzept, d.h. der Inbegriff mehr oder weniger überdauernder selbstbezogener Kognitionen, erscheint nur dann als psychologisch brauchbares Konstrukt zur Beschreibung, Vorhersage oder Veränderung menschlichen Verhaltens und Erlebens, wenn es mit empirischen Methoden erfaßt werden kann, die den üblichen Anforderungen an psychologische Untersuchungsmethoden genügen. Gerade weil die Beschäftigung mit Selbstwahrnehmung, Selbstbild, Selbstbewertung usw. oder gar Aspekten eines wie auch immer substantialisierten „Selbst" den meist impliziten, gelegentlich auch expliziten Anspruch erhebt, Entwicklungspsychologie, Persönlichkeitsforschung oder Sozialpsychologie um eine einerseits so oft vernachlässigte, andererseits doch so eigentlich „psychologische" Perspektive wie die der Selbst-Sicht zu erweitern, darf die Erforschung von Selbstkonzepten nicht hinter mühselig etablierte methodische Standards zurückfallen.

Der vorliegende Beitrag diskutiert zunächst einige Methodenprobleme im weiteren und engeren Sinne[1]; sodann werden verschiedene Methoden der Selbsteinschätzung referiert, und schließlich wird auf die Frage der Spezifität/Generalität von Selbstkonzepterfassungen eingegangen.

7.1 Methodenprobleme im weiteren Sinne

Bei der Erfassung von Selbstkonzepten stellt sich die Frage der *Gütekriterien*, insbesondere der Reliabilität und Validität der Messung in ähnlicher Weise wie z. B. bei Verfahren der Fremdeinschätzung oder psychologischen Testverfahren. Problematisch im Sinne der Reliabilität ist häufig das Skalenniveau der Messung. Die Validität der meisten Selbsteinschätzungen ist wegen des Mangels an „Außenkriterien", die hier logischerweise entfallen, schwierig zu bestimmen. Man ist meist darauf angewiesen, Selbstkonzept-Maße durch weitere Selbsteinschätzungen zu validieren.

---

[1] Der eine oder andere Gesichtspunkt hierzu hat sich aus einer Diskussion im Rahmen des von FILIPP im Oktober 1976 organisierten Workshop „Selbstkonzepte" in Trier ergeben.

Ein grundsätzliches methodologisches Problem ergibt sich in der Praxis gewöhnlich dadurch, daß das *Konzept* (z. B. „Selbstkonzept", „Selbstbild", „self-esteem" etc.) und die Erfassungs-*Methode* (z. B. eine bestimmte Operation der tatsächlichen oder idealen Selbsteinschätzung) nicht ausreichend aufeinander bezogen sind und durch die frühzeitige Festlegung auf eine ganz bestimmte Erhebungsmethode eine wünschenswerte Modifikation von Konzept oder Operation sowie eine zunehmende Annäherung beider verhindert wird.

In diesem Sinne stellt sich bei einer Vielzahl empirischer Untersuchungen von Selbstkonzepten die Frage der angemessenen *Indikation*: Für welche psychologische Fragestellung ist welche Methode der Selbstkonzept-Messung angezeigt? Unterschiedliche Methoden müßten beispielsweise angewendet werden, je nachdem ob *zentrale*, person-nahe, person-relevante Merkmale des Selbstkonzepts oder aber *periphere* Merkmale erhoben werden — wobei die Klassifikation „zentral-peripher" bereits einen Aspekt des betreffenden Selbstkonzepts betrifft und insofern selbst Methodenprobleme aufwirft. Verbunden mit dieser Frage ist die notwendige Explikation des *Zieles* der Untersuchung: Soll ein möglichst umfassender Überblick über die Vielfalt von Aspekten des Selbstbildes verschafft oder soll ein bestimmter psychologischer Gesichtspunkt (z. B. derjenige des Selbstwertgefühls, d. h. der Bewertung eigener Eigenschaften im Sinne von „self-esteem") oder eine ganz bestimmte Thematik (z. B. der Leistungsbereich) angesprochen werden?

Für die Selbstkonzept-Erfassung stellt sich — ebenso wie allgemein für die Erfassung von Persönlichkeitsmerkmalen — das Problem der *Spezifität/Generalität* der erfaßten Merkmale. Wahrgenommene und beurteilte eigene Eigenschaften werden bereits dann, wenn sich der Betrachter noch ganz auf dem Boden einer mit Eigenschafts- (trait-) Begriffen operierenden Psychologie bewegt, als in unterschiedlichem Maße situationsabhängig aufzufassen sein. Darüber hinaus ist es eine — etwa durch ein im Sinne des „interaktionistischen" Ansatzes von MAGNUSSON & ENDLER (1977) varianzzerlegendes Forschungsprogramm — noch zu leistende Aufgabe, darzustellen, in welchem Maße Eigenschaftsmodelle der Selbst-Beschreibung von Personen angemessen sind (vgl. Abschnitt 7.3).

Auf verschiedenen *Altersstufen* müßten selbstverständlich unterschiedliche Erfassungsmethoden Verwendung finden — in der Praxis ist dies keine Selbstverständlichkeit. Die Mehrzahl der auf der Applikation von Statements beruhenden Methoden dürfte z. B. für jüngere Kinder ungeeignet sein. Das möglicherweise aus dieser Not resultierende grundsätzliche Ausweichen auf projektive Verfahren (vgl. mehrere Jahrgänge des „Journal of Consulting and Clinical Psychology") dürfte aus Gründen fraglicher Meßgüte keine Tugend sein. Grundsätzlich steht obendrein die Anwendung altersspezifischer Meßmethoden jedem entwicklungspsychologischen Altersgruppen-Vergleich im Wege.

Die Empfehlung, zur Erfassung des Selbstkonzepts ausschließlich *verhaltens-nahe* Verfahren zu wählen, birgt im konkreten Fall der Erforschung des Zusammenhanges zwischen Selbstkonzept und Verhaltensdaten die Gefahr der Trivialität des Resultats, bei Bedingungsanalysen die Gefahr der Verwechslung von „Ursache" und „Wirkung".

Für die Ermittlung von Änderungen bzw. Entwicklungen von Selbstkonzepten stellen sich vor allem die schwierigen, vornehmlich den Versuchsplan betreffenden Probleme der *Veränderungsmessung*. Im Falle von Längsschnittuntersuchungen ergeben sich spezielle Methodenprobleme je nachdem, ob es sich um sukzessive Untersuchungen ganzer Gruppen ohne Kontrollgruppen, um Querschnittsuntersuchungen über Gruppen unterschiedlichen Alters oder Entwicklungszeitpunkte hinweg oder um die Etablierung eines vollständigen Längsschnittdesigns (mindestens mit der Kontrolle der Faktoren „Alter" bzw. „Meßzeitpunkt" und „Kohorte") handelt (vgl. SCHAIE 1965, 1973). Besondere Probleme entstehen für die Reliabilität von Veränderungsmessungen dann, wenn mit *individuellen Veränderungswerten* gearbeitet wird (vgl. CRONBACH & FURBY 1970).

Als problematisch erscheint grundsätzlich ferner, Strukturen von Selbstkonzepten verschiedener Personen mit identischen, der individuellen Selbstwahrnehmungsstruktur möglicherweise nicht angepaßten Meßinstrumenten zu erfassen. Für die Messung von Einstellungen hat FEGER (1974) hier Vorschläge gemacht. Arbeiten, die die Notwendigkeit *individuumzentrierter* Selbstkonzeptmessungen nahelegen, werden von WIECHARDT (1977) referiert.

7.2 Methodenprobleme im engeren Sinne

Je nachdem, welches spezielle Verfahren der Selbsteinschätzung angewendet und wie es ausgewertet wird, ergeben sich im Einzelfall schwer zu bewältigende methodische Probleme. Um mit einem bereits genannten zu beginnen: Zur Erfassung der *Veränderung* des Selbstbildes (oder aber zur Erfassung der Diskrepanz zwischen einer realen und einer idealen Selbsteinschätzung) werden häufig *Differenzmaße* gebildet (z. B. zweite minus erste Messung). Solche Veränderungs- oder Diskrepanzwerte werden zumeist wie einfache Scores interpretiert bzw. weiterverwendet, obgleich sie — u. a. wegen der regelhaften Art der Korrelation zwischen Ausgangs- und Differenzwert — fehlerbehaftet sind (vgl. z. B. HELMREICH 1977). Der Aufwand angemessener statistischer Kontrollen übersteigt in der Regel das durch das Gütekriterium der Ökonomie angezeigte Toleranzmaß. Daneben erhebt sich für alle Änderungs-, Diskrepanz-, Distanz-, Zuwachs- und auch Korrelationsmaße, die den (in der Selbstkonzept-Forschung äußerst beliebten) Indikator „Differenz zwischen tatsächlicher, realer Selbsteinschätzung einerseits und erwünschter, idealer Selbstbeurteilung andererseits" verwenden, die Frage, in welcher Beziehung solche Maße zu schlichten, direkten Selbst-Ratings stehen. Diese empirisch lösbare Frage wird selten gestellt. Auf weitere Probleme der Bildung individueller Differenzmaße weist WYLIE (1968) hin.

Sollen Aspekte oder gar Dimensionen des Selbstbildes durch die *Summierung* von Itemwerten — etwa im Semantischen Differential — erfolgen, so erhebt sich die Frage der Intervalleigenschaft der Skalen, d. h. der Summierbarkeit der Maßzahlen einmal in „waagerechter" (die einzelne Ratingskala betreffend) und einmal in „senkrechter" (die Addition der Skalenwerte mehrerer Polaritäten betreffend) Hinsicht. Die Forschungspraxis der Erfassung von Selbstkonzepten zeigt hier, daß in bezug auf die Skaleneigenschaften Robustheits-Überlegungen ebenso Platz greifen wie in Untersuchungen zur Beurteilung fremder Objekte.

Bei direkten Selbstbeurteilungen auf Rating-Skalen ergibt sich das Problem *systematischer Beurteilungsfehler*, insbesondere der am häufigsten beschriebenen Fehler der zentralen Tendenz und des Halo-Effekts. Im Unterschied zur Fremdbeurteilung, bei der systematische Urteilsschiefen grundsätzlich unerwünscht sind und gelegentlich als Indikatoren mangelnder Reliabilität des Meßverfahrens aufgefaßt wurden, gewinnen systematische Urteilsverzerrungen subjektiver Art bei der Selbstkonzept-Erfassung oft besondere Bedeutung: Man möchte gerade wissen, in welcher Weise sich eine Person beispielsweise im Sinne eines bestimmten Halo-Effekts einseitig wahrnimmt. Bei vielen Untersuchungen zum Selbstkonzept liegt somit ein *Konflikt zwischen den Forderungen nach Fehlerfreiheit und subjektiver Urteilsgültigkeit vor*. Mit anderen Worten wäre es bei der Messung von Aspekten des Selbstkonzeptes verfehlt, von Reaktions- oder Verfälschungstendenzen (etwa im Sinne von personaler oder sozialer Erwünschtheit) zu sprechen, da es bereits bei der deskriptiven bzw. realen, erst recht aber bei der normativen bzw. idealen Selbstkonzept-Erfassung um eben dieses persönlich oder sozial erwünschte Bild von sich selbst geht.

Aus dieser Skizzierung einiger method(olog)ischer Probleme mag deutlich werden, daß Selbstkonzept-Messungen einmal die üblichen Problematiken jeder psychologischen Messung teilen, zum anderen jedoch durch die Identität von Beurteiler und Urteilsobjekt zusätzlich gehandikapt sind. Es ließe sich der Schluß ziehen, andere als die üblichen quantitativen Methoden der Psychologie seien vonnöten und besser imstande, solche selbstbezogenen Kognitionen zu erfassen, deren Inbegriff man als „Selbstkonzept" bezeichnet. In erster Linie wäre hier an *nonreaktive* Verfahren (vgl. WEBB, CAMPBELL, SCHWARTZ & SECHREST 1975) zu denken und — da bekanntlich auch die so gewonnenen Daten (z. B. in quantitativen Inhaltsanalysen) den Erfordernissen der Skalierung zu unterwerfen sind — evtl. an sog. *qualitative* Inhaltsanalysen verbaler selbstbezogener Produktionen. Von der Darstellung und Evaluation solcher Verfahren soll jedoch hier abgesehen werden; freie Selbstbeschreibungsverfahren, die „qualitativ" ausgewertet werden, eröffnen einen Raum, innerhalb dessen die an psychologische Meßmethoden zu stellenden formalen Anforderungen nicht mehr erfüllt werden können.

7.3 Verfahren der Selbsteinschätzung

Insofern Selbsteinschätzungen, also die operativen Grundlagen von Selbstkonzepten, den Spezialfall einer Personwahrnehmung/Personbeurteilung darstellen, kommen als Verfahren der Selbsteinschätzung prinzipiell alle jene Meßmethoden in Betracht, die sich zur Personbeurteilung eignen. Insofern es in der Regel um die Einschätzung relativ überdauernder Merkmale (Eigenschaften) geht — wobei sich die Aufmerksamkeit des (Selbst-)Beurteilers entweder stärker auf kognitive Aspekte, d.h. kognizierte Merkmale der eigenen Person oder stärker auf evaluative („affektive") Aspekte seiner selbst (z. B. im Sinne von Selbstwertschätzung) richten kann — könnte man auch von einem Vorgang der Erfassung von *Einstellungen* zu sich selbst (im Sinne von Attitüden, d.h. „sozialen" Einstellungen) sprechen und grundsätzlich sämtliche der Einstellungsmessung dienenden Verfahren als Methoden zur Erfassung von Selbstkonzepten zulassen. Insbesondere unter Gesichtspunkten einer *funktionalen* Analyse des Selbsteinschätzungsprozesses — demnach sind Selbst- und Fremdeinschätzungen einander funktional äquivalent — fände diese Perspektive ihre theoretische Begründung; sie geht bereits auf G. H. MEAD (1934) zurück und wird ebenfalls durch die Selbstwahrnehmungstheorie von BEM (vgl. Kap. 4) eingenommen. Sie wird aber auch — oberflächlich betrachtet — durch die gegenwärtige Praxis der Erforschung von Selbstkonzepten indirekt bestätigt: Tatsächlich werden sämtliche der Personbeurteilung dienenden Methoden und Techniken auch zur Selbsteinschätzung verwendet.

Ähnlich wie beispielsweise Einstellungs-Meßmittel können Selbstkonzept-Meßmittel eher *strukturiert* oder eher *unstrukturiert* sein, sowohl was die verbalen Stimuli als auch die vorgegebenen Antwortmöglichkeiten betrifft. Sie können Reaktionen in *symbolischer* (z. B. sprachlicher) oder *nichtsymbolischer* Form verlangen. Selbstkonzept-Meßmittel können sowohl *reaktiv* als auch *nonreaktiv* sein. Sie können eher *offen* oder eher *getarnt* vorgehen. Es kann sowohl *eindimensional* als auch *mehrdimensional* gemessen werden. Die Erfassung von Dimensionen des Selbstbildes kann eher *situationsspezifisch* oder *generell* im Sinne eines „Durchschnitts" durch unterschiedliche Situationen erfolgen. Sie kann sich auf subjektiv eher *peripher* oder eher *zentral* erscheinende persönliche Merkmale beziehen, usw. usw. Am häufigsten wurden in der Vergangenheit *adjektivische Selbstbeschreibungsverfahren, Ratingverfahren, Semantische Differentiale* und *Persönlichkeitsfragebogen* angewendet. Die meisten Verfahren sind strukturiert, symbolisch, reaktiv, offen, eindimensional und generell.

7.3.1 Adjektivische Selbstbeschreibungsverfahren (Adjective Check Lists)

Am beliebtesten scheinen bei Autoren und Probanden unmittelbare Selbsteinschätzungen des Zutreffens/Nichtzutreffens bestimmter Eigenschaften zu sein, die in der Regel durch Ankreuzen bzw. Abhaken auf *Eigenschaftswörterlisten* vorgenommen werden. Der Selbstbeurteiler kann sein Alternativurteil („trifft auf mich zu"/„trifft auf mich nicht zu") sowohl als Ausdruck seiner tatsächlichen, realen Selbsteinschätzung als auch unter „idealer" Instruktion („Stellen Sie sich so dar, wie Sie gerne sein möchten") abgeben. Beispielsweise enthält die Adjective Check List (ACL) von GOUGH & HEILBRUN (1965) ca. 300 Eigenschaftswörter (von „absent-minded, active, adaptable . . ." bis „. . . witty, worrying, zany"), von denen die meisten den von CATTELL verwendeten Adjektivlisten entstammen. Ein Score für „self-confidence" wird gewonnen, indem die Zahl der als zutreffend bezeichneten Adjektive, die aufgrund empirischer Untersuchungen zur „self-confidence" kontraindiziert sind, von der Zahl der als zutreffend indizierten Adjektive subtrahiert wird. Im Falle der ACL von GOUGH & HEILBRUN wird also von der Versuchsperson lediglich ein reales Selbstbild verlangt, doch wird dessen „evaluative" Komponente indirekt (über eine Außenvalidierung) ermittelt. So werden Aussagen über „Selbstvertrauen" bzw. „Selbstachtung" möglich.

Typisch für ein adjektivisches Selbstbeschreibungsverfahren, das von der Differenz zwischen direkt erhobenen realen und idealen Selbstbeschreibungen Gebrauch macht, ist das Selbsteinschätzungsverfahren von BRAUNE (1972). Die Versuchspersonen haben die Aufgabe, sich zunächst anhand von 68 Adjektiven (von „schwach, gescheit, befriedigt, intellektuell . . ." bis „ . . . oberflächlich, besonnen, beharrlich, unentschlossen") zu beurteilen. In einem zweiten Durchgang erhalten sie die Instruktion, „. . . die Adjektive daraufhin zu überprüfen, inwieweit sie Ihr Idealbild beschreiben", d. h. „. . . wie Sie am liebsten sein möchten". Bei einem solchen Verfahren sind mehrere Möglichkeiten denkbar, nämlich sowohl das „reale" als auch ein Diskrepanz-Maß der Selbsteinschätzung zu bestimmen. Der Autor verlangt zu jeder Eigenschaft ein fünfstufiges, numerisches Rating und berechnet Differenzwerte aus beiden Durchgängen. Zur Vermeidung von Differenzmaßen ließe sich auch die Anzahl der in beiden Durchgängen übereinstimmenden Urteile der als „zutreffend" bzw. „nicht zutreffend" markierten Adjektive ermitteln.

Während bei Check-Listen eine definierte Menge und Art von Eigenschaftsbezeichnungen vorgegeben ist, müssen in anderen adjektivischen Selbstbeschreibungsverfahren die mehr oder weniger zutreffenden Eigenschaften von der Versuchsperson produziert werden. Die Adjective Generation Technique (AGT) von Potkay & Allen (1973) stellt ein solches, nach Ansicht der Autoren „eindeutig idiographisches, personzentriertes Instrument" (Allen & Potkay 1977, p. 334), nach Auffassung Bems (1977) ein eher nicht-idiographisches Verfahren dar: Die Versuchspersonen sollen am Ende eines Tages diejenigen fünf Eigenschaftswörter niederschreiben, mit denen sich nach ihrer Ansicht ihre Person am besten beschreiben läßt. Die auf diese Weise erhaltenen Adjektive werden von unabhängigen Beurteilern daraufhin eingeschätzt, wie günstig („favorable") sie erscheinen. Die Rater erhalten keine bestimmte Definition von „favorability" vorgegeben, dennoch zeigten sich bei 100 Beurteilern nur geringe Urteilsdifferenzen in bezug auf eine Sieben-Punkte-Skala. Auf der Grundlage dieser Bewertungen erhält jede Person einen Durchschnittswert für die „favorability" ihrer Selbstbeschreibung. Auch die Adjective Generation Technique läßt sich sowohl real-deskriptiv als auch über ihr Verfahren der Außenvalidierung, das Bem (1977) gerade wegen der Verwendung fremder Beurteiler kritisierte, evaluativ-normativ auswerten.

7.3.2 Sortierverfahren (Q-sorts)

Q-Sort-Techniken, bei denen gewöhnlich mit personbezogenen Statements bedruckte Kärtchen einem vorgegebenen Kategoriensystem oder Kontinuum zugeordnet werden sollen (z. B. einer Elf-Punkte-Skala der „Ähnlichkeit mit der eigenen Person"), sind ebenfalls sehr häufig zur Selbstkonzepterfassung eingesetzt worden. Sortieraufgaben dieser Art gelten als bei den meisten Vpn beliebte Untersuchungsmethoden. Ähnlich dem Vorgehen bei der Methode der gleicherscheinenden Intervalle von Thurstone & Chave (vgl. Edwards 1957) bietet hier die instruktionsgemäße Aufforderung zur Herstellung einer Normalverteilung Skalierungsvorteile und Ansätze zur Methodenkritik zugleich. Butler & Haigh (1954) ließen beispielsweise ingesamt 100 Karten mit selbstbeschreibenden Feststellungen in zwei verschiedenen Durchgängen („self-sort" und „ideal-sort") neun sukzessiven Kategorien mit der Aufforderung, möglichst eine Normalverteilung der Häufigkeiten herzustellen, sortieren. Block (1961) erzielte mit seinem Q-Sort-Verfahren, bei dem insgesamt 70 Karten mit Eigenschaftswörtern sieben Kategorien à zehn Karten zuzuordnen waren, wunschgemäß rechteckige Verteilungen. Innerhalb jeder dieser Kategorien war wiederum eine Rangreihe aller Eigenschaftswörter gemäß der wahrgenommenen Ähnlichkeit mit der eigenen Person herzustellen. Ein solches Verfahren maximiert per Instruktion die intraindividuelle Urteilsvariabilität und reduziert drastisch den „Fehler der zentralen Tendenz". Der Vergleich beider Sortierungen (des „realen" und des „idealen" Durchganges) wird von BLOCK mittels eines Korrelationskoeffizienten vorgenommen, der ähnlich wie bei SPEARMANS rho durch die Summe der quadrierten Differenzen beider Sortierungen bestimmt ist.

Auch bei der wohl am häufigsten angewendeten Methode zur Erfassung des Selbstwertgefühls, dem Selbsteinschätzungsverfahren von COHEN (1959), handelt es sich um ein modifiziertes Sortierverfahren. Die Items bestehen jeweils aus wenigen Sätzen, welche eine hypothetische Situation beschreiben, in der die Person mit der Versagung eines Bedürfnisses aus fünf Bereichen (achievement, autonomy, recognition, affiliation, cognition) konfrontiert wird. Jeder dieser Bedürfnisbereiche wird drei verschiedenen Kontexten zugeordnet (individuelles Verhalten, interpersonelle Beziehung, Gruppensituation), so daß insgesamt 15 Geschichten entstehen, die alle möglichen Bedürfnissituationen repräsentieren sollen. Die Person hat sich dann der Aufgabe zu unterziehen, die mit den Kurzgeschichten beschrifteten Karten fünf Kategorien (von −2 bis +2) zuzuordnen, je nachdem, in welchem Ausmaß das beschriebene Verhalten dem eigenen Verhalten (tatsächlich oder idealerweise) ähnlich ist. Auf diese Weise wird es möglich, einfache oder Diskrepanzmaße im Hinblick auf die postulierten Bedürfnisbereiche, auf die einzelnen Situationsklassen sowie als Globalscores zu bestimmen.

Bei der großen Zahl vor allem in den USA eingesetzter Sortierverfahren zur Erfassung des Selbstkonzepts — WYLIE (1961) zählte bereits in den 50er Jahren 28 unterschiedliche Q-sorts — ist ein Mißverhältnis zwischen der Beliebtheit dieser Methodik und der Beachtung der Kontrolle von Gütekriterien nicht zu übersehen: Nur ein Viertel der von WYLIE aufgezählten Verfahren wurde Reliabilitäts-, nur ein Zehntel Validitätskontrollen unterworfen.

7.3.3 Rating-Verfahren

Selbst-Ratings erfordern vom (Selbst-)Beurteiler Ordinalurteile numerischer oder graphischer Art auf vorgegebenen numerischen (kategorialen) oder graphischen (kontinuierlichen, unterteilten) Schätzskalen. Häufig werden fünfstufige Urteilsskalen des LIKERT-Typus verwendet, ohne daß eine LIKERT-Skalierung mehrerer Eigenschafts-Ratings vorgenommen wird. Die meisten Ratingskalen sind „Ein-Item-Skalen" (KLAPPROTT 1975), ein Beispiel ist das schon erwähnte Verfahren von BRAUNE (1972). Dennoch postulieren (oder begründen durch Itemanalysen) viele Autoren die Summierbarkeit mehrerer Selbst-Ratings. So ließen bereits BILLS, VANCE & McLEAN (1951) in ihrem vielverwendeten „Index of Adjustment and Values" das Zutreffen von 48 Eigenschaften (die wie die CATTELLschen auf die Eigenschaftslisten G. W. ALL-

PORTS zurückgehen) auf einer fünfstufigen Skala einschätzen und erhoben sodann den Grad der „Selbst-Akzeptanz", also ein selbst-evaluatives bzw. Self--Esteem-Maß, mit ebenfalls fünfstufigen Ratings: „(1) I very much dislike being as I am in this respect; (2) I dislike being as I am in the respect; (3) I neither dislike being as I am nor like being as I am in this respect; (4) I like being as I am in this respect; (5) I very much like being as I am in this respect" (BILLS et al. 1951, p. 258).

Eigenschafts-Ratings als Methode der Selbstbeschreibung sind „subjektive" Verfahren in mehrfacher Hinsicht, so kann z. B. die Auswahl der Eigenschaften mehr oder weniger objektiven Kriterien genügen. Viele Selbst-Ratings erscheinen völlig willkürlich konstruiert. Dagegen bemühte sich MERZ (1962) um eine Auswahl von schließlich 40 Eigenschaftswörtern zur „Beurteilung der persönlichen Eigenart unserer Mitmenschen", mittels derer auch das Selbstbild zu beschreiben war, aufgrund der Werke prominenter geisteswissenschaftlich arbeitender Persönlichkeitspsychologen (KLAGES, LERSCH, WELLEK). Die so gewonnenen Wesenszüge (von „hilfsbereit, fleißig, rechthaberisch . . ." bis „. . . sentimental, bescheiden, herrschsüchtig") fungierten als Bezeichnungen siebenstufiger Rating-Skalen. Völlig anders kam das Selbst-Rating-System von JOHN & KEIL (1972) zustande: Ihre Batterie von 18 siebenstufigen, graphischen Rating-Skalen entspricht den 18 ins Deutsche übertragenen, faktorenanalytisch gewonnenen Dimensionen des California Psychological Inventory (CPI) von GOUGH (1964). Die Skalen (von „Führungsrolle, Person und Fähigkeiten, Gesellgkeit . . ." bis „. . . Verständnis für andere, Beweglichkeit und Anpassungsfähigkeit, Weibliche Interessen") nennen nicht das zu beurteilende Persönlichkeitskonstrukt, sondern enthalten dessen verbale Umschreibung in bipolarer Form. Die Endpunkte der Rating-Skala sind zusätzlich durch spezifische, die Ladungen jedes Faktors repräsentierende Eigenschaftswörter verbal verankert.

Die Reliabilität von Ratings ist schwierig zu schätzen, da die üblichen Methoden der Reliabilitätsprüfung hier nicht anwendbar sind oder — wie im Falle der beliebten Feststellung der Beurteiler-Übereinstimmung, also der „Objektivität" — bei der Selbst-Beurteilung entfallen. Die von GUILFORD (1954) vorgeschlagene und von SCHMIDT (1966) auf Fremd-Ratings angewandte varianzanalytische Bestimmung typischer Beurteilungsfehler, insbesondere des Halo-Effekts, enthält, worauf RUDINGER & FEGER (1970) zu Recht hinwiesen, einen Fehler des Auswertungsplanes. Ebenso wie die von den zuletzt genannten Autoren angewendete „Generalisierbarkeitsstudie" von GLESER, CRONBACH & RAJARATNAM (1965) scheidet sie zur mehr oder weniger direkten Reliabilitätsbestimmung von Selbstratings aus, da mehrere Beurteiler, mehrere Beurteilte und mehrere Beurteilungen (Zeitpunkte) gegeben sein müssen. Anwendbar erscheint dagegen das auf dem Intraclass-Koeffizienten von EBEL

(1951) beruhende varianzanalytische Maß zur Reliabilitätsbestimmung von WINER (1971), da sein Auswertungs-Design nur zwei Quellen der Variation, nämlich diejenigen zwischen und innerhalb der Urteilsobjekte erfordert; letztere kann im Falle von Selbst-Ratings durch die Beurteilung mehrerer eigener Eigenschaften gewährleistet werden. Das Verfahren hat den Vorteil, einen den Reliabilitätsmaßen der Testtheorie vergleichbaren, allerdings stark stichprobenabhängigen r-Koeffizienten zu liefern. In der Praxis der Selbstkonzept-Forschung sind jedoch Reliabilitätskontrollen von Ratings ebenso die Ausnahme wie Versuche, mit Transformationsmethoden die Intervalleigenschaft der Skalen herzustellen (vgl. z. B. SCHNEEWIND 1965). Meist wird stillschweigend und ungeprüft mit Intervallskalenniveau voraussetzenden Datenverarbeitungsverfahren gearbeitet — wie fast überall in der Psychologie.

7.3.4 Semantisches Differential

Die Verwendung des Semantischen Differentials (Polaritätsprofil, Eindrucksdifferential) zur Selbstbeschreibung ist kein gegenüber Rating-Verfahren andersartiger methodischer Vorgang, und so gibt es hier auch keine prinzipiell andersartigen methodischen Schwierigkeiten. Problematisch sind vor allem die stillschweigenden Postulate der Intervalleigenschaft der Einzelskalen und der Summierbarkeit der Einzelurteile. Zur Messung sozialer Einstellungen (vgl. TRIANDIS 1975, SCHÄFER 1975) ist das Verfahren der Einschätzung von Objekten mit einem System von zwischen Eigenschafts-Polaritäten aufgespannten Ratingskalen ebenso gebräuchlich wie zur Selbsteinschätzung (vgl. ROBINSON & SHAVER 1972). Allgemein geht man davon aus, daß insbesondere die Skalen des Semantischen Differentials, die den OSGOODschen „Evaluations"-Faktor laden, zur Erfassung des „evaluativen" Aspekts von Selbstkonzepten geeignet seien. Solche typischen Polaritäten sind z. B. „gut—schlecht", „schön—häßlich", „sauber—schmutzig", „angenehm—unangenehm". Ebenso wie bei allen anderen hier aufgeführten Verfahren lassen sich je nach Instruktion Real-Einschätzungen, Ideal-Einschätzungen und Real-Ideal-Diskrepanzmaße ermitteln.

Ein „Self-Concept Semantic Differential" entwickelten beispielsweise PERVIN & LILLY (1967). Es besitzt wie die meisten Verfahren dieser Art Augenschein-Validität (und auch -Reliabilität). Zu insgesamt 13 Polaritäten, die sich auf die OSGOODschen Faktoren „activity", „evaluation" und „potency" beziehen, werden in zwei getrennten Durchgängen Selbstbeurteilungen von „My Self" und „My Ideal Self" erhoben. In der Bundesrepublik Deutschland kann seit den frühen Veröffentlichungen HOFSTÄTTERs das Semantische Differential als das am häufigsten angewendete Verfahren der Selbstbeschreibung gelten. Als einige wenige Beispiele seien die Arbeiten von HOFER (1969) zum Selbstbild von Lehrern, von BERGLER (1975) zur Selbstbeurteilung in verschiedenen Lebensaltern, von SCHREINER (1972) oder VAN QUEKELBERGHE (1976) zum Selbstbild von Studenten und Dozenten erwähnt. Auch der von BECKMANN & RICHTER (1975) geschaffene „Gießen-Test", eine Mischform aus Polaritätsprofil und Persönlichkeitsinventar, der sechs nicht weiter objektivierbar ausgewählte Skalen (Soziale Resonanz, Dominanz, Kontrolle, Grundstimmung, Durchlässigkeit, Soziale Potenz) mit jeweils sechs polar verankerten Selbstbeschreibungen enthält, ist hier zu nennen.

7.3.5 Persönlichkeitsfragebogen

Bedenkt man, daß der Persönlichkeitsfragebogen das klassische Selbstbeschreibungsverfahren der Persönlichkeitsforschung wie auch der Einstellungsmessung darstellt, so liegt es nahe, Aspekte des Selbstkonzepts mit vorhandenen oder eigens dafür konstruierten Persönlichkeitsinventaren zu erfassen. So verwenden z. B. die Yale-Kommunikationsforscher zur Messung des Selbstwertgefühls (self-esteem) eine Fragebogenbatterie mit den Skalen „Feelings of Inadequacy", „Social Inhibitions", „Test Anxiety", „Richness of Fantasy", „Hyperaggressiveness", „Argumentativeness", „Suspiciousness", „Obsessive and Compulsive Symptoms" und „Symptoms of Neurotic Anxiety" (JANIS & FIELD 1959). Die Skalen wurden zum Teil von GRABITZ-GNIECH (1971) ins Deutsche übertragen. Bei Inspektion der Fragebogen-Items fragt man sich leicht, warum nicht gleich der MMPI verwendet wird. Tatsächlich gibt jeder klinische Selbstbeschreibungsbogen (wie überhaupt jeder selbstbezogene Fragebogen) über selbstbezogene Kognitionen mehr oder weniger habitueller Art Auskunft und dient somit der Selbstkonzeptmessung. Im Vergleich zu den bisher besprochenen Verfahren dürften Persönlichkeitsfragebogen jedoch in der Anwendung aufwendiger und langwieriger sein. Zudem entstehen durch die verbale Komplexität ihrer Elemente (der als Items dienenden Statements) Probleme in bezug auf Bedeutungsüberschuß und Mehrdeutigkeit der Vorlage.

Der meistverwendete, unmittelbar mit dem Ziel der Selbstkonzept-(self--esteem)-Messung konstruierte Fragebogen ist derjenige von COOPERSMITH (1967) für Acht- bis Zehnjährige. Seine 58 Statements sind dementsprechend kindgemäß formuliert; acht von ihnen formieren eine „Lügen"-Skala. Die 50 Items dienen der Selbsteinschätzung in bezug auf unterschiedliche Bereiche, die KOKENES (1974) aufgrund einer Faktorenanalyse der Items bei über 7000 Schülern wie folgt umschrieb: I. Perceived inadequacy of self. II. Perceived adequacy of self. III. Rejection of self. IV. Poor parent-home relationships. V. Good parent-home relationships. VI. Social self and peer success. VII. School-academic success. VIII. School-academic failure. Itembeispiele sind:

„Ich wünsche oft, ich wäre jemand anders" (I); „Ich bin meiner selbst ziemlich sicher" (II); „Ich wollte, ich wäre jünger" (III); „Meine Eltern erwarten zu viel von mir" (IV); „Meine Eltern und ich haben viel Spaß miteinander" (V); „Es ist leicht, mich zu mögen" (VI); „Ich bin stolz auf meine Schulleistungen" (VII); „Ich bin in der Schule oft entmutigt" (VIII) (Übersetzung durch die Herausgeber). Ein ähnlicher, bei Erwachsenen anwendbarer Selbstkonzept-Fragebogen, die Tennessee Self-Concept-Scale von FITTS (1965), liefert neben einem globalen Selbstkonzept-Maß Subskalenwerte zu den Bereichen „Physical Self", „Moral-ethical Self", „Personal Self", „Family Self", „Social Self", „Self-Identity", „Self-Satisfaction" und „Behavior Self".

Als deutschsprachige, speziell der Selbstkonzeptmessung dienende Fragebogen seien die Bearbeitung des SEARSschen Selbstbild-Fragebogens für Kinder von EWERT (in diesem Band) und der bereits erwähnte „Gießen-Test" für Erwachsene genannt. Letzterer zeigt, daß auch bei Fragebogenverfahren zur Gewinnung eines „idealen" Selbstbildes nur eine Instruktion der „persönlichen Erwünschtheit" vonnöten ist, wie man sie gelegentlich zur Ermittlung der Anfälligkeit von Fragebogen-Items gegen Reaktionstendenzen appliziert (vgl. SCHMIDT & VORTHMANN 1971). Was bei der Fragebogenmethode sonst als unerwünschte Reaktionstendenz (z. B. im Sinne personaler oder sozialer Erwünschtheit) gilt, ist bei der Selbstkonzept-Erfassung mit dem normativen oder idealen Selbstbild identisch.

In diesem Zusammenhang sollte noch vermerkt werden, daß gesteigerte Selbst-Bewußtheit (im Sinne von Selbstüberwachung, „self-monitoring") als Aspekt des Selbstkonzeptes sogar eher negativ mit sozialer Erwünschtheit korreliert (SNYDER 1974). Selbstüberwachung wird repräsentiert etwa durch Items der Self-Monitoring Scale von SNYDER, z. B. „Ich wäre vermutlich ein guter Schauspieler", „Ich kann andere Menschen durch meine Freundlichkeit täuschen, wenn ich sie absolut nicht leiden kann". Auch dieses Maß, das die Sensibilität des Individuums gegenüber Ausdruck und Selbstdarstellung in sozialen Situationen abbilden soll und dessen Brauchbarkeit als Moderatorvariable der Konsistenz zwischen Einstellung und Verhalten nachgewiesen ist (SNYDER & TANKE 1976), wird aus einem Persönlichkeitsfragebogen gewonnen.

7.3.6 Weitere Verfahren

Da prinzipiell jede Methode zur Erfassung selbstbezogener Kognitionen ebenso wie jede Methode der Einstellungsmessung, die sich auf die eigene Person beziehen läßt, ein Verfahren zur Messung von Aspekten des Selbstkonzepts darstellt, ist die Liste potentiell und tatsächlich angewendeter Methoden der Selbstkonzeptmessung noch keineswegs erschöpft. *Interview-* und *projektive Verfahren*, die in der Regel einen größeren Interpretationsspielraum bieten, sind vielfach herangezogen worden. COOPERSMITH (1967) führte intensive Eltern-Interviews durch, um Informationen über das Selbstwertgefühl ihrer Kinder zu erhalten. Projektive Verfahren werden u. a. von WYLIE (1961, 1968) diskutiert. Nicht alle Selbstkonzept-Forscher legen Wert auf Meßmethoden mit einigermaßen überprüften Skaleneigenschaften.

Um eine Stichprobe dessen zu gewinnen, was Versuchspersonen in Untersuchungen zur Selbsteinschätzung *praktisch tun,* seien die Aufgabenstellungen bzw. Handlungen der Probanden aus einigen Untersuchungen aufgeführt, wie sie in zwei theoretisch unterschiedlichen Arbeiten (BEM 1972 und JONES & NISBETT 1972) referiert werden: Bei BEM finden sich folgende Angaben:
„Vp beantwortete einfache Fragen über sich selbst" (p. 9); „Vp sollte ihre Einstellung zu einer cartoon-Zeichnung auf einer Einstellungsskala angeben" (p. 10); „Vp sollte . . . das Wort durchstreichen oder nicht durchstreichen . . . Sie sollte zu den 100 Substantiven Sätze bilden . . . Jede Vp sollte sich ihr Verhalten anhand einer Reihe von Kontrollwörtern ins Gedächtnis zurückrufen . . ." (p. 11); „Vpn sollten den Knopf erst niederdrücken, wenn ‚der Schock so unangenehm ist, daß man glaubt, nicht mehr anders zu können'. Nach jedem Schock schätzte die Vp den Grad seiner Unannehmlichkeit auf einer siebenstufigen Ratingskala ein" (p. 13); in einer Reihe weiterer Experimente soll die Vp in Quasi-Dissonanz-Experimenten über ihre Haltung gegenüber Einstellungsobjekten Auskunft geben (p. 17ff.); in weiteren Experimenten zum Einfluß experimentell induzierter Fehlattribution auf Verhaltensänderungen wird das offene Verhalten der Vpn erfaßt (p. 34ff.).

Bei JONES & NISBETT finden sich folgende Verhaltensweisen:
Erfaßt werden „die Erinnerung der Vp an die Leistung ihres Kollegen; ihre Vorhersage über die Zahl der Aufgaben, die dieser im folgenden lösen würde; ferner die Schätzung seiner Intelligenz durch die Vp" (p. 80); „Vpn schätzten die tatsächlichen Meinungen des Kommunikators ein" (p. 81); „Wenn die Vpn keine der angebotenen, einfachen Erklärungen für wahrscheinlich hielten, durften sie jede ihrer Ansichten nach zur Erklärung des Verhaltens erforderliche Erklärung geben" (p. 82); „Vpn sollten eine bestimmte Handlung ausführen, woraufhin Beobachtern eine schriftliche Darstellung des Handelnden und der Begleitumstände gegeben wurde" (p. 82); „College-Studenten sollten in einem kurzen Text begründen, warum sie ihr Hauptarbeitsgebiet gewählt hatten und warum sie das Mädchen, mit dem sie sich am meisten treffen, bevorzugten" (p. 82); „Der Handelnde und der Beobachter wurden in getrennte Räume geführt und detailliert nach den Gründen des Handelnden für seine freiwillige Teilnahme oder Nichtteilnahme befragt" (S. 83).

Als Beispiel für alternative Verfahren der Gewinnung von Informationen über selbstbezogene Kognitionen seien die Untersuchungen von TAUSCH & TAUSCH (1974) zur intrapersonellen Kommunikation oder von MARKUS (1977) zur Verarbeitung selbstbezogener Informationen genannt. Wie diese wenigen Beispiele zeigen mögen, ist die gleichsam testmäßige Erfassung wahrgenommener eigener Eigenschaften mit Checklisten, Beurteilungsskalen und Persönlichkeitsinventaren zur Messung von Aspekten des Selbstkonzepts zumindest dann nicht die Regel, wenn in Experimenten Aufschluß über provozierte *Prozesse* der Selbstwahrnehmung und das Zusammenspiel von Verhalten und Attributionen gewonnen werden soll. Zugunsten eines situationsadäquaten Vorgehens, das Informationen über Selbsteinschätzung häufig aus ad hoc gebildeten Verhaltensindikatoren bezieht, wird auf Selbstkonzept-Meßinstrumente, die nach den Regeln der Einstellungsskalierung oder der Testtheorie konstruiert sind, vollständig verzichtet. Methoden, mit denen ein möglichst vollständiger Überblick über das reale oder ideale Selbstbild gewonnen werden soll, sind offensichtlich zur Anwendung in Untersuchungen zu konkreten Funktionen des Selbstkonzepts weniger geeignet. Ihr „reaktiver" Charakter kann sich zusätzlich auswirken, z. B. wenn Versuchspersonen wie bei NOREM-HEBEISEN (1976) eine Fülle von selbstbezogenen Statements aus neun verschiedenen Selbstkonzept-Verfahren zu beantworten haben.

7.4 Generalität vs. Spezifität der Selbstkonzept-Messung

Nach EPSTEIN (1973) stellt jedes Selbstkonzept eine Theorie dar, die aus Sätzen gebildet wird, deren Elemente im wesentlichen aus *Eigenschaften* bestehen. Fast alle Selbstkonzept-Meßverfahren erfordern Selbst-Beeigenschaftungen, so daß sich die in der Persönlichkeitsforschung wieder aufgefrischte Diskussion um die Angemessenheit von Eigenschaftsattributionen bzw. um „Person vs. Situation" (vgl. GRAUMANN 1975) auch für die Selbstkonzept-Forschung stellt.

FILIPP & BRANDTSTÄDTER (1975), die ebenso wie andere Autoren von der überragenden Bedeutung situativer Faktoren ausgehen, stellten die Hypothese auf, „daß das generelle ‚interne Modell', das eine Person von sich selbst aufgebaut hat und das durch Selbstzuweisung von Eigenschaften oder Selbstanordnung auf Eigenschaftsdimensionen zu explizieren ist, aus situationsspezifischen Partialmodellen abgeleitet ist" (p. 407). In einer Untersuchung an mehr als 200 Oberschülern mit 22 bipolaren, siebenstufigen Selbst-Ratings zu Eigenschaftsbereichen, die für Fragebogen faktoriell bestimmt worden waren, fanden sie interpretierbare multiple Korrelationen zwischen situations*spezifischen* Selbstmodellen und dem *generellen* Selbstmodell. Diese Korrelationen unterschieden sich je nach Urteilsdimension und Urteilsmodalität. Für die Situation „Freundeskreis" war die Korrelation höher als für die Situationen vom Typus „Wettbewerb", „Leistung" oder „Familienkreis". Die Autoren schließen daraus, daß das *Teilmodell* „Selbstwahrnehmung im Freundeskreis" besonders stark zum generellen Selbstmodell beiträgt.

Bei der Untersuchung der relativen *Differenziertheit* des generellen und des situationsspezifischen Selbstkonzepts von Studenten (MUMMENDEY 1977) konnte ich die Annahme, daß Selbsteinschätzungen in bezug auf eine *konkrete* und *vertraute* Situation (Kleingruppenarbeit im Seminar) differenzierter (im

Sinne eines geringeren Halo-Effekts) ausfallen als allgemeine, transsituative Selbsteinschätzungen, nicht bestätigen. Statt dessen ergaben sich Tendenzen im gegenläufigen Sinne zu dieser Annahme. Aus den Ergebnissen dieser Untersuchung an 161 Personen mit dem oben beschriebenen Verfahren von JOHN & KEIL (1972) lassen sich gewisse Zweifel an der These von der Unangemessenheit von Eigenschafts-Modellen für die Selbstbeschreibung ableiten. Was als „Fehler" wissenschaftlich-psychologischen Vorgehens bei der Persönlichkeitserfassung mittlerweile anerkannt scheint — das Beharren auf relativ generellen Eigenschaften als wesentlicher Elemente der Persönlichkeitsbeschreibung — scheint den „naiven" Person-Modellen der meisten Selbstbeurteiler eher angemessen als die Differenzierung des Selbstkonzeptes nach Situationen. Es scheint zumindest ungeübten (Selbst-)Beurteilern oft leichter zu fallen, jene auf Abstraktion und Durchschnittsbildung von Situationen beruhende, generelle Selbsteinschätzung vorzunehmen, als auf spezifische, situative Kontexte bezogene Partialmodelle zu aktualisieren. JONES & DAVIS (1965) haben für den Bereich der (Fremd-)Personenwahrnehmung die allgemeine Tendenz von Menschen, Invarianzen aufzufinden und dementsprechend spezifischen Verhaltensweisen *Dispositionen* kausal zu attribuieren (HEIDER 1958), eindrucksvoll demonstriert.

Die Frage, was eigentlich in Personen vorgeht, die zu Selbstbeurteilungen aufgefordert werden, ist nicht leicht zu beantworten. So könnte man sich aufgrund der erwähnten Ergebnisse von Untersuchungen zum „generellen" und „situationsspezifischen" Selbstbild auf den Standpunkt stellen, daß es für die Person unmöglich sei, ein allgemeines, übersituatives Selbstbild zu erstellen. Das generelle Selbstbild stellt demnach nichts anderes als das Resultat eines mehr oder weniger gelungenen Versuchs dar, eine Durchschnittsbildung durch die unterschiedlichsten Situationen vorzunehmen. Dieser Versuch muß insofern einigermaßen mißlingen, als — wie etwa die Korrelationen von FILIPP & BRANDTSTÄDTER (1975) zeigen — verschiedene Situationen in unterschiedlichem Maße zum generellen Selbstbild beitragen. Mit anderen Worten: Beim Versuch der subjektiven Konstruktion eines allgemeinen Selbstbildes findet bereits eine *individuelle Gewichtung* nach Situationen statt.

Der Situationsbegriff ist hier noch weitgehend „ökologisch" — als Situationen fungieren z. B. Familie, Arbeitsplatz, Stammtisch. „Spezifisch" als Gegenbegriff zu „generell" muß jedoch nicht auf einen solchen Situationsbegriff beschränkt sein. So gilt z. B. seit den Überlegungen von COOLEY (1902) und MEAD (1934) zum „Spiegelbild-Selbst", daß für die Person „signifikante" andere Personen (oder auch Gruppen) durch die Art und Weise, wie sie die Person beurteilen, deren Bild von sich selbst beeinflussen. In eigenen Untersuchungen zur Veränderung des Selbstbildes versuche ich dem dadurch Rechnung zu tragen, daß ich neben der „realen" Selbsteinschätzung eine „fremdvermittelte" Selbstbeurteilung vornehmen lasse (vgl. MUMMENDEY, MIELKE, MAUS & HESENER 1977): Die Person soll sich so einschätzen, wie sie meint, daß *andere* Menschen, die sie gut kennen, sie sehen. Diese fremdvermittelten Selbstbeurteilungen korrelieren mit der realen in der Größenordnung um 0.50. (Dieser Zusammenhang ist höher als diejenigen zwischen Real- und Ideal-Selbstbild und Real- und Vergangenheits-Selbstbild, die beide 0.30 erreichen.) Bei solchen fremdvermittelten Selbsteinschätzungen berichten die Versuchspersonen gewöhnlich übereinstimmend, daß sie dabei eine ganz bestimmte andere Person (z. B. einen Freund oder Angehörigen) im Blick hätten. Diese Fremd-Selbsteinschätzungen wie auch — gemäß der These von der funktionalen Äquivalenz von Fremd- und Selbstwahrnehmung — Selbsteinschätzungen bedürfen also in der Regel der impliziten Vermittlung bestimmter Personen, und das bedeutet *spezifischer* Vermittler. Handelt es sich um eine Person, die den Selbstbeurteiler wiederum in vielen unterschiedlichen Situationen kennt, so kann ihr (vom Selbstbeurteiler stillschweigend miteinbezogenes) Urteil zwar (fremdperson-)spezifisch, aber (da es auf der Kenntnis unserer Person in vielen Situationen beruht) in diesem Rahmen „generell" sein. Aufgrund solcher Überlegungen mögen sich Zweifel an der Existenz „genereller" Selbstkonzepte noch vermehren. Es scheint zwar so zu sein, daß die meisten Personen gerne und gut eine generelle Beeigenschaftung ihrer selbst vornehmen, doch dürfte sich diese von einer durchschnittsbildenden Abstraktion aller möglichen Situationen, in denen das Individuum gewöhnlich agiert, und aller Fremdbeurteilungen durch ihm wichtige Personen in ähnlicher Weise unterscheiden wie ein klassisches Vorurteil von einem „objektiven" Urteil. Selbstkonzeptmessungen sind demnach mehr oder weniger *spezifisch*, sowohl was die vermittelnden Personen (und die Situationsspezifität ihrer vermeintlichen Urteile) als auch was die dominanten Eigenschaftsbereiche und Situationen angeht.

Analysen dieser Art sollten nicht dazu führen, auf die Erhebung „allgemeiner" Selbstkonzepte zu verzichten, denn diese entsprechen ja — wenn unsere Beobachtungen richtig sind — gerade der „naiven", impliziten Selbst-Theorie. Bei der Messung von Selbstkonzepten sollten jedoch stets Art und Ausmaß der Spezifität der Selbstzuschreibung von Eigenschaften so weit wie möglich ermittelt und berücksichtigt werden. Für Untersuchungen an großen Gruppen und mit relativ allgemeinen persönlichkeitspsychologischen Fragestellungen (z. B. Selbstwertgefühl als Moderatorvariable der Beziehung zwischen Geschlecht und sozialer Beeinflußbarkeit) mag dies in geringerem Maße gelten als etwa für klinisch-psychologische Programme der gezielten Modifikation von Selbstbildern. Hier können Reaktionen auf Eigenschaftsskalen und -wörter im Einzelfall Übergeneralisierungen darstellen und zu falschen Vorhersagen führen.

In der Selbstkonzept-Forschung wird sich vielleicht — will man nicht grundsätzlich den Weg über die „naive" Art der Selbstbeschreibung weitergehen — die Notwendigkeit ergeben, den trainierten, geschulten Selbstbeobachter und -beurteiler vergangener Zeiten wieder einzuführen.

ALLEN, B. P. & POTKAY, C. R. 1977. Misunderstanding the Adjective Generation Technique (AGT): Comments on Bem's rejoinder. Journal of Personality 45, 334–342.

BECKMANN, D. & RICHTER, H.-E. 1972. Gießen-Test (GT). Bern: Huber.

BEM, D. J. 1972. Self-perception theory. In: BERKOWITZ, L. (Ed.) Advances in Experimental Social Psychology. Vol. 6. New York: Academic Press. p. 2–62.

BEM, D. J. 1977. Predicting more of the people more of the time: Some thoughts on the Allen-Potkay studies of intraindividual variability. Journal of Personality 45, 327–333.

BERGLER, R. 1975. Selbstkonzept, Lebensalter und interindividuelle Differenzen. In: LEHR, U. & WEINERT, F. E. (Ed.) Entwicklung und Persönlichkeit. Stuttgart: Kohlhammer. p. 26–37.

BILLS, R. E., VANCE, E. L. & McLEAN, O. S. 1951. An index of adjustment and values. Journal of Consulting Psychology 15, 257–261.

BLOCK, J. 1961. The Q-sort method in personality assessment and psychiatric research. Springfield, Ill.: Thomas.

BRAUNE, P. 1972. Zur Bedeutung von Persönlichkeitsvariablen für Attitüdenänderungen: Diskussion der Fragestellung und Darstellung der im Projekt berücksichtigten Variablen. Nürnberg: Sonderforschungsbereich 22 der Universität Erlangen-Nürnberg. Arbeitsbericht 3 des Teilprojektes C.

BUTLER, J. M. & HAIGH, G. V. 1954. Changes in the relation between self-concepts and ideal concepts upon client-centered counseling. In: ROGERS, C. & DYMOND, R. (Eds.) Psychotherapy and personality change. Chicago: University of Chicago Press. p. 55–75.

COHEN, A. R. 1959. Some implications of self-esteem for social influence. In: HOVLAND, C. I. & JANIS, I. L. (Eds.) Personality and persuasibility. New Haven: Yale University Press. p. 102–120.

COOLEY, C. H. 1902. Human nature and the social order. (zit. n. WEBSTER & SOBIESZEK 1974).

COOPERSMITH, S. 1967. The antecedents of self-esteem. San Francisco: Freeman.

CRONBACH, L. J. & FURBY, L. 1970. How we should measure „change" — or should we? Psychological Bulletin 74, 68–80.

EBEL, R. L. 1951. Estimation of the reliability of ratings. Psychometrika 16, 407–424.

EDWARDS, A. L. 1957. Techniques of attitude scale construction. New York: Appleton Century Crofts.

EPSTEIN, S. 1973. The self-concept revisited. Or a theory of a theory. American Psychologist 28, 404–416.

FEGER, H. 1974. Die Erfassung individueller Einstellungsstrukturen. Zeitschrift für Sozialpsychologie 5, 242–253.

FILIPP, S.-H. & BRANDTSTÄDTER, J. 1975. Beziehungen zwischen situationsspezifischer Selbstwahrnehmung und generellem Selbstbild. Psychologische Beiträge 17, 406–417.

FITTS, W. H. 1965. The Tennessee Self-Concept Scale manual. Nashville, Tenn.: Counselor Recordings and Tests.

GLESER, G. C., CRONBACH, L. J. & RAJARATNAM, N. 1965. Generalizability of scores influenced by multiple sources of variance. Psychometrika 30, 395–418.

GOUGH, H. G. 1964. Manual for the California Psychological Inventory. Palo Alto, Cal.: Consulting Psychologists Press.

GOUGH, H. G. & HEILBRUN, A. B. 1965. The adjective check list manual. Palo Alto, Cal.: Consulting Psychologists Press.

GRABITZ-GNIECH, G. 1971. Bericht über eine Analyse von sieben Persönlichkeitsfragebogen. Mannheim: Sonderforschungsbereich 24 der Universität Mannheim.

GRAUMANN, C. F. 1975. Person und Situation. In: LEHR, U. M. & WEINERT, F. E. (Hg.) Entwicklung und Persönlichkeit. Stuttgart: Kohlhammer, p. 15–24.

GUILFORD, J. P. 1954. Psychometric methods. New York: McGraw-Hill.

HEIDER, F. 1958. The psychology of interpersonal relations. New York: Wiley. (Deutsch: Psychologie der interpersonalen Beziehungen. Stuttgart: Klett-Cotta 1977.)

HELMREICH, R. 1977. Strategien zur Auswertung von Längsschnittdaten. Stuttgart: Klett.

HOFER, M. 1969. Die Schülerpersönlichkeit im Urteil des Lehrers. Weinheim: Beltz.

JANIS, I. L. & FIELD, P. B. 1959. Sex differences and personality factors related to persuasibility. In: HOVLAND, C. I. & JANIS, I. L. (Eds.) Personality and persuasibility. New Haven: Yale University Press. p. 55–68.

JOHN, D. & KEIL, W. 1972. Selbsteinschätzung und Verhaltensbeurteilung. Psychologische Rundschau 23, 10–29.

JONES, E. E. & DAVIS, K. E. 1965. From acts to dispositions. The attribution process in person perception. In: BERKOWITZ, L. (Ed.) Advances in Experimental Social Psychology Vol. 2. New York: Academic Press. p. 219–266.

JONES, E. E. & NISBETT, R. E. 1972. The actor and the observer: Divergent perceptions of the causes of behavior. In: JONES, E. E., KANOUSE, D. E., KELLEY, H. H., NISBETT, R. E., VALINS, S. & WEINER, B. (Ed.). Attribution: Perceiving the causes of behavior. Morristown, N. J.: General Learning Press. p. 79–94.

KLAPPROTT, J. 1975. Die Anatomie von Einstellungen. Stuttgart: Enke.

KOKENES, B. 1974. Grade level differences in factors of self-esteem. Developmental Psychology 10, 954–958.

MAGNUSSON, D. & ENDLER, N. S. (Ed.) 1977. Personality at the crossroads: Current issues in interactional psychology. Hillsdale, N. J.: Erlbaum.

MARKUS, H. 1977. Self-schemata and processing information about the self. Journal of Personality and Social Psychology 35, 63–78.

MEAD, G. H. 1934. Mind, self and society. Chicago: University of Chicago Press.

MERZ, F. 1962. Über die Beurteilung der persönlichen Eigenart unserer Mitmenschen. Archiv für die gesamte Psychologie 114, 187–211.

MUMMENDEY, H. D. 1977. Eine Untersuchung zur Differenziertheit des generellen und des situationsspezifischen Selbstbildes. Bielefelder Arbeiten zur Sozialpsychologie Nr. 22.

MUMMENDEY, H. D., MIELKE, R., MAUS, G. & HESENER, B. 1977. Untersuchungen mit einem mehrdimensionalen Selbsteinschätzungsverfahren. Bielefelder Arbeiten zur Sozialpsychologie Nr. 14.

NOREM-HEBEISEN, A. A. 1976. A multidimensional construct of self-esteem. Journal of Educational Psychology 68, 559–565.

PERVIN, L. & LILLY, R. 1967. Social desirability and self-ideal self ratings of the semantic differential. Educational and Psychological Measurement 27, 845–853.

POTKAY, C. R. & ALLEN, B. P. 1973. The adjective generation technique: An alternative to adjective check lists. Psychological Reports 32, 457–458.

ROBINSON, J. P. & SHAVER, P. R. 1972. Measures of social psychological attitudes. Ann Arbour, Mich.: University of Michigan Institute for Social Research.

RUDINGER, G. & FEGER, H. 1970. Die Beurteilung formaler Verhaltensmerkmale durch Rating-Skalen: Eine Generalisierbarkeitsstudie. Zeitschrift für Entwicklungspsychologie und Pädagogische Psychologie 2, 96–112.

SCHÄFER, B. 1975. Das Eindrucksdifferential als Instrument zur Einstellungsmessung. In: BERGLER, R. (Hg.) Das Eindrucksdifferential — Theorie und Technik. Bern: Huber. p.101–118.

SCHAIE, K. W. 1965. A general model for the study of developmental problems. Psychological Bulletin 64, 92–107.

SCHAIE, K. W. 1973. Methodological problems in descriptive developmental research on adulthood and aging. In: NESSELROADE, J. R. & REESE, H. W. (Eds.) Life-span developmental psychology. Methodological Issues. New York: Academic Press. p. 253–280. (Deutsch in: BALTES, P. B. & ECKENSBERGER. L. H. [Ed.] 1979. Entwicklungspsychologie der Lebensspanne. Stuttgart: Klett-Cotta.)

SCHMIDT, H. D. 1966. Über die Zuverlässigkeit von Verhaltensbeurteilungen durch Rating-Skalen. Archiv für die gesamte Psychologie 118, 47–72.

SCHMIDT, H. D. & VORTHMANN, H. R. 1971. Eine Skala zur Messung der „sozialen Erwünschtheit" (social desirability response set). Diagnostica 17, 87–90.

SCHNEEWIND, K. A. 1965. Eine non-parametrische Methode zur individuellen Intervallbildung von Ratingskalen. Zeitschrift für experimentelle und angewandte Psychologie 12, 302–315.

SCHREINER, G. 1972. Selbstbilder und Fremdbilder von Studenten des Pädagogischen Seminars der Universität Göttingen. In: HOFFMANN, D. & TÜTKEN, H. (Hg.) Realistische Erziehungswissenschaft. Hannover: Schroedel. p.321–345.

SNYDER, M. 1974. Self-monitoring of expressive behavior. Journal of Personality and Social Psychology 30, 526–537.

SNYDER, M. & TANKE, E. D. 1976. Behavior and attitude: Some people are more consistent than others. Journal of Personality 44, 501–517.

TAUSCH, R. & TAUSCH, A.-M. 1974. Intrapersonelle Kommunikationsprozesse, Zusammenhang mit Neurotizismus. In: ECKENSBERGER, L. H. & ECKENSBERGER, U. S. (Hg.) Bericht über den 28. Kongreß der Deutschen Gesellschaft für Psychologie in Saarbrücken 1972, Band 4: Klinische Psychologie. Göttingen: Hogrefe. p. 154–161.

TRIANDIS, H. C. 1974. Einstellungen und Einstellungsänderungen. Weinheim: Beltz.

VAN QUEKELBERGHE, R. 1976. Untersuchung zur Beeinflussung von Selbstbildern. Zeitschrift für experimentelle und angewandte Psychologie 23, 477–488.

WEBB, E. J., CAMPBELL, D. T., SCHWARTZ, R. D. & SECHREST, L. 1975. Nichtreaktive Meßverfahren. Weinheim: Beltz.

WEBSTER, M. Jr. & SOBIESZEK, B. 1974. Sources of self-evaluation: A formal theory of significant others and social influence. New York: Wiley.

WIECHARDT, D. 1977. Zur Erfassung des Selbstkonzepts. Psychologische Rundschau 28, 294–304.

WINER, B. J. 1971. Statistical principles in experimental design. New York: Wiley.

WYLIE, R. C. 1961. The self concept. Lincoln: University of Nebraska Press.

WYLIE, R. C. 1968. The present status of self theory. In: BORGATTA, E. F. & LAMBERT, W. W. (Eds.) Handbook of personality theory and research. Chicago: Rand McNally. p. 728–787.

8 Eine deutsche Version der Sears Self-Concept Inventory Scale (SSCI)

OTTO EWERT, Universität Mainz

8.1 Selbstkonzept als Moderatorvariable zur Erklärung von Schulleistungen

Obwohl die Zahl der Selbstkonzept-Theorien bislang noch die Zahl theoriegeleiteter experimenteller Analysen bei weitem übertrifft und Selbstkonzepte von vielen Theoretikern als existenzstrittige Phänomene behandelt werden, ist ihre heuristische Brauchbarkeit unbestritten. Dies gilt insbesondere für den Bereich der Pädagogischen Psychologie. Dort werden sehr häufig korrelative Zusammenhänge zwischen Schulleistung und dem Selbstkonzept von Schülern festgestellt; und zwar unbeschadet der Tatsache, daß Definitionen und Meßinstrumente für „Selbstkonzept" bisweilen recht unterschiedlich konzipiert sind.

So berichtet BROOKOVER (1964) über signifikante Korrelationen zwischen Schulleistung und „self-concept of ability", die auch nach Auspartialisierung von Intelligenz erhalten bleiben. In einer späteren Untersuchung stellt er fest (zitiert nach PURKEY 1970, p. 19), daß Vertrauen in die eigene Tüchtigkeit eine notwendige, aber nicht hinreichende Bedingung für Schulerfolg ist. Zwar erzielten Schüler mit niedriger Selbsteinschätzung in der Regel nur niedrige Schulleistungen, doch wurde für Schüler mit hohen Selbstkonzeptwerten eine erhebliche Leistungsstreuung festgestellt.

In ihrem sehr umfangreichen Erhebungsmaterial finden COLEMAN und Mitarbeiter (1966) Zusammenhänge zwischen Selbstkonzept, Kontrollüberzeugung und Schulleistung, die in einer Nachuntersuchung von PATON, WALBERG & YEH (1973) bestätigt wurden. Solche Beziehungen sind nicht auf die Schulleistung allein beschränkt. WILLIAMS & COLE (1969) fanden beispielsweise signifikante Beziehungen zwischen Selbstkonzept und dem Bild, das Schüler von der Schule haben; entsprechende Beziehungen ergaben sich zwischen Selbstkonzept und dem sozialen Status eines Schülers in der Schule.

Korrelative Studien der berichteten Art folgen der Hypothese: Bei Schülern mit niedrigem Selbstkonzept wird die Schulleistung beeinträchtigt durch ein geringes Vertrauen in die eigene Tüchtigkeit in physischer und/oder sozialer und/oder schulischer Hinsicht (zumindest diese Dimensionen werden in

191

den meisten Erhebungsinstrumenten erfragt). Für Schüler mit hohem Selbstkonzept gilt, daß sie unter sonst vergleichbaren Bedingungen ein entsprechend gutes Niveau von Schulleistungen erreichen.

8.2 Selbstkonzept als Gegenstand pädagogischer Verhaltensmodifikation

Das Konstrukt „Selbstkonzept" wird in solchen Untersuchungen als Moderatorvariable behandelt, die helfen sollen, unterschiedliche Schulleistungen bei Kindern gleicher Ausgangslage zu erklären. Auf das hier einschlägige Spezialproblem von erwartungswidrigen Minderleistungen gehen wir an anderer Stelle ein.

Dieser Ansatz, so wertvoll er in einem ersten Zugang für den faktischen Nachweis vermuteter Zusammenhänge ist, bleibt deshalb unbefriedigend, weil er die Richtung des Zusammenhangs offenläßt. Es bleibt offen, ob eine niedrige Selbsteinschätzung ein Antezedenz für schlechte Schulleistung ist, oder ob umgekehrt schlechte Schulleistungen eine niedrige Selbsteinschätzung zur Folge haben, oder ob schließlich unter verschiedenen Bedingungen jeweils eine der Annahmen gilt. Trainingsprogramme, die als „Nebeneffekt" eines direkten Einwirkens auf das Selbstkonzept eine Verbesserung der Schulleistung erwarten (z. B. LANDRY, SCHILSON & PARDEW 1974), können sich jedenfalls vorerst nicht auf theoretisch gesicherte Ursache-Wirkungs-Relationen stützen.

CALSYN & KENNY (1977) fanden aufgrund einer cross-lagged-panel-Analyse der Daten einer Längsschnittstudie keine Unterstützung für die Annahme, daß Veränderungen des Selbstkonzepts Veränderungen der Schulleistung zur Folge haben. Ihre Daten sprechen eher dafür, daß Selbstkonzepte in Abhängigkeit von Schulleistungen variieren. Freilich läßt sich auch dieses Ergebnis nicht zu der Maxime verdichten, daß Verbesserung von Schulleistung der einzige Weg zur Verbesserung von Selbstkonzept sei, während der umgekehrte Weg dem Heizen eines Zimmers durch Manipulieren am Thermometer gleichkäme. Die Ergebnisse von CALSYN & KENNY sind nur für Mädchen völlig eindeutig, von der Auswahl der Stichprobe her (Schüler der 8. bis 12. Klasse) sind keine Aussagen über jüngere Kinder möglich, und es ist nicht auszuschließen, daß die Wirkungszusammenhänge für Teilstichproben in anderer Richtung verlaufen.

Bedeutsamer als globale Feststellungen über die Richtung von Wirkungszusammenhängen ist die Beantwortung der Frage nach der Verhaltenswirksamkeit von Selbstkonzepten und der Frage nach den Bedingungen, unter denen Selbstkonzepte verändert werden können.

Ein differenzierteres Bild über den funktionalen Zusammenhang von Selbstkonzept und Schulleistung ergibt sich aus einer Analyse von SHIFFLER, LYNCH-SAUER & NADELMAN (1977). Sie führten einen Untersuchungsansatz von DAVIDSON & LANG (1960) weiter und prüften Beziehungen zwischen Selbstkonzept und konkretem Schülerverhalten. In einer „offenen" Schule, die der Selbständigkeit des Schülers und dem individualisierenden Lernen große Bedeutung für die Unterrichtsgestaltung einräumt, wurden über längere Zeit hinweg Schülerbeobachtungen durchgeführt. Eine Profilanalyse ergab signifikant unterschiedliche Muster des Schülerverhaltens für unterschiedliche Selbstkonzeptniveaus. Schüler mit hoher Selbsteinschätzung zeigten den höchsten Anteil von aufgabenbezogenem Verhalten. Schüler mit niedrigem Selbstkonzept unterschieden sich von anderen durch ihren hohen Anteil von „ungerichteten" Verhaltensweisen (z. B. in der Klasse herumlaufen, anderen zuschauen, im Pult herumwühlen). Dieses Ergebnis legt die Vermutung nahe, daß der Zusammenhang zwischen Selbstkonzept und Schulleistung mindestens teilweise durch die Variable Schülerverhalten zustande kommt. Da Schülerverhalten durch verhaltenskontingente Bekräftigungsstrategien beeinflußt werden kann, liegt es nahe, die Möglichkeit von Selbstkonzeptänderungen durch pädagogische Verhaltensmodifikationen zu prüfen. So stellt PARKER (1974) bei 60 Grundschulkindern mit Verhaltensstörungen eine positive Selbstkonzeptänderung nach Verhaltensmodifikation fest (ähnlich auch HAUSERMANN, MILLER & BOND 1976). In einer experimentellen Anordnung mit manipulierten Erfolgsrückmeldungen — Schüler der zweiten Klasse zeichnen Figuren ab und erhalten dafür eine positive bzw. negative Bewertung — konnte CICIRELLI (1976) die Manipulierbarkeit von Selbstkonzepten nachweisen. Die bisher vorliegenden Untersuchungen zeigen freilich, daß solchen Manipulationen Grenzen gesetzt sind; und zwar so, daß manipulierter Mißerfolg bei Mathematikaufgaben die Selbsteinschätzung minderte (bei Schülern der dritten Klasse), manipulierter Erfolg aber nicht zu einer Steigerung führte (CALLISON 1974). Sekundarschüler hingegen zeigten in einer Untersuchung von FRY (1976) eine erhöhte Selbsteinschätzung nach manipulierter Erfolgsrückmeldung in einem Test intellektueller Tüchtigkeit, während die Veränderungen nach Mißerfolg vergleichsweise gering waren.

Pauline S. SEARS und Mitarbeiter (1972) und MARX & CHRIST (1973) zeigen darüber hinaus, daß bei pädagogischen Interventionen zur Beeinflussung des Selbstkonzepts mit aptitude-treatment-Interaktionen zu rechnen ist. Dies zeigte sich bei Schulversuchen, die auf eine wirksame Bekräftigung der Leistungsmotivation bei sozial benachteiligten Kindern abzielten.

Schüler, die schon bei Eintritt in den Versuch eine hohe Selbsteinschätzung hatten, machten die besten Fortschritte, wenn sie einer Lerngruppe mit individualisierendem Unterrichtsstil zugeteilt worden waren. Die Lehrer gingen hier sehr viel stärker auf das einzelne Kind ein und bewerteten Schülerleistungen vorwiegend im Einzelgespräch. Schüler mit niedriger Selbsteinschätzung profitierten dagegen am meisten von einem gruppenbezogenen Unterrichtsstil, bei dem sich die Lehrer bei Erklärungen und kritischen Leistungsbewertungen meist an die ganze Klasse wandten. Auch wenn diese Ergebnisse nicht über alle Schulklassen hinweg reproduzierbar waren, wird hier der Grundlagenforschung eine Richtung gewiesen, die über das Beschreiben von Selbstkonzeptkovariaten hinausgeht.

Insgesamt zeigen die Forschungsergebnisse der letzten Jahre, daß die Selbstkonzept-Diskussion wichtige Anstöße für die Bedingungsanalyse von Schulleistung und Schülerverhalten gegeben hat. An die Stelle von deskriptiven Studien ist zunehmend stärker das Interesse an der Genese von Selbstkonzepten und den Bedingungen getreten, unter denen Selbstkonzepte verändert werden können. Es steht außer Frage, daß sich mit dem Fortschreiten der Forschung zugleich auch die Verfahren zur Messung von Selbstkonzepten verändern werden, zumal dann, wenn es gelingt, die theoretischen Grundlagen des Konzepts besser zu analysieren, als dies bisher der Fall ist. Dies entbindet gegenwärtig allerdings nicht von der Notwendigkeit, vorhandene Meßinstrumente zu sichten und auf ihre Brauchbarkeit „bis auf weiteres" zu prüfen.

8.3 Die Selbstkonzept-Skala (SSCI) von Pauline S. Sears

Bei der SSCI-Skala handelt es sich um ein Instrument, das eine Einschätzung der Erfolgserwartung von Kindern beim Problemlösen und beim Erledigen von Aufgaben ermöglichen soll (Taylor, Winne & Marx 1975). Auf der Grundlage einer Analyse von Schüleraufsätzen (6. Klasse) wurden geeignete Aussagen zu einer Testform zusammengestellt. Unter der Instruktion: „Wie gut schneide ich im Vergleich mit gleichaltrigen Jungen und Mädchen ab?" schätzen sich die Versuchspersonen auf einer fünfstufigen Skala ein. Die 48 Items der Skala wurden in neun einander wechselseitig ausschließende Untertests gruppiert, und zwar „on an a priori judgment of items which, in our opinion (adults) ought to be coherent one with the other" (persönliche Mitteilung von P. S. Sears). Dabei ergaben sich folgende Dimensionen:

I. Physical ability	(4 Items) (Körperliche Tüchtigkeit, Sport)
II. Attractive appearence	(4 Items) (Aussehen)
III. Convergent ability	(8 Items) (Konvergentes Denken; Schulleistung)
IV. Social relations with same sex	(4 Items) (Soziale Beziehungen zu Jungen bzw. Mädchen).
V. Social virtues	(4 Items) (Soziale Tugenden und Effizienz)

VI. Divergent abilities	(8 Items) (Divergentes Denken)
VII. Work habits	(4 Items) (Arbeitsgewohnheiten)
VIII. Happy qualities	(4 Items) (vorteilhafte Eigenschaften)
IX. School subjects	(8 Items) (Schulfächer)

Im Rahmen von Erhebungen zur vorschulischen Förderung in Vorklassen und Modellkindergärten (EWERT & BRAUN 1978) wurde eine deutsche Fassung der SSCI-Skala (REINBACHER 1974) erprobt. Dabei wurde Dimension IV in die Dimensionen „Sozialer Bezug zu Jungen" (dt. Dim. IV) und „Sozialer Bezug zu Mädchen" (dt. Dim. X) aufgeteilt. Die deutsche Version enthält deshalb 52 Items statt 48 wie die amerikanische Fassung. In der Instruktion wurde die Aufforderung zum konkurrierenden Vergleich („Ich bin besser als die meisten") durch eine Aufforderung zur Selbsteinschätzung „stimmt genau" und „stimmt nicht" ersetzt.

Reliabilität der SSCI-Skala. Nach SEARS (1972) beträgt die Reliabilität der ursprünglichen Fassung r = .90 (interne Konsistenz). Ein Überblick über weitere Reliabilitätsuntersuchungen mit der SSCI findet sich bei SHAVELSON, HUBNER & STANTON (1976).

In einer ersten Erprobung der deutschen Fassung (REINBACHER 1974) wurden 73 Schüler des vierten Schuljahrs im Abstand von sieben Tagen mit der SSCI-Skala untersucht. Die Retest-Reliabilität beträgt für diese Stichprobe r = .88. Die interne Konsistenz wurde an einer größeren Stichprobe (N = 905) überprüft. Der Konsistenzkoeffizient nach HOYT-STUNKARD wurde mit dem Programm II 09 aus STATSYS Mainz 1976) berechnet; er beträgt r = 0.91.

Faktorielle Dimensionalität der SSCI-Skala. Bei der Erprobung der Neufassung der SSCI-Skala war zu überprüfen, ob die nach rationalen Kriterien erfolgte Aufteilung des Tests in Teilskalen mit der Struktur der Erhebungsdaten an einer deutschen Stichprobe (905 Schüler vierter Klassen) übereinstimmt. Für die Darstellung der Ergebnisse einer Faktoranalyse, die mit Hilfe des Programms PO80 aus STATSYS Mainz als Hauptkomponentenanalysen durchgeführt wurde, beziehe ich mich auf die Arbeit von SCHULTE (1976). Unter der Bedingung, daß kein Faktor weniger als 4,1 Prozent der Gesamtvarianz enthält, und daß auf jedem Faktor mindestens vier Items mit einem Betrag von .40 oder größer laden, wurden sieben Faktoren extrahiert; der Anteil an der totalen Varianz betrug 47,1 Prozent. Tabelle 8.1 zeigt die sieben extrahierten Faktoren.

Wie die Tabelle zeigt, bleiben von den zehn Dimensionen vier völlig rein erhalten, nämlich „Soziale Beziehungen zu Jungen", „Soziale Beziehungen zu Mädchen", „Sport" und „Aussehen". Die Items, welche die restlichen drei Faktoren laden, stammen jeweils überwiegend aus ein und derselben ursprünglichen Dimension, wobei andere Items sinnvolle Ergänzungen bilden. Die Faktoranalyse ist zugleich ein erster Schritt in Richtung auf eine Konstruktva-

Tab. 8.1: Faktorielle Struktur der deutschen Version der SSCI-Scala [a]

Item-Nr.	Itemformulierung	La-dung	zugeordn. Faktor i. d. amerik. Version [b]
	Faktor I Divergentes Denken *(10,7% / 22,8%)*		
30	Ich kann verschiedene Ideen miteinander verbinden und komme so zu neuen Einfällen	.72	VI
17	Auf Probleme finde ich ausgefallene Antworten	.63	VI
38	Ich kann Dinge gut umändern, wenn sie mir nicht passen	.59	VIII
47	Ich weiß, wie man die richtigen Lösungen für Probleme findet	.58	III
4	Ich habe neue tolle Einfälle	.56	VI
10	Ich löse Probleme so, wie andere es noch nicht probiert haben	.56	VI
50	Ich kann meiner Phantasie freien Lauf lassen	.56	VI
24	Ich lerne selbständig neue Dinge, für die sich andere nicht interessieren	.55	VI
36	Ich kann mich gut in andere hineinversetzen	.55	V
37	Wenn ich will, kann ich mir von Dingen leicht eine Vorstellung machen	.50	VI
26	Ich schreibe selbst Gedichte und Geschichten	.45	IX
25	Ich mache mir oft Spaß	.42	VIII
	Faktor II Soziale Beziehungen zu Jungen *(5,7% / 12,1%)*		
35	Ich habe viele Freunde	.79	IV
12	Ich schließe schnell Freundschaften mit Jungen meines Alters	.75	IV
48	Ich unternehme gern etwas mit Jungen	.73	IV
23	Wenn es darum geht, mit gleichaltrigen Jungen etwas zu unternehmen, gebe ich den Ton an	.56	IV
	Faktor III Konvergentes Denken, Schulleistung *(9,8% / 20,9%)*		
15	Ich bin ein guter Schüler	.75	III
41	Ich bin klug	.68	III
21	Ich habe genug Köpfchen	.67	III
13	Ich bin gut in Mathematik	.63	IX
2	Ich lerne Dinge schnell	.62	III
8	Ich kann gut behalten, was ich gelernt habe	.59	III
39	Ich kann Wörter richtig schreiben	.58	IX
18	Ich kann mich konzentrieren	.56	VII
34	Ich habe Grips	.54	III
6	Ich kann gut lesen	.53	IX
28	Das, was ich gelernt habe, kann ich gut anwenden	.41	III

Item-Nr.	Itemformulierung	La-dung	zugeordn. Faktor i. d. amerik. Version [b]
	Faktor IV Sport (4,2% / 8,9%)		
1	Ich bin im Sport gut	.76	I
27	Ich bin gut in sportl. Wettkämpfen	.65	I
40	Sport und Spielen macht mir Spaß	.58	I
14	Ich kann alles gut, wozu man körperliche Geschicklichkeit braucht	.49	I
	Faktor V Arbeitsgewohnheiten, Einstellung zur Schule (5,5% / 11,6%)		
31	Ich beschäftige mich die meiste Zeit mit meiner Arbeit, ohne herumzutrödeln	.69	VII
5	Ich mache meine Schulaufgaben gleich, ohne zu bummeln	.68	VII
44	Ich bin ordentlich und habe meine Sachen immer bereit, wenn ich sie brauche	.60	VII
51	Ich gehe gern zur Schule	.56	VIII
43	Ich interessiere mich für neue Sachen und freue mich über alles, was man neu lernen kann	.51	VI
32	Ich habe eine gute Handschrift, selbst wenn ich mich beeile	.46	IX
	Faktor VI Aussehen (5,8% / 12,2%)		
7	Für mein Alter habe ich eine gute Figur	.72	II
20	Ich sehe gut aus	.69	II
33	Ich bin schlank	.64	II
46	Ich habe nette Gesichtszüge	.61	II
	Faktor VII Soziale Beziehungen zu Mädchen (5,4% / 11,6%)		
42	Ich unternehme gern etwas mit Mädchen	.82	
29	Ich habe viele Freundinnen	.81	
3	Ich schließe schnell Freundschaften mit Mädchen in meinem Alter	.81	
16	Wenn es darum geht, etwas mit gleichaltrigen Mädchen in Gang zu bringen, gebe ich den Ton an	.44	

[a] Die Zahlen hinter der jeweiligen Faktorbezeichnung geben den Anteil an der totalen bzw. rotierten Varianz an.

[b] Die römischen Ziffern kennzeichnen die von SEARS bestimmten Dimensionen.

lidierung. Es hat sich gezeigt, daß häufig wiederkehrende Aspekte aus der Selbstbeschreibung von Schülern geeignet sind, Facetten eines Konstrukts darzustellen, dessen Dimensionalität überprüfbar und reproduzierbar ist. *Faktorstrukturvergleiche.* In der Selbstkonzeptdiskussion ist wiederholt darauf hingewiesen worden, daß die Struktur von Selbstkonzepten möglicherweise im Zusammenhang mit demographischen Variablen stichprobenspezifisch variiert. SMITH (1975) stellte fest, daß sich Mädchen der 5. und 6. Klasse bei sieben von neun Subskalen der SSCI signifikant höher einschätzen. ZIRKEL (1971) berichtet in einem Sammelreferat über Varianten von Selbstkonzeptvariablen bei Stichproben aus unterschiedlicher ethnischer Herkunft. Auf Einflüsse sozioökonomischer Art machen u. a. TAYLOR et al. (1975) aufmerksam.

Um die erhaltene Faktorstruktur der deutschen Version auf stichprobenspezifische Aspekte zu prüfen, haben wir einen Faktorstrukturvergleich nach Geschlecht und sozioökonomischem Status (SÖS) durchgeführt. Die Bestimmung des SÖS erfolgte nach der KLEINING-MOORE-Skala (1968), wobei aus den ursprünglich neun Stufen vier Gruppen gebildet wurden.

Der Faktorstrukturvergleich wurde mit Hilfe des DRZ-Programms FAST durchgeführt. Die Faktorstrukturen der Teilstichproben werden dabei jeweils mit der der Gesamtstichprobe verglichen. Es liegen sowohl Ähnlichkeitskoeffizienten für die einzelnen Stichproben wie für die einzelnen Faktoren vor (Daten aus SCHULTE 1976).

Tab. 8.2: Ähnlichkeitskoeffizienten (R) aus den Faktorstrukturvergleichen für Geschlecht und sozioökonomischen Status (SÖS) bezogen auf die Gesamtstichprobe (N = 905)

	Geschlecht		SÖS			
	männlich	weiblich	2.3	4.5	6.7	8.9
Gesamtmatrix	.96	.96	.92	.96	.94	.87
Faktor I	.99	.99	.95	.98	.99	.96
Faktor II	.93	.90	.77	.95	.93	.87
Faktor III	.99	.98	.98	.99	.96	.95
Faktor IV	.92	.94	.94	.94	.91	.75
Faktor V	.97	.93	.94	.95	.94	.76
Faktor VI	.96	.96	.94	.94	.86	.85
Faktor VII	.89	.94	.86	.93	.92	.84

Die Tabelle 8.2 zeigt, daß die Faktorstrukturen der Teilstichproben in erheblichem Ausmaß übereinstimmen. Der relativ zu den anderen Werten niedrigere Wert von R = .87 für die unterste SÖS-Gruppe ist vermutlich auf die geringere Zahl von Probanden (N = 120) zurückzuführen. Insgesamt können

198

wir davon ausgehen, daß die Faktoranalyse der Gesamtstichprobe zugleich repräsentativ für Untergruppen ist, die in bezug auf Geschlecht und sozialen Status gebildet worden sind.

8.4 Globales Selbstkonzept vs. Dimensionen des Selbstkonzepts

In einem Übersichtsreferat zu Validierung von Interpretationen des Konstrukts Selbstkonzept äußern SHAVELSON, HUBNER & STANTON (1976) Zweifel daran, ob die Subskalen des Instruments von SEARS getrennt für sich interpretiert werden können. WINNE, MARX & TAYLOR (1977) finden dieses Bedenken aufgrund einer Multitrait-Multimethod-Studie bestätigt und warnen vor der Interpretation einzelner Facetten, da es sich bei der SEARS-Skala vermutlich um den Indikator eines „general self-concept" handle. Im gleichen Zusammenhang gebrauchen sie das Bild eines Gänseblümchens, dessen Blütenblätter sich kaum voneinander unterscheiden, obwohl einzelne Blätter (also Facetten des Selbstkonzepts) mehr oder weniger relevant sein können, wenn es um das Herstellen von Beziehungen zu anderen Merkmalen (wie etwa Schulleistung) geht.

Der Streit um generelle oder bereichsspezifische Selbstkonzepte ist freilich nur aufgrund einer theoretischen Voraussetzung sinnvoll, nämlich der, daß es sich bei dem Selbstkonzept um eine verdinglichte psychische Instanz handelt.

Diese Annahme, die wir für unbegründet und unfruchtbar halten, ist von der SEARSchen Konzeption des Instruments her keineswegs vorgegeben. Für SEARS handelt es sich beim Selbstkonzept um generalisierte Erfolgserwartungen beim Problemlösen und Erledigen von Aufgaben (SEARS & SHERMAN 1964). Diese Erwartungen sind gelernt und änderbar. Facetten des Selbstkonzeptes repräsentieren daher nichts anderes als lebensaltertypische Felder von Aufgaben und Herausforderungen, in denen Personen in der Regel Gelegenheit hatten, ihre Kapazität und eigene Tüchtigkeit im Vergleich mit anderen zu erfahren. Eine handlungsregulierende Funktion von Selbstkonzepten liegt in dieser Interpretation nahe. Personen trachten danach, ihr Selbstkonzept zu erhöhen oder doch aufrechtzuerhalten, indem sie geeignete Verhaltensweisen auswählen oder anstreben.

In verschiedenen Untersuchungen mit der deutschen Fassung der SSCI (EWERT 1978) hat sich gezeigt, daß die Verwendung von Teiltest-Scores zu psychologisch sinnvollen und reproduzierbaren Ergebnissen führt. Bei der Korrelation von Selbstkonzeptwerten mit einem objektiven Schulleistungstest und mit Zeugnisnoten ist der Beitrag aller Teilskalen bis auf Dimension III (Konvergentes Denken) nicht signifikant von Null verschieden. Der Zusammenhang von „konvergentem Denken" mit Schulleistung ist dagegen auch bei auspartialisierter Intelligenz noch beträchtlich; die Partialkorrelation mit dem Wert im Schulleistungstest beträgt $r_{xy.z}$ = .36; mit der Zeugnisnote $r_{xy.z}$ = .50. Folgt man der vorgeschlagenen Interpretation, so leuchtet ein, daß überwiegend nur selbstbezogene Erwartungen im Bereich konvergenten Denkens, wie sie im Rahmen von schulischen Anforderungen gebildet werden, in eine korrelative Beziehung eingehen. Der Pool von Erfahrungen eigener Kapazität und Tüchtigkeit ist notwendigerweise immer auf bestimmte Klassen von Ereignissen und Erfahrungen bezogen. Daraus folgt nicht zwingend, daß diesem Itempool ein nach Dimensionen gegliedertes Selbstkonzept zugrunde liegen müsse. Wir halten dies vielmehr für eine Verdoppelung der Wirklichkeit durch willkürliches Verdinglichen von Begriffen. Mit anderen Worten: es besteht keine Notwendigkeit, mit Selbstkonzept etwas anderes zu bezeichnen als die nach den gängigen Prinzipien der Gedächtnispsychologie kodierte und geordnete Menge von selbstbezogenen Erfahrungen und den daraus resultierenden Erwartungen und Bewertungen. Ein globales Selbstkonzept bedeutet in dieser Interpretation lediglich die bereichsübergreifende Summe von Erfahrungen, die ein Individuum hinsichtlich seiner Tüchtigkeit gebildet hat.

In einer Untersuchung mit Over- und Underachievern aus vierten Klassen (SCHULTE 1976) zeigte sich dementsprechend, daß Overachiever in der deutschen Fassung der SSCI kein global besseres, Underachiever kein global schlechteres Selbstkonzept hatten. Beide Gruppen unterschieden sich zwar signifikant auf der Dimension „konvergentes Denken“, doch schätzten sich Unterachiever bei anderen Dimensionen durchaus höher ein, so bei „Aussehen“ „Arbeitsgewohnheit“, (bei Mädchen), „soziale Beziehungen zu Jungen“ (bei Jungen) und „Sport“ (bei Jungen).

Diese Ergebnisse legen nahe, zumindest bei Verwendung der deutschen Fassung des SSCI einer nach Dimensionen gegliederten Interpretation den Vorzug zu geben, wenn Beziehungen mit umschriebenen Verhaltensbereichen untersucht werden sollen. Ein globales Selbstkonzept, das mehr oder anders als die Summe von bereichsspezifischen Erwartungshaltungen ist, wird durch den Test nicht erfaßt, so daß allenfalls Aussagen über den Generalisierungsgrad positiver bzw. negativer Einschätzungen und Erwartungshaltungen möglich sind.

BROOKOVER, W. B. 1964. Self concept of ability and school achievement. Sociology of Education 37, 271–278.

CALLISON, C. P. 1974. Experimental induction of self-concept. Psychological Reports 35, 1235–1238.

CALSYN, R. J. & KENNY, D. A. 1977. Self-concept of ability and perceived evaluation of others: cause or effect of academic achievement. Journal of Educational Psychology 69, 136–145.

CICIRELLI, V. G. 1976. Effects of evaluating task competence on the self-concept of children from different socio-economic status levels. Journal of Psychology 94, 217–223.

COLEMAN, J. S., CAMPBELL, E. Q., HOBSON, C. J., MCPARTLAND, J., MOOD, A. M., WEINFELD, F. D. & YORK, R. L. 1966. Equality of educational opportunity. Washington, D. C.: Office of Health Education and Welfare.

DAVIDSON, H. H. & LANG, G. 1960. Children's perceptions of their teacher's feelings toward them related to self-perception, school achievement, and behavior. Journal of Experimental Education 29, 107–118.

EWERT, O. 1978. Selbstkonzepte und Erklärung von Verhalten. In R. OERTER (Hrsg.), Entwicklung als lebenslanger Prozeß. Hamburg: Hoffmann & Campe. p. 136–146.

EWERT, O. & BRAUN, M. 1978. Ergebnisse und Probleme vorschulischer Förderung. Düsseldorf: Kultusministerium Nordrhein-Westfalen.

FRY, P. S. 1976. Success, failure, and self-other orientations. Journal of Psychology, 93, 43–49.

HAUSERMAN, N., MILLER, J. S. & BOND, F. T. 1976. A behavioral approach to changing self-concept in elementary school children. Psychological Record 26, 111–116.

KLEINING, G. & MOORE, H. 1968. Soziale Selbsteinstufung (SSE). Ein Instrument zur Messung sozialer Schichten. Kölner Zeitschrift für Soziologie und Sozialpsychologie 20, 502–552.

LANDRY, R. G., SCHILSON, E. & PARDEW, E. M. 1974. Self-concept enhancement in a preschool program. Journal of Experimental Education 42, 39–43.

MARX, R. W. & CHRIST, J. L. 1973. Effective reinforcement for achievement behavior in minority children: Summary of research. Stanford: Stanford Center of Research and Development in Teaching.

PARKER, H. C. 1974. Contingency management and concomitant changes in elementary-school students self-concepts. Psychology in the Schools 11, 70–79.

PATON, S. M., WALBERG, H. J. & YEH, E. G. 1973. Ethnicity, environmental control, and academic self-concept in Chicago. American Educational Journal 10, 85–91.

PURKEY, W. W. 1970. Self-concept and school achievement. Englewood Cliffs, N. J.

REINBACHER, K. 1974. Überprüfung des Zusammenhangs zwischen Schulleistung und Selbsteinschätzung. Bochum: Institut für Psychologie der Ruhruniversität (Unveröffentlichtes Manuskript).

SCHULTE, H. 1976. Zur Konstruktvalidierung des SEARS-Selbstbildfragebogens. Mainz: Psychologisches Institut der Universität Mainz (Unveröffentlichte Diplomarbeit).

SEARS, P. S. & SHERMAN, V. 1964. In pursuit of self-esteem. Belmont, Calif.: Wadsworth.

SEARS, P. S. 1972. Effective reinforcement for achievement behavior in disadvantaged children: The first year. Stanford: Stanford Center of Research and Development in Teaching. Technical Report No. 30.

SHAVELSON, R. J., HUBNER, J. J. & STANTON, G. C. 1976. Self-concept: Validation of construct interpretations. Review of Educational Research, 46, 407–441.

SHIFFLER, N., LYNCH-SAUER, J. & NADELMAN, L. 1977. Relationship between self-concept and classroom behavior in two informal elementary classrooms. Journal of Educational Psychology 69, 349–359.

SMITH, I. D. 1975. Sex differences in the self-concepts of primary school children. Australian Psychologist 10, 53–63.

TAYLOR, T. D., WINNE, P. H. & MARX, R. W. 1975. Sample specifity of self-concept instruments. Denver: Paper presented at the meeting of the Society for Research in Child Development.

WILLIAMS, R. L. & COLE, S. 1958. Self-concept and school adjustment. Personnel and Guidance Journal 46, 478–481.

WINNE, P. H., MARX, R. W. & TAYLOR, T. D. 1977. A multitrait-multimethod study of three self-concept inventories. Child Development 48, 893–901.

ZIRKEL, P. A. 1971. Self-concept and the „disadvantage" of ethnic group membership and mixture. Review of Educational Research 41, 211–225.

ZIRKEL, P. A. 1972. Enhancing the self-concept of disadvantaged students. California Journal of Educational Research 13, 125–137.

9 Selbstkonzepte und die Selbstregulation des Verhaltens

JÜRGEN BUTZKAMM, Gesamthochschule Duisburg
FRANK HALISCH, Ruhruniversität Bochum
NORBERT POSSE, Universität Düsseldorf

Hat die Selbstkonzept-Forschung mit den Theorien der Selbstregulation mehr gemein als das Wörtchen „Selbst"? Der vorliegende Beitrag soll zeigen, daß moderne Selbstregulationstheorien in reichem Ausmaß Berührungspunkte mit der Selbstkonzeptforschung bieten. Allerdings hat erst die allgemeine Hinwendung zu kognitiver Theoriebildung dazu geführt, daß sich theoretisch-konzeptionelle Überlappungen und daraus folgend wechselseitig innovatorische Impulse ergeben. Ausgewählte Ergebnisse einer empirischen Untersuchung sollen die Verknüpfung von Selbstkonzept und Selbstregulation zeigen — in diesem Fall die Zusammenhänge von Selbstwahrnehmung der eigenen (aufgabenspezifischen) Begabung und den affektiven Reaktionen nach Erfolg und Mißerfolg (Selbstbekräftigung).

9.1 Verhaltenstheoretisch orientierte Selbstregulationsforschung

Funktionalbehavioristen haben sich seit SKINNER (1953) selbst einen eng begrenzten begrifflichen Rahmen gesteckt, innerhalb dessen sie eine Analyse menschlichen Verhaltens für sinnvoll und nützlich halten; es ist dies die Beschränkung auf Termini *beobachtbaren* Verhaltens. Dies gilt auch und insbesondere für behavioristische Selbstregulationsforschung. Folgerichtig ist denn auch das „Selbst" nichts anderes als ein „Kunstgriff", eine Erfindung zur Darstellung eines funktional verknüpften Systems von Reaktionsweisen („a device for representing a functionally unified system of responses", SKINNER 1953, p. 285). Diese funktionalen Beziehungen gilt es zu untersuchen. Mit einer solchen, für die streng behavioristische Sichtweise charakteristischen Aussage ist die Diskussion um eine inhaltliche Bestimmung des „Selbst" beendet, bevor sie eigentlich begonnen hat.

SKINNER selbst beschrieb als erster Phänomene der Selbstkontrolle in seinem Begriffssystem: Individuen sind in der Lage, mittels „kontrollierender Reaktionen" die Reizbedingungen zu verändern, die „kontrollierte Reaktionen" zur Folge haben. Selbstkontrolle folgt den gleichen Gesetzmäßigkeiten wie Fremdkontrolle: „Die Person kontrolliert sich selbst genauso, wie sie das Verhalten einer anderen Person kontrollieren würde — nämlich durch Manipulation von Variablen, deren Funktion das Verhalten ist" (SKINNER 1953, p. 228). Solche „Gegenkontrolle" ermöglicht zwar eine gewisse Unabhängigkeit von Fremdbestimmung, allerdings eine nur vorübergehende und situationsspezifische (KANFER 1975). Nach wie vor gilt das prinzipielle Postulat der Umweltdeterminiertheit des Menschen. Mit seinen Überlegungen zu den der Person verfügbaren Selbstkontrollmechanismen hat SKINNER äußerst fruchtbare Anstöße für verhaltenstherapeutische Interventionsverfahren gegeben (KANFER & PHILLIPS 1970; SCHULTE 1977). Neben den Versuchen einer praktischen Umsetzung in der Therapie ist für die weitere Entwicklung jedoch vor allem eine immer stärkere Loslösung vom funktional-behavioristischen Beschreibungsmodell hin zu einem kognitiv orientierten Erklärungsansatz kennzeichnend. Diese Entwicklung ist bereits an anderer Stelle ausführlich nachgezeichnet worden (GROEBEN & SCHEELE 1977; HALISCH 1976; HALISCH, BUTZKAMM & POSSE 1976), dabei spielt sicher der allgemeine gegenwärtige Trend zu kognitiver Theoriebildung eine Rolle (BANDURA 1978; HECKHAUSEN & WEINER 1972). Die damit einhergehende Überwindung des behavioristischen Paradigmas ist nach GROEBEN & SCHEELE (1977) vor allem auf sog. Anomalien der Befundlage zurückzuführen, also auf eine Häufung von Ergebnissen, die mit dem behavioristischen Begriffsrepertoire nicht mehr erklärbar sind. Daneben lassen sich jedoch auch und gerade innerhalb behavioristischer Selbstregulations-Forschung Gründe auffinden, die diese Entwicklung verursachten und beschleunigten.

Schon bald nach den ersten Anfängen lerntheoretisch fundierter Therapieverfahren ergab sich aus vorwiegend pragmatischen Überlegungen die Notwendigkeit, auch innerpsychische Prozesse auf seiten des Klienten einzubeziehen, da nur so ein andauernder Therapieerfolg sichergestellt werden konnte (KANFER 1975). Diese Ausweitung auf innerpsychisches Geschehen wird — wie immer wieder betont wird — unter dem Postulat vorgenommen, daß Erwerb und Kontrolle auch dieses Verhaltens den gleichen Gesetzmäßigkeiten unterliegt wie offen beobachtbares Verhalten (HOMME 1965; KANFER 1977; KANFER & KAROLY 1972 a). Es scheint jedoch, daß gerade diese Ausweitung, so fruchtbar sie für Interventionsverfahren gewesen sein mag, den Anstoß für den Niedergang des behavioristischen Paradigmas gab. Die der Selbstregulation zugeordneten innerpsychischen Prozesse sind mittlerweile so reichhaltig und komplex und implizieren eine Fülle kognitiver Elemente, daß eine funktional-behavioristische Analyse kaum mehr möglich, zumindest jedoch unökonomisch ist. Bereits in einem ersten Systematisierungsversuch postuliert KANFER in seinem heuristischen Modell der Selbstregulation drei vorwiegend innerpsychische Teilprozesse (KANFER 1971; 1975): In der Phase der *Selbstbeobachtung* wird das eigene Verhalten registriert, in der *Selbstbewertung* wird es an Verhaltensstandards gemessen; das Ergebnis dieses Vergleichs schließlich determiniert die *Selbstbekräftigung*. Dieses Modell ist zwar auch heute noch pragmatische Grundlage der meisten Interventionsversuche, die Selbstregulationstechniken einsetzen (vgl. HALISCH et al. 1977). Es hat sich inzwischen jedoch als unzureichend und vielleicht auch als zuwenig flexibel erwiesen, um alle notwendigen Elemente zu integrieren. Vor allem kognitive Prozesse von subjektiver Aufgabeninterpretation, Standardsetzung, Anstrengungsintention, Kausalattribuierung usw. ergaben sich als bedeutsame Bestandteile von Selbstregulation (BANDURA 1976, 1977, 1978; HECKHAUSEN 1978; KANFER 1977). Aber nicht nur die Erweiterung des Selbstregulationsansatzes um solche Prozesse kognitiver Art hat sich als förderlich erwiesen; auch der Erklärungs- und Vorhersagewert relativ überdauernder Wertungsvoreingenommenheiten der Person, im weitesten Sinne also von Persönlichkeitsmerkmalen, wird in immer stärkerem Maße (wieder) erkannt. Schon allein die häufig gefundene relative Stabilität von Selbstbekräftigungsmustern auch über Situationen hinweg und deren Zusammenhänge mit anderen Persönlichkeits- und Verhaltensmerkmalen (zusammenfassend HALISCH et al. 1977) sprechen dafür, in der Selbstregulation nicht lediglich ein rein situationsspezifisches Verhaltensphänomen zu sehen, wie dies KANFER (1975) tut, sondern auch überdauernde Selbstregulationsfertigkeiten in Rechnung zu stellen — was sich im übrigen auch inzwischen in der Therapie als nützlich erwiesen hat (z. B. ROZENSKY & BELLACK 1976).

Weiterhin hat sich in der Applikation von Selbstregulationstechniken gezeigt, daß eine erfolgreiche Anwendung vor allem zu einem Problem der *Standardsetzung* wird. Dieser Prozeßparameter der Selbstregulation erweist sich mittlerweile sowohl in Laborexperimenten (SPATES & KANFER 1977) als auch in der Therapie (GREINER & KAROLY 1976) als entscheidend (zusammenfassend HALISCH et al. 1977). Es genügt nicht, Verhaltensstandards zu setzen, deren Erreichung Selbstbewertung und Selbstbekräftigung determinieren soll; die Person muß diese Standards, sollen sie verhaltenswirksam sein, als *selbstverbindlich* angenommen haben. Ist dies nicht der Fall oder gelingt es nicht, eine solche Verbindlichkeit zu erzeugen, können z. B. Effekte, die in mühsamer Arbeit durch Verhaltensmodifikation erreicht wurden, innerhalb kürzester Zeit wieder zunichte gemacht werden, wenn ihre Stabilisierung der „Selbst"regulation überlassen wird (FREDERIKSEN & FREDERIKSEN 1975). Standardsetzung wird für den behavioristischen Forscher ebenfalls zu einem begrifflich schwer zu fassenden Problem. Aufschlußreich ist z. B. ein Aufsatz von PREMACK (1970), der annimmt, daß Selbstkontrollverhalten u. a. instigiert wird, wenn man erkennt, daß man einer Personengruppe angehört, die man selbst verachtet (etwa den „haltlosen" Rauchern, die ein schlechtes Vorbild abgeben). PREMACK postuliert einen inneren stabilen Kontrollmechanismus, um

Selbstkontrollverhalten bei fehlenden äußeren Kontrollinstanzen zu erklären — ein Gewissen (conscience)!

In der Therapie hat man versucht, das Problem der Verbindlichkeit von Standards über ein sog. „contract-management" in den Griff zu bekommen, das den Klienten zu Vorsatzerklärungen und zum Eingehen meist schriftlich fixierter Verträge mit klar definierten Regeln veranlaßt (KANFER & KAROLY 1972b; KANFER 1975). Die Gefahr erkennend, die solche „mentalistischen" Begriffe für den behavioristischen Ansatz bergen, betont man zwar, daß Vorsatzerklärungen „verbal operants" seien, also in beobachtbaren Termini faßbare Verhaltensweisen; eine Begriffsbestimmung, die bei der Fülle der involvierten kognitiven Variablen gleichwohl kaum zu überzeugen vermag. Offensichtlich sind doch individuelle — insbesondere auch individuell *unterschiedliche* — Wertungsvoreingenommenheiten impliziert, wenn ein „Gewissen" postuliert wird. Und wie anders als im Kontrast zu eigenen Wertvorstellungen kann man erkennen, einer Personengruppe anzugehören, die man selbst verachtet?

Standards und Vorsatzerklärungen können eben nicht als isolierte Verhaltensweisen ohne Bezug zu überdauernden Bewertungssystemen gefaßt werden. Fehlt dieser Bezug, können sie zwar — in Grenzen — als Kriterien für externe Verhaltensregulation und Fremdkontrolle Steuerungsfunktion übernehmen, kaum jedoch für selbstregulierendes Handeln wirksam werden. Selbstregulationswirksame Standards sind selbstgesetzte Bezugsnormen für eigenes Verhalten: „Selbstansprüche an die eigene Person, die in *Selbst-Konzepten* unterschiedlicher Generalisierungsbreite verankert sind." (HALISCH et al. 1976 p. 156) Sie müssen eingebettet sein in individuelle Wertungssysteme, die der Person Kriterien zur Beurteilung von Situationen und eigenem Handeln liefern. Die Forderung nach einem solchen Verständnis des Standardbegriffs ist in der Anspruchsniveauforschung und der Motivationstheorie des Leistungshandelns beispielhaft realisiert (HECKHAUSEN 1972; 1977b; SCHMALT & MEYER 1976) und findet auch in moderner Selbstregulationstheorie ihren Niederschlag (siehe unten).

Manch ein bislang schwer oder gar nicht interpretierbares Ergebnis der Selbstregulationsforschung gerät durch den Rückgriff auf solche überdauernden Personparameter in neues Licht. So finden sich zum Beispiel in allen Untersuchungen zur Vorbildwirkung auf die Übernahme von Selbstbekräftigungsstandards (zusammenfassend MASTERS & MOKROS 1974) immer auch kindliche Versuchspersonen, die die Standards des Vorbildes *nicht* übernehmen. Sind sie „Mogler" und „Normverletzer"? Die Sichtweise des Selbstkonzeptforschers erlaubt eine andere Interpretation: Möglicherweise gelingt es gerade diesen Kindern aufgrund realistischer Selbstwahrnehmung der eigenen Begabung unrealistisch hohe oder niedrige Standards auf das eigene Tüchtigkeitsniveau zu transformieren! Dann würden gerade diese Kinder im echten Sinne selbstreguliertes Handeln demonstrieren, nämlich ein Handeln, das durch eigene Bezugsnormen motiviert ist und unabhängig von den von außen nahegelegten Standards abläuft. Solche Transformation von Standards ist mit Sicherheit für die Genese von Selbstkonzepten (nicht nur des Leistungshandelns) von eminenter Bedeutung; ihre Determinanten und Wirkungen sind bislang bei weitem noch nicht genügend erforscht.

Damit verlagert sich der Schwerpunkt der Selbstregulationsforschung weg von den einzelnen Teilprozessen der Selbstregulation hin zur Erforschung relativ überdauernder Wertsysteme und Selbstkonzepte, ein Postulat, dem in moderner Selbstregulationstheorie ansatzweise entsprochen wird. Zu klären sind Struktur und Inhalt solcher Systeme sowie vor allem deren Stellenwert und Wirksamkeit bei selbstregulierten Handlungsabläufen.

Bedeutet nun aber der Rückgriff auf solche Persönlichkeitsmerkmale einen Rückfall in simple eigenschaftszentrierte Persönlichkeitstheorien, die ja zu Recht ob ihrer Einseitigkeit und Begrenztheit heftig kritisiert wurden (MISCHEL 1968)? Vor den theoretischen und empirischen Sackgassen, in die eine so betriebene Selbstregulations- und Selbstkonzeptforschung geraten würde, bewahrt eine interaktionistische Analyse von Handlungsabläufen, die ein wechselseitiges Wirkungsgefüge von Person-, Situations- und Verhaltensparametern in Rechnung stellt (siehe unten).

9.2 Kognitiv orientierte Selbstregulationsforschung

Fortschritte brachte es, den Selbstregulationsansatz in die Motivationstheorie zu integrieren und für die Analyse des Verhaltens in verschiedensten Handlungsfeldern nutzbar zu machen. Die Fruchtbarkeit eines solchen Integrationsversuchs ist für die Leistungsmotivationsforschung gut dokumentiert (HALISCH 1976; HALISCH et al. 1976, 1977; HECKHAUSEN 1972; 1975a, 1977a; 1977c; 1978). Auch die Erforschung anderer Verhaltensbereiche vermag aus der Selbstregulationstheorie hilfreiche Impulse zu gewinnen; so diskutiert SCHWARTZ (1977) altruistisches Verhalten als durch Selbsterwartungen und Selbstbewertungen motiviertes Verhalten. Dies hatte Rückwirkungen auf die Selbstregulationsforschung, die sich heute essentiell von ihren Anfängen unterscheidet (vgl. auch BANDURA 1976, 1977, 1978):

(1) In radikaler Abkehr von funktional-behavioristischen Positionen wird eine *kognitive Theoriebildung* betrieben;

(2) der Komplexität der Verhaltensregulation versucht man häufig durch *Prozeßmodelle* gerecht zu werden, um die Fülle der beteiligten Variablen abbilden zu können (z. B. HECKHAUSEN 1977a; SCHWARTZ 1977);

(3) überdauernde *Persönlichkeitsparameter* mit fein strukturiertem Systemcharakter werden berücksichtigt, etwa „Selbstsysteme" (BANDURA 1978), „Motive" (HECKHAUSEN 1977a) oder „persönliche Normen" (SCHWARTZ 1977);

(4) als Beweggrund menschlichen Verhaltens wird das Bestreben gesehen, in Übereinstimmung mit solchen individuellen Wertsystemen zu handeln;

(5) kognitive Prozesse, wie Erwartungen, Standardsetzungen, Selbstbewertungen, Kausalattribuierungen, werden postuliert, die an entscheidenden Stellen personentypisch modifizierend in Handlungssequenzen eingreifen;

(6) vor einem einseitigen eigenschaftstheoretischen Ansatz bewahrt eine interaktionistische Position; das „System Mensch" wird in Begriffen sog. *reziproker Determination* (BANDURA 1978) analysiert.

9.2.1 Kognitive Prozesse in der Selbstregulation

Standardsetzung und Selbstbewertung. In der einfachsten Form besteht jede selbstregulierte Handlungssequenz aus wenigen Grundelementen: einem Standard, der Gütegrade eigenen Handelns spezifiziert; der Handlung; der Selbstbewertung, in der das Handlungsergebnis an dem Standard gemessen wird. Entscheidend ist, daß Standardsetzung und Bewertung bei der handelnden Person liegen. Selbstregulation erfordert, daß sie sich die Kriterien selbst setzt, an denen sie das eigene Verhalten mißt, oder fremdgesetzte Kriterien als selbstverbindlich übernimmt. Dieser unverzichtbaren Forderung ist oft nur schwer nachzukommen, weshalb Standardsetzung — wie oben bereits dargelegt — sowohl in der Therapie als auch im Experiment zu einem Problem werden kann (vgl. auch HALISCH et al. 1976).

Selbstregulation bedeutet „Selbst-motivation": Personen schaffen sich selbst dadurch Anreize, daß sie Selbstbewertungsaktionen an das Erreichen selbstgesetzter Standards knüpfen. Selbstregulationstheorie wandelt sich somit von einer bekräftigungstheoretischen zu einer anreizmotivationstheoretischen Konzeption (BANDURA 1976, 1978; HECKHAUSEN 1977b). Motivierend ist das Bestreben, in Übereinstimmung mit persönlichen Wertungsvoreingenommenheiten zu handeln bzw. daraus abgeleitete Handlungsziele zu erreichen.

Zwischenergebnisse auf dem Wege zur Zielerreichung haben bei längerfristigen Handlungssequenzen besondere Bedeutung. Abweichungen des aktuellen Leistungsstands vom Standard motivieren Ausdauer und Anstrengungseinsatz; sie haben selbstkorrektive Funktion (BANDURA 1976). Rückmeldungen über solche Diskrepanzen können allerdings sowohl anstrengungsfördernde als auch anstrengungshemmende Wirkung haben. HALISCH & HECKHAUSEN (1977) wiesen solche kurzfristigen Motivierungseffekte nach und zeigten, daß generelle Erfolgserwartungen und mit dem Leistungsmotiv zusammenhängende Attribuierungsvoreingenommenheiten dabei eine entscheidende vermittelnde Rolle spielen. Zusammengefaßt läßt sich sagen, daß Zwischenergebnisse einen erhöhten Anstrengungsaufwand zur Folge haben, wenn man erwartet, einen drohenden Mißerfolg noch abwenden zu können oder einen künftigen Erfolg sichern zu müssen. Zeigen die Zwischenrückmeldungen jedoch einen Erfolg an, den man für sicher hält oder einen Mißerfolg, den man nicht mehr verhindern zu können glaubt, wird der Anstrengungseinsatz reduziert. Befunde und Interpretationen dieser Art lenken das Augenmerk auf Erwartungen und deren Bedeutung für Motivations- und Selbstregulationsprozesse.

Erwartungen. Erwartungskonstrukte sind in den Vordergrund kognitiver Motivationstheorien getreten. Bekräftigungseffekte werden z. B. nicht mehr auf automatisch-periphere Reaktionsverstärkungen zurückgeführt, sondern durch die Generierung bestimmter Erwartungen des Individuums bezüglich von Reiz-Reaktionsverbindungen erklärt (BOLLES 1972). Bekräftigungen sind dann am wirksamsten, wenn die entsprechenden Kontingenzen in Form von Erwartungen kognitiv repräsentiert sind. Motivationsanalyse, die mit unterschiedlichen Erwartungsgrößen operiert, ist bislang am weitesten von HECK-HAUSEN (1977b) getrieben worden.

Von besonderer Bedeutung für die Selbstregulations- und die Selbstkonzeptforschung ist ein Erwartungskonstrukt, das BANDURA (1977) zur Erklärung von Verhaltensänderungseffekten unterschiedlicher Therapieverfahren postuliert: die *Erwartung eigener Handlungswirksamkeit* (self-efficacy). Zwei unterschiedliche Erwartungsvariablen werden als vermittelnd zwischen Person und Handlung einerseits und zwischen Handlung und Ergebnis andererseits angenommen: Wirksamkeitserwartungen (efficacy-expectations) und Ergebniserwartungen (outcome-expectations) vgl. Abb. 9.1.

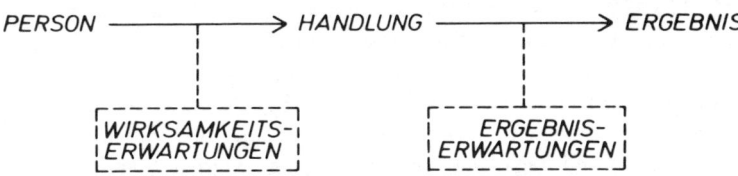

Abb. 9.1: Wirksamkeitserwartungen und Ergebniserwartungen als intervenierende Variablen (nach *Bandura,* 1977)

Ergebniserwartung meint die Einschätzung der Person, daß eine bestimmte Handlung ein bestimmtes Ergebnis nach sich zieht. Wirksamkeitserwartung dagegen ist die Überzeugung der Person, die zum Hervorbringen des Ergebnisses notwendige Handlung auch ausführen zu können. Ergebniserwartungen bleiben ohne Wirksamkeitserwartungen relativ folgenlos. Man kann durchaus wissen, daß bestimmte Handlungen bestimmte Ergebnisse hervorbringen, erst die Überzeugung, die entsprechende Handlung auch ausführen zu können, wird die Person handeln lassen — tatsächliche Handlungskompetenz und entsprechende Anreizstrukturen vorausgesetzt. Die erlebte Erwartung persönlicher Wirksamkeit ist neben anderen ein kognitives Element, das die Wahl von Handlungsalternativen, Anstrengungsaufwand und Ausdauer beeinflußt. BANDURA diskutiert ausführlich deren Dimensionen, Determinanten und Wirkungen und legt auch erste Befunde vor, die zeigen, daß den bei Schlangenphobikern erzielten Verhaltensänderungen tatsächlich Veränderungen erlebter eigener Handlungswirksamkeit vorangehen.

Manches an diesen Überlegungen ist sicher nicht neu und die Tragfähigkeit des Konstruktes „self-efficacy" wird sich auch erst noch erweisen müssen. Dennoch eröffnen sich für Selbstregulations- und Selbstkonzeptforschung wichtige Aspekte: Individuelle Bezugs- und Bewertungssysteme und daraus abgeleitete Handlungsstandards können nur dann verhaltenswirksam werden, wenn die Person die Überzeugung hat, die entsprechenden Handlungen auch ausführen zu können. Somit weist „self-efficacy" enge Bezüge zur Perzeption eigener Begabung auf, wie sie in diesem Band von MEYER & PLÖGER (Kap. 10) und RHEINBERG (Kap. 11) als abhängige Variable thematisiert wird.

Kausalattribuierung. Attributionstheoretische Konzeptionen haben sich für die Erforschung vieler Verhaltensbereiche als nützlich erwiesen (HARVEY, ICKES & KIDD 1976; MEYER & SCHMALT 1978); insbesondere der Leistungsmotivationsforschung sind sie ungemein förderlich gewesen (HECKHAUSEN 1972; MEYER 1973; WEINER 1974, 1976). Attributionstheorie postuliert „ein allgemeines Motiv, beobachtbare Ereignisse auf zugrunde liegende Ursachen zurückzuführen" (MEYER & SCHMALT 1978), und die attributionstheoretische Formulierung der Leistungsmotivationstheorie geht davon aus, „daß Individuen vier Ursachenfaktoren sowohl zur nachträglichen Erklärung als auch zur Vorhersage des Ausgangs von leistungsbezogenen Handlungen heranziehen" (WEINER 1976, p. 81). Diese vier Faktoren werden zwei Grunddimensionen zugeordnet: Stabilität über Zeit und Personabhängigkeit. Stabil sind Begabung und Aufgabenschwierigkeit, variabel sind Anstrengung und Zufall. Internal (personabhängig) sind Begabung und Anstrengung, external (von der Person nicht beeinflußbar) sind Aufgabenschwierigkeit und Zufall. Grundüberlegung ist, daß die Rückführung eigener Handlungsresultate auf bestimmte Kausalfaktoren Intensität, Richtung und Dauer des Verhaltens bestimmt. So werden z. B. Erwartungen künftiger Ereignisse davon beeinflußt, ob man zurückliegende Ereignisse stabilen oder variablen Ursachen zuschreibt. Erwartungen eigener Handlungswirksamkeit werden ebenfalls von Attribuierungen beeinflußt: Nur auf internale Faktoren (insbesondere Begabung) zurückgeführte Erfolge werden eigene Wirksamkeitserwartungen erhöhen, vor allem durch mangelnde Begabung erklärte Mißerfolge werden sie mindern (BANDURA 1977). Schließlich hängen auch Selbstbewertungsreaktionen von Attribuierungen ab. Rückführung eigener Handlungsresultate auf internale Faktoren vermittelt in stärkerem Maße als externale Attribuierung affektive Reaktionen, die ja als Selbstbekräftigungsreaktionen aufgefaßt werden können. Dies ist plausibel, denn nur als selbstverursacht erlebte Resultate vermitteln Informationen, die valide Rückschlüsse auf überdauernde Selbstkonzepte erlauben. Folgerichtig sollte man auch — entgegen einer Annahme WEINERS (1976) — erwarten, daß zumindest im Leistungsbereich innerhalb der internalen Dimension Begabungsattribuierung in stärkerem Maße als Anstrengungsattribuierung affektive Reaktionen vermittelt. Denn nur Effekte, die man auf gute oder mangelnde eigene Begabung zurückführt, haben diagnostische Relevanz für Selbstkonzepte eigener Begabung und vermögen sie zu stabilisieren oder Anlaß zu ihrer Revision zu geben. Neue Befunde HECKHAUSENS (1978) sprechen für eine solche Annahme.

Zwar erscheint es durchaus fraglich, ob Personen in jedem Fall spontan Kausalerklärungen eigener Handlungsergebnisse vornehmen, wenn man sie nicht wie im Laborexperiment ausdrücklich danach fragt, und auch die Reduktion auf vier Faktoren dürfte kaum die Breite möglicher Kausalerklärungen widerspiegeln. Dennoch ist die Bedeutung von Attributionen für Motivationsprozesse nicht zu bestreiten. Ihr Stellenwert für Selbstregulation und Selbstkonzepte ist sicher noch nicht genügend geklärt.

9.2.2 Persönlichkeitsparameter in der Selbstregulation

Interaktionismus und reziproke Determination. Pessimistische Rückblicke auf das gesamte Gebiet der Persönlichkeitsforschung (CRONBACH 1975; FISKE 1974; MISCHEL 1968) wie auch auf den Ertrag bisheriger Selbstkonzeptforschung (GERGEN 1971) bilden den Hintergrund für sog. interaktionistische Ansätze und Modelle, die der komplexen Realität besser gerecht werden und somit die Fruchtbarkeit der Persönlichkeitsforschung beleben sollen (MISCHEL 1977; zum aktuellen Stand der Interaktionismus-Diskussion ENDLER & MAGNUSSON 1976 und MAGNUSSON & ENDLER 1977). Entfacht wurde diese Debatte durch Aufsätze von MISCHEL (1973) und BOWERS (1973), wobei der Ausgangspunkt die Kritik am gängigen eigenschaftszentrierten Persönlichkeitskonzept war. Eigenschaften klären im allgemeinen weniger Verhaltensvarianz über unterschiedliche Situationen auf, als vorhergesagt und beansprucht. Andererseits konnte auch nicht gezeigt werden, daß Verhalten überwiegend situationsspezifisch ist. Interaktionen zwischen Person- und Situationsvariablen dagegen klären am meisten Varianz im Verhalten auf. Jedoch ein solch einfacher interaktionistischer Ansatz entspricht nicht mehr den jetzigen Vorstellungen eines multiplen, wechselseitigen Einflusses von Person-, Situations- und Verhaltensvariablen. Es gilt nicht nur in statistischer Weise, den unidirektionalen Einfluß von sich beeinflussenden Person- und Situationsvariablen auf das Verhalten in Varianzkomponenten festzuhalten, sondern darüber hinaus zu verstehen und zu erklären, wie solche Wechselwirkungen funktionieren. Das Hauptaugenmerk soll sich also weg vom statischen Ergebnis hin zum dynamischen Prozeß der Interaktion wenden, und die im Experiment abhängige Variable kann somit selbst zu einem interagierenden Kausalfaktor werden. Um die wechselseitige Bedingtheit der drei Variablengruppen hervorzuheben, spricht BANDURA (1978) von *reziproker Determination* (vgl. Abb. 9.2).

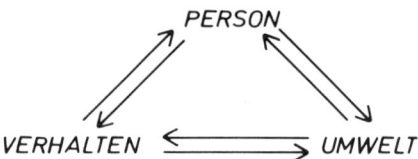

Abb. 9.2: Wechselseitige Bedingtheit von Personen, Verhalten und Umwelt im Modell des reziproken Determinismus (nach *Bandura, 1978*)

In einem solchen Modell gibt es keine unveränderlichen, feststehenden Wirkgrößen, sondern prinzipiell veränderbare und wechselseitig abhängige Variablen. Verhalten kann zwar als Funktion von Person- und Situationseinflüssen aufgefaßt werden, das Modell des reziproken Determinismus jedoch schärft den Blick auch dafür, daß das Verhalten selbst wiederum Wirkvariable sein kann, die z. B. in Interaktion mit den Umweltbedingungen neue Situationen schaffen und somit eigene persönlichkeitstypische Situationsinterpretationen ermöglichen kann.

Ein so verstandener interaktionistischer Ansatz eröffnet Möglichkeiten für ein differenziertes Verständnis von Situations- und Eigenschaftskonzepten. Nicht die physikalisch definierte Situation ist verhaltensrelevant (wie nach dem behavioristischen Postulat), sondern deren individuelle Wahrnehmung und Interpretation. Solche Auffassungen und Deutungen besitzen Freiheitsgrade, die die Person in ihr eigener Weise nutzt. So wandelt sich die intersubjektiv eindeutige Situation oft selbst in eine persönlichkeitstypische, differentielle Variable.

Auch das Eigenschaftsverständnis hat sich geändert. Eigenschaften werden nicht mehr als „summarische Konzepte" (GEWIRTZ 1969) aufgefaßt, als Globalkonzepte, die meist durch reaktive Messungen in einigen wenigen a priori ausgewählten Dimensionen erfaßt werden und deren Einfluß über ein breites Spektrum unterschiedlichster Situationen gelten soll. Aufbau und Bedeutungsspektrum so verstandener Eigenschaften sind zu nomothetisch und zu undifferenziert, um einer sinnvollen interaktionistischen Analyse dienen zu können. Im interaktionistischen Modell sind Eigenschaften inhaltlich differenzierte und ideographisch zugeschnittene Systeme, die oft in eine Fülle einzelner Parameter aufgespalten sind (vgl. z. B. die neuere Leistungsmotivationstheorie; HECKHAUSEN 1977a, 1977b; SCHMALT & MEYER 1976). Einzelne Parameter können für verschiedene Individuen von unterschiedlicher Wichtigkeit sein, sie können auch situativ neu geschaffen und verändert werden (BANDURA 1978; SCHWARTZ 1977). Hinter einem solchen Modell steht die Hoffnung, in der psychologischen Analyse der auf den ersten Blick so inkonsistenten und verwirrenden Verhaltensvielfalt verschiedener Personen in verschiedenen Situationen besser gerecht zu werden.

Selbstkonzepte. Interaktionistische Aspekte haben Konsequenzen für die Selbstkonzeptforschung. Selbstkonzepte sollen Besonderheiten der Person erfassen; dies erfordert jedoch ideographisch ausgerichtete Forschungsstrategien sowie die Notwendigkeit, auch *inhaltliche* Dimensionen von Selbstkonzepten zu erfassen. Dies wiederum impliziert eine Abkehr von globalen, extensiven Selbstkonzepten; statt dessen sollten sie sehr viel stärker situations- und aufgabenspezifisch gefaßt werden. Jedoch hat man selten den Mut zur Ideographie einer inhaltlichen Selbstkonzeptbestimmung gehabt, wobei methodische Gründe eine bedeutsame Rolle gespielt haben dürften. Erst wenn man den inhaltlichen Aufbau von Selbstkonzepten kennt, läßt sich sagen, welche Situation und welche Verhaltensbereiche für die jeweilige Person von Belang sind. Gemäß solcher inhaltlichen Differenzierungen wird man viel eher Verhaltensvorhersagen treffen können. Selbstkonzepte erfüllen als „Theorien über sich selbst" (EPSTEIN 1973) verschiedene Funktionen. Hier zeigen sich erneut Überlappungen und Anknüpfungspunkte zur Selbstregulationstheorie. Selbsttheorien haben u. a. die Aufgabe, die allgemeine Selbstwertschätzung hochzuhalten. Deshalb haben Personen die Tendenz, sich vor Erfahrungswiderspruch zu schützen, Realitätsverzerrungen sind in gewissem Grade möglich und hilfreich. Mit dem gleichen Argument werden in der Leistungsmotivtheorie Attribuierungsvoreingenommenheiten („Attributionsfehler") Erfolgs- und Mißerfolgsmotivierter erklärt (siehe unten). Solche Schutzmechanismen ermöglichen somit relative Verhaltenskontinuität (z. B. die Bevorzugung bestimmter Verhaltensstandards). Natürlich sind Selbsttheorien nicht in der Lage, unbegrenzt Erfahrungswidersprüche aufzufangen. Als Teil des Wechselwirkungsgefüges von Person-, Situations- und Verhaltensparametern (im Sinne des reziproken Determinismus) können sie selbst unter Veränderungsdruck geraten. Dies geschieht vor allem dann, wenn sie ihrer Schutzfunktion nicht mehr genügend gerecht werden und der Selbstwert tangiert wird, etwa wenn durch nachhaltige Mißerfolgserfahrungen das Selbstkonzept eigener guter Begabungen in Frage gestellt wird.

213

Selbstkonzeptveränderungen haben je nach Veränderungsrichtung starke positive oder negative emotionale Konsequenzen; daher schlägt EPSTEIN vor, über Emotionen Selbstkonzeptdimensionen zu erfassen. Bemerkenswerterweise führt die konsequente Fortführung des Selbstregulationsansatzes zu analogen Formulierungen: affektive Selbstbekräftigungsreaktionen treten vor allem dann auf, wenn aus übergeordneten Bezugssystem abgeleitete Handlungsstandards erreicht oder verfehlt werden (HALISCH et al. 1976).

9.3 Eine empirische Analyse am Beispiel des Leistungshandelns

Die Verflechtung des Selbstregulationsansatzes mit der Motivationstheorie wird am deutlichsten in der modernen Fassung der Leistungsmotivationstheorie. HECKHAUSEN (1977a, 1977b) hat ein kognitives Motivationsmodell vorgeschlagen, in dem das Zusammenwirken verschiedener situations- und personspezifischer Determinanten Handeln motiviert, wobei diese Determinanten zu motivtypischen Mustern verknüpft sind. Individuelle Voreingenommenheiten, vor allem in der Zielsetzung und Kausalattribuierung, führen selbst bei objektiv gleichen Leistungen zu unterschiedlichen Selbstbewertungsreaktionen, die ihrerseits das Motivsystem stabilisieren und es somit gegen erwartungswidrige Erfahrungen aufrechterhalten können (HALISCH 1976; HECKHAUSEN 1975a, 1978).

Verhaltensunterschiede im Leistungsbereich scheinen vor allem durch Unterschiede in der Begabungsattribuierung zustande zu kommen, weshalb der Selbstwahrnehmung eigener Begabung in besonderem Maße Bedeutung zukommt. Die Gleichsetzung eines generalisierten Selbstkonzepts eigener Begabung mit dem Leistungsmotiv (MEYER 1973) wurde aufgegeben zugunsten eines Konzepts eigener *aufgabenspezifischer* Begabung (MEYER 1976; MEYER, FOLKES & WEINER 1976), das möglicherweise in Wechselbeziehung mit dem Leistungsmotiv steht. Nach HECKHAUSEN (1975b, 1977b) sind dabei Begabungswahrnehmungen nach individueller und sozialer Bezugsnorm zu unterscheiden, wobei sich individuelle Bezugsnorm auf einen Vergleich mit eigenen früheren Leistungen, soziale Bezugsnorm auf einen Vergleich mit den Leistungen einer sozialen Bezugsgruppe beziehen (vgl. RHEINBERG in diesem Band).

Ausgewählte Ergebnisse einer Untersuchung (BUTZKAMM 1979) belegen, wie im Leistungsbereich Selbstwahrnehmungen eigener Begabung und Zielsetzungen — gegebenenfalls in Wechselwirkung mit dem Leistungsmotiv — Selbstbekräftigungen beeinflussen.

Die Versuchspersonen mußten auf eine Vielzahl von Reizen innerhalb eng gesetzter Zeitgrenzen reizspezifisch reagieren (Determinationsgerät nach Demel). Die Leistungsergebnisse waren tatsächlich und erlebnismäßig anstrengungs- und begabungsabhängig;

trotzdem konnten Leistungsrückmeldungen in relativ weitem Rahmen glaubhaft manipuliert werden.

Der Versuch lief in vier Abschnitten mit jeweils mehreren Aufgabenserien ab. Im ersten arbeiteten sich die Versuchspersonen am Gerät ein, im zweiten konnten sie sich leistungsmäßig profilieren, im dritten wurden — je nach der im zweiten Abschnitt erbrachten Leistung — durch manipulierte Rückmeldungen die „Leistungsergebnisse" stabilisiert, und im vierten erlebten die Versuchspersonen — abermals manipuliert — unerwartete Leistungssteigerungen oder -verschlechterungen. Vom zweiten Versuchsabschnitt an setzten sie sich für jeden folgenden Durchgang ihr persönliches Leistungsziel. Nach jeder Rückmeldung skalierten sie ihre Leistungsaffekte auf einer bipolaren Skala; diese Affektskalierungen werden als Selbstbekräftigungsreaktionen interpretiert. Die Versuchspersonen trugen ihre Ergebnisse in eine vorbereitete Graphik ein, so daß der aktuelle Leistungsverlauf stets vor Augen war. Vor und nach dem entscheidenden vierten Versuchsabschnitt schätzten sie ihre aufgabenspezifische Begabung. Das Leistungsmotiv wurde mit dem LM-Grid von SCHMALT (Erwachsenenform) erfaßt.

Selbstwahrnehmung eigener Begabung und Zielsetzung. Die Begabungseinschätzung nach sozialer Bezugsnorm korreliert zwar signifikant mit der nach individueller Bezugsnorm (r = .32), jedoch bestätigt die niedrige gemeinsame Varianz die theoretisch vorgenommene Trennung. Wie auch schon bei HECKHAUSEN (1978) gibt es keine Zusammenhänge mit dem Leistungsmotiv; dies spricht erneut dafür, daß das Leistungsmotiv nicht mit Begabungsperzeptionen gleichzusetzen ist.

Allgemein ist zu erwarten, daß Erfolgsmotivierte sich realistischere Ziele setzen und somit niedrigere Zieldiskrepanzen, d. h. geringere Abweichungen des Ergebnisses vom vorangegangenen Anspruchsniveau aufweisen als Mißerfolgsmotivierte. Die Bevorzugung mittlerer Anspruchsniveaus durch Erfolgsmotivierte ist in der Forschung bemerkenswert einhellig nachgewiesen; für Mißerfolgsmotivierte ergibt sich eine weitaus komplexere Befundlage (HECKHAUSEN 1977b).

Abb. 9.3 zeigt die Zieldiskrepanzen in der Erfolgs- und in der Mißerfolgsbedingung in Abhängigkeit vom Leistungsmotiv und der Begabungsperzeption nach sozialer Bezugsnorm. In der Erfolgsbedingung sind die Zieldiskrepanzen niedriger als in der Mißerfolgsbedingung; in der Anspruchsniveausetzung werden also Erfolge relativ schnell nachvollzogen, Mißerfolge hingegen nur zögernd angenommen. In der Erfolgsbedingung bestätigt sich erneut, daß Erfolgsmotivierte signifikant geringere Zieldiskrepanzen aufweisen als Mißerfolgsmotivierte. Der eigentlich interessante Effekt zeigt sich jedoch erst in Wechselwirkung mit der Begabungsperzeption. Bei denjenigen, die ihre Begabung niedrig einstufen, gibt es keine motivgebundenen Unterschiede in der Zielsetzung. Mißerfolgsmotivierte, die ihre Begabung hoch einschätzen, setzen sich „wunschorientierte" Ziele (vgl. HECKHAUSEN 1975b). Ihr Anspruchsniveau liegt deutlich oberhalb der teilweise schon hohen rückgemeldeten Erfolge. Die entsprechende Untergruppe der Erfolgsmotivierten ist dagegen am vorsichtigsten in ihrer Zielsetzung. Sie ist nicht so schnell bereit, ihr Anspruchsniveau den überraschenden Leistungsverbesserungen voll anzupassen. Berücksichtigt man die vorherige Stabilisierung der Ergebnisse auf einem niedrigeren Niveau, so ist diese Zielsetzungsweise nicht unrealistisch zu nennen. In der Mißerfolgsbedingung gibt es keine signifikanten Effekte.

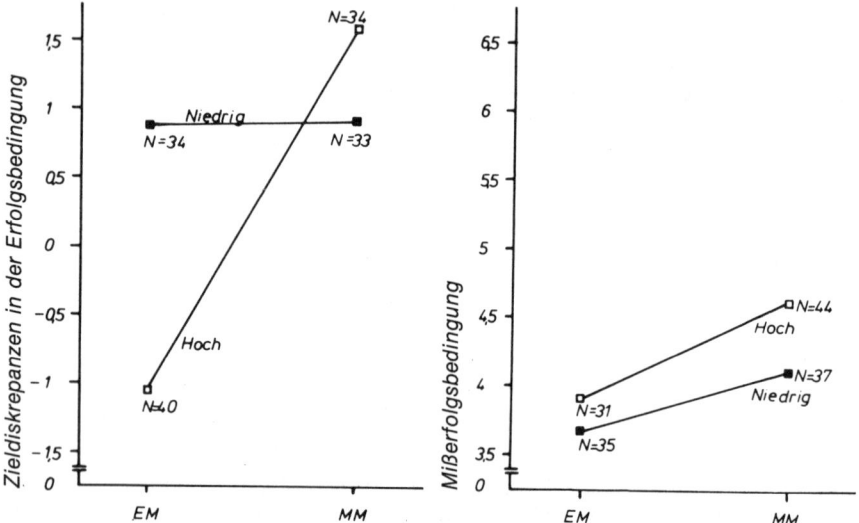

Abb. 9.3: Zieldiskrepanzen in der Erfolgs- und Mißerfolgsbedingung in Abhängigkeit des Leistungsmotivs (EM: Erfolgsmotivierte; MM: Mißerfolgsmotivierte) und der wahrgenommenen eigenen Begabung nach sozialer Bezugsnorm.

Selbstwahrnehmung eigener Begabung und Selbstbekräftigung. Gemäß der Konzeption des Leistungsmotivs als Selbstbekräftigungssystem ist zu erwarten, daß Erfolgsmotivierte bei Erfolgen ihre positiven Affekte höher und bei Mißerfolgen die negativen Affekte weniger stark skalieren (HECKHAUSEN 1972; 1975b). Vorliegende Befunde (HECKHAUSEN 1978) zeigen diese Asymmetrie jedoch nur für den Mißerfolgsfall. Im Gegensatz dazu hat in der vorliegenden Arbeit das Leistungsmotiv in der Erfolgsbedingung einen signifikanten Effekt in der erwarteten Richtung: Erfolgsmotivierte bekräftigen sich stärker positiv als Mißerfolgsmotivierte. Differenziert man nach der Begabungsperzeption, so zeigt sich, daß die Erfolgsmotivierten, die ihre Begabung hoch einschätzen, sich am höchsten bekräftigen (vgl. Abb. 9.4). In der Mißerfolgsbedingung haben ebenfalls Begabungsperzeptionen — z.T. in Wechselwirkung mit dem Leistungsmotiv — Einfluß. Mißerfolgsmotivierte, die ihre Begabung niedrig einstufen, skalieren ihre negativen Mißerfolgsaffekte stärker als jene, die ihre Begabung als hoch ansehen.

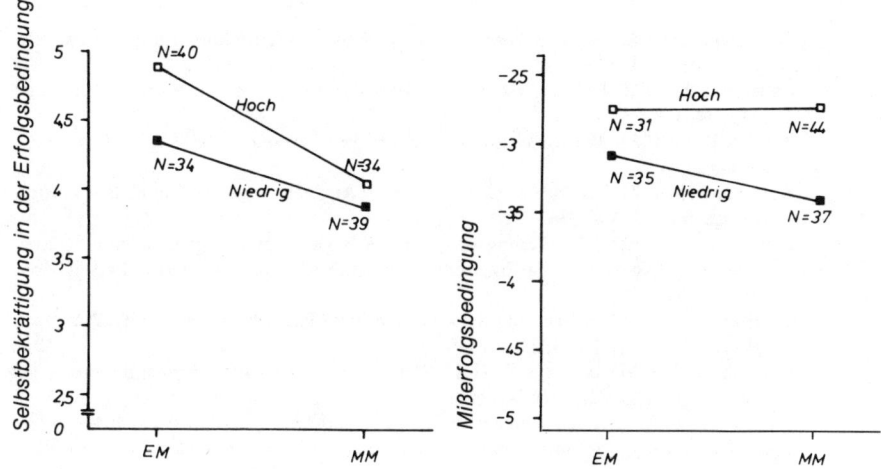

Abb. 9.4: Selbstbekräftigung in der Erfolgs- und Mißerfolgsbedingung in Abhängigkeit des Leistungsmotivs (EM: Erfolgsmotivierte; MM: Mißerfolgsmotivierte) und der wahrgenommenen eigenen Begabung nach sozialer Bezugsnorm.

Unterschiedliche Zielsetzungen führen bei identischen Leistungsrückmeldungen zu unterschiedlichen Zielerreichungsdiskrepanzen (Differenz zwischen Anspruchsniveau und der rückgemeldeten Leistung eines Durchgangs). Da der Zusammenhang zwischen Zielerreichungsdiskrepanz und Selbstbekräftigung in den einzelnen Durchgängen sehr hoch ist (durchschnittlich klären Zielerreichungsdiskrepanzen zwischen 50 und 60 Prozent der Varianz in den Selbstbekräftigungen auf), könnten motivbedingte Unterschiede in der Zielsetzung die Ursache für entsprechende Selbstbekräftigungsunterschiede sein. Partialisiert man die Effekte unterschiedlicher Zielsetzung heraus, so hat das Leistungsmotiv keinen Einfluß mehr auf die Höhe der Selbstbekräftigung — auch nicht in Wechselwirkung mit dem Begabungskonzept.

Insgesamt weist die Studie nach, daß *aufgabenspezifische Wahrnehmungen eigener Begabung* Einfluß auf Zielsetzung und Selbstbekräftigung haben. Begabungsperzeptionen sind also — zumindest im Leistungsbereich — entscheidende Moderatorvariablen selbstregulatorischer Prozesse. Solche Befunde, die belegen, daß bereichsspezifische — für situative Einflüsse sensible — Selbstkonzepte Verhaltensvarianz aufklären können, sollten dazu ermutigen, mit

217

ähnlichen Konzeptionen auch die Erforschung anderer Verhaltensbereiche anzugehen, d.h. andere inhaltliche Selbstwahrnehmungsdimensionen auf ihren Vorhersagewert hin zu überprüfen.

BANDURA, A. 1976. Self-reinforcement: Theoretical and methodological considerations. Behaviorism 4, 135–156.
BANDURA, A. 1978. The self system in reciprocal determinism. American Psychologist 33, 344–358.
BOLLES, R. C. 1972. Reinforcement, expectancy and learning. Psychological Review 79, 394–409.
BOWERS, K. S. 1973. Situationism in psychology: An analysis and a critique. Psychological Review 80, 307–336.
BUTZKAMM, J. 1979. Motivierungsprozesse bei erwartungswidrigen Rückmeldungen. Duisburg: Psychologisches Institut der Gesamthochschule Duisburg. (Dissertation, in Vorbereitung).
CRONBACH, L. J. 1975. Beyond the two disciplines of scientific psychology. American Psychologist 30, 116–127.
ENDLER, N. S. & MAGNUSSON, D. (Ed.) 1976. Interactional psychology and personality. Washington, D. C.: Hemisphere.
EPSTEIN, S. 1973. The self-concept revisited. American Psychologist 28, 404–416.
FISKE, D. W. 1974. The limits for the conventional science of personality. Journal of Personality 42, 1–11.
FREDERIKSEN, L. W. & FREDERIKSEN, C. B. 1975. Teacher-determined and self-determined token reinforcement in a special education classroom. Behavior Therapy 6, 310–314.
GERGEN, K. J. 1971. The concept of self. New York: Holt, Rinehart & Winston.
GEWIRTZ, J. L. 1969. Levels of conceptional analysis in environmentinfant interaction research. Merrill-Palmer-Quarterly 15, 7–47.
GREINER, J. M. & KAROLY, P. 1976. Effects of self-control training on study activity and academic performance: An analysis of self-monitoring, self-reward, and systematic-planning components. Journal of Counseling Psychology 23, 495–502.
GROEBEN, N. & SCHEELE, B. 1977. Argumente für eine Psychologie des reflexiven Subjekts. Darmstadt: Steinkopff.
HALISCH, F. 1976. Die Selbstregulation leistungsbezogenen Verhaltens: Das Leistungsmotiv als Selbstbekräftigungssystem. In: SCHMALT, H.-D. & MEYER, W.-U. (Ed.) Leistungsmotivation und Verhalten. Stuttgart: Klett. p. 137–164.
HALISCH, F., BUTZKAMM, J. & POSSE, N. 1976. Selbstbekräftigung: I. Theorieansätze und experimentelle Erfordernisse. Zeitschrift für Entwicklungspsychologie und Pädagogische Psychologie 8, 145–164.
HALISCH, F., BUTZKAMM, J. & POSSE, N. 1977. Selbstbekräftigung: II. Individuelle Unterschiede und Anwendungen in Schule und Therapie. Zeitschrift für Entwicklungspsychologie und Pädagogische Psychologie 9, 127–149.
HALISCH, F. & HECKHAUSEN, H. 1977. Search for feedback information and effort regulation during task performance. Journal of Personality and Social Psychology 35, 724–733.
HARVEY, J. H., ICKES, W. J. & KIDD, R. F. 1976. New directions in attribution research, Vol. 1. Hillsdale, N. J.: Erlbaum.

HECKHAUSEN, H. 1972. Die Interaktion der Sozialisationsvariablen in der Genese des Leistungsmotivs. In: GRAUMANN, C. F. (Ed.) Handbuch der Psychologie. Band 7: Sozialpsychologie, 2. Halbband. Göttingen: Hogrefe. p. 955–1019.

HECKHAUSEN, H. 1975 (a). Fear of failure as a self-reinforcing motive system. In: SARASON, I. G. & SPIELBERGER, C. (Ed.) Stress and anxiety, Vol. 2. Washington, D. C.: Hemisphere. p. 117–128.

HECKHAUSEN, H. 1975 (b). Effort expenditure, aspiration level, and self-evaluation before and after unexpected performance shifts. Bochum: Psychologisches Institut der Ruhr-Universität Bochum (Unveröffentlichtes Manuskript).

HECKHAUSEN, H. 1977 (a). Motiv und Motivation. In: HERRMANN, T. H., HOFSTÄTTER, P. R., HUBER, H. P. & WEINERT, F. E. (Ed.) Handbuch psychologischer Grundbegriffe. München: Kösel. p. 296–313.

HECKHAUSEN, H. 1977 (b). Achievement motivation and its constructs: A cognitive model. Motivation and Emotion 1, 283–329.

HECKHAUSEN, H. 1978. Selbstbewertung nach erwartungswidrigem Leistungsverlauf: Einfluß von Motiv, Kausalattribution und Zielsetzung. Zeitschrift für Entwicklungspsychologie und Pädagogische Psychologie (in Vorbereitung).

HECKHAUSEN, H. & WEINER, B. 1972. The emergence of a cognitive psychology of motivation. In: DODWELL, P. C. (Ed.) New horizons in psychology. II. London: Penguin Books. p. 126–147.

HOMME, L. E. 1965. Perspectives in psychology: XXIV. Control of coverants, the operants in the mind. Psychological Record 15, 501–511.

KANFER, F. H. 1971. The maintenance of behavior by self-generated stimuli and reinforcement. In: JACOBS, A. & SACHS, L. B. (Ed.) The psychology of private events. New York: Academic Press. p. 39–59.

KANFER, F. H. 1975. Self-management methods. In: KANFER, F. H. & GOLDSTEIN, A. P. (Ed.) Helping people change. New York: Pergamon Press. p. 309–355.

KANFER, F. H. 1977. The many faces of self-control, or behavior modification changes its focus. In: STUART, R. B. (Ed.) Behavioral self-management. New York: Brunner. p. 1–48.

KANFER, F. H. & KAROLY, P. 1972 (a). Self-control: A behavioristic excursion into the lion's den. Behavior Therapy 3, 393–416.

KANFER, F. J. & KAROLY, p. 1972 (b). Self-regulation and its clinical application: Some additional conceptualizations. In: DOKECKI, R. C. & MOWRER, O. H. (Ed.) Conscience, contract, and social reality. New York: Holt, Rinehart & Winston. p. 428–437.

KANFER, F. H. & PHILLIPS, J. S. 1970. Learning foundations of behavior therapy. New York: Wiley.

MAGNUSSON, D. & ENDLER, N. S. (Ed.) 1977. Personality at the crossroads: Current issues in interactional psychology. Hillsdale, N. J.: Erlbaum.

MASTERS, J. C. & MOKROS, J. R. 1974. Self-reinforcement processes in children. In: REESE, H. W. (Ed.) Advances in Child Development and Behavior. Vol. 9. New York: Academic Press. p. 151–187.

MEYER, W.-U. 1973. Leistungsmotivation und Ursachenerklärung von Erfolg und Mißerfolg. Stuttgart: Klett.

MEYER, W.-U. 1976. Leistungsorientiertes Verhalten als Funktion von wahrgenommener eigener Begabung und wahrgenommener Aufgabenschwierigkeit. In: SCHMALT, H.-D. & MEYER, W.-U. (Ed.) Leistungsmotivation und Verhalten. Stuttgart: Klett. p. 101–135.

MEYER, W.-U., FOLKES, V. & WEINER, B. 1976. The percieves informational value and affective consequences of choice behavior and intermediate difficulty task selection. Journal of Research in Personality 10, 410–423.

MEYER, W.-U. & SCHMALT, H.-D. 1978. Die Attributionstheorie. In: FREY, D. (Ed.) Kognitive Theorien der Sozialpsychologie. Bern: Huber. p. 98–136.

MISCHEL, W. 1968. Personality and assessment. New York: Wiley.

MISCHEL, W. 1973. Toward a cognitive social learning reconceptualization of personality. Psychological Review 80, 252–283.

MISCHEL, W. 1977. On the future of personality measurement. American Psychologist 32, 246–254.

PREMACK, D. 1970. Mechanisms of self-control. In: HUNT, W. A. (Ed.) Learning mechanisms in smoking. Chicago: Aldine-Atherton. p. 107–123.

ROSENSKY, R. H. & BELLACK, A. S. 1976. Individual differences in self-reinforcement style and performance in self- and therapist-controlled weight reduction programs. Behavior Research and Therapy 44, 357–364.

SCHMALT, H.-D. 1978. Machtmotivation. Ein theoretischer Ansatz, ein Meßverfahren, erste Ergebnisse. Psychologische Rundschau (in Vorbereitung).

SCHMALT, H.-D. & MEYER, W.-U. (Ed.) 1976. Leistungsmotivation und Verhalten. Stuttgart: Klett.

SCHULTE, D. 1977. Theoretische Grundlagen der Verhaltenstherapie. In: PONGRATZ, L. J. (Ed.) Handbuch der Psychologie. Band 8: Klinische Psychologie, 1. Halbband. Göttingen: Hogrefe. p. 981–1026.

SCHWARTZ, S. H. 1977. Normative influences on altruism. In: BERKOWITZ, L. (Ed.) Advances in Experimental Social Psychology. New York: Academic Press. p. 222–279.

SKINNER, B. F. 1953. Science and human behavior. New York: Macmillan.

SPATES, C. R. & KANFER, F. H. 1977. Self-monitoring, self-evaluation, and self-reinforcement in children's learning: A test of a multistage self-regulation model. Behavior Therapy 8, 9–16.

WEINER, B. 1974. Achievement motivation and attribution theory. Morristown, N. J.: General Learning Press.

WEINER, B. 1976. Attributionstheoretische Analyse von Erwartungs-x-Nutzen-Theorien. In: SCHMALT, H.-D. & MEYER, W.-U. (Ed) Leistungsmotivation und Verhalten. Stuttgart: Klett. p. 81–100

10 Scheinbar paradoxe Wirkungen von Lob und Tadel auf die wahrgenommene eigene Begabung[1]

WULF-UWE MEYER & FRITZ-OTTO PLÖGER, Universität Bielefeld

Die Entstehung und Veränderung von Perzeptionen eigener Begabung (Selbstkonzepten der Begabung) ist sicherlich von einer ganzen Reihe, bislang nur unzureichend oder gar nicht erforschter Gegebenheiten abhängig, so unter anderem (1) von der zeitlichen Konsistenz und Abfolge eigener Handlungsergebnisse (JONES, ROCK, SHAVER, GOETHALS & WARD 1968; JONES & WELSH 1971); (2) vom Resultat des Vergleichs eigener Handlungsergebnisse mit denen anderer Personen (siehe dazu HEIDER 1958; KELLEY 1972, 1973); (3) von Bewertungen der Resultate eigenen Handelns unter Kompetenzgesichtspunkten durch andere Personen und von deren *direkt* mitgeteilten Fremdeinschätzungen der eigenen Begabung; (4) von Verhaltensweisen (auch Erziehungsverhaltensweisen, COOPERSMITH 1967) anderer Personen, die keine direkten Fremdeinschätzungen der Güte eigener Resultate bzw. der Höhe der eigenen Begabung zum Inhalt haben und durch die auch keine Begabungsmitteilung intendiert wird. Solche *indirekten* Mitteilungen, die einer Person A Informationen über Einschätzungen ihrer Begabung oder Fähigkeit durch eine andere Person Z liefern können, sind vermutlich: die Schwierigkeiten von Aufgaben, die Person Z der Person A zum Bearbeiten gibt, und damit verbunden die Zuweisung von A zu Leistungs- oder Fähigkeitsgruppen in ganz unterschiedlichen Kontexten; das Ausmaß, in dem Z in den Prozeß der Aufgabenbearbeitung durch A eingreift und dabei beaufsichtigt, Hilfe anbietet oder Lösungshinweise gibt; die Qualität solcher Hilfen und Hinweise, das heißt, ob es sich um spezifische (die Lösung nahelegende) oder mehr unspezifische Hinweise handelt; die Art und Stärke der Sanktionierung von A durch Z bei gelungener oder mißlungener Aufgabenlösung.

Im vorliegenden Beitrag wird lediglich eine Variante solcher indirekter Mitteilungen aufgegriffen und deren Auswirkungen auf Begabungsperzeptionen eingehender analysiert, nämlich Sanktionen (bzw. deren Ausbleiben) nach Erfolg und Mißerfolg bei Aufgaben unterschiedlicher Schwierigkeit. Die Grobstruktur und zeitliche Abfolge des Prozesses der Wirkungen von Sanktionen auf Begabungsperzeptionen wird wie folgt angenommen:

---

[1] Die Durchführung der hier berichteten Untersuchungen wurde aus Forschungsmitteln der Universität Bielefeld unterstützt (1977/OZ 2737). Wir danken Professor HECKHAUSEN für die kritische Durchsicht des Manuskripts.

| Sanktion | → | angenommene
Fremdwahrnehmung
der eigenen Begabung | → | Selbstwahrnehmung
der Begabung | → | Verhalten |

Das heißt, wir gehen davon aus, daß Sanktionen für Erfolg und Mißerfolg der gelobten bzw. getadelten Person unter bestimmten Bedingungen Informationen darüber liefern, wie die sanktionierende Person ihre Begabung oder Fähigkeit einschätzt. Diese angenommene Fremdwahrnehmung kann zum Aufbau oder zur Veränderung der Selbstwahrnehmung (Selbstkonzept) der Begabung beitragen, die ihrerseits Verhalten mitdeterminiert.

Im folgenden wird zunächst diese Grobstruktur differenziert, und zwar im Hinblick auf das erste Gliedpaar (Sanktion → angenommene Fremdwahrnehmung); in diese Relation werden vermittelnde Prozeßvariable eingefügt (siehe dazu MEYER, BACHMANN, BIERMANN, HEMPELMANN, PLÖGER & SPILLER 1979; MEYER 1978). Anschließend werden drei Experimente dargestellt, in denen ein Teil der beschriebenen Annahmen überprüft wird.

10.1 Annahmen über vermittelnde Prozeßvariable[2]

Diese Annahmen bauen auf zwei empirisch recht gut gesicherten Sachverhalten auf. Der erste betrifft die Beziehung zwischen Sanktionen für Erfolg und Mißerfolg und der wahrgenommenen Verursachung dieser Resultate. In einer Vielzahl von Studien zu diesem Problem wurden Sanktionen als von Ursachenerklärungen abhängige Variable untersucht. Über alle diese Experimente hinweg zeigt sich übereinstimmend, daß positive und negative Sanktionen dann besonders ausgeprägt sind, wenn Erfolg bzw. Mißerfolg mit hoher bzw. geringer Anstrengung in ursächlichen Zusammenhang gebracht werden (LANZETTA & HANNAH 1969; WEINER & KUKLA 1970; ESWARA 1972; KAPLAN & SWANT 1973; REST, NIERENBERG, WEINER & HECKHAUSEN 1973; SIMONS 1974; MEYER, SIMONS & BUTZKAMM 1978). Darüber hinaus lassen auch umgekehrt Sanktionen als *unabhängige* Variable Schlußfolgerungen darüber zu, inwieweit die sanktionierende Person Erfolg und Mißerfolg der sanktionierten Person mit deren Anstrengung in Kausalzusammenhang bringt (MEYER 1978): Haben zwei Personen einen übereinstimmenden Erfolg erzielt und wird die eine Person dafür positiver sanktioniert als die andere, dann kommt man zu der Schlußfolgerung, daß die sanktionierende Person das Resultat der positiver sanktionierten Person mehr mit Anstrengung in ursächlichen Zusammenhang bringt. Ähnliches gilt für Mißerfolg: Haben zwei Personen bei einer Aufgabe den gleichen Mißerfolg erzielt und wird die eine dafür negativer sanktioniert als

---

[2] Die Ausführungen in diesem Abschnitt sind weitgehend aus MEYER (1978) übernommen.

die andere, dann kommt man zu der Schlußfolgerung, daß die sanktionierende Person das Resultat der negativer sanktionierten Person mehr mit mangelnder Anstrengung in Zusammenhang bringt. Wir bezeichnen diesen der Sanktionierung zugrundeliegenden Sachverhalt mit *Fremdbewertungssystem*.[3]

Der zweite unseren Überlegungen zugrundeliegende Sachverhalt betrifft das für eine Aufgabenlösung als notwendig bzw. hinreichend erachtete Ausmaß an Anstrengung in Abhängigkeit von der wahrgenommenen Begabung und der wahrgenommenen Schwierigkeit einer Aufgabe (KUKLA 1972; MEYER 1973, 1976): Wird eine Aufgabe als *leicht* wahrgenommen, dann wird bei sehr hoher Begabung nur geringe Anstrengung als notwendig zur Zielerreichung erachtet; mit abnehmender Begabung nimmt das Ausmaß der für notwendig gehaltenen Anstrengung auf dieser Schwierigkeitsstufe zu bis hin zu extrem niedriger Begabung, wo Anstrengung schließlich selbst bei einer leichten Aufgabe als nutzlos erlebt wird, da auch bei sehr hoher Anstrengung die Lösung der Aufgabe unmöglich erscheint. Wird eine Aufgabe andererseits als *schwer* wahrgenommen, dann wird bei sehr hoher Begabung starke Anstrengung als notwendig zur Zielerreichung erachtet; bei niedriger Begabung wird Anstrengung als nutzlos erlebt. Wir bezeichnen diesen der Anstrengungskalkulation und Anstrengungsregulation zugrundeliegenden Sachverhalt mit *Anstrengungsprinzip*. Wir gehen davon aus, daß die Regulation der *eigenen* Anstrengung unter anderem entsprechend dieser kognitiven Struktur erfolgt (siehe MEYER 1976) und — was in dem hier behandelten Zusammenhang von Bedeutung ist — daß diese Struktur auch bei *anderen* Personen als gegeben und verhaltenswirksam angenommen wird.

Wenn also Sanktionen (aufgrund des Fremdbewertungssystems) Schlußfolgerungen darüber zulassen, inwieweit die sanktionierende Person ein Resultat mit dem Ausmaß der Anstrengung in ursächlichen Zusammenhang bringt, und wenn gleichzeitig bekannt ist, wie schwer die Aufgabe war, dann sind aufgrund des Anstrengungsprinzips weiterhin Schlußfolgerungen darüber möglich, wie die sanktionierende Person die Begabung der sanktionierten Person einschätzt. Diese Schlußfolgerungen werden zunächst für positive Sanktionen bei Erfolg, dann für negative Sanktionen bei Mißerfolg beschrieben.

Positive Sanktionen bei Erfolg. Hat man die Information, daß zwei Personen A und B bei derselben *leichten* Aufgabe ein übereinstimmendes Resultat erzielten, und erfährt A eine positivere kontingente Sanktion als B, dann kommt man aufgrund des Bewertungssystems zu der Schlußfolgerung, daß die

---

[3] Die bislang vorliegenden, in den Vereinigten Staaten, in Deutschland und der Schweiz durchgeführten Untersuchungen zeigen übereinstimmend, daß Anstrengungsattributionen das Sanktionsverhalten am nachhaltigsten beeinflussen. Es ist jedoch davon auszugehen, daß die das Bewertungssystem konstituierenden Determinanten von Sanktionen in gewissem Umfange kulturspezifisch unterschiedlich sind (vgl. SALILI, MAEHR & GILLMORE 1976).

sanktionierende Person den Erfolg von A mehr mit Anstrengung in ursächlichen Zusammenhang bringt als den von B. Da entsprechend dem Anstrengungsprinzip bei leichten Aufgaben mit abnehmender Begabung zunehmend höhere Anstrengung für Erfolg notwendig ist, kommt die schlußfolgernde Person zu der Annahme, daß A weniger begabt ist als B, was auch für die bewertende Person angenommen wird.

Auf gleiche Unterschiede hinsichtlich der Anstrengung und Begabung von A und B wird geschlossen, wenn A bei einer *schweren* Aufgabe eine positivere Sanktion erfährt als B. Allerdings dürfte hier die Begabung von A und B insgesamt als höher angenommen werden; denn entsprechend dem Anstrengungsprinzip tritt Erfolg bei schweren Aufgaben nur dann ein, wenn die Begabung relativ hoch ist.

Negative Sanktionen bei Mißerfolg. Haben zwei Personen A und B bei derselben leichten Aufgabe ein übereinstimmendes Resultat erzielt und erfährt A eine negativere kontigente Sanktion als B, dann kommt man aufgrund des Fremdbewertungssystems zu der Schlußfolgerung, daß die sanktionierende Person den Mißerfolg von A mehr mit mangelnder Anstrengung in ursächlichen Zusammenhang bringt als den von B. Entsprechend dem Anstrengungsprinzip ist geringe Anstrengung eher bei hoher als bei niedriger Begabung Ursache für das Resultat; denn bei sehr niedriger Begabung ist selbst bei sehr hoher Anstrengung Mißerfolg gegeben. Die schlußfolgernde Person kommt daher zu der Annahme, daß A begabter ist als B, was auch für eine bewertende Person angenommen wird. Auf gleich gerichtete Begabungsdifferenzen wird geschlossen, wenn die beiden Personen A und B bei einer *schweren* Aufgabe ein übereinstimmendes Resultat erzielen und entsprechend unterschiedlich sanktioniert werden.

10.2. Empirische Untersuchungen

Ein Teil dieser Voraussagen wurde bereits in einer Serie von Experimenten überprüft (MEYER et al. 1979; MEYER 1978). Die hier berichteten Studien knüpfen daran an. Im Experiment I wird zunächst untersucht, inwieweit das Ausmaß der Anstrengung einer Person bei Aufgaben unterschiedlicher Schwierigkeit Rückschlüsse über deren Begabung zuläßt. Experiment II geht der Frage nach, inwieweit Lob und Tadel (bzw. deren Ausbleiben) für Erfolg und Mißerfolg bei leichten und schweren Aufgaben Informationen darüber liefern, wie die sanktionierende Person die Begabung der sanktionierten Person einschätzt (*Fremd*wahrnehmung der Begabung). Im Experiment III schließlich wird überprüft, ob Lob und Kritik einer anderen Person die *Selbst*wahrnehmung der Begabung beeinflussen.

10.2.1 Experiment I

Wir sind davon ausgegangen, daß Sanktionen aufgrund zweier, sowohl beim Sanktionierenden wie beim Sanktionierten vorhandener Systeme (Fremdbewertungssystem, Anstrengungsprinzip) und unter Einschaltung systembezüglicher Inferenzschritte Informationen darüber liefern, wie eine sanktionierende Person die Begabung der sanktionierten Person einschätzt. Von diesen angenommenen Inferenz-Schritten wurde bislang nur einer überprüft, ob nämlich Lob und Tadel (bzw. deren Ausbleiben) Schlußfolgerungen darüber zulassen, wie die sanktionierende Person die Anstrengung der sanktionierten Person beurteilt (MEYER 1978). Es zeigte sich, daß bei Lob für Erfolg die wahrgenommene Anstrengung höher eingeschätzt wurde als bei Ausbleiben einer Sanktion; im Falle von Tadel für Mißerfolg wurde die wahrgenommene Anstrengung niedriger eingeschätzt als bei Ausbleiben einer Sanktion.

Wir hatten darüber hinaus angenommen, daß die geschlußfolgerte Anstrengung (aufgrund der kognitiven Struktur) weitere Inferenzen über die Begabung der sanktionierten Person zuläßt: Stimmen die Resultate mehrerer Personen bei einer Aufgabe bestimmter Schwierigkeit überein, dann sollte die Begabung derjenigen Person als am geringsten beurteilt werden, deren Anstrengung als am höchsten wahrgenommen wurde (die am positivsten sanktioniert wurde). Auf diesen Sachverhalt hat bereits HEIDER (1958) aufmerksam gemacht.[4]

Wir haben diese vermutete Begabungsinferenz in einem sehr einfachen Experiment überprüft, das mit 90 männlichen Studierenden unterschiedlicher Fachrichtungen durchgeführt wurde. In einem Fragebogen wurde mitgeteilt, daß ein Lehrer in einer Schulklasse ein Blatt mit einer Aufgabe von ganz bestimmter Schwierigkeit zum Bearbeiten austeilt. Weiterhin wurde über einen Schüler mitgeteilt, daß er diese Aufgabe mit einem bestimmten Anstrengungsaufwand in der vom Lehrer vorgegebenen Zeit erfolgreich gelöst hat. Die Versuchspersonen hatten dann auf einer Elf-Punkte-Skala anzugeben, für wie begabt sie diesen Schüler halten. Durch vollständige Kombination von drei Schwierigkeitsstufen der beschriebenen Aufgabe (sehr leicht, mittelschwer, sehr schwer) mit drei Anstrengungsstufen des jeweils geschilderten Schülers (gering, mittel, stark) ergaben sich insgesamt neun Fragebogen-Versionen (Bedingungen), die jeweils zehn Versuchspersonen vorgelegt wurden (unabhän-

---

[4] Nach HEIDER ergeben sich Schlußfolgerungen auf die Fähigkeit (power) einer Person aus der Relation von wahrgenommener Schwierigkeit der bearbeiteten Aufgabe und wahrgenommenem Anstrengungsaufwand: „Fähigkeit=f (Schwierigkeit/Anstrengung). Wenn sich demnach zwei Personen in gleicher Weise anstrengen, dann hat diejenige die größere Fähigkeit, die die schwierigere Aufgabe löst. Diejenige, die sich mehr anstrengen muß, um eine Aufgabe bestimmter Schwierigkeit zu lösen, hat die geringere Fähigkeit" (HEIDER 1958, S. 111).

gige Messungen). Die mittleren Begabungseinschätzungen für die neun Bedingungen sind in der Abbildung 10.1 dargestellt. Wie erwartet, wird mit abnehmender Anstrengung und zunehmender Aufgabenschwierigkeit die Begabung

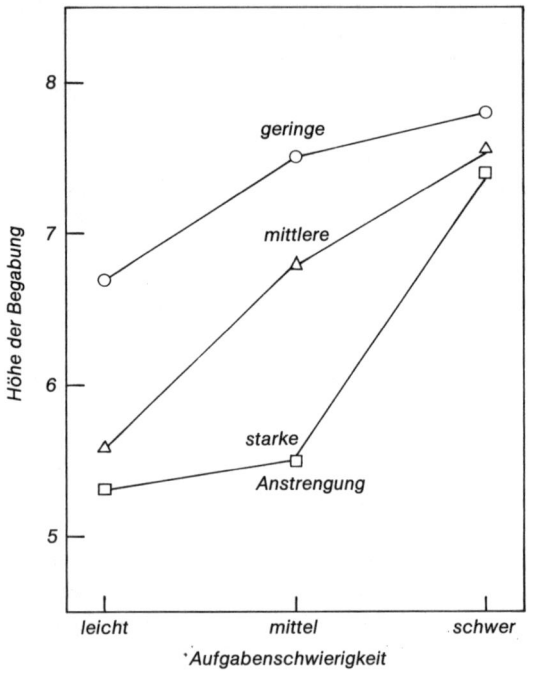

Abb. 10.1: Mittlere Begabungseinschätzungen in Abhängigkeit von Aufgabenschwierigkeit und Anstrengungsaufwand.

als höher eingeschätzt.[5] Die geringsten Unterschiede der Begabungseinschätzung in Abhängigkeit vom Ausmaß der Anstrengung ergeben sich bei der schweren Aufgabe, die größten anstrengungsabhängigen Unterschiede bei der mittelschweren Aufgabe. Insgesamt bestätigen diese Daten einen weiteren Teil unserer Vermutungen über zwischen Sanktionen und angenommener Fremdwahrnehmung der Begabung vermittelnde Prozeßvariable und Prozeßschritte.

---

[5] Eine varianzanalytische Überprüfung ergibt signifikante Haupteffekte der Faktoren Aufgabenschwierigkeit ($F(2,81) = 16.78$; $p < .01$) und Anstrengung ($F(2,81) = 8.90$; $p < .01$). Die Wechselwirkung beider Faktoren ist nicht signifikant ($F(4,81) = 1.51$).

10.2.2 Experiment II

Wenn Sanktionen (aufgrund des Fremdbewertungssystems und entsprechender Inferenzschritte) Informationen darüber liefern, wie die sanktionierende Person den Anstrengungsaufwand der sanktionierten Person einschätzt (MEYER 1978), und wenn die bei einer Aufgabe bestimmter Schwierigkeit aufgewendete Anstrengung (aufgrund des Anstrengungsprinzips und entsprechender Inferenzschritte) Schlußfolgerungen über die Begabung der handelnden Person zuläßt (vgl. Experiment I), dann sollten Sanktionen (die zunächst über den wahrgenommenen Anstrengungsaufwand informieren) auch Informationen darüber liefern, wie die sanktionierende Person die Begabung oder Fähigkeit der sanktionierten Person einschätzt. Wir haben das in einem weiteren Experiment überprüft, das an die Studien von MEYER et al. (1979) und MEYER (1978) anknüpft.

Versuchspersonen waren 40 Lehrerinnen und Lehrer aus verschiedenen Grund- und Hauptschulen, wobei jeweils zehn Lehrern eine von vier in die Untersuchung einbezogenen Fragebogen-Situationen zur Beurteilung vorgelegt wurde. In diesen Fragebögen wurde mitgeteilt, daß zwei Schüler bei einer Aufgabe bestimmter Schwierigkeit ein übereinstimmendes Resultat erzielt haben. Der eine Schüler erfährt daraufhin vom Lehrer eine Sanktion, bei dem anderen Schüler konstatiert der Lehrer lediglich das Resultat. Die vier Fragebogen-Situationen ergaben sich aus der Kombination von zwei Resultatsstufen (Erfolg, Mißerfolg) mit zwei Schwierigkeitsstufen (sehr leicht, sehr schwer) der bearbeiteten Aufgabe.

Im einzelnen wurde folgende Instruktion gegeben, die der des Experimentes 2 bei MEYER (1978) entspricht: „Stellen Sie sich folgende Situation vor: Ein Lehrer schreibt eine Rechenaufgabe an die Tafel. Die Aufgabe ist so leicht, daß sie eigentlich jeder Schüler rechnen kann (so schwer, daß sie nur ganz wenige Schüler lösen können). Die Schüler haben etwas Zeit zum Nachdenken. Sie sollen dann das Ergebnis in ihr Übungsheft schreiben. Nachdem alle Schüler das Ergebnis notiert haben, schaut sich der Lehrer die Hefte von Hans und Klaus an. Beide haben bei dieser sehr leichten (sehr schweren) Rechenaufgabe die richtige (falsche) Zahl in ihr Heft geschrieben." *Neutrales* Lehrer-Verhalten im Falle von Erfolg bzw. Mißerfolg dem einen Schüler gegenüber war „Ja, 32 ist die richtige Zahl" bzw. „Nein, 35 ist nicht richtig". Positive bzw. negative *Sanktion* des Lehrers im Falle von Erfolg bzw. Mißerfolg dem anderen Schüler gegenüber war „Das hast du prima gemacht! Sehr schön!" bzw. „Was hast du denn da gemacht! 35 ist falsch!" Im Anschluß an jede Situationsschilderung war für die beiden Schüler jeweils auf einer Neun-Punkte-Skala anzugeben, für wie begabt der Lehrer sie hält. Fünf Skalenpunkte waren bezeichnet (sehr hoch, hoch, durchschnittlich, gering, sehr gering begabt); zwischen ihnen lag jeweils ein unbezeichneter Skalenpunkt.

Das Vorgehen dieser Studie unterscheidet sich vom Experiment 2 bei MEYER (1978) in zwei Punkten: Zum einen haben die Versuchspersonen nicht alle vier Situationen, sondern nur eine zu beurteilen (unabhängige Messungen);

zum anderen werden hier nicht Studenten, sondern Lehrer als Versuchspersonen herangezogen, da sie mit der im Fragebogen geschilderten Situation vertraut sind.

Die Ergebnisse des Experiments sind in der Tabelle 10.1 zusammengefaßt. Sie bestätigen unsere Vermutungen über den Informationswert von Sanktionen im Hinblick auf Fremdeinschätzungen der Begabung durch eine sanktionierende Person recht deutlich:

Tab. 10.1: **Mittlere Begabungseinschätzungen**[a]**) in Abhängigkeit von Aufgabenschwierigkeit, Resultat (Erfolg, Mißerfolg) und Lehrer-Reaktion (Lob bzw. Tadel als Sanktion, neutral).**

Aufgaben-schwierig-keit	Erfolg		Mißerfolg	
	neutral	Sanktion	neutral	Sanktion
leicht	5.20	3.00	3.70	6.50
schwer	6.40	2.90	3.70	6.00

[a]) Höhere Mittelwerte bedeuten eine höhere Einschätzung der **Begabung**.

Im Falle von Erfolg bei der leichten und der schweren Aufgabe wird derjenige Schüler als vom Lehrer unbegabter wahrgenommen beurteilt, der eine positive Sanktion erfährt. Bei Mißerfolg wird der Schüler mit neutraler Reaktion bei beiden Aufgaben als vom Lehrer unbegabter wahrgenommen beurteilt als der getadelte Schüler.[6] Abweichend von unseren Hypothesen hat allerdings die Aufgabenschwierigkeit in diesem Experiment keinen statistisch bedeutsamen Einfluß auf die Begabungseinschätzung, während in vorauslaufend durchgeführten Studien (MEYER et al. 1979; MEYER 1978) besonders im Falle von Erfolg die Begabung dann höher eingeschätzt wurde, wenn eine schwere als wenn eine leichte Aufgabe bearbeitet wurde. Worauf das davon diskrepante Resultat dieser Untersuchung zurückzuführen ist, läßt sich anhand der vorliegenden Daten nicht entscheiden. Möglicherweise geht es darauf zurück, daß jede Versuchsperson hier nur eine Situation beurteilte, während in den vorherigen Experimenten alle vier Situationen beurteilt wurden, wodurch die Schwierigkeit der Aufgabe thematisiert wurde, die dann als die Begabungswahrnehmung des geschilderten Lehrers beeinflussend nahegelegt wurde.

---

[6] Eine varianzanalytische Überprüfung ergibt einen signifikanten Haupteffekt für den Faktor Resultat ($F(1,36) = 5.43; p < .05$), nicht für die beiden anderen Faktoren (F jeweils < 1). Von den Wechselwirkungen ist lediglich die zwischen Resultat und Sanktion signifikant ($F(1,36) = 33.67; p < .01$).

Zusammenfassend zeigen die Befunde dieses Experiments erneut, daß Sanktionsverhalten im leistungsbezogenen Kontext unter dem Aspekt der Begabungsinformation, den Lob und Tadel (bzw. deren Ausbleiben) liefern, zu betrachten ist. Auch Lehrer als Versuchspersonen schlußfolgern aus unterschiedlichem, im Fragebogen beschriebenem Sanktionsverhalten anderer Lehrer auf zugrundeliegende Begabungsperzeptionen dieser Lehrer.

10.2.3 Experiment III

Man wird allerdings kaum davon ausgehen können, daß Sanktionen stets zu Inferenzen über Begabungswahrnehmungen der sanktionierenden Person Anlaß geben. Wir haben daher im einleitenden Abschnitt dieses Beitrages davon gesprochen, daß Sanktionen *unter bestimmten Bedingungen* in dieser Hinsicht informationshaltig sind. Eine dieser Bedingungen ist sicherlich, daß die sanktionierende Person als jemand wahrgenommen wird, der bereits Annahmen über die Begabung oder Fähigkeit der sanktionierten Person hat entwickeln können. Wir haben diese Bedingung dadurch zu variieren versucht, daß hier — ähnlich wie im Experiment II — eine Schulsituation im Fragebogen vorgestellt wird, wobei in einer Versuchsbedingung mitgeteilt wird, daß die Schüler bei ihrem Lehrer „schon seit langer Zeit Unterricht haben" (Begabungs-Annahmen vorhanden), in einer anderen Versuchsbedingung, daß „ein neuer Lehrer gerade an die Schule gekommen sei", der die Schüler in einem bestimmten Fach unterrichten werde und nun „zum ersten Mal die Klasse betritt" (Begabungs-Annahmen nicht vorhanden). Die Versuchsperson hat sich jeweils vorzustellen, sie selbst werde von dem entsprechenden Lehrer unterrichtet. In beiden Bedingungen wird weiter mitgeteilt, der Lehrer habe eine Anzahl von Aufgaben-Serien unterschiedlicher Schwierigkeit mit in den Unterricht gebracht. Zunächst gibt er allen Schülern zehn sehr leichte Aufgaben zum Bearbeiten. Nach Ablauf der zur Lösung verfügbaren Zeit schaut sich der Lehrer das von der Versuchsperson bearbeitete Blatt und das eines weiteren Schülers an; er stellt fest, daß beide „bei 9 von den 10 Aufgaben die richtige Antwort angekreuzt haben". Der Hälfte der Versuchspersonen in beiden Versuchsbedingungen (vertrauter Lehrer vs. bislang unbekannter Lehrer) wurde mitgeteilt, daß der Lehrer den Mitschüler für dieses Resultat kritisiert („Dieser eine Fehler war doch nicht nötig!") und die Versuchsperson lobt („Das war ganz ausgezeichnet!"); der anderen Hälfte wird mitgeteilt, daß der Mitschüler gelobt, die Versuchsperson kritisiert wird. Durch die vollständige Kombination der Faktoren ‚Vertrautheit mit dem Lehrer' (vertraut vs. unbekannt) und ‚Sanktions-Konstellation' (Mitschüler: Kritik, selbst: Lob vs. Mitschüler: Lob, selbst: Kritik) ergeben sich vier Fragebogenversionen, die jeweils unterschiedlichen Versuchspersonen (insgesamt 40 männlichen Studierenden unterschiedlicher Fachrichtungen) zur Beurteilung vorgelegt wurden.

Abhängige Variable in diesem Experiment waren unter anderem Einschätzungen der *eigenen* Begabung. Als Indikatoren der Begabungseinschätzung wurden Erfolgsvoraussagen für nachfolgend zu bearbeitende Aufgaben herangezogen: Die Versuchspersonen hatten sich vorzustellen, nach Bearbeiten der sehr leichten Aufgaben-Serie weiterhin eine *leichte, mittelschwere, schwere* und *sehr schwere* Serie zu lösen, von denen jede 10 Aufgaben umfaßt. Für jede dieser Serien war anzugeben, ob man glaubt, mehr (positive Werte), gleichviel (Null) oder weniger (negative Werte) Aufgaben als der Mitschüler zu lösen. Darüber hinaus war einzuschätzen, wie sympathisch man selbst und wie sympathisch der Mitschüler dem Lehrer ist. Dafür stand eine Skala zur Verfügung, die von +5 (sehr sympathisch) über 0 bis −5 (sehr unsympathisch) reichte.

Die im Vergleich zum Mitschüler erwartete Anzahl (Differenz) eigener Richtiglösungen für die vier Versuchsbedingungen ist in der Abbildung 10.2 wiedergegeben.[7] In der Bedingung ‚vertrauter Lehrer‘, d. h. wenn er aufgrund der Interaktion mit den Schülern bestimmte Annahmen über deren Begabung hat entwickeln können, erwartet man, dann mehr Aufgaben richtig zu lösen, wenn man selbst kritisiert und der Mitschüler gelobt wird; dagegen erwartet man weniger Aufgaben zu lösen, wenn man selbst gelobt und der Mitschüler kritisiert wird. Dieser Unterschied tritt mit zunehmender Aufgabenschwierigkeit immer deutlicher hervor. Wertet man diese Differenzen der Anzahl erwarteter Richtiglösungen als Indikatoren für Perzeptionen *eigener* Begabung, dann führt offensichtlich — in Übereinstimmung mit unseren Überlegungen — Kritik bei sehr leichten Aufgaben zu Perzeptionen höherer Begabung als Lob.

In der Bedingung ‚unbekannter Lehrer‘ dagegen ergeben sich in Abhängigkeit von unterschiedlichen Sanktionen nur sehr geringe, nicht interpretierbare Unterschiede in der Differenz erwarteter Richtiglösungen. Offensichtlich lassen Sanktionen Inferenzen über Begabungswahrnehmung der sanktionierenden Person nur dann zu und beeinflussen daher auch nur dann die Selbstwahrnehmung der Begabung, wenn die sanktionierende Person solche Begabungsannahmen hat entwickeln können und wenn ihr die Kompetenz zugewiesen wird, die eigene Begabung beurteilen zu können. Ist diese Bedingung nicht gegeben, dann schlußfolgern die Versuchspersonen in diesem Experiment von Lob und Kritik auf unterschiedliche Sympathie des Lehrers. In der Tabelle

---

[7] Eine varianzanalytische Prüfung ergibt signifikante Haupteffekte der Faktoren ‚Aufgabenschwierigkeit‘ ($F(3,138) = 4.59$; $p < .01$) und ‚Sanktionskonstellation‘ ($F(1,46) = 5.50$; $p < .05$); der Effekt des Faktors ‚Vertrautheit mit dem Lehrer‘ ist nicht signifikant ($F < 1$). Signifikant sind weiterhin die zweifachen Wechselwirkungen zwischen ‚Sanktionskonstellation‘ und ‚Vertrautheit mit dem Lehrer‘ ($F(1,46) = 7.19$; $p = .01$) sowie zwischen ‚Aufgabenschwierigkeit‘ und ‚Sanktionskonstellation‘ ($F(3,138) = 5.28$; $p < .01$). Die dreifache Wechselwirkung verfehlt knapp die üblichen statistischen Vertrauensgrenzen ($F(3,138) = 2.36$; $p = .07$).

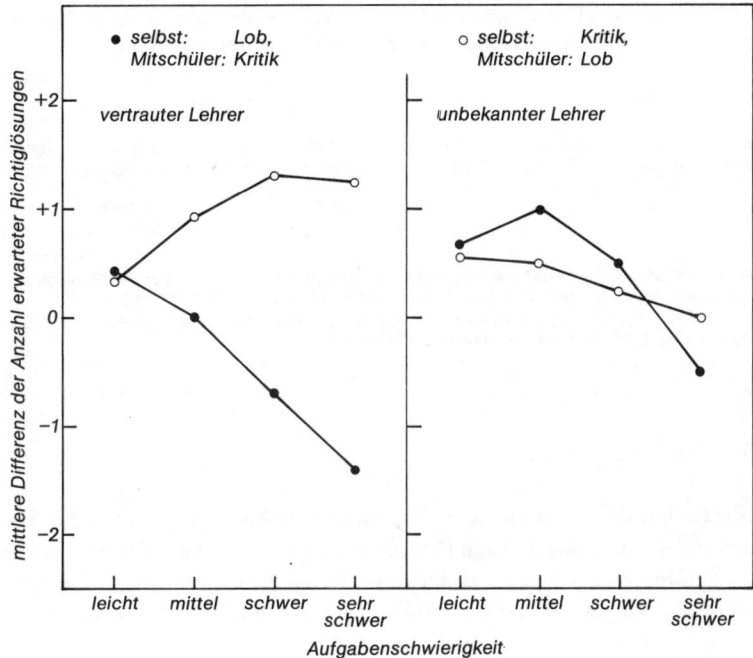

Abb. 10.2: Mittlere Differenzen der Anzahl erwarteter Richtiglösungen bei Aufgaben unterschiedlicher Schwierigkeit in vier Versuchsbedingungen.

10.2 sind die mittleren Differenzen zwischen der wahrgenommenen Sympathie des Lehrers im Hinblick auf die eigene Person und im Hinblick auf den Mitschüler zusammengefaßt. In der Bedingung ‚unbekannter Lehrer' führt Lob gegenüber der eigenen Person und gleichzeitige Kritik gegenüber dem Mitschüler zu der Perzeption, daß man selbst dem Lehrer sympathischer ist; ist die umgekehrte Sanktionskonstellation gegeben, glaubt man, dem Lehrer unsympathischer zu sein als der Mitschüler. In der Bedingung ‚vertrauter Lehrer' dagegen führen unterschiedliche Sanktionen nicht zur Wahrnehmung unterschiedlicher Sympathie des Lehrers.

Zusammenfassend belegen die Befunde dieses Experiments, daß Lob und Kritik die Selbstwahrnehmung der Begabung beeinflussen können, und zwar auch dann, wenn ‚Begabung' im Experiment nicht direkt thematisiert wird, sondern Erfolgsvoraussagen als mehr indirekte Indikatoren der Begabungswahrnehmung herangezogen werden. Darüber hinaus zeigen die Daten, daß Sanktionen nur dann zu Begabungs-Inferenzen führen, wenn der sanktionierenden Person die Kompetenz zugewiesen wird, die eigene Begabung beurteilen zu können.

vertrauter Lehrer		unbekannter Lehrer	
selbst: Lob Mitschüler: Kritik	selbst: Kritik Mitschüler: Lob	selbst: Lob Mitschüler: Kritik	selbst: Kritik Mitschüler: Lob
0.00 (N = 12)	0.41 [b] (N = 17)	2.80 [bc] (N = 10)	−1.58 [c] (N = 12)

[a] Positive Werte geben an, daß man selbst dem Lehrer sympathischer ist als der Mitschüler; negative Werte geben an, daß der Mitschüler dem Lehrer sympathischer ist als man selbst.

[b, c] Mit gleichem Buchstaben gekennzeichnete Mittelwerte unterscheiden sich signifikant (p zumindest kleiner .05 nach t-Test bei zweiseitiger Fragestellung).

10.3 Schlußfolgerungen

Die Ergebnisse der hier berichteten Experimente legen zusammen mit den Befunden anderer Untersuchungen (MEYER et al. 1979; MEYER 1978) eine Reihe von Schlußfolgerungen sowie einige über die vorliegenden Daten hinausgehende Spekulationen nahe, die von theoretischer und praktischer Bedeutsamkeit sein können:

(1) Verbale Sanktionen können — über den direkten semantischen Inhalt der Mitteilung hinaus — Informationen liefern, wie eine sanktionierende Person die Begabung oder den Fähigkeitsstand einer sanktionierten Person einschätzt. Lob (insbesondere für Erfolg bei sehr leichten Aufgaben) kann zu der Perzeption führen, daß die sanktionierende Person die Begabung des Empfängers als niedrig einschätzt. Tadel und Kritik (insbesondere für Mißerfolg bei sehr schweren Aufgaben) kann zu der Perzeption führen, daß die sanktionierende Person die Begabung des Empfängers als hoch einschätzt.

(2) Sanktionen führen nicht in allen Fällen zu solchen Inferenzen über Fremdwahrnehmungen der Begabung. Eine Bedingung für Begabungsinferenzen ist (trivialerweise), daß die sanktionierende Person als jemand wahrgenommen wird, der über solche (richtigen oder falschen) Fremdeinschätzungen der Begabung verfügt. Darüber hinaus gibt es sicherlich eine Vielzahl weiterer Bedingungen. Dazu gehört vermutlich, daß das Sanktionsverhalten einer Person über Resultate, über Schwierigkeitsstufen der bearbeiteten Aufgaben und vor allem über verschiedene Personen variiert, das heißt bei Erfolg und Mißerfolg, bei leichten und schweren Aufgaben und bei verschiedenen Personen unterschiedlich ist. Wenn nämlich Sanktionen resultat-, aufgaben- und personinvariant sind, dann dürfte es naheliegen, Lob bzw. Tadel mit Eigentümlichkeiten der sanktionierenden Person (z. B. deren Freundlichkeit) in ursächli-

chen Zusammenhang zu bringen und nicht mit deren personspezifischen Fremdwahrnehmungen der Begabung (vgl. die von KELLEY [1967, 1973] formulierten Kovariations-Konzepte ‚Distinktheit', ‚Konsistenz' und ‚Konsensus').

Weiterhin gibt es Situationen, in denen (bei als vorhanden angenommenen Fremdwahrnehmungen der Begabung und bei Variation sanktionierenden Verhaltens) Unklarheit besteht, ob Sanktionen indikativ für Begabungsperzeptionen der sanktionierenden Person sind. Wenn beispielsweise eine attraktive Studentin für die richtige Beantwortung einer offensichtlich sehr leichten Frage vom Seminarleiter gelobt wird, dann kann Ungewißheit bestehen, worauf dieses kommentierende Verhalten zurückgeht — ob auf Wahrnehmungen geringer Begabung oder auf eine Vorliebe für attraktive Mädchen. Das heißt: häufig bieten sich mehrere plausible Ursachenfaktoren zur Erklärung von Sanktionen an, so daß die Wahrscheinlichkeit für das Zustandekommen einer Begabungsinferenz herabgesetzt wird.

(3) Sanktionen können die Selbstwahrnehmung der Begabung beeinflussen. Darauf weisen die Befunde des hier berichteten Experiments III hin sowie insbesondere auch die Ergebnisse einer daran anknüpfenden Untersuchung von MEYER, PLÖGER & BACHMANN (in Vorber.). In dieser Labor-Studie bearbeiteten jeweils zwei Versuchspersonen zunächst einen ‚Test' zur Erfassung der ‚visuellen Diskriminations-Fähigkeit', der anschließend vom Versuchsleiter ausgewertet wurde (Begabungs-Annahmen vorhanden), ohne daß die Testergebnisse mitgeteilt wurden. Der Versuchsleiter gab danach zehn sehr leichte Aufgaben derselben Art wie die des Tests zum Lösen, ermittelte wieder die Anzahl richtiger Antworten und teilte den Versuchspersonen dann mit, daß beide (angeblich) neun der zehn Aufgaben richtig gelöst haben. Die eine Versuchsperson wurde für dieses Resultat gelobt, die andere kritisiert. Beiden Versuchsteilnehmern wurde dann mitgeteilt, daß weitere, jeweils zehn Aufgaben umfassende Serien ansteigender Schwierigkeit zu bearbeiten seien. Für jede Serie war anzugeben, wie viele Aufgaben man glaubt, richtig zu lösen. Die Erfolgserwartungen der gelobten Versuchspersonen lagen im Mittel niedriger als die der kritisierten Versuchsteilnehmer, wobei mit zunehmender Aufgabenschwierigkeit die Erwartungsdifferenzen größer wurden. Offensichtlich führten in diesem Experiment Lob und Kritik zu unterschiedlichen Perzeptionen der eigenen Fähigkeit, Diskriminationen vornehmen zu können. Sanktionen beeinflussen aber sicherlich nicht unter allen Bedingungen die Selbstwahrnehmung der Begabung. Erforderlich ist dafür zunächst, daß eine subjektiv valide Inferenz über Fremdwahrnehmungen der sanktionierenden Person im Hinblick auf die eigene Begabung gezogen werden kann. Darüber hinaus ist ein Einfluß von Sanktionen auf die Selbstwahrnehmung nur dann zu vermuten, wenn die Fremdwahrnehmung der eigenen Begabung als zutreffend erlebt wird und wenn Selbstwahrnehmungen der eigenen Begabung für bestimmte

Bereiche entweder noch nicht vorhanden oder aber subjektiv noch nicht völlig valide sind.

(4) Da sich Sanktionen auf die Selbstwahrnehmung der Begabung und daher auf Erwartungen eigenen Erfolgs bzw. Mißerfolgs auswirken, dürften sie Verhalten beeinflussen. Das ist aus einer Reihe von Verhaltensmodellen — insbesondere den sog. Erwartungen × Nutzen Theorien — abzuleiten, in denen Erwartungen des Individuums eine wichtige Rolle bei der Verhaltenssteuerung zugewiesen wird. Lob kann demnach, wenn es zu sehr niedrigen Erfolgserwartungen führt, die Intensität und Ausdauer von aufgabenbezogenem Verhalten beeinträchtigen, Tadel dagegen, wenn er zur Erhöhung von Erfolgserwartungen führt, entgegengesetzte Wirkungen haben.

(5) Solche möglichen Verhaltensauswirkungen von Lob und Tadel erscheinen auf den ersten Blick vielleicht paradox (insbesondere, daß Lob Verhalten beeinträchtigen kann), widersprechen sie doch einer weithin geteilten Alltags-Theorie über die Wirksamkeit von Sanktionen, aber auch klassisch-lerntheoretischen Annahmen über Wirkungen von Lob und Tadel als Bekräftiger. Danach soll insbesondere Lob als positive Bekräftigung die Auftretenswahrscheinlichkeit der sanktionierten Reaktion erhöhen, d.h. Verhalten verstärken. Die hier berichteten Befunde und Überlegungen lassen es jedoch ratsam erscheinen, diese einseitige Sichtweise aufzugeben und die Verhaltenswirksamkeit von Lob und Tadel differenzierter zu betrachten, nämlich auch unter Berücksichtigung des Informationswertes von Sanktionen und den damit verbundenen Konsequenzen für die Selbstwahrnehmung der Begabung.

COOPERSMITH, S. 1967. The antecedents of self-esteem. San Francisco: Freeman.

ESWARA, H. S. 1972. Administration of reward and punishment in relation to ability, effort, and performance. Journal of Social Psychology 87, 139–140.

HEIDER, F. 1958. The psychology of interpersonal relations. New York: Wiley. (Deutsch: Psychologie der interpersonalen Beziehungen. Stuttgart: Klett-Cotta 1977).

JONES, R. G. & WELSH, J. B. 1971. Ability attribution and impression formation in a strategic game: A limiting case of the primacy effect. Journal of Personality and Social Psychology 20, 166–175.

JONES, E. E., ROCK, L., SHAVER, K. G., GOETHALS, G. R. & WARD, L. M. 1968. Pattern of performance and ability attribution: An unexpected primacy effect. Journal of Personality and Social Psychology 10, 317–340.

KAPLAN, R. M. & SWANT, S. G. 1973. Reward characteristics in appraisal of achievement behavior. Representative Research in Social Psychology 4, 11–17.

KELLEY, H. H. 1967. Attribution theory in social psychology. In: LEVINE, D. (Ed.). Nebraska symposium on motivation, 1967. Lincoln: University of Nebraska Press, p. 192–238.

KELLEY, H. H. 1972. Attribution in social interaction. Morristown, N. J.: General Learning Press.

KELLEY, H. H. 1973. The processes of causal attribution. American Psychologist 28, 107–128.

KUKLA, A. 1972. Foundations of an attributional theory of performance. Psychological Review 79, 454–470.

LANZETTA, J. T. & HANNAH, T. E. 1969. Reinforcing behavior of ‚naive‘ trainers. Journal of Personality and Social Psychology 11, 245–252.

MEYER, W.-U. 1973. Leistungsmotiv und Ursachenerklärung von Erfolg und Mißerfolg. Stuttgart: Klett.

MEYER, W.-U. 1976. Leistungsorientiertes Verhalten als Funktion von wahrgenommener eigener Begabung und wahrgenommener Aufgabenschwierigkeit. In: SCHMALT, H.-D. & MEYER, W.-U. (Ed.). Leistungsmotivation und Verhalten. Stuttgart: Klett, p. 101–135.

MEYER, W.-U. 1978. Der Einfluß von Sanktionen auf Begabungsperzeptionen. In: GÖRLITZ, D., MEYER, W.-U. & WEINER, B. (Ed.). Bielefelder Symposium über Attribution. Stuttgart: Klett-Cotta, p. 71–87.

MEYER, W.-U., PLÖGER, F.-O. & BACHMANN, M. Der Einfluß von Sanktionen auf Erwartungen. In Vorbereitung.

MEYER, W.-U., SIMONS, G. & BUTZKAMM, A. 1978. Ursachenerklärungen von Rechennoten: II. Lehrerattribuierungen und Sanktionen. Zeitschrift für Entwicklungspsychologie und Pädagogische Psychologie 10, 169–178.

MEYER, W.-U., BACHMANN, M., BIERMANN, U., HEMPELMANN, M., PLÖGER, F.-O. & SPILLER, H. 1979. The informational value of evaluative behavior: Influences of praise and blame on perceptions of ability. Journal of Educational Psychology (im Druck).

REST, S., NIERENBERG, R., WEINER, B. & HECKHAUSEN, H. 1973. Further evidence concerning the effects of perceptions of effort and ability on achievement evaluation. Journal of Personality and Social Psychology 28, 187–191.

SALILI, F., MAEHR, M. L. & GILLMORE, G. 1976. Achievement and morality: A cross-cultural analysis of causal attribution and evaluation. Journal of Personality and Social Psychology 33, 327–337.

SIMONS, G. 1974. Kausalattribuierung und Sanktionierung. Unveröffentlichte Diplomarbeit. Ruhr-Universität Bochum, Psychologisches Institut.

WEINER, B. & KUKLA, A. 1970. An attributional analysis of achievement motivation. Journal of Personality and Social Psychology 15, 1–20.

11 Bezugsnormen und die Wahrnehmung eigener Tüchtigkeit[1]

FALKO RHEINBERG, Universität Bochum

In diesem Beitrag geht es um einen Teilaspekt leistungsthematischer Selbsteinschätzung, nämlich um den Einfluß, den unterschiedliche Bezugssysteme auf Konzepte eigener Tüchtigkeit haben. Neben der Darstellung eher simpler Bezugsgruppen-Effekte soll es besonders auf die Untersuchung zweier qualitativ verschiedener Perspektiven ankommen, unter der Personen Tüchtigkeiten bei sich (und anderen) wahrnehmen können. Hierbei wird zu zeigen sein, wie diese Perspektiven Konzepte eigener Tüchtigkeit unterschiedlich beeinflussen können.

11.1 Tüchtigkeitswahrnehmungen im sozialen Vergleich: Bezugsgruppen-Effekte

Nach MEYER (1973, 1976) können Personen zu Fähigkeitswahrnehmungen kommen, wenn sie eigene Leistungen mit denen anderer Personen vergleichen (vgl. auch FESTINGER 1954; HEIDER 1958). Voraussetzung dafür ist allerdings, daß Leistungen unter dieser sozialen Vergleichsperspektive über Zeit eine gewisse personengebundene Konstanz aufweisen. Variierende Ereignisse werden nämlich zunächst variablen Ursachen zugeschrieben und erlauben nicht ohne weiteres Rückschlüsse auf zeitstabile Faktoren wie Fähigkeit (HEIDER 1958). Wird die eigene Tüchtigkeit im Leistungsvergleich mit anderen Personen wahrgenommen, so hängt die Höhe selbsteingeschätzter Tüchtigkeit davon ab, was der Person selbst gelingt oder mißlingt und was andere zuwege bringen, mit denen sich die Person vergleicht. Daraus ergibt sich die Vorhersage, daß eine Person ihre Tüchtigkeit höher einschätzt, wenn sie sich in einer leistungsschwächeren Bezugsgruppe befindet, hingegen ihre Tüchtigkeit niedriger einschätzt, wenn sie sich in einer leistungsstärkeren Bezugsgruppe befindet (vergl. PETTIGREW 1967 und SCHWARZER 1979). Voraussetzung dafür ist, daß die jeweilige Bezugsgruppe von der Person als verbindlich wahrgenommen wird.

[1] Die Untersuchungen wurden im Rahmen eines von der Deutschen Forschungsgemeinschaft finanzierten Projekts durchgeführt.

Der so vorhergesagte *Bezugsgruppen-Effekt* ist verschiedentlich untersucht worden. So haben RHEINBERG & ENSTRUP (1977) bei 165 intelligenzmäßig vergleichbar schwachen Schülergruppen Daten zum *Selbstkonzept der Begabung* (SKB[2] von MEYER 1972) erhoben. Von diesen Schülern besuchte ein Teil die Sonderschule, befand sich somit in einer leistungsschwächeren Bezugsgruppe. Der andere Teil besuchte die Regelschule, befand sich somit in einer leistungsstärkeren Bezugsgruppe. Abbildung 11.1 zeigt für beide Schülergruppen die SKB-Werte auf verschiedenen Klassenstufen.

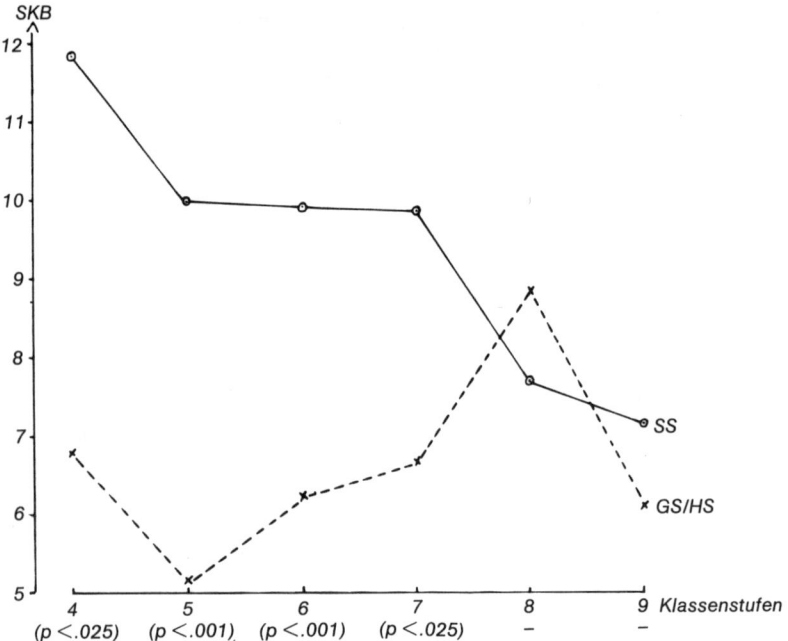

Abb. 11.1: Mittlere Werte im Selbstkonzept der Begabung (SKB) bei vergleichbar intelligenzschwachen Sonderschülern (SS) und Grund- und Hauptschülern (GS/HS) auf verschiedenen Klassenstufen; (nach *Rheinberg & Enstrup* 1977); (N = 165).

Es zeigte sich der erwartete Bezugsgruppen-Effekt. Die Sonderschüler schätzten ihre Tüchtigkeit im SKB signifikant höher ein, als es die intelligenzmäßig vergleichbaren Schüler in der Regelschule taten. Allerdings verschwindet der Effekt auf höheren Klassenstufen. Dabei ist noch unklar, ob sich hier ein entwicklungspsychologisches Phänomen zeigt, denn die Befunde basieren auf altersgestaffelten Querschnittsvergleichen.

---

[2] Der SKB thematisiert Tüchtigkeit überwiegend unter der Perspektive des sozialen Vergleichs.

KRUG & PETERS (1977) haben den Bezugsgruppen-Effekt beim Wechsel von einer leistungsstärkeren in eine leistungsschwächere Bezugsgruppe längsschnittlich untersucht. An 58 vergleichbar intelligenzschwachen Schülern wurden zu drei verschiedenen Zeitpunkten eines Jahres SKB-Daten erhoben. Ein Teil der Schüler war zu Beginn der Untersuchung auf die Sonderschule gekommen, während der andere Teil auf der Regelschule verblieben war. Abbildung 11.2 zeigt bei beiden Gruppen die Entwicklung selbsteingeschätzter Tüchtigkeit.

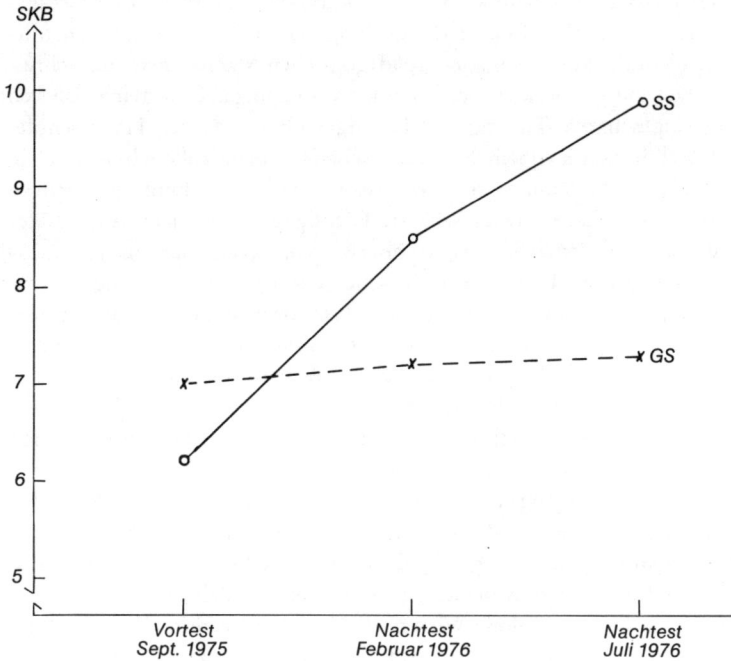

Abb. 11.2: Entwicklung des Selbstkonzepts der Begabung (SKB) von Schülern nach ihrer Sonderschuleinweisung (SS), im Kontrast zur SKB-Entwicklung vergleichbar intelligenzschwacher Grundschüler (GS); (nach Krug & Peters 1977); (N = 58).

Wie zu erwarten, führte der Wechsel in die leistungsschwächere Bezugsgruppe der Sonderschulklasse über Zeit zu einem Anstieg der SKB-Werte. Bei den Schülern hingegen, die in der leistungsstärkeren Bezugsgruppe der Regelschul-Klassen verblieben waren, blieben die SKB-Werte gleich niedrig.

Bemerkenswert scheint, daß dieser Bezugsgruppen-Effekt im Selbstkonzept trotz einer möglichen stigmatisierenden Wirkung des Attributs „Sonderschüler" (KAUFMANN 1966; HOHMEIDER 1975) zustande kommt. Eine Literaturanalyse zu Auswirkungen segregativer Sonderbeschulung (vornehmlich in USA, vgl. KNIEL 1977) zeigt bei ansonsten widersprüchlicher Befundlage durchgängig Effekte in der selbsteingeschätzten Tüchtigkeit, wie sie hier als Bezugsgruppen-Effekte beschrieben sind. Es scheint, daß es sich bei diesem Effekt um ein ausgesprochen stabiles und durchschlagendes Phänomen handelt. Einschränkend ist in Rechnung zu stellen, daß bei den beschriebenen Selbstkonzeptänderungen sicherlich auch die geänderte pädagogische Betreuung eine Rolle spielt, auf die hier nicht näher einzugehen ist.

Andererseits zeigen Befunde von KÖCKEIS-STANGL (1974), daß Bezugsgruppen-Effekte auf allen Ebenen des Bildungssystems auftreten können, mithin nicht allein flankierenden sonderpädagogischen Maßnahmen zuzuschreiben sind. Die Autorin berichtet aus einer Untersuchung in Österreich, daß sich die selbsteingeschätzte Tüchtigkeit[3] künftiger Gymnasiasten, Hauptschüler und Volksschüler stark voneinander unterscheidet, solange alle Schüler noch in Jahrgangsklassen beisammen sind: je anspruchsvoller der künftige Schultyp ist, desto höher ist die selbsteingeschätzte Tüchtigkeit. Werden nun die Schüler auf die drei verschiedenen Schultypen überwiesen, so zeigt sich vier Jahre später, daß der ehemalige Unterschied zwischen der Selbsteinschätzung der drei Schülergruppen verschwindet, ja sich teilweise sogar umkehrt. Dieser Effekt läßt sich darauf zurückführen, daß in der leistungsheterogenen Jahrgangsklasse nahezu das gesamte Tüchtigkeitsspektrum eines Jahrgangs das Bezugssystem für die selbsteingeschätzte Tüchtigkeit bildet, während nach dem Schulwechsel fähigkeitshomogenere Ausschnitte aus dem Gesamtspektrum diese Funktion übernehmen. So konnte sich der angehende Gymnasiast innerhalb der tüchtigkeitsheterogenen Jahrgangsklasse als besonders fähig bzw. begabt wahrnehmen. Innerhalb der neuen Bezugsgruppe aller Gymnasiasten kann er sich durchaus als unfähig und unbegabt wahrnehmen, weil seine jetzigen Mitschüler vielleicht Aufgaben stets besser und schneller lösen als er.

Demnach scheint das bloße Wissen, bereits zu einer besonders leistungsstarken Gruppe der Gesamtschülerschaft (-bevölkerung) zu gehören, die Selbsteinschätzung eigener Tüchtigkeit weniger zu beeinflussen als die tägliche Wahrnehmung der eigenen Position, die man innerhalb dieser Gruppe einnimmt (vgl. SCHWARZER 1979). Ohne diese Annahme ist jedenfalls das Auftreten der Bezugsgruppen-Effekte im Selbstkonzept eigener Tüchtigkeit nicht zu erklären. Analoges gilt für die oben berichteten Effekte bei Gruppen besonders lernschwacher Schüler.

---

[3] Einschätzungen anhand von Items wie „Ich glaube, daß ich sehr tüchtig bin." und „Die meisten Sachen können andere besser als ich."

11.2 Tüchtigkeitswahrnehmungen unter sozialen und individuellen Bezugsnormen

Der dargestellte Bezugsgruppen-Effekt mag innerhalb der Pädagogischen Psychologie vielleicht wichtig sein (s. RHEINBERG & KRUG 1978), für die Selbstkonzept-Forschung bringt er wenig Neues. Genaugenommen ist er lediglich die Bestätigung einer Ableitung aus der hinlänglich bekannten Annahme, daß Personen bei der Einschätzung eigener Tüchtigkeit Ergebnisse sozialer Leistungsvergleiche heranziehen. Interessanter scheint uns deshalb die Frage, ob der soziale Vergleich die einzige Perspektive ist, unter der Personen aus wahrgenommenen Leistungen Rückschlüsse auf ihre Tüchtigkeit ziehen.

11.2.1 Bezugsnormen und Leistungswahrnehmung

Die Frage liegt deshalb nahe, weil zumindest bei der Wahrnehmung von *Leistung* der soziale Vergleich nur *eine* von mehreren Perspektiven bzw. Bezugsnormen ist. Nach der Analyse von HECKHAUSEN (1974) gibt es neben dieser sozialen Bezugsnorm die individuelle, die sachliche und die fremdgesetzte Bezugsnorm. Unter der sozialen Bezugsnorm wird das Ergebnis einer Person verglichen mit Ergebnissen anderer Personen; unter individueller Bezugsnorm wird das jetzt vorliegende Ergebnis einer Person mit dem verglichen, was sie zuvor zuwege gebracht hat; unter sachlichen Bezugsnormen wird ein Ergebnis verglichen mit Anforderungen, die „in der Natur der Sache liegen"; unter fremdgesetzten Bezugsnormen wird ein Ergebnis mit einem Kriterium verglichen, das mehr oder weniger willkürlich von einer verbindlichen Instanz festgelegt werden kann. In der Regel bleiben die Bezugsnormen selbst „unsichtbar". Sie bilden quasi den Hintergrund, vor dem ein Ergebnis erst als Leistung in Erscheinung treten kann — analog zu dem Figur-Grund-Verhältnis bei der visuellen Wahrnehmung. Dabei hängt es von der herangezogenen Bezugsnorm ab, welche Aspekte der Leistung als Figur aufscheinen und wahrnehmbar werden.

11.2.2 Bezugsnormen und Tüchtigkeitswahrnehmung

In letzter Zeit sind Unterschiede zwischen der Leistungswahrnehmung unter sozialen und individuellen Bezugsnormen untersucht worden (RHEINBERG 1977). Es scheint, als könnte einer dieser Unterschiede für die Wahrnehmung eigener *Tüchtigkeit* wichtig werden, und zwar dann, wenn (1) innerhalb einer Personengruppe Tüchtigkeitsunterschiede bestehen und (2) diese Personengruppe sich über Zeit in ihren Ergebnissen insgesamt verbessert (etwa als Folge von Übung) oder verschlechtert (etwa im Zuge von Involutionsprozessen).

Beide Bedingungen scheinen uns ökologisch valide genug, um auf mögliche Selbsteinschätzungseffekte eines bezugsnormspezifischen Unterschieds der Leistungswahrnehmung einzugehen.

Vergleicht man unter *sozialen* Bezugsnormen die Ergebnisse verschiedener Personen, so treten Unterschiede in den Vordergrund, die zu jeweils gleichen Zeitpunkten zwischen verschiedenen Personen bestehen. Es fällt dann besonders auf, wenn eine Person stets bessere oder stets schlechtere Ergebnisse hat als die meisten anderen. Was unter der zeitlichen Querschnittsperspektive sozialer Bezugsnormen jedoch nicht gesehen wird, ist ein gemeinsamer Anstieg oder Abfall in den Ergebnissen der ganzen Gruppe. Anders liegen die Dinge unter *individuellen* Bezugsnormen. Da hier Ergebnisse im zeitlichen Längsschnitt verglichen werden, tritt in den Vordergrund, ob eine Person mehr oder weniger als zuvor in einem Aufgabenfeld schafft oder ob sie gleichbleibt. Was unter der intraindividuellen Längsschnittperspektive jedoch nicht gesehen wird, sind Unterschiede, die zu gleichen Zeitpunkten zwischen verschiedenen Personen bestehen.

Unterstellt man einmal, Tüchtigkeitseinschätzungen würden nicht nur von Leistungswahrnehmungen unter sozialer, sondern auch von Wahrnehmungen unter individueller Bezugsnorm abhängen, so müßten sich gewisse Unterschiede im Tüchtigkeitskonzept ergeben, je nachdem, an welcher der beiden Bezugsnormen sich eine Person orientiert. Die Unterschiede müßten dort besonders deutlich werden, wo je nach Bezugsnorm das gleiche Ergebnis zu entgegengesetzten Leistungswahrnehmungen führt. Dies ist einmal für eine Person der Fall, die innerhalb einer insgesamt besser werdenden Gruppe geringere Zuwächse hat als die anderen Gruppenmitglieder. Dieser Fall tritt häufig im Schul- und Ausbildungsbereich auf. Unter individueller Bezugsnorm sind die Ergebnisse der Person als gute Leistungen wahrzunehmen, weil sie besser als die jeweils vorherigen sind. Unter sozialer Bezugsnorm hingegen sind ihre Ergebnisse schlechte Leistungen, weil sie jeweils schlechter als die der anderen Personen sind. Sofern auch Leistungswahrnehmungen unter individueller Bezugsnorm die Selbsteinschätzung der Person beeinflussen können, ist vorherzusagen, daß diese Person die eigene Tüchtigkeit höher einschätzt, wenn sie ihre Leistungen unter individueller Bezugsnorm wahrnimmt, und niedriger einschätzt, wenn sie ihre Leistung unter sozialer Bezugsnorm wahrnimmt. Der dazu spiegelbildliche Fall ergibt sich bei einer Person, die innerhalb einer sich insgesamt verschlechternden Gruppe noch den geringsten Abfall in ihren Ergebnissen hat.

11.2.3 Erste empirische Befunde

Aus einer Untersuchung von RHEINBERG & PETER (1979) liegen Daten vor, die sich im Hinblick auf den erstgenannten Fall analysieren lassen.

Fragestellung. In dieser Längsschnittstudie sollte untersucht werden, was es für die Entwicklung von Schülern bedeutet, ob für sie Schulleistungen unter sozialen oder unter individuellen Bezugsnormen wahrnehmbar werden. Nach HECKHAUSEN (1974) haben soziale Bezugsnormen aus verschiedenen Gründen ein generelles Übergewicht bei der Wahrnehmung schulischer Leistungen. Hier gilt es allerdings, Unterschiede zwischen Lehrern zu beachten: So gibt es auf der einen Seite Lehrer mit sogenannter sozialer *Bezugsnorm-Orientierung* (BnO), die das Übergewicht sozialer Bezugsnormen noch akzentuieren, weil sie die Ergebnisse ihrer Schüler bevorzugt im sozialen Querschnittvergleich sehen und rückmelden. Auf der anderen Seite gibt es auch Lehrer mit sog. individueller BnO, die dieser Bezugsnorm-Einseitigkeit entgegenwirken, indem sie auch individuelle Bezugsnormen ins Spiel bringen und Ergebnisse des Schülers vor seiner intraindividuellen Leistungsentwicklung sehen und rückmelden (RHEINBERG 1977).

Schüler können also hinsichtlich der Wahrnehmung eigener Leistung – je nach Lehrer – unter situativen Bedingungen stehen, die sich nach Bezugsnormgesichtspunkten unterscheiden. Einmal machen ihnen Leistungsrückmeldungen *inter*individuelle Ergebnisunterschiede deutlich (soziale BnO) und einmal *intra*individuelle Ergebnisunterschiede (individuelle BnO). Da zudem Schüler in ihren schulleistungsbezogenen Tüchtigkeiten über Zeit gewöhnlich zunehmen und es innerhalb einer Schulklasse gewöhnlich einige Schüler gibt, die dabei in ihren Tüchtigkeiten weniger schnell zunehmen als andere, scheinen die Bedingungen für den ersten der beiden oben skizzierten Fälle hinlänglich gegeben. Mithin müßte sich hier prüfen lassen, inwieweit auch Leistungswahrnehmungen unter individuellen Bezugsnormen die Selbsteinschätzung eigener Tüchtigkeit beeinflussen können. Sollte letzteres der Fall sein, dann müßten relativ leistungsschwache Schüler bei Lehrern mit individueller BnO ihre eigene Tüchtigkeit höher einschätzen als entsprechende Schüler bei Lehrern mit sozialer BnO.

Methode. In der Untersuchung beobachteten wir 193 Hauptschüler der 5. Klassenstufe über ein Jahr hinweg. Zu Schuljahresbeginn waren diese Klassen neu zusammengesetzt worden. Vier Klassen (106 Schüler) hatten dabei einen Lehrer mit sozialer BnO, vier Klassen (91 Schüler) einen Lehrer mit individueller BnO erhalten. Innerhalb jeder Klasse wurden die Schüler danach unterschieden, ob sie zum unteren, mittleren oder oberen Intelligenzdrittel (nach HORN 1969) gehörten. Letzteres galt als Schätzung für das Ausmaß, in dem Schüler, relativ zu ihren Mitschülern in der Klasse, über Zeit Tüchtigkeitszuwachs haben würden. Im Hinblick auf den zu untersuchenden Fall interessiert hier das untere Intelligenzterzil.

Zur selbsteingeschätzten Tüchtigkeit liegen drei verschiedene Maße vor: (1) Selbstkonzept der Begabung (SKB von MEYER 1972). Wie schon erwähnt, erfaßt dieser Fragebogen eine eher generalisierte Einschätzung eigener intellektueller Potenz, wobei in einigen Items soziale Vergleiche direkt angesprochen sind; (2) Konzept mangelnder eigener Fähigkeiten und Initiation von Handlungen zur Abwendung von Mißerfolg (FM-1 des LM-Gitters von SCHMALT 1976). Dieses semiprojektive Verfahren ist für die Selbstkonzept-Forschung insofern besonders interessant, als hier die Selbsteinschätzung bereits in Verknüpfung mit spezifischen Handlungstendenzen erfaßt wird.[4] (3) Wahrgenommene eigene Könnensentwicklung (WeKe). Für dieses (schul-)bereichsspezifische Maß gab die Versuchsperson bezüglich der Fächer ihres Lehrers auf einer Fünf-Punkte-Skala an, wie groß ihr jetziges Können gemessen an dem des Vorjahres sei. Die Angaben wurden pro Schüler über Fächer ungewichtet zum Kennwert WeKe gemittelt.

Somit erhielten wir Selbsteinschätzungen zu einem eher abstrakten, generalisierten Potenzkonzept (SKB), zu einem eher handlungs- und erlebnisnahen (Un-)Fähigkeitseindruck (FM-1) und zu einem eher spezifischen und konkreten Können (WeKe). Die drei Maße zur selbsteingeschätzten Tüchtigkeit erwiesen sich als nahezu unabhängig voneinander! So hatte der SKB mit dem FM-1 nur 0,5 Prozent gemeinsame Varianz und mit dem WeKe nur 0,7 Prozent. Allenfalls lassen 4 Prozent gemeinsame Varianz zwischen FM-1 und WeKe ein Stück Gemeinsamkeit erahnen. Mögliche Folgerungen für die Messung von Selbstkonzepten sind an dieser Stelle nicht zu diskutieren (siehe hierzu Kapitel 7 und 8 in diesem Band).

Befunde. Die *SKB-Werte*[5] wurden nach BnO des Lehrers, Intelligenzterzil des Schülers und Meßzeitpunkt in einem $2 \times 3 \times 2$-Plan mit Meßwiederholung auf dem letzten Faktor (step-down F) varianzanalytisch ausgewertet. Es zeigte sich ein Haupteffekt des Intelligenzterzils[6]: Die SKB-Werte nahmen vom unteren über das mittlere zum oberen Terzil zu beiden Meßzeitpunkten zu. Ansonsten traten weder Haupt- noch Wechselwirkungseffekte auf. Danach scheint die so erfaßte selbsteingeschätzte Tüchtigkeit vornehmlich von sozialen Leistungsvergleichen innerhalb der Klasse abhängig zu sein, bei denen au-

---

[4] Damit trifft dieses Verfahren der Vorwurf weniger hart, der Person würde bei der üblichen Selbstkonzept-Messung die Dimensionalität eigenschaftstheoretischer Persönlichkeitsforscher implantiert, innerhalb derer sie sich dann (mehr oder minder rätselnd) multipel allokieren müssen, ohne daß so getroffene Selbsteinschätzungen mit dem tatsächlichen Erleben und Handeln der Person in nennenswerter Beziehung ständen.

[5] SKB und FM-1 wurden zu Beginn und zu Ende des Schuljahres, WeKe nur am Ende des Schuljahres erhoben.

[6] p. < .01

244

genfällig wird, ob man dauerhaft das nicht kann, was die anderen schaffen, bzw. ob man stets das noch meistert, was den anderen mißlingt. Dabei scheint es keine Rolle zu spielen, welche Bezugsnorm über die BnO des Lehrers situativ nahegelegt ist (da ansonsten ein Haupteffekt der BnO, zumindest aber eine Wechselwirkung zwischen BnO und Intelligenzterzil hätte nachweisbar sein müssen).

Das *FM-1-Maß*, also das Konzept mangelnder eigener Fähigkeit und Initiation von Handlungen zur Abwendung von Mißerfolg, wurde im gleichen Plan wie die SKB-Werte analysiert. Abb. 11.3 zeigt die Ergebnisse.

Anders als beim SKB zeigt sich hier ein Haupteffekt der BnO[7]: Gemessen am FM-1-Wert ist nach einem Jahr die selbsteingeschätzte Tüchtigkeit derjenigen

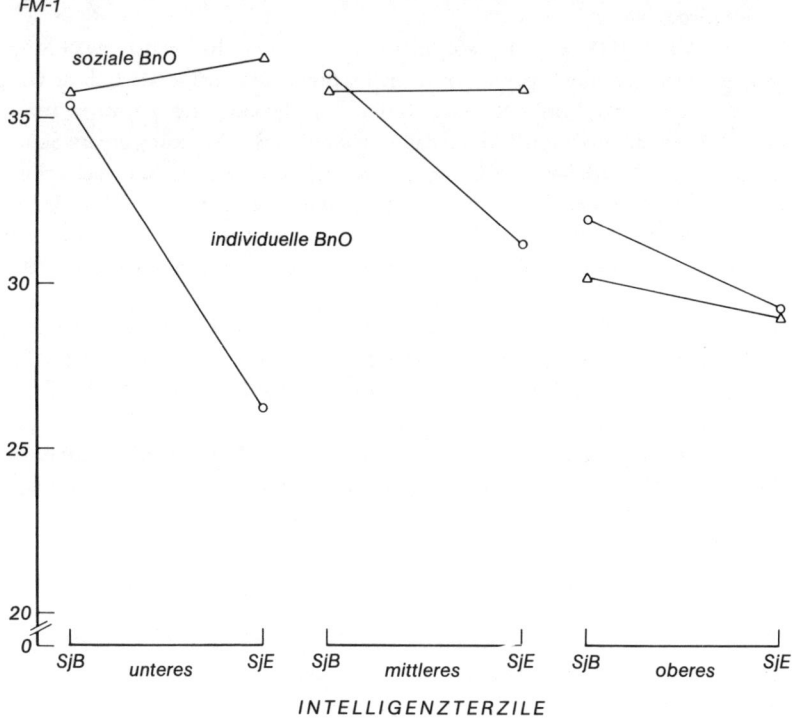

Abb. 11.3: Entwicklungen im Konzept mangelnder eigener Fähigkeit (FM-1) verschieden intelligenter Schülergruppen unter sozialer und individueller Bezugsnorm (BnO) des Lehrers zwischen Schuljahresbeginn (SjB) und Schuljahresende (SjE); (nach *Rheinberg & Peter* 1978); (N = 197).

---

[7] $p < .05$ nach step-down F

Schüler positiver bzw. weniger negativ geworden, denen ihre Leistungen unter individuellen Bezugsnormen wahrnehmbar sind. Zudem hat sich im Verlaufe des Jahres die erwartete Wechselwirkung mit dem Intelligenzterzil herausgebildet[8]: Die Unterschiede in den Selbstkonzept-Entwicklungen unter verschiedener BnO sind im unteren Intelligenzterzil besonders deutlich ausgeprägt. Selbsteingeschätzte Tüchtigkeit (im Sinne des FM-1-Maßes) ist danach sensibel für unterschiedliche Bezugsnormen, was sich erwartungsgemäß besonders dort zeigt, wo je nach Bezugsnorm entgegengerichtete Leistungswahrnehmungen gemacht werden.

Ein leichter Effekt des Intelligenzterzils[9] im ersten Meßzeitpunkt deutet an, daß zuvor die Schüler insgesamt wohl eher unter sozialen Bezugsnormen gestanden haben werden, was den Annahmen HECKHAUSENS (1974) entsprechen würde.

Das *WeKe-Maß*, also die wahrgenommene eigene Könnensentwicklung, zeigt eine noch andere Ergebnisstruktur. Da hier keine Meßwiederholung vorlag, wurde nur nach BnO × Leistungsterzil analysiert. Hierbei waren *beide* Haupteffekte abzusichern[10], ohne daß sich eine Wechselwirkung ergab. Schüler des oberen Intelligenzterzils nehmen bei sich mehr Könnenszuwachs wahr als die des mittleren und diese wiederum mehr als die des unteren Terzils. Auf dieses bereichsspezifische Maß für selbsteingeschätzte Tüchtigkeit nehmen demnach unter beiden BnO-Bedingungen Leistungswahrnehmungen unter sozialen Bezugsnormen Einfluß. Andererseits zeigt der Haupteffekt der BnO, daß auch dieses Tüchtigkeitsmaß sensibel ist für Bezugsnorm-Unterschiede, denn Schüler unter individueller BnO nehmen bei sich insgesamt größeren Könnenszuwachs wahr als Schüler unter sozialer BnO. Die fehlende Wechselwirkung verweist darauf, daß dieser BnO-abhängige Unterschied auf allen Intelligenzterzilen gleichermaßen auftritt. Er zeigt sich also nicht nur im unteren Intelligenzterzil, wo er am leichtesten nachweislich sein sollte, wenn Leistungswahrnehmungen unter individuellen Bezugsnormen die Selbsteinschätzung der Tüchtigkeit beeinflussen.

Diskussion. Wir sind weit davon entfernt, diese komplexe Befundstruktur erschöpfend erklären zu können. Im Hinblick auf die Fragestellung legen die Befunde den Schluß nahe, daß die Einschätzung der eigenen Tüchtigkeit von Leistungswahrnehmungen unter sozialer wie individueller Bezugsnorm beeinflußt werden kann, wobei letzteres nicht für alle Maße gilt, mit denen die Selbsteinschätzung erhoben wurde. Diese Einschränkung trifft in besonderer Weise auf das Selbstkonzept der Begabung (SKB) zu. Hier schlagen sich inter-

---

[8] p < .05 nach step-down F
[9] p < .10
[10] p < .01

individuelle Leistungsunterschiede nieder, wobei es keine Rolle zu spielen scheint, ob Leistungswahrnehmung unter sozialen oder individuellen Bezugsnormen nahegelegt ist.

Für die Bedingung „individuelle BnO" ist zunächst zu erklären, inwieweit soziale Leistungsunterschiede überhaupt so wahrnehmbar sind, daß sie sich in unterschiedlichen Selbsteinschätzungen niederschlagen können. Hierzu ist einmal das generelle Übergewicht sozialer Bezugsnormen bei der Wahrnehmung von Schulleistung (HECKHAUSEN 1974) in Rechnung zu stellen. Selbst bei Lehrern mit hoher individueller BnO sind soziale Bezugsnormen zwar abgeschwächt, aber keineswegs völlig außer Kraft (RHEINBERG 1977). Weiter ist zu beachten, daß nicht nur der Lehrer, sondern auch Schüler von sich aus Leistungen vergleichen, wobei auf dem Entwicklungsstand unserer Stichprobe soziale Bezugsnormen noch dominieren dürften (VEROFF 1969; HECKHAUSEN 1972; RHEINBERG, LÜHRMANN & WAGNER 1977). Deshalb dürften auch unter individueller BnO interindividuelle Leistungsunterschiede ihren Niederschlag im Selbstkonzept der Schüler finden (vgl. KRUG 1979).

Es bedarf andererseits der Erklärung, warum auf das SKB-Maß individuelle Bezugsnormen bei der Leistungswahrnehmung offenbar ohne Einfluß geblieben sind. Man könnte dies den Itemformulierungen zuschreiben, die zum großen Teil soziale Vergleiche direkt ansprechen; dann wäre es aber trivial, wenn sich in diesem Maß nur Tüchtigkeitsunterschiede unter sozialen Bezugsnormen niederschlagen. Vermutlich trifft diese einfache Erklärung aber nicht zu. Die gleichen Berechnungen sind nämlich mit zwei SKB-Unterskores gemacht worden, die sich als hoch korreliert erwiesen: Ein Unterskore wurde aus SKB-Items gebildet, in denen der soziale Vergleich explizit angesprochen ist, der andere umfaßte die restlichen bezugsnorm-unspezifischen Items. In beiden Fällen führte die Varianzanalyse zum gleichen Befund wie bei Verwendung des SKB-Gesamtskores. Damit wird es unwahrscheinlich, daß die Befunde allein der Besonderheit der Itemformulierung zuzuschreiben sind.

Man kann nun vermuten, daß diese Koppelung an soziale Bezugsnormen vielleicht in Besonderheiten des „naiven" Konzepts, nämlich im Begabungskonzept selbst liegt (vgl. JOPT 1978). So wurde in diesem Beitrag beispielsweise nicht ohne Grund von Tüchtigkeit statt von Begabung gesprochen. Damit sollten die verschiedenartigen Komponenten geistiger Fähigkeiten umfaßt werden, was mit dem engeren Begabungsbegriff nicht möglich gewesen wäre, weil seine Restriktionen nur einen Teil aller Facetten geistiger Tüchtigkeit als semantisch korrekt zugelassen hätten. Wie schon die geringen (bzw. fehlenden) Überschneidungen zwischen den drei Tüchtigkeitsmaßen vermuten ließen, greift man selbst innerhalb eines gleichthematischen Selbstkonzeptsegments offenbar recht unterschiedliche Dinge ab, wenn man mit seinen Instrumenten auf unterschiedlich konkrete bzw. abstrakte, handlungsfernere oder -nähere

Konzepte zielt. Damit könnte im Fall des eher abstrakten, auf intellektuelle Potenz zielenden Begabungskonzepts möglicherweise eine feste „naive" Koppelung an soziale Bezugsnormen bestehen, ohne daß dies bei anderen Konzepten geistiger Tüchtigkeit auch so sein muß. Attributionsbefunde von RHEINBERG (1977) und LIEBHART (1977) stützen jedenfalls für die Fremdperspektive die Annahme einer Koppelung zwischen dem Begabungskonzept und der sozialen Bezugsnorm. Demnach würde interessanterweise die operationale Intelligenzdefinition, die ja Intelligenzunterschiede unter sozialen Bezugsnormen beschreibt, in Übereinstimmung sein mit dem „naiven" Konzept einer abstrakten geistigen Potenz, die sich an bestimmten Leistungsunterschieden im sozialen Vergleich ablesen läßt.

Im Unterschied zu diesem Konzept wären dann handlungsnähere und konkretere Tüchtigkeitskonzepte (wie sie hier über das FM-1- und WeKe-Maß erfaßt werden) weniger strikt mit sozialen Bezugsnormen verkoppelt. Bei ihnen machte es dann etwas aus, ob die Leistungsrückmeldungen der Person die Wahrnehmung erlauben, daß sie Dinge zunehmend besser kann, oder ob ihr statt dessen nur die interindividuellen Unterschiede dieses Tüchtigkeitszuwachses gewahr werden. Damit wäre das „naive" Konzept geistiger Tüchtigkeit funktional unterschieden von dem „naiven" Konzept der Begabung, und für beide könnten dann auch unterschiedliche Prinzipien gelten.

Diese Überlegungen führen jedoch in ein Dilemma im Hinblick auf die Handlungsrelevanz von Selbstkonzepten, denn es wird eine Dissoziation abstrakterer von konkreteren und handlungsnäheren Selbstkonstrukten unterstellt. Für erstere gilt etwas anderes als für letztere, wobei die fehlenden Interkorrelationen (siehe oben) sogar zeigen würden, daß es sich dabei nicht bloß um periphere Unterschiede handeln kann. Wollte man an dieser Dissoziation theoretisch festhalten, so wäre nach dem verhaltensprognostischen Nutzen einer Selbstkonzept-Forschung zu fragen, die sich mit der Erfassung von Selbstdefinitionen in abstrakten Eigenschaftsbegriffen abgibt. Weiter würden auch theoretische Modelle fragwürdig, die über lange Hypothesenketten mehr oder weniger strikte Beziehungen zwischen solchen abstrakten Selbstdefinitionen und Verhalten beschreiben. Solche Ansätze scheinen doch nur dann sinnvoll, wenn man zumindest theoretisch noch von einer gewissen Assoziation gleichthematischer Selbstdefinitionen auf verschiedenen Selbstkonzeptebenen ausgehen kann.

Ausblick. Das Dilemma, in das die Überlegungen zu der Befundstruktur geführt haben, ist möglicherweise nicht zwingend. Schließlich ist auch eine ganz andere Interpretation möglich, nämlich, daß die Konzepte, auf die die verschiedenen Maße zielen, unterschiedlich zeitstabil, mithin verschieden resistent gegen verschiedenartige situative Einflüsse sind. Danach wären in Übereinstimmung mit HEIDER (1958) die eher konkreten Könnenswahrnehmungen

(WeKe-Maß) zeitvariabler und könnten so am ehesten auf situative Bezugsnorm-Unterschiede ansprechen. In Übereinstimmung damit haben BnO-abhängige Unterschiede in der Selbsteinschätzung nicht nur das besonders sensible untere, sondern bereits alle Intelligenzterzile erfaßt. Das Erleben eigener Untüchtigkeit (FM-1-Maß) wäre dann etwas zeitstabiler, was sich daran zeigt, daß sich besonders im bezugsnormsensiblen unteren Intelligenzterzil die vorhergesagten Unterschiede zeigen, wobei BnO-abhängige Unterschiede auch auf das mittlere Terzil überzugreifen beginnen. In Übereinstimmung mit HEIDER (1958) wäre dann die Selbsteinschätzung im Hinblick auf das abstraktere Begabungskonzept schließlich besonders zeitstabil, mithin so resistent, daß über den Untersuchungszeitraum von einem Jahr selbst beim bezugsnormsensiblen unteren Intelligenzterzil noch keine unterschiedlichen Entwicklungen nachweisbar werden. Daß sich jedoch hier auf Dauer situative Bezugsnorm-Unterschiede zeigen werden, lassen BnO-abhängige Attribuierungsunterschiede vermuten, die zwischen den beiden Schülergruppen dieser Untersuchung gefunden wurden. Die Schüler unter sozialer BnO bringen schulischen Mißerfolg nämlich eher mit stabilen Fähigkeitsdefiziten in Zusammenhang als die Schüler unter individueller BnO. Da in der Begabungsattribuierung bei Erfolg jedoch keine Unterschiede auftreten, steht zu erwarten, daß auf Dauer bei jeweils vergleichbaren Erfolgs-Mißerfolgs-Quoten das Begabungskonzept zumindest einiger Schüler unter sozialer BnO schlechter wird als bei vergleichbaren Schülern unter individueller BnO.

Dieser noch spekulative Interpretationsansatz über die unterschiedliche Trägheit verschiedener tüchtigkeitsthematischer Selbstkonzept-Maße wird sich voraussichtlich prüfen lassen, da ein Teil der Stichprobe noch weiter verfolgt werden kann. Man darf sich dann Aufschluß erhoffen über die Verkettung verschiedener Ebenen im Konzept eigener Tüchtigkeit. Vielleicht wird man aber auch die vorgeschlagene Alternativinterpretation akzeptieren müssen, wonach die teils subtilen Verkettungssequenzen (wie sie in einigen kognitiven Handlungstheorien hypostasiert werden) wegen der fehlenden Assoziation verschiedener Selbstkonzept-Ebenen fragwürdig sind. Dann wäre man gut beraten, sich zunächst wieder phänomennäher und bescheidener auszurichten und statt ganzer Register von Selbstkonzept-Dimensionen selbstbezogene Kognitionen zum Untersuchungsgegenstand zu machen, wie es beispielsweise HECKHAUSEN (1977) vorschlägt.

Unabhängig davon steht im Hinblick auf die Beziehung zwischen selbsteingeschätzter Tüchtigkeit und Bezugsnorm noch die Untersuchung des zweiten Falls aus, daß nämlich innerhalb einer insgesamt untüchtiger werdenden Personengruppe einige Personen weniger Tüchtigkeitsverluste hinnehmen müssen als die meisten anderen. Hier müßten dann Effekte umschlagen und die intraindividuelle Längsschnittperspektive individueller Bezugsnormen die

Einschätzung eigener Tüchtigkeit ungünstiger beeinflussen als die Altersquerschnitts-Perspektive unter sozialen Bezugsnormen. Dies scheint uns eine lohnende Fragestellung für Untersuchungen zu Selbstkonzeptentwicklungen im Verlauf von Alternsprozessen.

Schließlich ist noch auf ein weiteres Feld bezugsnormspezifischer Fragestellungen der Selbstkonzeptforschung hinzuweisen. Die hier angestellten Überlegungen zum Verhältnis von Bezugsnormen und Selbsteinschätzung sind von situativ gegebenen Unterschieden der Leistungswahrnehmung ausgegangen. Dieser Ansatz läßt sich bereichern, wenn man hinzunimmt, daß sich Personen danach unterscheiden lassen, an welcher Bezugsnorm sie sich bevorzugt orientieren (RHEINBERG 1977). Hier lassen sich die gleichen Vorhersagen treffen, nur daß diesmal die jeweilige Bezugsnorm-Orientierung nicht situativ nahegelegt, sondern von personspezifischen Wahrnehmungsweisen abhängig ist. Zudem lassen sich dann komplexe Wechselwirkungen zwischen bezugsnormspezifischen Situations- und Personunterschieden untersuchen.

11.3 Zusammenfassung

In diesem Beitrag wurde die Rolle von Bezugssystemen für die selbsteingeschätzte Tüchtigkeit untersucht. Zunächst wurden einfache Bezugsgruppen-Effekte dargestellt, wonach Personen in leistungsschwächeren Bezugsgruppen sich für begabter halten als in leistungsstärkeren Bezugsgruppen. Dann wurde die Frage untersucht, ob Tüchtigkeitseinschätzungen allein von sozialen Vergleichen oder auch von intraindividuellen Längsschnittvergleichen beeinflußt werden. Letzteres scheint nach den Ergebnissen einer Längsschnittstudie der Fall zu sein — abhängig davon, welches Maß für selbsteingeschätzte Tüchtigkeit herangezogen wird. Die unterschiedliche Befundstruktur bei den verschiedenen Maßen ist noch nicht eindeutig interpretierbar. Sie kann entweder einer grundlegenden Dissoziation verschiedener Selbstkonzept-Ebenen zugeschrieben werden, (was zu theoretischen Folgeproblemen führt) oder einer unterschiedlichen Stabilität einzelner Tüchtigkeitsmaße (was wahrscheinlicher scheint). Abschließend wird auf weitere bezugsnormspezifische Forschungsfragen hingewiesen.

FESTINGER, L. 1954. Motivations leading to social behavior. In: JONES, M. R. (Ed.) Nebraska symposium on motivation.
HECKHAUSEN, H. 1972. Die Interaktion der Sozialisationsvariablen in der Genese des Leistungsmotivs. In: GRAUMANN, C. F. (Ed.) Handbuch der Psychologie. Band 7. Sozialpsychologie. 2. Halbband. Göttingen: Hogrefe. p. 955–1019.
HECKHAUSEN, H. 1974. Leistung und Chancengleichheit. Göttingen: Hogrefe.

HECKHAUSEN, H. 1977. Darstellung eines DFG-Forschungsvorhabens. Bochum: Psychologisches Institut der Ruhr-Universität Bochum.

HEIDER, F. 1958. Psychology of interpersonal relations. New York: Wiley (Deutsch: Psychologie der interpersonalen Beziehungen. Stuttgart: Klett-Cotta 1977).

HOHMEIDER, J. 1975. Stigmatisierung in der Schule. In: BRUSTEN, M. & HOHMEIDER, J. (Ed.) Stigmatisierung. Neuwied: Luchterhand.

HORN, W. 1969. Prüfsystem für Schul- und Bildungsberatung (PSB). Göttingen: Hogrefe.

JOPT, U. 1978. Selbstkonzept und Ursachenerklärung in der Schule. Bochum: Kamp-Verlag.

KAUFMANN, J. 1966. Volks- und Sonderschule im Spiegel der Antworten von 362 lernbehinderten Sonderschülern. Praxis der Kinderpsychologie 15, 252–260.

KNIEL, A. 1977. Die Schule für Lernbehinderte und ihre Alternativen. Bochum: Pädagogisches Institut der Ruhr-Universität Bochum (Dissertation).

KÖCKEIS-STANGL, E. 1974. Der Stellenwert von Selbstwertgefühlen im schulischen Sozialisationsprozeß. In: TACK, W. H. (Ed.) Bericht über den 29. Kongreß der Deutschen Gesellschaft für Psychologie Salzburg 1974. Göttingen: Hogrefe. p. 107–108.

KRUG, S. 1979. Lehrererwartung und Schülerattribuierungen (in Vorbereitung).

KRUG, S. & PETERS, J. 1977. Persönlichkeitsänderung nach Sonderschuleinweisung. Zeitschrift für Entwicklungspsychologie und Pädagogische Psychologie 9, 94–102.

LIEBHART, E. H. 1977. Fähigkeit und Anstrengung im Lehrerurteil: Der Einfluß intervs. intraindividueller Perspektive. Zeitschrift für Entwicklungspsychologie und Pädagogische Psychologie 9, 94–102.

MEYER, W.-U. 1972. Überlegungen zur Konstruktion eines Fragebogens zur Erfassung von Selbstkonzepten der Begabung. Bochum: Psychologisches Institut der Ruhr-Universität Bochum (Unveröffentlichtes Manuskript).

MEYER, W.-U- 1973. Leistungsmotiv und Ursachenerklärung von Erfolg und Mißerfolg. Stuttgart: Klett.

MEYER W.-U. 1976. Leistungsorientiertes Verhalten als Funktion wahrgenommener eigener Begabung und wahrgenommener Aufgabenschwierigkeit. In: SCHMALT, H.-D. & MEYER, W.-U. (Ed.) Leistungsmotivation und Verhalten. Stuttgart: Klett. p. 101–135.

PETTIGREW, T.F. 1967. Social evaluation theory. Nebraska Symposium on Motivation 241–311.

RHEINBERG, F. 1977. Soziale und individuelle Bezugsnorm. Zwei motivierungsbedeutsame Sichtweisen bei der Beurteilung von Schülerleistungen. Bochum: Psychologisches Institut der Ruhr-Universität Bochum (Dissertation).

RHEINBERG, F., LÜHRMANN, J. & WAGNER, H. 1977. Bezugsnorm-Orientierung von Schülern der 5.–13. Klasse bei der Leistungsbeurteilung. Zeitschrift für Entwicklungspsychologie und Pädagogische Psychologie 9, 90–93.

RHEINBERG, F. & ENSTRUP, B. 1977. Selbstkonzept der Begabung bei Normal- und Sonderschülern gleicher Intelligenz: Ein Bezugsgruppen-Effekt. Zeitschrift für Entwicklungspsychologie und Pädagogische Psychologie 9, 171–180.

RHEINBERG, F. & KRUG, S. 1978. Innere und äußere Differenzierung, Motivation und Bezugsnorm-Orientierung. In: KLAUER, K. J. & KORNADT, H. J. (Ed.). Jahrbuch für Empirische Erziehungswissenschaft. Düsseldorf: Schwann. p. 165–195.

RHEINBERG, F. & PETER, R. 1979. Lehrerunterschiede und die Entwicklung von Schülern. Eine Längsschnittstudie zu motivationalen Auswirkungen verschiedener Bezugsnorm-Orientierungen. Bochum: Psychologisches Institut der Ruhr-Universität Bochum (DFG-Forschungsbericht III, in Vorbereitung).

SCHMALT, H.-D. 1976. Das LM-Gitter. Ein objektives Verfahren zur Messung des Leistungsmotivs — Handanweisung. Göttingen: Hogrefe.

SCHWARZER, R. 1979. Bezugsgruppeneffekte in schulischen Umwelten. Zeitschrift für Empirische Pädagogik (im Druck).

VEROFF, J. 1969. Social comparison and the development of achievement motivation. In: SMITH, C. P. (Ed.) Achievement related motives in children. New York: Russell Sage Foundation. p. 46–101.

12 Berufliche Entwicklung und Selbstkonzepte

REINHOLD SCHELLER & FRIEDRICH E. HEIL, Universität Trier

Die Ergebnisse vielfältiger Forschungsaktivitäten zur Selbstkonzeptthematik laufen darauf hinaus, daß in der Tat das Bild eines Individuums von sich selbst sein Verhalten wesentlich mitdeterminiert. Sowohl im Hinblick auf die Bewältigung situativer Anforderungen als auch im Hinblick auf die Bewältigung ganzer Lebensbereiche und -abschnitte konnte die Bedeutsamkeit des „Selbstkonzepts" bestätigt werden. Umstritten sind jedoch nach wie vor Ausmaß und Mechanismen der Verhaltensdetermination durch das Selbstkonzept.

Es ist naheliegend, daß auch in bezug auf den gesamten beruflichen Bereich Selbstkonzeptüberlegungen hohe Relevanz zukommt. So sind neben evidenten Beziehungen des Selbstkonzepts zum beruflichen Leistungsverhalten und zur beruflichen Zufriedenheit insbesondere auch Beziehungen zwischen beruflicher Entwicklung und Selbstkonzept zu vermuten. Unter beruflicher Entwicklung sind all die relevanten Entscheidungen und Veränderungen zu subsumieren, die den beruflichen Werdegang eines Individuums ausmachen, so z. B. Berufswahl und Berufswechsel (vgl. SCHELLER 1976).

Die mögliche Bedeutung von Selbstkonzepten für das berufliche Verhalten deuten zwar viele Autoren an (z. B. ROE 1956; TIEDEMAN & O'HARA 1963; HOLLAND 1973), konsequent jedoch wurde das „Selbstkonzept" nur von SUPER (vgl. z. B. SUPER et al. 1963) in ein Modell der beruflichen Entwicklung eingebaut. Ausgehend u. a. von dessen Überlegungen hat KORMAN (1966) insbesondere die Rolle des Selbstwertgefühls spezifiziert, das als die evaluative Komponente des Selbstkonzepts betrachtet werden kann. Die eher kognitiv orientierten Annahmen von SUPER und die eher konsistenztheoretisch fundierte Argumentation von KORMAN werden im folgenden vorgestellt. Die dazu referierten heterogenen Untersuchungen und Befunde verdeutlichen, daß die Beziehung von Selbstkonzept/Selbstwertgefühl und beruflichem Verhalten bislang keineswegs geklärt ist. Zudem gewinnt man den Eindruck, daß neuere Überlegungen, die etwa die eigenschaftsorientierte Formulierung von Selbstkonzepten kritisieren, kaum Eingang in die hier vorzustellende Forschungsthematik gefunden haben.

12.1 Das Selbstkonzept als kognitive Determinante der beruflichen Entwicklung nach SUPER

Der im Laufe mehrerer Jahrzehnte erarbeitete, häufig modifizierte Erklärungsansatz von SUPER zur beruflichen Entwicklung verknüpft — unter Einbezug von differentialpsychologischen Gedanken — insbesondere entwicklungspsychologische und phänomenologische Elemente. Der Verzicht auf das statische Konzept der Berufswahl und die Betonung von beruflicher Entwicklung statt dessen kennzeichnen die entwicklungspsychologische Verpflichtung, der Rückgriff auf Selbstkonzeptüberlegungen spiegelt die phänomenologische Orientierung wider. Für SUPER (vgl. z. B. SUPER & BOHN 1970) stellt sich das Selbstkonzept als umfassende Persönlichkeitsbeschreibung dar, die explizit auf das Bild, das eine Person von sich selbst hat, zurückgreift. Für den beruflichen Bereich sind Selbstkonzeptüberlegungen besonders brauchbar, weil Individuen zu Berufen tendieren, deren erfolgreiche Ausübung Merkmale erfordern, die sie sich selbst zuschreiben. Das berufliche Selbstkonzept kann als Teil des gesamten Selbstkonzepts angesehen werden. Berufliche Entwicklung ist für SUPER ein Prozeß der progredienten Entfaltung und Verwirklichung des Selbstkonzepts. Tatsächliches berufliches Verhalten eines Indivduums drückt so die lebenslange Suche nach Möglichkeiten der Konkretisierung des eigenen beruflichen Selbstkonzepts aus. Der Beruf dient dem Individuum somit nicht nur zur Befriedigung vielfältiger Bedürfnisse, sondern leistet einen wesentlichen Beitrag auf dem Weg zur Entwicklung einer eigenständigen Persönlichkeit. Die Bedeutung des Selbstkonzepts hat SUPER — beeinflußt von ROGERS (1951) — schon frühzeitig hervorgehoben (SUPER 1951, 1953, 1955). Unter den 1953 publizierten zehn Propositionen, die den Rahmen der beruflichen Entwicklung abstecken, beziehen sich drei ausdrücklich auf das Selbstkonzept. So wird in Proposition sieben darauf hingewiesen, daß die in verschiedenen Lebensstadien ablaufende berufliche Entwicklung u. a. durch entsprechende Unterstützung des Individuums bei der Selbstkonzeptentfaltung gesteuert werden kann. In Proposition acht wird der berufliche Entwicklungsprozeß im wesentlichen mit dem kompromißreichen Entwicklungs- und Verwirklichungsprozeß des Selbstkonzepts gleichgesetzt. Das Selbstkonzept ist schließlich „. . . a product of the interaction of inherited aptitudes, neural and endocrine make-up, opportunity to play various roles, and evaluations of the extent to which the results of role playing meet with the approval of superiors and fellows" (SUPER 1953, p. 190). In Proposition neun wird darauf aufmerksam gemacht, daß die Interaktion zwischen Selbstkonzept und Realität dem Individuum in den verschiedensten Situationen des beruflichen Alltags ein kompromißreiches Rollenspiel abverlangt.

In den eigentlichen Mittelpunkt der Diskussion rücken Selbstkonzeptüberlegungen erst in den Jahren nach 1960 (vgl. z. B. SUPER 1961, 1963; SUPER et al. 1963). Hier werden im Unterschied zu früheren Arbeiten Mechanismen der Selbstkonzeptentwicklung präzise formuliert. SUPER begnügt sich nicht mit der Lokalisation der Selbstkonzeptentwicklung in frühen Lebensphasen, sondern formuliert in Anlehnung an HAVIGHURST (1953) bestimmte „Entwicklungsaufgaben" (developmental tasks) für einzelne Altersstufen (vgl. SUPER et al. 1957). Die zunächst sehr spezifische Beschreibung einzelner Aufgaben, wie z. B. die Wahl eines College-Curriculums, wird später (SUPER et al. 1963) zugunsten einer eher allgemeinen Charakterisierung von Entwicklungsaufgaben aufgegeben. Die komplexeren und abstrakteren Formulierungen erinnern an ERIKSONS (1959) Ausführungen über den Verlauf der durch psychosoziale Krisen beeinträchtigten menschlichen Entwicklung. So wird etwa im Alter zwischen 14 und 18 Jahren die Bewältigung der beruflichen Entwicklungsaufgabe „crystallizing a vocational preference", im Alter zwischen 30 und 50 Jahren dagegen die Bewältigung der beruflichen Entwicklungsaufgabe „consolidating status and advancing in a vocation" verlangt (vgl. auch ZACCARIA 1970). Das heranwachsende Individuum internalisiert die von der Gesellschaft diktierten Entwicklungsaufgaben. Schließlich betrachtet es einmal erhobene Ansprüche als Anforderungen, die es sich selbst auferlegt. Wachsende Differenzierung, Integrierung und Unabhängigkeit des Individuums sind die positiven Folgen bewältigter Entwicklungsaufgaben. Im Unterschied zu früheren Ausführungen ist für SUPER der Prozeß der beruflichen Entwicklung nicht mehr so sehr durch vielfältige Kompromisse gekennzeichnet, sondern er sieht in diesem Prozeß eine dynamische Synthese zwischen persönlichen Bedürfnissen des Individuums und den ökonomischen und sozialen Forderungen der Gesellschaft. Kognitive Prozesse spielen dabei eine entscheidende Rolle. Das Resultat einer solchen Synthese stellt u. a. ein gewisses Ausmaß an „beruflicher Reife" dar. Berufliche Reife bedeutet, daß Individuen ihre Präferenzen avisieren, spezifizieren und verwirklichen, vorhandene Fähigkeiten ausschöpfen, einschlägige Informationen sammeln und mögliche Einflußgrößen und deren Zusammenhänge berücksichtigen. Entscheidende Bedeutung kommt an dieser Stelle auch dem später noch zu diskutierenden Begriff „crystallization" zu. Kriterien der beruflichen Reife wurden von SUPER und seinen Mitarbeitern im Rahmen der „Career Pattern Study" (CPS), einer sich über mehr als 20 Jahre erstreckenden Längsschnittstudie, untersucht (vgl. z. B. SUPER & OVERSTREET 1960; SUPER et al. 1967).

Im Rahmen der vielfältigen Bemühungen um eine konsistente Theorie beruflicher Entwicklung sensu SUPER haben insbesondere die Überlegungen zum Selbstkonzept Eingang in empirische Untersuchungen gefunden. Die meisten beschäftigen sich mit der Ähnlichkeit zwischen Selbsteinschätzung und der

Einschätzung von Berufen. Je größer die Ähnlichkeit zwischen der Selbsteinschätzung und der Einschätzung eines Berufes, desto höher ist nach STARISHEVSKY & MATLIN (1963) die Wahrscheinlichkeit, daß dieser Beruf auch tatsächlich gewählt wird.

Die Brauchbarkeit eines Ähnlichkeitskoeffizienten zwischen Selbsteinschätzung und beruflicher Einschätzung — häufig als „incorporation score" bezeichnet — konnte vielfach belegt werden (vgl. z. B. HEALY 1968). Größere Ähnlichkeit der Einschätzung des Selbstkonzepts mit dem gewählten oder präferierten Beruf als mit anderen Berufen konnte etwa für Lehrer und Schulberater (ENGLANDER 1960; SHINER 1964; BINGHAM 1966), Studenten (BLOCHER & SCHUTZ 1961; VROOM 1964; OPPENHEIMER 1966) und Krankenschwestern (MORRISON 1962) nachgewiesen werden. Außerdem fanden sich Zusammenhänge zwischen der angesprochenen Ähnlichkeit und den Variablen Berufszufriedenheit (BROPHY 1959), Realitätsbezogenheit (TAGESON 1960) und berufliche Tüchtigkeit (HAY 1966).

Die Ähnlichkeit von Selbstbeschreibung und der Beschreibung des präferierten Berufes besteht auch dann, wenn anstelle der üblichen standardisierten Q-Sorts und Eigenschaftslisten Erhebungsstrategien verwendet werden, in die das Individuum sein persönliches Konstruktsystem einbringen kann (OPPENHEIMER 1966).

In einer neueren Untersuchung versuchten JONES et al. (1976) Beziehungen zwischen Selbstkonzept und den sechs von HOLLAND konzipierten Berufspräferenztypen (vgl. SCHELLER 1976) zu spezifizieren. 846 Studenten wurden die „Tennessee Self-Concept Scale" und das „Vocational Preference Inventory" vorgelegt. Probanden des realistischen Präferenztyps hatten im Vergleich zum intellektuellen, sozialen und angepaßten Präferenztyp signifikant niedrigere Selbstkonzeptwerte. Probanden des intellektuellen Präferenztyps erreichten zudem signifikant höhere Selbstkonzeptwerte als Probanden des dominanten oder ästhetischen Präferenztyps.

WHEELER & CARNES (1968) fanden bei Studienanfängern hohe Übereinstimmung zwischen Ideal-Selbstkonzept, Berufskonzept und Ideal-Berufskonzept, jedoch klare Unterschiede dieser Maße zum tatsächlichen Selbstkonzept. „Die beiden beruflichen Stereotype waren also dem Ideal-Selbstkonzept ähnlicher als dem tatsächlichen Selbstkonzept. Die Autoren folgerten daraus, daß die Wahl eines Berufes nicht nur als Verwirklichung (implementation) des Selbstkonzepts angesehen werden kann. Der Beruf wird vielmehr als ein Mittel zur Selbst-Aktualisierung (self-actualization) betrachtet, d.h., er stellt eine Möglichkeit dar, sich in Richtung Ideal-Selbstkonzept zu entwickeln" (SCHELLER 1976, p. 48f.).

TOM (1971) belegte, daß nicht nur die Wahl eines Berufes, sondern auch die Entscheidung für eine Organisation in Beziehung zum Selbstkonzept steht, indem er die Ähnlichkeit der Selbstbeschreibung mit der Beschreibung der präferierten Beschäftigungsinstitution nachwies.

Die von SUPER postulierte Stabilität des Selbstkonzepts untersuchten SCHUH (1966) und STEER (1973) auf unterschiedlichen Wegen. SCHUH stellte fest, daß der Wechsel vom Studium in den Beruf keine nachweisbare Veränderung des Selbstkonzepts bewirkte. Allerdings betrug der zeitliche Abstand zwischen beiden Selbstkonzeptmessungen nur vier Monate. STEER erhob das gegenwärtige Selbstbild von pensionierten Lehrern und verlangte außerdem eine retrospektive Selbsteinschätzung für das mittlere Lebensalter und für die Zeit kurz vor der Pensionierung. Das aufgrund dieser Erhebungsmodalität nicht unproblematische Ergebnis der Untersuchung bestätigte die Stabilität der Selbstkonzeptstrukturen.

Unterzieht man die Überlegungen SUPERs bezüglich der Rolle des Selbstkonzepts im Rahmen der beruflichen Entwicklung einer kritischen Betrachtung, so fällt auf, daß die elaborierten theoretischen Konstruktionen nur bescheidene Entsprechung in der Meßmethodik von Selbstkonzepten finden (vgl. CARKHUFF et al. 1967), verleihen die diversen Operationalisierungen doch dem Selbstkonzept weit statischeren Charakter, als dies wohl ursprünglich von SUPER beabsichtigt war (vgl. auch FIELD et al. 1963).

12.2 Die konsistenztheoretischen Implikationen des Selbstwertgefühls für die berufliche Entwicklung nach KORMAN

Insbesondere KORMAN (1966) kritisierte das von SUPER vertretene „cognitive-perceptual" Modell, demzufolge Individuen einen Beruf in Übereinstimmung mit ihrem Selbstkonzept wählen. In der Tradition von „Balance"-Theoretikern, wie z. B. FESTINGER (1957) und HEIDER (1958), betont KORMAN die Tendenz des Individuums, solche berufliche Rollen zu wählen, in denen kognitive Balance oder Konsistenz in bezug auf die Wahrnehmung der eigenen Person maximal gewährleistet ist. Die bedeutendste Variable im Bemühen eines Individuums um Balance stellt nach KORMAN das „Selbstwertgefühl" dar. Für KORMAN hat der Mensch nicht primär das Bedürfnis, sein Selbstwertgefühl zu erhöhen, sondern sich dazu konsistent zu verhalten. Bei der Begriffsbestimmung von „self-esteem" greift er u. a. auf die Ausführungen von GELFAND (1962) zurück: „A person's characteristic evaluation of himself and what he thinks of himself as an individual; low self-esteem is characterized by a sense of personal inadequacy and an inability to achieve need satisfaction in the past; high self-esteem is defined by a sense of personal adequacy and a sense of having achieved need satisfaction in the past" (KORMAN 1966, p. 479).

Auf der Grundlage dieser Definition kommt KORMAN zu spezifischen Aussagen bezüglich des Zusammenhangs von Selbstkonzept, Selbstwertgefühl und beruflicher Entwicklung. Individuen mit hohem Selbstwertgefühl wählen nach KORMAN Berufe, die ihrem Selbstkonzept entsprechen. Sie wählen Berufe, von denen sie die Befriedigung spezifischer Bedürfnisse erwarten; sie sind bereit und in der Lage, sich solchen Einflüssen zu widersetzen, die der Befriedigung dieser Bedürfnisse entgegenstehen. Individuen mit niedrigem Selbstwertgefühl, Personen also, die in der Vergangenheit eigene Bedürfnisse nicht befriedigen konnten, werden eher einen mit ihrem Selbstkonzept nicht übereinstimmenden Beruf wählen. Auch werden sich Individuen mit hohem Selbstwertgefühl im Unterschied zu Individuen mit niedrigem Selbstwertgefühl eher im Besitz jener Fähigkeiten fühlen, die für die erfolgreiche Bewältigung eines bestimmten Berufes relevant sind. Nicht unterscheiden dürften sich nach KORMAN Individuen mit unterschiedlichem Selbstwertgefühl im Hinblick auf die Selbsteinschätzung von Fähigkeiten, die mit einem avisierten Beruf nur in losem Zusammenhang stehen. Wie in einem Zitat von GREENHAUS (1971 b, p. 81) zum Ausdruck kommt, orientieren sich Individuen mit hohem Selbstwertgefühl zudem eher an internen Maßstäben, Individuen mit niedrigem Selbstwertgefühl eher an externen: „Persons of high self-esteem may look more toward the relevance of their self-perceived attributes in gauging the satisfaction with their occupational decision. Low self-esteem persons, on the other hand, may look primarily toward others, either to see how they view a similar situation, to note the degree of prestige accorded their chosen occupation, or to gain approval from them." Die vorausgehenden Überlegungen verdeutlichen, warum dem Selbstwertgefühl in bezug auf die Implementation des Selbstkonzepts in einer Berufsrolle der Status einer Moderatorvariablen zugewiesen werden kann.

Dem überdauernden — bereits charakterisierten — Selbstwertgefühl stellt KORMAN (1970) ein situationsspezifisches Selbstwertgefühl zur Seite, dessen Komponenten er „aufgabenspezifisches" und „soziales" Selbstwertgefühl nennt. Das „aufgabenspezifische" Selbstwertgefühl ist das Ausmaß der selbstperzipierten Kompetenz bezüglich einer Aufgabe in einer spezifischen Situation, das „soziale" Selbstwertgefühl beinhaltet die Selbstbewertung, die aus den Erwartungen anderer an eine Person in einer bestimmten Situation resultiert. Das Zusammenwirken von überdauerndem und situationsspezifischem Selbstwertgefühl definiert die Kompetenz, die sich ein Individuum in bezug auf die Bewältigung einer Aufgabe zuschreibt. Mit steigender Kompetenz erhöht sich die Wahrscheinlichkeit des erfolgreichen Engagements für diese Aufgabe.

Die hiermit angedeutete und wohl auch in der ursprünglichen Konzeption enthaltene Konsequenz „the good get better and the poor get worse" hat

KORMAN mit Anleihen aus der Attributionsforschung (vgl. z. B. WEINER 1974) abzuschwächen versucht. In neueren Arbeiten (KORMAN 1976; KORMAN et al. 1977) zeigt er auf, daß die Effizienz von Verhalten nicht unabdingbar festzuschreiben ist. Die Attribution insbesondere von Erfolg auf internale Faktoren führt unabhängig vom ursprünglichen Leistungsniveau zu wachsender Effizienz. Abnehmende Verhaltenseffizienz ist dagegen vorwiegend die Folge von externaler Attribution. Veränderung des Selbstwertgefühls kann somit durch die Veränderung der Kausalitätswahrnehmung von Erfolg oder Mißerfolg bewirkt werden.

Die Überlegungen von KORMAN zur Rolle des Selbstwertgefühls im Rahmen eines „balance"-theoretischen Modells beruflichen Entscheidungs- und Leistungsverhaltens haben eine Fülle von empirischen Untersuchungen nach sich gezogen. Ihre Heterogenität und ihr unterschiedliches Ausmaß an Elaboration machen eine zusammenfassende Darstellung nicht eben leicht. DIPBOYE (1977) referiert in einer von KORMAN (1977) nicht unwidersprochenen Übersicht zahlreiche empirische Untersuchungen. Er kritisiert vor allem die Tendenz, empirische Befunde stets im Sinne der Konsistenztheorie zu deuten und propagiert statt dessen den vermehrten Rückgriff auf Alternativerklärungen. Neben den Untersuchungen, die die Konsistenz von Selbstwertgefühl und Leistung zum Gegenstand hatten, führt DIPBOYE (1977) verschiedene Problemfelder auf, in denen die Bedeutung des Selbstwertgefühls als Moderatorvariable überprüft wurde.

So untersuchte u. a. KORMAN (1968; vgl. auch WATERS & ROACH 1972) den Effekt des Gefallens einer Aufgabe auf den Erfolg. Dabei stellte sich für Probanden mit hohem Selbstwertgefühl heraus, daß erfolgreich bearbeitete Aufgaben signifikant mehr Gefallen fanden; bei den Probanden mit niedrigem Selbstwertgefühl zeigte sich dieser Unterschied nicht. GREENHAUS & BADIN (1974) ermittelten eine Korrelation von .50 zwischen Leistung und Zufriedenheit mit der Aufgabe für Probanden mit hohem „aufgabenspezifischen" Selbstwertgefühl, für Probanden mit niedrigem „aufgabenspezifischen" Selbstwertgefühl betrug die Korrelation jedoch nur .17. LEONARD & WEITZ (1971) konnten dagegen keinen Moderatoreffekt des Selbstwertgefühls auf den Zusammenhang von Gefallen an einer Aufgabe und Leistung nachweisen. Unter Einbezug der zusätzlichen Moderatorvariablen „job complexity" stellten LONDON & KLIMOSKI (1975) bei Krankenschwestern mit zunehmendem Ausmaß positiver Selbsteinschätzung ihrer Leistungen eine Abnahme der Zufriedenheit mit dem Beruf fest. Dies traf jedoch nur für die Krankenschwestern mit niedrigem Selbstwertgefühl auf hohem „job complexity level" zu. Die Überlegungen KORMANS werden insofern unterstützt, als für ein Individuum mit niedrigem Selbstwertgefühl eine Dissonanz darin besteht, erfolgreich zu sein. In bezug auf dieses KORMAN stützende Ergebnis mahnt DIPBOYE (1977) allerdings zur Vorsicht, da es sich um ein Einzelergebnis aus einer Untersuchung handelt, in der die Annahmen Kormans weitgehend nicht bestätigt werden konnten.

Die Moderatorwirkung des Selbstwertgefühls auf die Beziehung zwischen Belohnungserwartung und Leistung (vgl. Gavin 1973) bzw. auf den Zusammenhang von Bedürfnisbefriedigung und Zufriedenheit (vgl. Korman 1967 a) konnte nach Meinung Dipboyes nicht eindeutig belegt werden.

Die Befunde zur Moderatorwirkung des Selbstwertgefühls im Bereich des beruflichen Entscheidungs- und Leistungsverhaltens unterstützen die konsistenztheoretischen Überlegungen Kormans am ehesten (vgl. Korman 1966, 1967 b, 1969). Vor allem bezüglich der Implementation individueller Eigenschaften in der Berufswahl vermag die Einbeziehung des Selbstwertgefühls die Effizienz von Vorhersagen zu steigern. Gleiches gilt für die einem Beruf zugemessene Bedeutung und die berufliche Zufriedenheit. Demnach wählen Individuen mit hohem Selbstwertgefühl eher Berufe, die mit ihrem Selbstkonzept übereinstimmen. Personen mit niedrigem Selbstwertgefühl zeigen dagegen starke Abhängigkeit von externen Variablen. Die Berufswahl von Personen mit niedrigem Selbstwertgefühl stellt somit keine Verwirklichung des Selbstkonzepts dar, sondern ist das Ergebnis externer Steuerung, z. B. durch Faktoren wie soziale Erwünschtheit und Gruppendruck. Leonard et al. (1973) dehnten mit Erfolg die von Korman postulierte Beziehung zwischen Selbstwertgefühl und Berufswahl auch auf die zweite Berufspräferenz aus. Sie fanden, daß Individuen mit hohem Selbstwertgefühl eine zweite Berufspräferenz nennen, die mit ihren dominierenden persönlichen Orientierungen häufiger übereinstimmt als abweicht. Individuen mit niedrigem Selbstwertgefühl nennen dagegen eine zweite Berufspräferenz, die mit ihren dominierenden persönlichen Orientierungen annähernd gleichhäufig in Widerspruch bzw. in Einklang steht.

In Analogie zu Korman stellte Mansfield (1973) an einer englischen Stichprobe fest, daß sich Probanden mit hohem Selbstwertgefühl im Unterschied zu Probanden mit niedrigem Selbstwertgefühl in der Tat eher Fähigkeiten zuschreiben, die nach ihrer Ansicht für den gewählten Beruf notwendig sind. Probanden mit hohem Selbstwertgefühl schreiben sich jedoch im Widerspruch zu Korman auch in stärkerem Maße Fähigkeiten wie Organisationsgabe, Führungsqualitäten und Überzeugungskraft zu, selbst wenn sie diesen Fähigkeiten für den gewählten Beruf keine hohe Relevanz beimessen. Sowohl für Probanden mit niedrigem als auch mit hohem Selbstwertgefühl bestätigte sich jedoch Supers Annahme, daß die Berufswahl in Übereinstimmung mit selbstperzipierten und den für einen Beruf als essentiell erachteten Fähigkeiten erfolgt. Zu ähnlichen Ergebnissen kommt Watkins (1975).

Greenhaus (1971 a) konnte für eine Gruppe von männlichen Studienanfängern die Hypothese bestätigen, daß Individuen mit hoher Kongruenz zwischen Selbst- und Berufskonzept ihrer Laufbahn größere Bedeutung beimessen. In einer nachfolgenden Untersuchung stellten GREENHAUS & SIMON (1976) fest, daß das Selbstwertgefühl auch auf diese Beziehung Moderatoreffekte ausübt. So ermittelten sie für eine Gruppe von Studenten mit hohem Selbstwertgefühl eine Korrelation von .38 zwischen der Bedeutung, die der beruflichen Laufbahn beigemessen wurde, und der Tendenz, die eigene Berufswahl als ideal zu betrachten. Für die Gruppe mit niedrigem Selbstwertgefühl betrug die Korrelation .07. Nach GREENHAUS & SIMON (1976) wählt also der „high self-esteem, high career salient" Student am ehesten einen Beruf aus, den er als ideal ansieht. „Since being employed in an ideal occupation may be particularly satisfying to these people, such an occupational choice will probably reinforce their high level of career salience and their feelings of competence and self-worth" (GREENHAUS & SIMON 1976, p. 56). Personen mit niedrigem „career salience" und niedrigem Selbstwertgefühl dagegen, die mit geringerer Wahrscheinlichkeit einen Beruf wählen, den sie als ideal ansehen, werden in berufliche Situationen geraten, die ihr niedriges Level an Selbstwertgefühl und „career salience" aufrechterhalten. Dies mag schließlich zu einer Verminderung der Arbeitsleistung (vgl. KORMAN 1971) und zu weiteren negativen Einstellungen zur Arbeit führen.

Ausgehend von SUPER formulierte RICHARDSON (1975) die Hypothese, daß Frauen, deren Selbst- und Laufbahnkonzepte einander ähneln, laufbahnorientiert sind. Dieser Zusammenhang konnte nicht generell bestätigt werden, war allerdings für Frauen mit hohem Selbstwertgefühl zumindest tendenziell vorhanden. Bestätigt werden konnte, daß Frauen nicht laufbahnorientiert sind, wenn ihre Selbstkonzepte mit ihren Vorstellungen bezüglich des Hausfrauendaseins übereinstimmen. Im Unterschied zu dem in anderen Untersuchungen belegten Moderatoreinfluß des Selbstwertgefühls wurde jedoch — für unseren Kulturkreis durchaus plausibel — gefunden, daß Frauen mit hoher Kongruenz zwischen „self and homemaker concept" eher durch niedriges Selbstwertgefühl gekennzeichnet sind.

Die von SUPER et al. (1963) angenommenen positiven Auswirkungen einer Kongruenz von Selbstkonzept und Berufswahl auf die Berufszufriedenheit halten KORMAN (1967 b) und GREENHAUS (1971 b) nur für Personen mit hohem Selbstwertgefühl gewährleistet. In der Untersuchung von GREENHAUS konnte die Rolle des Selbstwertgefühls als Moderatorvariable eindeutig belegt werden, da für Probanden mit ausgeprägtem Selbstwertgefühl Berufszufriedenheit höher mit der Kongruenz von Berufs- und Selbstkonzept korreliert als für Probanden mit niedrigem Selbstwertgefühl. JACOBS & SOLOMON (1977) untersuchten u. a. den Moderatoreffekt, den das Selbstwertgefühl auf die Beziehung von beruflicher Zufriedenheit und Berufsleistung ausübt. Es konnte bestätigt werden, daß sich Berufsleistungen von Individuen mit hohem Selbstwertgefühl eher aus der Information über die Berufszufriedenheit vorhersagen lassen als Berufsleistungen von Individuen mit niedrigem Selbstwertgefühl. Die Hypothese, derzufolge Individuen mit hohem Selbstwertgefühl eher nach „self-fulfillment" im Rahmen ihrer Arbeit streben, konnte von BEDEIAN (1977) nicht unterstützt werden. RESNICK et al. (1970) gingen davon aus, daß das Selbstwertgefühl auch in bezug auf die Bewältigung beruflicher Entwicklungsaufgaben im Sinne SUPERS Moderatorfunktion ausübt. Ihre Hypothese, daß Studenten mit hohem Selbstwertgefühl ein größeres Ausmaß an „vocational crystallization" aufweisen, konnte erhärtet werden, d. h., Studenten mit hohem Selbstwertgefühl äußern in bezug auf ihre Laufbahnpläne größere Gewißheit als Probanden mit niedrigem Selbstwertgefühl. An diese Untersuchung schließt sich direkt die von MAIER & HERMAN (1974) an; sie eruierten bei beruflich unentschiedenen Studenten ein niedrigeres Selbstwertgefühl als bei bereits entschiedenen Studenten.

12.3 Gegenüberstellung der Ansätze von KORMAN und SUPER

Nachdem im vorhergehenden die Positionen von SUPER und KORMAN samt einschlägiger Untersuchungen relativ unabhängig voneinander referiert wurden, sollen im folgenden die konfliktträchtigen Berührungspunkte beider Modelle stärker herausgearbeitet werden. Beide Autoren stimmen darin überein, daß dem Selbstkonzept im Laufe der beruflichen Entwicklung eine entscheidende Bedeutung zukommt. Während sich SUPER auf das „eigentliche" Selbstkonzept bezieht, betont KORMAN die Rolle des Selbstwertgefühls, das — wenn man so will — die evaluative Komponente des Selbstkonzepts darstellt. Hinsichtlich der Funktion und Wirkungsweise dieser evaluativen Komponente des Selbstkonzepts unterscheiden sich beide Autoren jedoch markant voneinander.

Das nach KORMAN um Konsistenz oder Balance bemühte Individuum wählt seinen Beruf entsprechend seiner eigenen Selbstwahrnehmung. Individuen mit hohem Selbstwertgefühl, Individuen also, die eigene Bedürfnisse in der Vergangenheit eher befriedigen konnten, werden Berufe in Übereinstimmung mit ihrem Selbstbild anstreben und auch finden. Individuen mit niedrigem Selbstwertgefühl, die häufig die Erfahrung gemacht haben, daß eigene Entscheidungen nicht bedürfnisbefriedigend waren, werden solche berufliche Rollen anstreben, die ihren eigenen Bedürfnissen nicht entsprechen. Sowohl das Individuum mit hohem als auch das Individuum mit niedrigem Selbstwertgefühl verhält sich somit konsistent zu seinem Selbstbild.

Im Modell von SUPER kommt dagegen zum Ausdruck, daß Individuen mit hohem Selbstwertgefühl sich selbst und die für sie in Frage kommenden beruflichen Rollen klarer und mit mehr Überzeugung wahrnehmen als Individuen mit niedrigem Selbstwertgefühl. Konsequenterweise sind Individuen mit hohem Selbstwertgefühl eher befähigt, zu erkennen, inwieweit berufliche Rollen mit ihren wahrgenommenen Bedürfnissen, Werten, Interessen und Fähigkeiten in Einklang zu bringen sind. In diesem Zusammenhang spielt der Begriff „crystallization" eine wichtige Rolle. „Vocational self-concept crystallization" bringt nach BARRETT & TINSLEY (1977) das relative Ausmaß an Klarheit und Bestimmtheit der Selbstperzeption in bezug auf beruflich relevante Einstellungen, Werte, Interessen, Bedürfnisse und Fähigkeiten zum Ausdruck (vgl. auch STEPHENSON 1961; GALINSKY & FAST 1966; BUCK 1970). Da in das Modell von SUPER explizit bewußte, unterschiedlich präzise Wahrnehmungen von eigener Person und Beruf eingehen, rechtfertigt sich das Attribut „cognitive-perceptual" für dieses Modell.

Aus dem „Balance"-Modell KORMANs und dem „cognitive-perceptual" Modell SUPERs lassen sich nach BARRETT & TINSLEY (1977) die folgenden konfliktträchtigen Implikationen ableiten, von denen insbesondere die beiden ersten auch empirisch angegangen wurden.

Das „Balance"-Modell KORMANs impliziert, daß Individuen mit niedrigem Selbstwertgefühl ein ebenso klares bzw. bestimmtes berufliches Selbstkonzept haben wie Individuen mit hohem Selbstwertgefühl. Das „cognitive-perceptual" Modell bringt dagegen zum Ausdruck, daß Individuen mit hohem Selbstwertgefühl klarere und definitivere Selbstkonzepte haben als Individuen mit niedrigem Selbstwertgefühl; d. h., nach KORMAN unterscheiden sich Individuen mit hohem und niedrigem Selbstwertgefühl nicht in ihrem Ausmaß an „vocational self-concept crystallization", nach SUPER unterscheiden sie sich jedoch beträchtlich.

KORMAN zufolge verfügen Individuen mit hohem und niedrigem Selbstwertgefühl nicht nur über vergleichbar klare und definitive Wahrnehmungen bezüglich der eigenen Person, sondern sie verfügen auch über vergleichbar klare und definitive Wahrnehmungen bezüglich der relevanten bedürfniserfüllenden Charakteristika der verschiedenen für sie in Frage kommenden Berufe. Das „cognitive-perceptual" Modell besagt dagegen, daß Individuen mit hohem Selbstwertgefühl die bedürfnisbefriedigenden Charakteristika verschiedener beruflicher Rollen klarer und definitiver wahrnehmen.

Auch hinsichtlich der Beratungsstrategien, die beide Modelle implizieren, lassen sich einige wesentliche Unterschiede festmachen. Den Leitlinien des „Balance"-Modells folgend müßte Beratung das Individuum mit niedrigem Selbstwertgefühl in erster Linie qualifizieren, für sich selbst bedürfnisbefriedigende Entscheidungen zu fällen. Im Rahmen des „cognitive-perceptual" Modells wäre es dagegen entscheidender, dem Individuum mit niedrigem Selbstwertgefühl zu klareren Wahrnehmungen hinsichtlich der eigenen Person und möglicher beruflicher Rollen zu verhelfen.

Die Beziehung zwischen Selbstwertgefühl und der Klarheit und Bestimmtheit beruflicher Rollenkonzepte war u. a. Gegenstand der bereits angeführten Untersuchung von RESNICK et al. (1970). BARRETT & TINSLEY (1977) untersuchten die Beziehung zwischen Selbstwertgefühl und „vocational self-concept crystallization". 50 männlichen und 52 weiblichen Studenten wurden die „Tennessee Self-Concept Scale" (TSCS) und die „Vocational Rating Scale" (VRS) zur Bestimmung des globalen Selbstwertgefühls bzw. des Ausmaßes an „vocational self-concept crystallization" vorgelegt. Die varianzanalytische Auswertung der Daten zeigt, daß sowohl die männlichen als auch die weiblichen Gruppen mit hohem Selbstwertgefühl signifikant höhere VRS-Scores erzielten als die entsprechenden Gruppen mit niedrigem Selbstwertgefühl. Individuen mit hohem Selbstwertgefühl verfügen also über ein höheres Maß an „vocational self-concept crystallization" als Individuen mit niedrigem Selbstwertgefühl. Dieses Ergebnis stützt eindeutig die Annahmen des „cognitive-perceptual" Modells von SUPER und spricht gegen KORMANS „Balance"-Modell.

Ausgehend von den Überlegungen KORMANS überprüften BARRETT & TINSLEY (1977) zudem, inwieweit sich Individuen mit niedrigem und hohem Selbstwertgefühl Kompetenz bezüglich der Fähigkeit, bedürfnisbefriedigende Entscheidungen zu treffen, beimessen. Hier erbrachte die varianzanalytische Auswertung sowohl für die männlichen als auch für die weiblichen Probanden signifikante Unterschiede. Individuen mit hohem Selbstwertgefühl schreiben sich in höherem Maße als Individuen mit niedrigem Selbstwertgefühl die Fähigkeit zur Bedürfnisbefriedigung durch eigene Entscheidungen zu. Damit konnte eine der Grundannahmen KORMANS bestätigt werden.

Trotz der Bestätigung einer Grundannahme KORMANS halten BARRETT & TINSLEY (1977) das Modell SUPERS aufgrund der Bestätigung unterschiedlicher Ausmaße an Klarheit des beruflichen Selbstkonzepts bei Individuen mit unterschiedlich hohem Selbstwertgefühl für überlegen. Sie formulieren, daß berufliche Unentschlossenheit bei Individuen mit niedrigem Selbstwertgefühl eher auf einen Mangel an Klarheit oder Bestimmtheit „about what to implement" als auf einen „masochistic urge" zurückzuführen ist. Die Aufgabe eines Beraters würde demnach vordringlich in der Klärung von Vorstellungen bestehen, die Individuen von sich und von Berufen haben.

Die aus dem „cognitive-perceptual" Modell abgeleitete Hypothese, daß Individuen mit hohem Selbstwertgefühl leichter zwischen beruflichen Rollen differenzieren können als Individuen mit niedrigem Selbstwertgefühl wurde von HEALY et al. (1973) an 69 Vietnam-Veteranen überprüft. Die Streubreite der bereits erwähnten „incorporation scores", d.h. die Ähnlichkeit zwischen Selbstbeschreibung und Beschreibung verschiedener Berufe, wurde als Maß für die Differenziertheit beruflicher Rollenwahrnehmung benutzt. Es stellte sich heraus, daß in der Tat Probanden mit hohem Selbstwertgefühl ein größeres Ausmaß an Differenziertheit beruflicher Rollenwahrnehmung besitzen als Probanden mit niedrigem Selbstwertgefühl, d.h., Individuen mit niedrigem Selbstwertgefühl können die Eignung einzelner Berufe für sich selbst weniger präzise erkennen. Nach erfolgter Beratung erweitert sich sowohl für Probanden mit niedrigem Selbstwertgefühl als auch für solche mit hohem Selbstwertgefühl die Streubreite der „incorporation scores". Dieses Ergebnis unterstützt das „cognitive-perceptual" Modell von SUPER, allerdings betonen die Autoren, daß ihre Untersuchung keinen Schluß zuläßt, inwieweit das eine Erklärungsmodell dem anderen überlegen ist.

Während sich die Untersuchungen von BARRETT & TINSLEY (1977) bzw. von HEALY et al. (1973) vor allem mit kognitionspsychologischen Implikationen der Modelle von SUPER und KORMAN auseinandersetzen, betont DIPBOYE (1977) in seinem Überblick über die KORMANsche Konsistenztheorie vor allem motivationspsychologische Aspekte, ohne allerdings explizit auf den Ansatz von SUPER einzugehen.

Da die meisten empirischen Untersuchungen zur Stützung der KORMANschen Konsistenzannahmen Verhaltenskonsistenz nur für Individuen mit hohem Selbstwertgefühl bestätigen konnten, glaubt DIPBOYE (1977) an die Überlegenheit der Interpretation dieser Befunde mit Hilfe eines „Enhancement"-Ansatzes. „Enhancement"-Theorien gehen davon aus, daß der Mensch ein fundamentales Bedürfnis hat, ein positives Selbstwertgefühl aufzubauen und aufrechtzuerhalten, d.h. Erfolge zu suchen und Mißerfolge zu meiden. Dieser rational-hedonistische Grundgedanke liegt auch dem Modell der beruflichen Entwicklung von SUPER zugrunde. „Enhancement"-Theoretiker unterstellen dem Individuum mit niedrigem Selbstwertgefühl ebenfalls das Bedürfnis, Erfolge zu suchen und Mißerfolge zu meiden; solche Individuen schätzen allerdings die Wahrscheinlichkeit von Erfolg so gering ein, daß Anstrengungen in Richtung Zielerreichung unterbleiben. Damit steht dem Individuum mit niedrigem Selbstwertgefühl zudem eine rationale Begründung für die Nichterreichung des Ziels zur Verfügung. Konsistenztheoretiker dagegen gehen davon aus, daß das Individuum mit niedrigem Selbstwertgefühl sich auch dann konsistent zu seinem Selbstbild verhält, wenn es sich dadurch negative Konsequenzen, Fehlschläge und Unzufriedenheit einhandelt.

Nach DIPBOYE bestünde die eindeutigste Überprüfung beider Standpunkte darin, die Reaktionen von Individuen mit niedrigem Selbstwertgefühl auf Erfolg zu beobachten. Den Voraussagen der Konsistenztheorie zufolge müßte ein solches Individuum Erfolg abwerten und Mißerfolg in nachfolgenden Aufgaben suchen. Einer „Enhancement"-Theorie zufolge würde ein solches Individuum dagegen weiter versuchen, seinen Erfolg zu steigern und Mißerfolg zu vermeiden. Auch in bezug auf den in verschiedenen Untersuchungen belegten Moderatoreffekt des Selbstwertgefühls auf die Selbstkonzeptimplementation in der Berufswahl glaubt DIPBOYE an die Überlegenheit „enhancement"-theoretischer Überlegungen.

Eine Entscheidung zugunsten der einen oder anderen theoretischen Konzeption konnte auf empirischem Wege bisher nicht eindeutig gefällt werden. Man gewinnt den Eindruck, daß es den jeweiligen Autoren in ihren Experimenten eher darauf ankommt, ihre theoretische Verpflichtung zu demonstrieren als Untersuchungen zu konzipieren, die wirkliche Entscheidungshilfe anbieten. Anstelle eines „Abrechnens" mit einzelnen Modellsegmenten erscheint es in der Tat fruchtbarer, einzelne Segmente aufeinander zu beziehen. Sowohl die Überlegungen von SUPER als auch die von KORMAN beinhalten für den beruflichen Bereich eine Vielzahl von brauchbaren Elementen, die sich zum Teil eigentlich eher ergänzen als miteinander konkurrieren. Es käme darauf an, vermehrt den Erklärungswert einzelner Elemente für spezifische Bedingungen und Situationen zu bestimmen.

Zu den Variablen, die wohl zuwenig berücksichtigt wurden, gehören z. B. Komplexität und Bedeutsamkeit der Situation, deren Bewältigung mit Konsistenz des Verhaltens bzw. Streben nach Erfolg erklärt werden soll. Konsistenztheoretische Erklärungen werden sowohl für die Bewältigung simpler Anagrammaufgaben als auch für die Bewältigung hochkomplexer Aufgaben, wie sie etwa die Berufswahl darstellt, herangezogen.

Aufgrund der methodischen und theoretischen Schwierigkeiten bezüglich der Konzeptualisierung der von KORMAN postulierten Komponenten des Selbstwertgefühls ist leider auch der Einfluß dieser Komponenten auf die angedeutet heterogenen Aufgaben alles andere als geklärt. DIPBOYE vermutet, daß konsistenztheoretische Annahmen am ehesten im Hinblick auf spezifische Situationen gelten, die für das globale Selbstwertgefühl eines Individuums relativ wenig Relevanz besitzen. Je größer jedoch die Bedeutung einer Situation für die globale Selbstbewertung, desto eher wird ein Individuum versuchen, sein Selbstwertgefühl zu erhöhen, d. h. sich im Sinn der „Enhancement"-Überlegungen zu verhalten. Zusätzlich zur Bedeutung einer Aufgabe nimmt DIPBOYE an, daß die konsistenztheoretische Argumentation eher Gültigkeit beanspruchen darf, wenn die Realisierungschancen in bezug auf eine spezifische Aufgabe dem einzelnen Individuum klar sind.

Es hat den Anschein, als ob viele offene Fragen des beruflichen Leistungs- und Entscheidungsverhaltens mit ungelösten Problemen der Operationalisierung von Selbstkonzept bzw. Selbstwertgefühl zusammenhängen. Am häufigsten wurden zur Bestimmung des Selbstkonzepts „Adjective Check Lists",

Semantische Differentiale, Q-Sorts oder Fragebogen benutzt. Die Problematik dieser stark strukturierten Verfahren, die mittlerweile in den unterschiedlichsten Versionen vorliegen, besteht wohl hauptsächlich in ihrer bisher nicht hinreichend belegten Konstruktvalidität. So fanden z. B. PRENDERGAST & BINDER (1975) keine signifikante Korrelation zwischen zwei globalen Selbstkonzeptmaßen. Bereichsspezifisch formulierte Selbstkonzeptmodelle erscheinen in dieser Hinsicht vielversprechender (vgl. MINTZ & MULLER 1977), sie liegen allerdings für den beruflichen Bereich bisher noch nicht vor. Auf diesem Hintergrund muß es vorerst fraglich bleiben, inwieweit a priori vorgegebene Beschreibungssysteme mit dem tatsächlich im Individuum existierenden deckungsgleich sind (vgl. WIECHARDT 1977). Der Gedanke von OPPENHEIMER (1966), für die Beschreibung von eigener Person und Beruf das persönliche Konstruktsystem eines Individuums heranzuziehen, wurde bislang nicht nachdrücklich genug weiterverfolgt. Dieser Vorschlag bedeutet in letzter Konsequenz den Verzicht auf interindividuell vergleichbare Selbstbeschreibungsdimensionen und damit eine Annäherung an einen Standpunkt, der überdauernde, an universellen Eigenschaftsmodellen orientierte Selbstkonzeptstrukturen anzweifelt.

Vielversprechend erscheint in diesem Zusammenhang die interaktionistische Konzeption eines internen Selbstmodells. Die systemtheoretische Präzisierung der Interaktionsmechanismen zwischen eher überdauernden und den situationsspezifischen Selbstwahrnehmungen und -bewertungen könnte nach FILIPP (1975) einen heuristischen Bezugsrahmen für künftige Forschung abgeben, der bisherigen Ansätzen aufgrund seiner dynamischen Konzeption überlegen ist.

Gerade für den beruflichen Sektor dürften Modelle, die die Anpassung der internen Selbstmodelle an vorgegebene Situationen erklären, von größerem Wert sein als Modelle, die fortwährend Selbstverwirklichung von Individuen in beruflichen Kontexten fordern, d. h. die Anpassung von Situationen an Personen. Für die Realisierung dieser Forderung bietet — wie WARNATH (1975) meint — die Berufswelt von heute ohnehin kaum mehr Gelegenheit. In der bisherigen Forschung hat das Selbstkonzept meistens den Status einer unabhängigen Variablen. Es spricht allerdings vieles dafür, den Beruf selbst als bedeutsame Determinante des Selbstkonzepts zu betrachten, anstatt weiterhin anzunehmen, daß berufliches Verhalten durch das Selbstkonzept bestimmt wird.

12.4 Zusammenfassung

Insbesondere SUPER und KORMAN haben die Rolle des Selbstkonzepts bzw. des Selbstwertgefühls in bezug auf berufliches Verhalten thematisiert. Mit den Implikationen ihrer Ausgangsüberlegungen haben sich viele empirische Arbeiten beschäftigt. Die Positionen von SUPER und KORMAN unterscheiden sich vor allem in ihren theoretischen Grundannahmen. SUPER gewichtet insbesondere kognitive Mechanismen der Implementation des Selbstkonzepts in der Berufsrolle. Er geht davon aus, daß erfolgreiches berufliches Verhalten präzise Kenntnis des eigenen Selbstkonzepts verlangt; der Beratungsprozeß zielt auf kognitive Klärung der Selbst- bzw. Berufskonzepte ab. Nach KORMAN strebt ein Individuum vor allem nach Konsistenz. Er betont die Funktion des Selbstwertgefühls als Moderatorvariable und folgert, daß die von SUPER beschriebenen Mechanismen der Selbstkonzeptimplementation nur für Individuen mit hohem Selbstwertgefühl gelten. Eine Entscheidung zugunsten des einen oder anderen Modells ist nicht zu erwarten, eher eine Integration beider Ansätze, die explizit den Geltungsbereich der jeweiligen Annahmen spezifiziert. Eine Aktualisierung der bisherigen Befunde im Licht neuerer Entwicklungen der Selbstkonzeptforschung verspricht eine dem tatsächlichen Berufsleben angemessenere Berücksichtigung des Selbstkonzepts.

BARRETT, T. C. & TINSLEY, H. E. A. 1977. Vocational self-concept crystallization and vocational indecision. Journal of Counseling Psychology 24, 301–307.

BEDEIAN, A. G. 1977. The roles of self-esteem and n achievement in aspiring to prestigious vocations. Journal of Vocational Behavior 11, 109–119.

BINGHAM, W. C. 1966. Change of occupation as a function of the regnancy of occupational self concepts. New York: Teachers College, Columbia University (Unpublished Doctoral Dissertation).

BLOCHER, D. H. & SCHUTZ, R. A. 1961. Relationships among self-descriptions, occupational stereotypes, and vocational preferences. Journal of Counseling Psychology 8, 314–317.

BROPHY, A. L. 1959. Self, role, and satisfaction. Genetic Psychology Monographs 59, 263–308.

BUCK, C. W. 1970. Crystallization of vocational interests as a function of vocational exploration in college. Journal of Counseling Psychology 17, 347–351.

CARKHUFF, R. R., ALEXIK, M. & ANDERSON, S. 1967. Do we have a theory of vocational choice? Personnel and Guidance Journal 46, 335–345.

DIPBOYE, R. L. 1977. A critical review of Korman's self-consistency theory of work motivation and occupational choice. Organizational Behavior and Human Performance 18, 108–126.

ENGLANDER, M. E. 1960. A psychological analysis of vocational choice: Teaching. Journal of Counseling Psychology 7, 257–264.

ERIKSON, E. H. 1959. Identity and the life cycle. Psychological Issues 1, 1–171.

FESTINGER, L. 1957. A theory of cognitive dissonance. Evanston: Row, Peterson.

FIELD, F. L., KEHAS, C. D. & TIEDEMAN, D. V. 1963. The self concept in career development: A construct in transition. Personnel and Guidance Journal 41, 767–771.

FILIPP, S.-H. 1975. Korrelate des internen Selbstmodells: Situation, Persönlichkeit und elterlicher Erziehungsstil. Trier: Fachbereich I der Universität Trier (Dissertation, Photodruck).

GALINSKY, M. D. & FAST, I. 1966. Vocational choice as a focus of the identity search. Journal of Counseling Psychology 13, 89–92.

GAVIN, J. F. 1973. Self-esteem as a moderator of the relationship between expectancies and job performance. Journal of Applied Psychology 58, 83–88.

GELFAND, D. M. 1962. The influence of self-esteem on rate of verbal conditioning and social matching behavior. Journal of Abnormal and Social Psychology 65, 259–265.

GREENHAUS, J. H. 1971 (a). An investigation of the role of career salience in vocational behavior. Journal of Vocational Behavior 1, 209–216.

GREENHAUS, J. H. 1971 (b). Self-esteem as an influence on occupational choice and occupational satisfaction. Journal of Vocational Behavior 1, 75–83.

GREENHAUS, J. H. & BADIN, I. J. 1974. Self-esteem, performance, and satisfaction: Some tests of a theory. Journal of Applied Psychology 59, 722–726.

GREENHAUS, J. H. & SIMON, W. E. 1976. Self-esteem, career salience, and the choice of an ideal occupation. Journal of Vocational Behavior 8, 51–58.

HAVIGHURST, R. J. 1953. Human development and education. New York: Longmans, Green.

HAY, J. E. 1966. Self-ideal congruence among engineering managers. Personnel and Guidance Journal 44, 1084–1088.

HEALY, C. C. 1968. Relation of occupational choice to the similarity between self-ratings and occupational ratings. Journal of Counseling Psychology 15, 317–323.

HEALY, C. C., BAILEY, M. L. & ANDERSON, E. C. 1973. The relation of esteem and vocational counseling to range of incorporation scores. Journal of Vocational Behavior 3, 69–74.

HEIDER, F. 1958. The psychology of interpersonal relations. New York: Wiley. (Deutsch: Psychologie der interpersonalen Beziehungen. Stuttgart: Klett-Cotta 1977).

HOLLAND, J. L. 1973. Making vocational choices: A theory of careers. Englewood Cliffs: Prentice-Hall.

JACOBS, R. & SOLOMON, T. 1977. Strategies for enhancing the prediction of job performance from job satisfaction. Journal of Applied Psychology 62, 417–421.

JONES, O. M., HANSEN, J. C. & PUTNAM, B. A. 1976. Relationship of self-concept and vocational maturity to vocational preferences of adolescents. Journal of Vocational Behavior 8, 31–40.

KORMAN, A. K. 1966. Self-esteem variable in vocational choice. Journal of Applied Psychology 50, 479–486.

KORMAN, A. K. 1967 (a). Relevance of personal need satisfaction for overall satisfaction as a function of self-esteem. Journal of Applied Psychology 51, 533–538.

KORMAN, A. K. 1967 (b). Self-esteem as a moderator of the relationship between self-perceived abilities and vocational choice. Journal of Applied Psychology 51, 65–67.

KORMAN, A. K. 1968. Task success, task popularity, and self-esteem as influences on task liking. Journal of Applied Psychology 52, 484–490.

KORMAN, A. K. 1969. Self-esteem as a moderator in vocational choice: Replications and extensions. Journal of Applied Psychology 53, 188–192.

KORMAN, A. K. 1970. Toward an hypothesis of work behavior. Journal of Applied Psychology 54, 31–41.

KORMAN, A. K. 1971. Industrial and organizational psychology. Englewood Cliffs: Prentice-Hall.

KORMAN, A. K. 1976. Hypothesis of work behavior revisited and an extension. Academy of Management Review 1, 50–63.

KORMAN, A. K. 1977. An examination of Dipboye's „A critical review of Korman's self-consistency theory of work motivation and occupational choice". Organizational Behavior and Human Performance 18, 127–128.

KORMAN, A. K., GREENHAUS, J. H. & BADIN, I. J. 1977. Personnel attitudes and motivation. Annual Review of Psychology 28, 175–196.

LEONARD, R. L., WALSH, W. B. & OSIPOW, S. H. 1973. Self-esteem, self-consistency, and second vocational choice. Journal of Counseling Psychology 20, 91–93.

LEONARD, S. & WEITZ, J. 1971. Task enjoyment and task perseverance in relation to task success and self-esteem. Journal of Applied Psychology 55, 414–421.

LONDON, M. & KLIMOSKI, R. J. 1975. Self-esteem and job complexity as moderators of performance and satisfaction. Journal of Vocational Behavior 6, 293–304.

MAIER, D. & HERMAN, A. 1974. The relationship of vocational decidedness and satisfaction with dogmatism and self-esteem. Journal of Vocational Behavior 5, 95–102.

MANSFIELD, R. 1973. Self-esteem, self-perceived abilities, and vocational choice. Journal of Vocational Behavior 3, 433–441.

MINTZ, R. & MULLER, D. 1977. Academic achievement as a function of specific and global measures of self-concept. Journal of Psychology 97, 53–57.

MORRISON, R. L. 1962. Self-concept implementation in occupational choice. Journal of Counseling Psychology 9, 255–260.

OPPENHEIMER, E. A. 1966. The relationship between certain self constructs and occupational preferences. Journal of Counseling Psychology 13, 191–197.

PRENDERGAST, M. A. & BINDER, D. M. 1975. Relationships of selected self-concept and academic achievement measures. Measurement and Evaluation in Guidance 8, 92–95.

RESNICK, H., FAUBLE, M. L. & OSIPOW, S. H. 1970. Vocational crystallization and self-esteem in college students. Journal of Counseling Psychology 17, 465–467.

RICHARDSON, M. S. 1975. Self-concepts and role concepts in the career orientation of college women. Journal of Counseling Psychology 22, 122–126.

ROE, A. 1956. The psychology of occupations. New York: Wiley.

ROGERS, C. R. 1951. Client-centered therapy: Its current practice, implications, and theory. Boston: Houghton Mifflin.

SCHELLER, R. 1976. Psychologie der Berufswahl und der beruflichen Entwicklung. Stuttgart: Kohlhammer.

SCHUH, A. J. 1966. Use of the semantic differential in a test of Super's vocational adjustment theory. Journal of Applied Psychology 50, 516–522.

SHINER, E. V. 1964. Self concepts of individuals in the process of changing occupations. Dissertation Abstracts 24, 5209.

STARISHEVSKY, R. & MATLIN, N. 1963. A model for the translation of self concepts into vocational terms. In: SUPER, D. E., STARISHEVSKY, R., MATLIN, N. & JORDAAN, J. P. Career development: Self-concept theory. New York: College Entrance Examination Board. p. 33–41.

STEER, R. A. 1973. The actual and retrospective-occupational self-concept dimensions of retired educators. Journal of Vocational Behavior 3, 465–473.

STEPHENSON, R. R. 1961. Occupational choice as a crystallized self concept. Journal of Counseling Psychology 8, 211–216.

270

SUPER, D. E. 1951. Vocational adjustment: Implementing a self-concept. Occupations 30, 88–92.

SUPER, D. E. 1953. A theory of vocational development. American Psychologist 8, 185–190.

SUPER, D. E. 1955. Dimensions and measurement of vocational maturity. Teachers College Record 57, 151–163.

SUPER, D. E. 1961. The self concept in vocational development. Journal of Vocational and Educational Guidance 8, 13-29.

SUPER, D. E. 1963. The definition and measurement of early career behavior: A first formulation. Personnel and Guidance Journal 41, 775–780.

SUPER, D. E. & BOHN, M. J. 1970. Occupational psychology. Belmont: Wadsworth.

SUPER, D. E. & OVERSTREET, P. L. 1960. The vocational maturity of ninth grade boys. New York: Teachers College Bureau of Publications.

SUPER, D. E., KOWALSKI, R. S. & GOTKIN, E. H. 1967. Floundering and trial after high school. New York: Teachers College, Columbia University, Cooperative Research Project No. 1393.

SUPER, D. E., STARISHEVSKY, R., MATLIN, N. & JORDAAN, J. P. 1963. Career development: Self-concept theory. New York: College Entrance Examination Board.

SUPER, D. E., CRITES, J. O., HUMMEL, R. C., MOSER, H. P., OVERSTREET, P. L. & WARNATH, C. F. 1957. Vocational development: A framework for research. New York: Teachers College Bureau of Publications.

TAGESON, C. F. 1960. The relationship of self-perceptions to realism of vocational preference. Washington: Catholic University of America Press.

TIEDEMAN, D. V. & O'HARA, R. P. 1963. Career development: Choice and adjustment. New York: College Entrance Examination Board.

TOM, V. R. 1971. The role of personality and organizational images in the recruiting process. Organizational Behavior and Human Performance 6, 573–592.

VROOM, V. H. 1964. Work and motivation. New York: Wiley.

WARNATH, C. F. 1975. Vocational theories: Direction to nowhere. Personnel and Guidance Journal 53, 422–428.

WATERS, L. K. & ROACH, D. 1972. Self-esteem as a moderator of the relationship between task-success and task-liking. Psychological Reports 31, 69–70.

WATKINS, D. 1975. Self-esteem as a moderator in vocational choice: A test of Korman's hypothesis. Australian Psychologist 10, 75–80.

WEINER, B. 1974. Achievement motivation as conceptualized by an attribution theorist. In: WEINER, B. (Ed.) Achievement motivation and attribution theory. Morristown: General Learning Press. p. 3–48.

WHEELER, C. L. & CARNES, E. F. 1968. Relationships among self-concepts, ideal-self-concepts, and stereotypes of probable and ideal vocational choices. Journal of Counseling Psychology 15, 530–535.

WIECHARDT, D. 1977. Zur Erfassung des Selbstkonzepts. Psychologische Rundschau 28, 294–304.

ZACCARIA, J. S. 1970. Theories of occupational choice and vocational development. Boston: Houghton Mifflin.

13 Der Beitrag der Selbstkonzept-Forschung zur Erklärung sozial abweichenden Verhaltens

Hanns Martin Trautner, Universität Frankfurt

13.1 Einleitung

In diesem Kapitel werden Probleme und Ergebnisse der Selbstkonzept-Forschung erörtert, die sich mit dem Zusammenhang von sozial abweichendem Verhalten und Merkmalen des Selbstkonzepts beschäftigen. Im Vordergrund unserer Darstellung steht die differentielle Frage: In welcher Hinsicht unterscheiden sich Personen mit sozial abweichendem und mit sozial angepaßtem Verhalten in ihren Selbstkonzepten? Die Beantwortung dieser Frage gibt u. U. nicht nur Aufschluß über die Bedeutung des Selbstkonzepts im speziellen Kontext sozial abweichenden Verhaltens, sie kann auch Erkenntnisse liefern bezüglich des Stellenwerts von Selbstkonzept-Merkmalen bei der Verhaltenssteuerung allgemein.

Wie für die Selbstkonzept-Forschung insgesamt gilt auch für die Untersuchung des Zusammenhangs von sozial abweichendem Verhalten und Selbstkonzepten, daß in verschiedenen Untersuchungen (1) verschiedene Aspekte des Selbstkonzepts (2) mit unterschiedlichen Methoden erfaßt und (3) unter Zugrundelegung unterschiedlicher theoretischer Annahmen analysiert werden. Dies erschwert die Vergleichbarkeit verschiedener Untersuchungen und schränkt die Generalisierbarkeit einzelner Untersuchungsergebnisse ein. Als eine weitere Quelle mangelnder Vergleichbarkeit und Generalisierbarkeit von Einzelbefunden sind außerdem Unterschiede zwischen den Untersuchungsstichproben zu berücksichtigen. Bezogen auf unsere spezielle Fragestellung sind damit Unterschiede in der Zusammensetzung von Stichproben sich sozial abweichend verhaltender Personen bzw. Probleme der Definition sozial abweichenden Verhaltens angesprochen. Aufgrund der Heterogenität des behandelten Forschungsgebiets erscheint es notwendig, zu Beginn einige Klärungen vorzunehmen, und zwar zum einen bezüglich der Definition des Selbstkonzepts, zum anderen hinsichtlich der Charakterisierung der als sozial abweichend eingestuften Untersuchungsstichproben in der einschlägigen Forschung.

Da in den vorausgegangenen Kapiteln bereits auf den Begriff und die Erfassung des Selbstkonzepts eingegangen wurde, genügt es an dieser Stelle anzugeben, was wir mit dem Terminus Selbstkonzept meinen und was davon im Zusammenhang mit der Erforschung sozial abweichenden Verhaltens zum Gegenstand empirischer Untersuchungen gemacht worden ist. In Anlehnung an GORDON (1969) verstehen wir unter dem Selbstkonzept einer Person das ihr zugängliche System von auf das Selbst bezogenen Bedeutungen und Einstellungen, das über bestimmte Untersuchungsverfahren auch für andere erfaßbar wird. Weiter gehen wir davon aus, daß diese Bedeutungen und Einstellungen vermittelt werden durch die Erfahrung und Verarbeitung von Fremdeinschätzungen. Unter diesen Begriff des Selbstkonzepts fallen sowohl *spezifische* und *konkrete Selbstbeschreibungen* (z. B. hinsichtlich der äußeren Erscheinung, bestimmter Persönlichkeits-, Einstellungs- oder Verhaltensmerkmale), als auch die eher *globale*, von spezifischen Inhalten relativ freie *Bewertung* der eigenen Person auf der Dimension *positive* versus *negative Selbstwertschätzung* (*self-esteem*). Letztere wird meist als emotionale oder affektive Komponente des Selbstkonzepts angesehen. Zuweilen werden die Begriffe Selbstkonzept und Selbstwertschätzung synonym verwendet. Gerade dieser affektive oder evaluative Aspekt des Selbstkonzepts ist es, der im Vordergrund der Erforschung des Zusammenhangs von sozial abweichendem Verhalten und Selbstkonzept steht. Selbstverständlich läßt sich die wertende Komponente des Selbstkonzepts nicht nur global, sondern auch inhaltsspezifisch definieren, z. B. bezogen auf soziale, intellektuelle oder körperliche Fähigkeiten.

Bei den im Hinblick auf Selbstkonzept-Merkmale untersuchten, als sozial abweichend eingestuften Personenstichproben handelt es sich meist um inhaftierte, gesellschaftlichen Erziehungsmaßnahmen unterworfene oder sozial auffällig gewordene männliche Jugendliche. Als gemeinsamer Oberbegriff zur Beschreibung dieser verschiedenen Gruppen erscheint uns am ehesten der Begriff „*Delinquenz*" geeignet. Delinquenz oder delinquentes Verhalten umfaßt sowohl Verletzungen gesetzlich verankerter und gesellschaftlich sanktionierter Verhaltensnormen (das Begehen von strafbaren Handlungen) als auch nicht strafbare Abweichungen von sozialen Normen wie Schwererziehbarkeit, übermäßige Aggressivität, Schuleschwänzen, sittlich anstößiges Benehmen u. ä. (vgl. TRAUTNER 1974). Diese Charakterisierung der Untersuchungsstichproben ist bei der Betrachtung der Ergebnisse von Untersuchungen zur Beziehung zwischen sozial abweichendem Verhalten und dem Selbstkonzept in Rechnung zu stellen.

Zusammenhänge zwischen sozial abweichendem Verhalten und dem Selbstkonzept können unter *systematischem* Aspekt und unter *zeitlichem* Aspekt betrachtet werden. Unter *systematischem* Aspekt interessiert ausschließlich die *Art* des Zusammenhangs (z. B. sozial abweichendes Verhalten ist mit einem negativen Selbstkonzept korreliert). Unter *zeitlichem* Aspekt ist zusätzlich die *Richtung* des Zusammenhangs zu berücksichtigen (z. B. ein negatives Selbstkonzept führt zu sozial abweichendem Verhalten). Die meisten Untersuchungen sind so angelegt, daß strenggenommen nur Aussagen über die Art des Zusammenhangs gemacht werden können. Trotzdem werden die Befunde oft so interpretiert, daß auch Aussagen über zeitliche Beziehungen impliziert sind.

Für die im Kontext sozial abweichenden Verhaltens (Delinquenz) besonders interessierende Variable *,,Selbstwertschätzung"* lassen sich nach WELLS & MARWELL (1976) in der einschlägigen Literatur verschiedene Annahmen hinsichtlich der *Art* ihres Zusammenhangs mit sozialer Abweichung vorfinden. Am häufigsten vertreten ist die Annahme eines linearen positiven Zusammenhangs zwischen dem Grad der Selbstwertschätzung und dem Grad sozialer Anpassung (vgl. ROSENBERG 1965; COOPERSMITH 1967). Eher plausibel gemacht als erklärt wird dieser Zusammenhang damit, daß Personen, die sich selbst positiv einschätzen, in ihrem Sozialverhalten weniger ängstlich, unsicher und defensiv sind. Dies mache solche Personen sozial beliebt und anerkannt, wodurch sie weniger anfällig für soziale Abweichungen und Fehlanpassungen würden. Umgekehrt wird für Personen mit negativer Selbstwertschätzung, dieser Argumentationskette entsprechend, eine größere Anfälligkeit für soziale Abweichungen und Fehlanpassungen postuliert. Manchmal wird aber auch das genaue Gegenteil angenommen, nämlich daß Personen mit niedriger Selbstwertschätzung weniger anfällig für Devianz seien, da sie eher in der Lage sein sollen, Schwächen zuzugeben (vgl. COHEN 1959; BYRNE 1966). Schließlich findet man zuweilen noch die Annahme einer kurvilinearen Beziehung zwischen Selbstwertschätzung und sozialer Anpassung vertreten. Danach soll eine ausgewogene Beziehung zwischen Selbstschätzung und Selbstkritik, also ein mittlerer Grad der Selbstwertschätzung, am ehesten auf eine optimale soziale Anpassung hindeuten. Das Vorhandensein derart verschiedener Annahmen führt dazu, daß jedes Ergebnis theoretisch irgendwie eingeordnet werden kann. Hier macht sich das Fehlen einer einheitlichen Selbstkonzept-Theorie und Selbstkonzept-Methodik besonders nachteilig bemerkbar.

Hinsichtlich der *Richtung* des Zusammenhangs zwischen Selbstkonzept-Merkmalen und sozial abweichendem Verhalten gibt es grundsätzlich zwei Möglichkeiten. Entweder nimmt man an, bestimmte Selbstkonzept-Merkmale (z. B. eine negative Selbstwertschätzung) gehen sozial abweichendem Verhalten voraus bzw. liegen ihm zugrunde, oder man geht davon aus, daß sich im Anschluß an sozial abweichendes Verhalten und seine Sanktionierung bestimmte Merkmale des Selbstkonzepts ergeben. Die zuvor dargestellten drei Annahmen hinsichtlich der Art des Zusammenhangs von sozial abweichendem Verhalten und Selbstkonzept sind alle so formuliert, daß unausgesprochen das Selbstkonzept als dem Verhalten vorausgehend bzw. ihm zugrundeliegend gedacht ist und nicht als Anzeichen für die Verarbeitung eigenen Verhaltens oder

seiner Beantwortung. Gleich welche Richtung des Zusammenhangs angenommen wird, eine empirische Überprüfung könnte nur mit Hilfe von Längsschnittuntersuchungen oder durch sorgfältige experimentelle Analysen geschehen.

Zusammenfassend ist festzuhalten: Der Forschungsschwerpunkt der Untersuchungen zur Beziehung zwischen sozial abweichendem Verhalten und
dem Selbstkonzept liegt auf der Analyse des Zusammenhangs zwischen dem
Grad der Selbstwertschätzung und dem Auftreten sozial abweichenden Verhaltens bei sanktionierten oder zumindest sozial auffällig gewordenen jugendlichen Delinquenten. Hinsichtlich der Art des Zusammenhangs wird meistens
davon ausgegangen, daß sozial abweichendes Verhalten eher bei Personen mit
einem negativen Selbstkonzept bzw. einer im Vergleich zu nicht delinquenten
Personen weniger positiven Selbstwertschätzung anzutreffen ist. Unter zeitlichem Aspekt gilt, in der Regel unausgesprochen, daß die (negative) Selbstwertschätzung dem sozial abweichenden Verhalten vorausgeht.

Im Abschnitt 13.2 wollen wir uns die einschlägige Forschung einmal daraufhin ansehen, welche Arten von Beziehungen tatsächlich gefunden worden
sind.

13.2 Empirische Befunde zur Beziehung zwischen Delinquenz und Selbstkonzept[1]

*Untersuchungen, wonach Delinquente ein weniger positives Selbstkonzept ha-
ben als Nichtdelinquente.* Als Ausgangspunkt der Forschung über die Beziehung zwischen sozial abweichendem Verhalten und Selbstkonzept können die
Untersuchungen von RECKLESS und Mitarbeitern gelten (RECKLESS, DINITZ &
MURRAY 1956; RECKLESS, DINITZ & KAY 1957; LIVELY, DINITZ & RECKLESS
1962).

Beim Vergleich von Schülern mit einem Altersdurchschnitt von 12 Jahren,
die nach einem Lehrerurteil als delinquenzgefährdet oder als nicht delinquenzgefährdet eingeschätzt worden waren, glaubten RECKLESS et al. (1956; 1957),
einen „Selbst-Faktor" als entscheidende Trenngröße zwischen Delinquenten
und Nichtdelinquenten entdeckt zu haben. Alle Schüler waren weißer Haut-
farbe, kamen aus Stadtvierteln Ohios mit besonders hoher Kriminalitätsrate,
und die beiden Gruppen unterschieden sich nicht hinsichtlich ihres sozialen
Hintergrunds. Von den 108 nach Lehrerurteil delinquenzgefährdeten
(„schlechten") Jungen hatten bereits 24 Polizei- bzw. Gerichtskontakte, bei

---

[1] Für eine Literaturzusammenstellung zum Thema Selbstkonzept und Delinquenz danke ich Herrn
Gerald Kunz.

den 192 nach Lehrerurteil nicht delinquenzgefährdeten („guten") Jungen waren es 16. 101 „schlechte" Jungen und 125 „gute" Jungen (darin nicht enthalten die 16 entgegen dem Lehrerurteil delinquenzbelasteten) wurden hinsichtlich einiger als „Selbstkonzept-Maße" bezeichneter Merkmale verglichen. Das Selbstkonzept wurde dabei eher indirekt erfaßt, nämlich zum einen über die Selbsteinstufung auf zwei Sozialisationsskalen des California-Psychological-Inventory (CPI) von GOUGH (1956), der *Delinquenz-Anfälligkeits-Skala* und der *Sozialen-Verantwortlichkeits-Skala*, zum anderen über Selbstbeschreibungen und Einschätzungen durch ihre Mütter bezüglich ausgewählter Merkmale des *Sozialverhaltens* und der *sozialen Umwelt*. Die von den Lehrern als delinquenzgefährdet eingestuften Jungen wiesen im Vergleich zu den als nicht delinquenzgefährdet eingestuften Jungen sowohl höhere Werte für Delinquenzanfälligkeit als auch geringere Werte für soziale Verantwortlichkeit auf. Die „guten" Jungen schilderten sich eher als gehorsame Söhne, die mit der Erziehung ihrer Eltern einverstanden sind; sie beschrieben ihre Familienbeziehungen als herzlich und harmonisch; sie gaben an, Unannehmlichkeiten um jeden Preis zu meiden, keine Freunde mit Delikterfahrung zu haben und gern zur Schule zu gehen; auch in Zukunft erwarteten sie, keine Gerichtskontakte zu haben. Die Urteile der Mütter stimmten in beiden Gruppen weitgehend mit den Selbsteinschätzungen der Söhne überein.

Auf dieser Datengrundlage postulierte RECKLESS ein sozial angemessenes (= positives) Selbstkonzept „guter" Jungen und ein sozial unangemessenes (= negatives) Selbstkonzept „schlechter" Jungen. Da die Jungen beider Gruppen aus Stadtvierteln mit einer besonders hohen Kriminalitätsrate kamen und auch sonst keine auffälligen Unterschiede zwischen beiden Gruppen hinsichtlich sozialstruktureller Merkmale festgestellt werden konnten, zog RECKLESS den Schluß, daß dem „positiven Selbstkonzept" der „guten" Jungen eine delinquenzimmunisierende Schutzfunktion zukommen müsse.

Aufbauend auf der RECKLESS-Studie aus den 50er Jahren wurden von LIVELY et al. (1962) 1171 Schüler und Schülerinnen der 6. bis 9. Klassenstufe sowie 173 inzwischen 16jährige Jungen aus der Stichprobe der früheren RECKLESS-Studie mit ähnlichen Verfahren untersucht (vgl. auch SCARPITTI 1960). Wiederum stuften die Lehrer die Schüler nach der Delinquenzgefährdung in „gute" und „schlechte" Schüler ein. Im wesentlichen konnten die früheren Befunde repliziert werden. Von 103 der damals als nicht delinquenzgefährdet eingestuften Jungen hatten nur vier aus geringfügigen Gründen Kontakt mit der Justiz und die Schule vorzeitig verlassen. Die signifikant positivere Einschätzung des Sozialisationsmilieus und des eigenen Sozialverhaltens war bei den „guten" Jungen weiterhin vorhanden. Von den noch auffindbaren 70 Jungen der als delinquenzgefährdet eingestuften Jungen hatten 27 die Schule verlassen, einige von ihnen waren mit Gesetzen in Konflikt geraten, und vier waren inhaftiert. Die Einschätzung des eigenen Verhaltens und der sozialen Umwelt war bei den „schlechten" Jungen weiterhin negativer als in der Vergleichsgruppe. Auch in den Schulleistungen unterschieden sich beide Gruppen in entsprechender Richtung. Aus den Ergebnissen ziehen LIVELY et al. (1962) den Schluß, daß über die Altersspanne von 12 bis 16 Jahren das Selbstkonzept stabil bleibt und bereits im Alter von 12 Jahren Prognosen über die Delinquenzgefährdung auf der Basis der erfaßten Variablen möglich sind.

Die Ergebnisse der geschilderten Untersuchungen ermutigten RECKLESS zur Formulierung einer Theorie des *Normhalts*, die einem positiven Selbstkonzept eine wesentliche Bedeutung als Schutzfaktor gegen das Delinquentwerden zuspricht (siehe RECKLESS 1961; 1962; 1967; RECKLESS & SHOHAM 1963). Hinsichtlich der Art des Zusammenhangs von Delinquenz und Selbstkonzept wird also behauptet, daß ein negatives Selbstkonzept und Delinquenz miteinander korrelieren. Hinsichtlich ihrer zeitlichen Beziehung wird ein negatives Selbstkonzept als eine dem Delinquentwerden vorausgehende Bedingung konzipiert bzw. ein positives Selbstkonzept als ein vor dem späteren Delinquentwerden schützendes Merkmal angesehen.

Abgesehen von der angreifbaren Methode der Erfassung des Selbstkonzepts über Fragen nach Sozialisationsvariablen weisen die Untersuchungen der RECKLESS-Gruppe noch weitere Mängel auf, die die Befundinterpretation der Autoren und die darauf basierende Theorie des Normhalts in Zweifel ziehen lassen: Die Anzahl delinquenter Jungen und die Schwere ihrer Delikte unterscheidet sich zwar in beiden Gruppen, der Unterschied ist aber gering. Die große Mehrheit der Jungen in *beiden* Gruppen ist *nicht* delinquent, so daß nur eine Konvergenz von Lehrerurteil und Sozialisationsvariablen besteht, nicht aber von Sozialisationsvariablen bzw. Selbstkonzept und tatsächlicher Delinquenz. Außerdem ist aufgrund eines Versuchsfehlers die Gruppe der „guten" Jungen durch Außerachtlassung der 16 in Abweichung vom Lehrerurteil tatsächlich delinquenten Jungen in positiver Richtung bereinigt worden. Von der Anlage der Untersuchung her kann nicht eindeutig abgeleitet werden, ob man das Selbstkonzept als vermittelnde Variable zwischen dem Aufwachsen in einer delinquenzgefährdeten Umgebung und tatsächlicher Delinquenz heranziehen muß oder ob nicht Unterschiede in Sozialisationsvariablen und im Sozialverhalten der Jungen sowie Erwartungen der Eltern und der Lehrer sich direkt in Richtung Delinquenzgefährdung bzw. Delinquenzimmunisierung auswirken.

Den Geltungsbereich seiner Theorie schränkt RECKLESS im übrigen selbst stark ein, indem er sie ausschließlich auf einen Mittelbereich der sozialen Abweichung angewendet wissen will, nämlich sogenannte „normale" Entwicklungsverläufe (zum Guten oder Schlechten) in einer delinquenzgefährdeten Umgebung. Er hält seine Theorie weder geeignet zur Erklärung sozialer Abweichungen im Zusammenhang mit extrem starken inneren Antrieben oder Persönlichkeitsstörungen noch zur Erklärung subkultureller, d. h. quasi dem Lebensunterhalt dienender Kriminalität ohne Vermittlung nichtdelinquenter sozialer Normen. Damit schließt er die Hauptgruppen von Delinquenten aus (vgl. QUAY 1964). Dies wirft die Frage auf, wie groß die Gruppe der Delinquenten ist, auf die sich die Theorie überhaupt anwenden läßt.

In direkter Fortführung dieses Ansatzes untersuchte SCARPITTI (1965) Insassen einer Erziehungsanstalt für männliche jugendliche Straftäter und je eine Vergleichsgruppe Jugendlicher aus der Mittel- und Unterschicht. Alle Versuchspersonen bekamen einen Fragebogen vorgelegt, in dem Items der Sozialisationsskala des CPI, Items zur sozialen Kontaktfähigkeit und zur Selbstbewertung, zur Wertorientierung an Mittelschicht-Normen und zur Erfassung des Bewußtseins der eigenen Chancen und Möglichkeiten enthalten waren. Die eindeutigsten Unterschiede zwischen Delinquenten und Nichtdelinquenten ergaben sich bezüglich der Selbstbeschreibung, gemessen über die Sozialisationsskala des CPI und die Items zur Kontaktfähigkeit und Selbstbewertung. Sowohl delinquente als auch nichtdelinquente Jungen aus der Unterschicht (erstere in etwas stärkerer Ausprägung) zeigten eine ablehnende Haltung gegenüber den Wertvorstellungen der Mittelschicht und eine eher negative Einschätzung ihrer Möglichkeiten, Zugang zu mittelschichtspezifischen Belohnungen zu gewinnen. SCARPITTI zieht aus diesen Befunden den Schluß, daß eine Ablehnung von Mittelschichtwerten und das Bewußtsein der Begrenztheit eigener Möglichkeiten durchaus mit einem in anderen Aspekten positiv getönten Selbstkonzept und Delinquenzfreiheit einhergehen können. Gerade dieses positive Selbstkonzept soll Jungen aus der Unterschicht gegen delinquenzgefährdende Faktoren schützen. SCARPITTI geht hierin also mit RECKLESS' Interpretation völlig konform.

Ebenfalls in direktem Bezug zu den Untersuchungen der RECKLESS-Gruppe, allerdings in kritischer Abhebung von deren methodischem Ansatz, steht eine Arbeit von SCHWARTZ & TANGRI (1965). Die Autoren bezweifeln zwar nicht, daß Delinquente im Vergleich zu Nichtdelinquenten ein eher negatives Selbstkonzept aufweisen, sie kritisieren aber die Definition und Messung des Selbstkonzepts in den RECKLESS-Untersuchungen. Vor allem bezweifeln sie, daß alle wahrgenommenen Bewertungen durch andere unüberprüft dem Selbstkonzept zugeordnet werden. Weiter kritisieren sie, daß nicht erklärt ist, wie denn ein negatives Selbstkonzept zu Delinquenz führt. Die Autoren versuchen deshalb neben einer direkteren Selbstkonzept-Messung zusätzlich den Grad der Beziehung zwischen Selbsteinschätzung und wahrgenommener Einschätzung durch andere festzustellen. Auf diese Art möchten sie herausfinden, welche Personen oder Gruppen für die Selbsteinschätzung als mehr oder weniger wichtig angesehen werden.

51 Jungen der sechsten Klasse einer Schule für Farbige, die alle aus dem Stadtviertel Detroits mit der höchsten Kriminalitätsrate kamen, wurden ähnlich wie bei RECKLESS et al. (1956, 1957) nach dem Lehrerurteil in eine delinquenzgefährdete (N = 24) und eine nicht delinquenzgefährdete Gruppe (N = 27) eingeteilt. Das Selbstkonzept wurde mit einem *Semantischen Differential* gemessen, bei dem sieben der zehn Skalen hohe Ladungen auf dem Faktor *„Evaluation"* aufwiesen. Auf den gleichen Skalen war außerdem einzustufen, wie die Jungen ihrer Meinung nach von ihrer Mutter, ihrem Lehrer und ihren Freunden gesehen wurden. In Übereinstimmung mit den Ergebnissen der RECKLESS-Gruppe fanden die Autoren ein weniger positives Selbstkonzept bei den als delinquenzgefährdet beurteilten Jungen. Zwischen den wahrgenommenen Bewertungen durch andere und der Selbstbewertung ergaben sich fast durchgehend nur geringe Beziehungen. Bei den „guten" Jungen bestand nur zwischen der Selbstwertschätzung und der wahrgenommenen Bewertung durch den Lehrer eine signifikant positive Korrelation, bei den „schlechten" Jungen korrelierten nur die Selbstwertschätzung und die wahrgenommene Bewertung durch die Mutter signifikant positiv.

Weitere Untersuchungen, die beim Vergleich delinquenter mit nicht delinquenten Jugendlichen ein negativeres Selbstkonzept bei den Delinquenten nachwiesen, stammen von FITTS & HAMNER (1969), BHAGAT & FRASER (1970) und ATKINS (1974). Mit Hilfe der 90 Items umfassenden, multidimensionalen „Tennessee-Self-Concept-Scale" (TSCS) konnten FITTS & HAMNER (1969) für Delinquente typische Selbstkonzept-Merkmale herausarbeiten. Ihre globale Selbstwertschätzung liegt unter der nichtdelinquenter Vergleichsgruppen. Dabei weichen die Werte für *„Selbstakzeptierung"* weniger stark nach unten ab als die für *„Selbstidentität"* und *„Verhaltensbeurteilung"*. Am wenigsten negativ sehen sich Delinquente hinsichtlich ihres *physischen Äußeren*. Die Selbstkonzepte bezüglich *„Moral und Ethik"* sowie *„Familie"* bilden die untersten Punkte des Testprofils, während die Subskalen *„Personales Selbst"* und *„Soziales Selbst"* mittlere Werte aufweisen. Die unterschiedenen Subskalen hängen statistisch allerdings so eng zusammen, daß ihre getrennte Auswertung zumindest fragwürdig erscheint (vgl. dazu WYLIE 1974). Die von den Autoren zur Stützung ihrer Befundinterpretation angeführten Studien sind außerdem hinsichtlich ihrer Durchführung und der Zusammensetzung der Vergleichsgruppen nur ungenau beschrieben, so daß ein gesichertes Urteil über die Fundierung ihrer Aussagen nur schwer möglich ist. Es wird z. B. nicht deutlich, inwieweit Schicht- oder Bildungsunterschiede zwischen den Vergleichsgruppen als Grundlage der Selbstkonzept-Differenzen ausgeschlossen werden können.

BHAGAT & FRASER (1970) verglichen 40 Jugendliche mit Delikterfahrung, die je zur Hälfte aus einem Slumgebiet und einem Neubaugebiet in Glasgow kamen, mit 20 nichtdelinquenten Jugendlichen vergleichbarer Wohnherkunft hinsichtlich ihrer Einstellung zu sich selbst und zu ihrer sozialen Umgebung. Alle Jugendlichen stammten aus der Unterschicht. Auf einem *Semantischen Differential* mit 16 Adjektivpaaren war das *reale* und das *ideale Selbstkonzept* einzustufen. Auf der *Bewertungsdimension* wurde das *Real-Selbst* („Ich, wie ich bin") von den Delinquenten weniger positiv eingestuft als von den Nichtdelinquenten. In der Einstufung des *Ideal-Selbst* („Ich, wie ich gerne wäre") gab es keine Unterschiede.

ATKINS (1974) untersuchte eine Stichprobe männlicher Jugendlicher im Alter von 14 bis 17 Jahren mit dem *Self-Esteem Inventory (SEI)* von COOPERSMITH (1967). Die Gesamtstichprobe umfaßte eine Gruppe von Delinquenten auf Bewährung, eine Gruppe von Schülern, die nicht aufgedeckte Straftaten zugab, und eine Gruppe von Schülern, die für den vergangenen Zeitraum von zwölf Monaten keine Delikte angaben. Die registrierten und die unentdeckten Delinquenten unterschieden sich nicht in ihrer Selbstwertschätzung. Beide Gruppen zeigten aber im Vergleich zu der Gruppe ohne Delikte signifikant niedrigere Werte in der Selbstwertschätzung. Bei Berücksichtigung der Schichtzugehörigkeit blieb allerdings die Differenz zwischen Delinquenten und Nichtdelinquenten nur für Jugendliche aus der höheren Schichtgruppe bestehen. Eine Analyse der Ergebnisse auf Itemebene zeigte überdies, daß speziell die Items des SEI zwischen Delinquenten und Nichtdelinquenten differenzieren, die sich auf die *Eltern-Kind-Beziehung* und *Schulanpassung* beziehen, nicht aber die, welche die *generelle Selbstwertschätzung* erfassen. Daher scheint es fraglich, ob die Selbstwertschätzung bei Delinquenten generell und gerade bezüglich der relativ inhaltsfreien globalen Selbstbewertung erniedrigt ist.

Die drei zuletzt dargestellten Untersuchungen stützen zwar eher die „klassische" Position eines negativeren Selbstkonzepts bei Delinquenten im Vergleich zu Nichtdelinquenten, einiges weist aber darauf hin, daß es ungerechtfertigt wäre, diesen Befund als generell gültigen anzusehen.

Untersuchungen, wonach Delinquente kein negativeres Selbstkonzept haben als Nichtdelinquente. DEITZ (1969) verglich 40 inhaftierte Jugendliche mit 42 Schülern einer High School bezüglich ihres *realen* und *idealen Selbstkonzepts*. Außer der eigenen Person waren Vater und Mutter und die wahrgenommene Einschätzung durch Vater und Mutter auf neun Adjektivskalen zu beurteilen. Hinsichtlich des *realen Selbstkonzepts* zeigten sich keine Unterschiede zwischen den beiden Gruppen. Das *Idealselbst* der Delinquenten war sogar signifikant höher als das der Nichtdelinquenten, was als Ausdruck des Versuchs interpretiert wird, die mit der begangenen Straftat und ihrer Sanktionierung zusammenhängenden Schuldgefühle zu bewältigen. Da DEITZ die Differenz zwischen idealem und realem Selbstkonzept als Indikator für den Grad der Selbstakzeptierung nahm, ergab sich somit eine geringere *Selbstakzeptierung* für die Delinquenten. Ob daraus allerdings eine größere Selbstablehnung der Delinquenten abzuleiten ist, wie es DEITZ tut, erscheint bei der gewählten Operationalisierung zweifelhaft. Delinquente und Nichtdelinquente unterschieden sich im übrigen noch bezüglich der Ähnlichkeit zwischen Selbstkonzept und Vater- bzw. Mutterkonzept. Delinquente sehen sich als ihrem Vater und (nicht ganz so stark abweichend) ihrer Mutter weniger ähnlich als Nichtdelinquente (vgl. auch TRAUTNER & SCHUSTER 1975).

Bereits in einer früheren Untersuchung konnte von HALL (1966) das „traditionelle" Ergebnis eines weniger positiven Selbstkonzepts bei Delinquenten nicht bestätigt werden. Er untersuchte 130 aus Arbeiterfamilien stammende männliche Jugendliche zwischen 14 und 16 Jahren, von denen 23 Nichtdelinqente, 26 mit selbstberichteter Delinquenz, 39 Delinquente auf Bewährung und 42 inhaftierte Delinquente waren. Als Maß für das Selbstkonzept diente eine Liste von 18, von Experten im Hinblick auf positive bzw. negative Wertung gewichteten *Adjektiven* zur Selbstbeschreibung (z. B. beliebt, zuverlässig, erfolglos). Außerdem erfaßte er mit Hilfe eines Fragebogens den Grad der Identifikation mit einer delinquenten Subkultur *(„Delinquenzorientierung")*. Zwar zeigte sich ein (nicht signifikanter) Trend in Richtung einer zunehmend positiveren Selbsteinschätzung mit abnehmender offizieller Delinquenzbelastung, die Beziehung zwischen Delinquenzorientierung und Selbsteinschätzung war jedoch im Sinne eines positiven Zusammenhangs weit eindeutiger. Daraus zog HALL den Schluß, daß mit zunehmender Identifikation mit einer delinquenten Subkultur jene Standards und Personen an Bedeutung verlieren, die vormals die Basis für negative Selbsteinschätzungen bildeten, und sich ein neues Bezugssystem aufbaut, das die Grundlage einer nun erhöhten Selbstwertschätzung abgibt. Dies wird auch durch eine Untersuchung von SCHWARTZ & STRYKER (1970) gestützt, wonach die Identifikation mit einer devianten Rolle mit einem positiven Selbstkonzept korreliert.

Für deutsche Stichproben liegen zu diesem Problem zwei Untersuchungen vor. Beide können den „klassischen" Befund eines weniger positiven Selbstkonzepts bei Delinquenten nicht bestätigen.

DEUSINGER (1973) ließ 53 männliche Insassen einer Jugendstrafanstalt für 110 *Adjektive* angeben, (1) in welchem Ausmaß die Eigenschaften auf die eigene Person zutreffen, (2) wie sie vermutlich von jemanden beschrieben werden, der sie gut kennt, (3) wie der „typische jugendliche Straffällige" aussieht, (4) wie Menschen, die noch nicht in einer Strafanstalt waren und auch persönlich keine jugendlichen Straffälligen kennen, den „typischen jugendlichen Straffälligen" charakterisieren. Eine Vergleichsgruppe straffreier Jugendlicher beurteilte sich entsprechend selbst und wie sie vermutlich von jemand beschrieben werden, der sie gut kennt. Delinquente und Nichtdelinquente zeigen danach ein ähnlich positives Selbstkonzept. Beide Gruppen erwarten auch eine ähnlich positive Beschreibung durch andere Personen, die sie gut kennen. Den „typischen jugendlichen Straffälligen" beschrieben die Delinquenten bedeutend negativer als sich selbst. Die von den Delinquenten vermutete Beschreibung des „typischen jugendlichen Straffälligen" durch Menschen, die keine Straffälligen kennen, korrelierte hoch negativ mit ihrem Selbstkonzept, d. h. sie sehen sich als sehr verschieden vom „typischen jugendlichen Straffälligen". Vorausgesetzt, die Selbstbeschreibung der Delinquenten ist nicht durch Antworttendenzen in Richtung sozialer Erwünschtheit verfälscht und die Beschreibung des „typischen Straffälligen" kann nicht als valides projektives Maß für das Selbstkonzept der Delinquenten angesehen werden, läßt die Untersuchung von Deusinger den Schluß zu, daß Delinquente kein weniger positives Selbstkonzept besitzen als Nichtdelinquente.

In einer eigenen Untersuchung (Trautner & Schuster 1975) fanden sich ebenfalls keine Hinweise auf ein weniger positives Selbstkonzept bei jugendlichen Delinquenten im Vergleich zu Nichtdelinquenten. Insgesamt wurden 141 männliche Jugendliche zwischen 15 und 19 Jahren untersucht (44 Delinquente und 97 Nichtdelinquente). Erstere waren wegen krimineller Delikte auffällig gewordene Insassen einer Jugendstrafanstalt bzw. eines Erziehungsheims, bei letzteren handelte es sich um nicht delinquente Jungarbeiter, Lehrlinge und Oberschüler. Aufgeteilt nach sozialer Schicht (Mittel- und Unterschicht) ergaben sich so vier Untergruppen. Als Maß für das Selbstkonzept verwendeten wir eine Liste von 80 Adjektiven, die auf einer siebenstufigen Skala nach dem Grad des Zutreffens auf die eigene Person einzuschätzen waren. Es handelte sich dabei um je 40 Adjektive, die aus einer Liste von 880 Adjektiven in einer Untersuchung von Busz, Cohen, Poser, Schümer & Sonnenfeld (1972) nach ihrer sozialen Erwünschtheit am positivsten bzw. am negativsten beurteilt worden waren. Nach dem gleichen Verfahren waren außerdem der eigene Vater und die eigene Mutter zu beschreiben. Maß für die Selbstwertschätzung bzw. die Einschätzung von Vater und Mutter war jeweils die mittlere Differenz der summierten Einstufungen bezüglich der positiven und negativen Adjektive. Bis auf die Gruppe der Nichtdelinquenten aus der Unterschicht lieferten alle Versuchspersonen eine ausgeprägt positive Selbstschilderung. Durch die Erfassung von Lügenwerten (EPI-Lügenskala) konnte dieses Ergebnis gegen Verfälschungstendenzen abgesichert werden. Wie in der Untersuchung von Deusinger (1973) waren die Eigenschaftsrangreihen der Delinquenten und Nichtdelinquenten überdies hoch korreliert. Das eigentlich auffällige Ergebnis war eine signifikant niedrigere Selbsteinschätzung der Nichtdelinquenten aus der Unterschicht, das in einer Nachfolgeuntersuchung (Post 1977) allerdings nicht repliziert werden konnte. Hinsichtlich der Einschätzung von Vater und Mutter ergaben sich keine Unterschiede zwischen Delinquenten und Nichtdelinquenten. Jedoch bestand hier eine deutliche Schichtabhängigkeit: Jugendliche aus der Unterschicht beschrieben ihre Eltern, insbesondere ihren Vater, signifikant negativer als Jugendliche aus der Mittelschicht. Während zudem Delinquente sich selbst kaum ähnlich sehen wie ihre Väter und Mütter (vgl. auch DEITZ 1969), ist die Ähnlichkeit zwischen dem Selbstkonzept und der Einschätzung von Vater und Mutter bei den Nichtdelinquenten durchgehend hoch. Die wahrgenommene Ähnlichkeit (Identifikation?) mit den Eltern scheint somit relativ unabhängig zu sein von ihrer Wertschätzung.

13.3 Diskussion der empirischen Befunde

Wie wir zeigen konnten, liegt der Schwerpunkt der Forschung in der Feststellung der *korrelativen* Beziehung zwischen einem *positiven* bzw. *negativen Selbstkonzept* und der Beobachtung *delinquenter Verhaltensauffälligkeiten*. Unter dieser Problemstellung sind bislang im wesentlichen *Querschnitt*untersuchungen an delinquenten oder als delinquenzbelastet geltenden *männlichen Jugendlichen zwischen 12 und 18 Jahren* durchgeführt worden. Abgesehen von diesem gemeinsamen Nenner stellt sich das Forschungsgebiet jedoch als recht heterogen dar, was die Auswahl und Messung der Selbstkonzept-Merkmale, die Personenstichproben und die Interpretationsansätze betrifft. Auch die Befunde ergeben kein einheitliches Bild. Einige Untersuchungen liefern Hinweise auf ein weniger positives Selbstkonzept bei Delinquenten im Vergleich zu Nichtdelinquenten, eine kaum geringere Anzahl von Untersuchungen weist keine derartigen Unterschiede nach.

Eine Gruppierung der Untersuchungen nach inhaltlichen Aspekten des Selbstkonzepts, dem Alter der Versuchspersonen oder anderen Stichprobenmerkmalen, läßt keinen systematischen Einfluß auf die Art des gefundenen Zusammenhangs erkennen. Das einzige Kriterium, das zu annähernd einheitlichen Ergebnissen führt, ist die Gruppierung der Untersuchungen nach der zur Erfassung des Selbstkonzepts angewendeten *Methode*. Die Unterschiedlichkeit der Befunde ist eng an die verwendeten Untersuchungsmethoden gebunden. Alle Untersuchungen, die das Selbstkonzept mit *Fragebogen* erfaßt haben, erbringen ein weniger positives Selbstkonzept bei Delinquenten. Alle Untersuchungen, die mit *Adjektivlisten* gearbeitet haben, zeigen keine derartigen Unterschiede. Die Untersuchungen, die ein *Semantisches Differential* verwendet haben, führen zu widersprüchlichen Befunden: das *reale* Selbstkonzept, speziell wenn es auf der Evaluationsdimension einzustufen ist, ist bei Delinquenten der Tendenz nach negativer als bei Nichtdelinquenten. Das *ideale* Selbstkonzept ist hingegen bei Delinquenten und Nichtdelinquenten ähnlich, u. U. sogar bei Delinquenten positiver.

Die Methodenabhängigkeit der Befunde wird auch durch die Untersuchung von Post (1977) gestützt. Hier wurden alle Versuchspersonen (Untersuchungshäftlinge und Berufsschüler) sowohl mit der Self-Esteem-Skala von Rosenberg (1965) als auch mit der bei Trautner & Schuster (1975) verwendeten Adjektivliste untersucht. Während nach dem Rosenberg-Fragebogen Delinquente ein signifikant negativeres Selbstkonzept hatten, wiesen nach der Adjektivliste Delinquente und Nichtdelinquente gleich hohe Werte auf. Beide Selbstkonzeptmaße korrelierten im übrigen nur mit r = .20. Über die Gründe für die von uns aufgezeigte Methodendiskrepanz kann derzeit nur spekuliert werden. Entweder mißt eine der beiden Methoden nicht das Konstrukt Selbstwertschätzung, oder die Adjektivlisten sind weniger geeignet, interindividuelle Differenzen aufzudecken. Auf jeden Fall sollte die von uns gefundene systematische Beziehung zwischen Untersuchungsmethode und Untersuchungsbefund dazu veranlassen, in Zukunft Befunde durch die Anwendung verschiedener Verfahren abzusichern. Zu denken wäre z. B. auch an eine Datenanalyse mit Hilfe des von Campbell & Fiske (1959) vorgeschlagenen multi-trait-multimethod-Verfahrens.

13.4 Forschungsdefizite und Forschungsperspektiven

Zum Schluß möchten wir noch auf einige Defizite der Forschung über Zusammenhänge zwischen sozial abweichendem Verhalten und dem Selbstkonzept hinweisen und Perspektiven für zukünftige Untersuchungen in diesem Forschungsbereich aufzeigen. Wir lassen dabei allgemeine Probleme der Selbstkonzept-Forschung, wie die Ausarbeitung von Selbstkonzept-Theorien und die Verbesserung von Meßinstrumenten außer acht, und beschränken uns auf Punkte, die speziell für die Erforschung des Zusammenhangs von sozial abweichendem Verhalten und Selbstkonzept wichtig sind.

(1) In der Regel bleibt unüberprüft, welche *Bedeutung* den vorgegebenen Bewertungskriterien und Beschreibungsmerkmalen durch die Personen bei der Selbstbeurteilung zugemessen wird, d. h. ob sie für alle Personen gleichermaßen zählen. Ebenso fehlt meistens eine Abklärung der individuellen *Bezugsnormen* und *Bezugsgruppen*, an deren Standards sich die Personen bei der Selbsteinschätzung orientieren. Wahrscheinlich unterscheiden sich Delinquente und Nichtdelinquente auch in dieser Hinsicht. Welche Bedeutung selektiven Prozessen bei der Selbstkonzeptbildung zukommt, hat Rosenberg (1967) gezeigt. In diesem Zusammenhang ist auch zu fordern, daß neben der üblichen Erfassung eines globalen Selbstkonzepts einzelne inhaltsspezifische Selbstkonzeptaspekte differenziert werden. Ein Ansatz in dieser Richtung ist von Fitts & Hamner (1969) gemacht worden.

(2) Die große Mehrheit der vorhandenen Untersuchungen erfaßt nur den Ausschnitt der *registrierten*, bereits sozial auffällig gewordenen (schwereren?) Delinquenz. Es könnte sein, daß Prozesse der Selbstabwertung, aber auch der zunehmenden Identifikation mit einer delinquenten Rolle an Personen mit registrierter Delinquenz gebunden sind. Zumindest sollte deshalb der Grad der Delinquenzbelastung und dessen Beziehung zu Selbstkonzept-Merkmalen auch bei nicht sanktionierten oder etikettierten Personen zusätzlich festgestellt werden (vgl. AMELANG & RODEL 1970; HALL 1966; ATKINS 1974).

(3) Speziell wenn es sich bei den Delinquenten um inhaftierte Straftäter handelt, wäre zu kontrollieren, inwieweit die aufgefundenen Selbstkonzept-Merkmale mit der *Haftsituation* in Zusammenhang stehen. Leider gibt es keine Längsschnittuntersuchungen, die Selbstkonzept-Veränderungen im Zusammenhang mit einer Inhaftierung analysieren. Es gibt lediglich einige Querschnittuntersuchungen zur Beziehung zwischen Inhaftierungsdauer und Selbstkonzept (siehe CULBERTSON 1975; HESKIN, BOLTON, SMYTH & BANISTER 1974; NIEBERDING 1975). Danach sind für Inhaftierungszeiten zwischen ein und zehn Jahren kaum Selbstkonzeptunterschiede nachweisbar.

(4) Die bevorzugte Untersuchung *jugendlicher* Delinquenter, vor allem die jüngerer Altersgruppen (etwa 12- bis 15jähriger), erfordert eine besondere Kontrolle der *Stabilität* oder *Veränderlichkeit* der untersuchten Selbstkonzept-Merkmale und der aufgefundenen Beziehungen zwischen Selbstkonzept und sozialer Abweichung über das Alter (siehe dazu ENGEL 1959; LIVELY et al. 1962; DEITZ 1971; SIMMONS, ROSENBERG & ROSENBERG 1973). Dies gilt insbesondere, wenn prognostische Aussagen angestrebt werden.

(5) Wie erwähnt, sind zur Beantwortung einzelner Fragestellungen *Längsschnittuntersuchungen* notwendig. Immer wenn Aussagen über die Richtung des Zusammenhangs zwischen sozial abweichendem Verhalten und dem Selbstkonzept gemacht werden sollen, müssen wiederholte Messungen über die Zeit an repräsentativen Stichproben vorliegen, und zwar sowohl vor als auch nach der Beobachtung delinquenten Verhaltens. Letztlich bedeutet dies die Einbeziehung des Entwicklungsaspekts und einer Theorie der Selbstkonzeptentwicklung im Zusammenhang mit sozial abweichendem Verhalten. Nach den bislang vorliegenden Querschnittdaten ist nicht zu beantworten, inwieweit ein „abweichendes" Selbstkonzept dem Auftreten delinquenten Verhaltens vorausgeht, es begleitet oder sich erst im Zusammenhang mit den Folgen des abweichenden Verhaltens aufbaut.

(6) Die Subsumierung verschiedener Arten und Schweregrade sozial abweichenden Verhaltens unter den gemeinsamen Begriff „Delinquenz" darf nicht den Blick dafür verstellen, daß je nach *Art* und *Grad* der Delinquenz unterschiedliche Beziehungen zwischen Selbstkonzept und Delinquenz gegeben sein können. In diesem Zusammenhang ist möglicherweise die von QUAY

(1964) vorgeschlagene Gruppierung Delinquenter auf den drei Dimensionen unsozialisiert-psychopathisch, neurotisch-gestört und subkulturell-sozialisiert nützlich. Leider gibt es bislang in der Delinquenzforschung kaum Ansätze, derartige Differenzierungen nach Persönlichkeitsmerkmalen in einen theoretischen Zusammenhang mit Selbstkonzept-Merkmalen zu bringen (vgl. etwa NIEBERDING 1975).

(7) Wünschenswert wäre auch eine stärkere Einbeziehung der *Lebensumstände* und ihrer Bewertung und Bewältigung bei Delinquenten und Nichtdelinquenten. Speziell die einer differentiellen Verarbeitung ungünstiger Sozialisationsbedingungen und Lebensumstände bei Unterschichtangehörigen zugrundeliegenden Mechanismen sollten näher analysiert werden (siehe z. B. KAPLAN 1971). Nur so ist festzustellen, welche Faktoren bei gesetzestreuem oder straffälligem Verhalten bei sonst vergleichbaren sozialstrukturellen Merkmalen wirksam sind (vgl. hierzu TRAUTNER & SCHUSTER 1975).

(8) Schließlich bleibt als Desiderat zukünftiger Forschung über Zusammenhänge zwischen sozial abweichendem Verhalten und Selbstkonzept eine stärker *theoriegeleitete* Vorgehensweise. Ansätze in dieser Richtung gibt es bislang überwiegend im Rahmen experimenteller Untersuchungen zur Überprüfung dissonanztheoretischer oder attributionstheoretischer Annahmen (vgl. FITCH 1970; EPSTEIN & KOMORITA 1971; MCMILLEN 1971; LEPPER 1973).

Die Erforschung der Beziehungen zwischen sozial abweichendem Verhalten und Selbstkonzepten steht noch an ihrem Anfang.

AMELANG, M. & RODEL, G. 1970. Persönlichkeits- und Einstellungskorrelate krimineller Verhaltensweisen. Psychologische Rundschau 21, 157–179.

ATKINS, J. W. 1974. Delinquency as a function of self-esteem. Dissertation Abstracts International 34, 4650.

BHAGAT, M. & FRASER, W. I. 1970. Young offenders images of self and surroundings: a semantic inquiry. British Journal of Psychiatry 117, 381–387.

BUSZ, M., COHEN, R., POSER, U., SCHÜMER, A. & SONNENFELD, C. 1972. Die soziale Bewertung von 880 Eigenschaftsbegriffen sowie die Analyse der Ähnlichkeitsbeziehungen zwischen einigen Begriffen. Zeitschrift für Experimentelle und Angewandte Psychologie 19, 262–308.

BYRNE, D. 1966. An introduction to personality. Englewood Cliffs, N. J.: Prentice Hall.

CAMPBELL, D. T. & FISKE, D. W. 1959. Convergent discriminant validation by the multitrait-multimethod matrix. Psychological Bulletin 56, 81–105.

COHEN, A. R. 1959. Some implications of self-esteem for social influence. In: HOVLAND, C. I. & JANIS, I. L. (Ed.) Personality and persuasibility. New Haven: Yale University Press. p. 102–120.

COOPERSMITH, S. A. 1967. The antecedents of self-esteem. San Francisco: Freeman.

CULBERTSON, R. G. 1975. The effect of institutionalization on the delinquent inmate's self-concept. Journal of Criminal Law and Criminology 66, 88–93.

DEITZ, G. 1969. A comparison of delinquents with nondelinquents on self-concept, self-acceptance, and paternal identification. Journal of Genetic Psychology 115, 285–295.

DEITZ, G. 1971. The development of self-concept during adolescence and its relationship to adjustment. Dissertation Abstracts International 31, 4306–4307.

DEUSINGER, I. 1973. Untersuchungen zum Selbstkonzept von Strafgefangenen. Psychologische Rundschau 24, 100–113.

ENGEL, M. 1959. The stability of self-concept in adolescence. Journal of Abnormal and Social Psychology 58, 211–215.

EPSTEIN, R. & KOMORITA, S. S. 1971. Self-esteem, success-failure and locus of control in negro children. Developmental Psychology 4, 2–8.

FITCH, G. 1970. Effects of self-esteem, perceived performance, and choice on causal attributions. Journal of Personality and Social Psychology 16, 311–315.

FITTS, W. 1964. Manual: Tennessee self-concept scale. Nashville, Tenn.: Counselor Recordings and Tests.

FITTS, W. & HAMNER, W. 1969. The self-concept and delinquency. Monograph No. 1. Nashville, Tenn.: Nashville Mental Health Center.

GORDON, C. 1969. Self-conception methodologies. Journal of Nervous and Mental Disease 148, 328–364.

GOUGH, H. G. 1956. California Psychological Inventory. Palo Alto, Cal.: Consulting Psychologists Press.

HALL, P. M. 1966. Identification with the delinquent subculture and level of self-evaluation. Sociometry 29, 146–158.

HESKIN, K. J., BOLTON, N., SMYTH, F. V. & BANISTER, P. A. 1974. Psychological correlates of long-term imprisonment. British Journal of Criminology, Delinquency, and Deviant Social Behaviour 14, 150–157.

KAPLAN, H. B. 1971. Social class and self-derogation: a conditional relationship. Sociometry 34, 41–64.

LEPPER, M. R. 1973. Dissonance, self-perception, and honesty in children. Journal of Personality and Social Psychology 25, 65–74.

LIVELY, E. L., DINITZ, S. & RECKLESS, W. C. 1962. Self-concept as a predictor of juvenile delinquency. American Sociological Review 32, 159–168.

MCMILLEN, D. L. 1971. Transgression, self-image and compliant behavior. Journal of Personality and Social Psychology 20, 176–179.

NIEBERDING, J. E. 1976. MMPI-personality type and the effects of imprisonment upon self-concept. Dissertation Abstracts International 36, 5274.

POST, V. 1977. Der Zusammenhang zwischen Erfolg, Mißerfolg, Kausalattribuierung und Änderung des Selbstbildes bei Delinquenten und Nichtdelinquenten. Frankfurt: Institut für Psychologie der Universität Frankfurt (Diplomarbeit).

QUAY, H. C. 1964. Personality dimensions in delinquent males as inferred from the factor analysis of behavior ratings. Journal of Research in Crime and Delinquency 1, 33–37.

RECKLESS, W. C. 1962. A non-causal explanation: Containment theory. Excerpta Criminologia 2, 131–134.

RECKLESS, W. C. 1967. The crime problem. New York: Appleton-Century-Crofts.

RECKLESS, W. C., DINITZ, S. & MURRAY, E. 1956. Self-concept as an insulator against delinquency. American Sociological Review 21, 744–746.

RECKLESS, W. C., DINITZ, S. & KAY, B. 1957. The self-component in potential delinquency and potential nondelinquency. American Sociological Review 22, 566–570.

RECKLESS, W. C. & SHOHAM, S. 1963. Norm containment theory as applied to delinquency and crime. Excerpta Criminologia 3, 637–645.

ROSENBERG, M. 1965. Society and the adolescent self-image. Princeton, N. J.: Princeton University Press.

ROSENBERG, M. 1967. Psychological selectivity in self-esteem formation. In: SHERIF, C. W. & SHERIF, M. (Eds.) Attitude, ego-involvement and change. New York: Wiley. p. 26–30.

SCARPITTI, F. 1960. The „good" boy in a high delinquency area: four years later. American Sociological Review 25, 555–558.

SCARPITTI, F. 1965. Delinquent and nondelinquent perception of self, values and opportunity. Mental Hygiene 49, 399–404.

SCHWARTZ, M. & STRYKER, S. 1970. Deviance, selves and others. New York (ohne Verlag).

SCHWARTZ, M. & TANGRI, S. 1965. A note on self-concept as an insulator against delinquency. American Sociological Review 30, 922–926.

SIMMONS, R., ROSENBERG, F. & ROSENBERG, M. 1973. Disturbance in the self-image at adolescence. American Sociological Review 38, 553–568.

TRAUTNER, H. M. 1974. Verhaltensmodifikation bei Delinquenten. Bildung und Erziehung 27, 192–209.

TRAUTNER, H. M. & SCHUSTER, B. 1975. Zur Bedeutung des Selbstbilds und des perzipierten Elternbilds für das Delinquenzproblem. Archiv für Psychologie 127, 116–130.

WELLS, L. E. & MARWELL, G. 1976. Self-esteem. Beverly Hills: Sage.

WYLIE, R. C. 1974. The self-concept. Lincoln, Nebr.: Unversity of Nebraska Press.

Personenregister

292

Sachregister